Sinclair, John G.

Der deutsch-französische Krieg

Inktank publishing

Sinclair, John G.

Der deutsch-französische Krieg

Inktank publishing, 2018

www.inktank-publishing.com

ISBN/EAN: 9783747732731

Der Deutsch-Französische Krieg.

Seine Ursachen, Geschichte und Wirkungen.

Eine

Vertheidigung der Deutschen Sache,

wie sie in England im Jahre 1870, hauptsächlich nach eigenen Beobachtungen auf dem Kriegsschauplatze veröffentlicht worden ist;

nebst

einer Auswahl von in der Times und anderen Zeitungen während des Krieges erschienenen Briefen und einem ergänzenden Kapitel über die thatsächlichen und wahrscheinlichen Folgen des Krieges, sowie Citaten aus etwa 150 Englischen, Französischen und Deutschen Schriftstellern über diesen Gegenstand und Beweisen für die fortwährenden Sympathien Englands für Deutschland und seine loyale Handhabung der Neutralität.

Ferner

eine Auseinandersetzung der Vortheile, welche die Annexion für Elsaß und Lothringen hat, und ein Verzeichniß der Französischen Niederlagen und Siege seit dem Jahre 1000 n. Chr. bis auf die neueste Zeit.

Zum ersten Male in Deutscher Sprache veröffentlichte Original-Materialien, die bereits zum Theil vergriffen sind; **nebst Briefen vom Fürsten Bismarck und Feldmarschall Grafen Moltke** und Karten des Französischen und Deutschen Gebiets in den Jahren 1526, 1812 und der Gegenwart.

Von

Sir J. G. T. Sinclair

Baronet, Mitglied des Englischen Parlaments für Caithneß.

Berlin

A. Asher & Co.

1873.

London: Asher & Co. 13, Bedford Str. Covent Garden

und

Trübner & Co. 60, Paternoster Row.

Mottos.

„Ich sah mich genöthigt in der Mitte eines Volkes zu leben, das unser zukünftiger unversöhnlicher Feind ist und an dem ich eine in jeder Beziehung vernichtende Ueberlegenheit wahrnahm.

Im Vergleich mit Preußen ist Frankreich um mehr als fünfzig Jahre zurück.“ **Stoffel.**

„England ist das Anti-Frankreich.“ **Michelet.**

„Die Englische Presse hat Napoleon ebensoviel Schaden zugefügt, wie die Armeen des übrigen Europa.“ **Capefigue.**

„Frankreich ist der natürliche Feind Englands.“ **Fox.**

„Bauern der Champagne, wenn Ihr Dünger für Eure Felder haben wollt, tretet in Reih und Glied und Ihr werdet Deutsche dazu bekommen!“ **About.**

„Wehe! wenn Frankreich unterläge, wenn dieser Meuchelmord begangen würde . . . wenn dieser blutige Bubenstreich der Vorsehung wirklich in Erfüllung ginge . . . Die erschreckte Menschheit würde die ewige Gerechtigkeit anklagen . . . Dann würde das zerrissene Frankreich sich als ein schrecklicher Richter vor der verblendeten Gottheit erheben und mit seinen rauchenden Eingeweiden das Antlitz des Himmels peitschen.“ **Pays Roumain.**

Die Vertheidigung von Paris ist eine Episode, in der die Komik und Tragik mit einander wetteifern . . . Wann werden wir aufhören, Lügen und große Phrasen für baare Münze zu nehmen? . . . Von allen Völkern sind wir das prahlerischste, geschwätzigste und einfältigste.“ **Stoffel.**

„Wir sehen, wie die Deutschen Chanzy mit der halben Truppenmacht besiegen und schließlich unter Werder die Angriffe der vierfach überlegenen Bourbaki'schen Streitkräfte entschieden zurückschlagen.“ **von Blume.**

„Alle Gebiete auf dem linken Rheinufer sollten einer Macht, und zwar Preußen angehören.“ **Wellington** im Jahre 1815.

„Frankreich wird nie mehr in der Lage sein, in Europa den Habicht, den Pfau und die Kropftaube zu spielen . . . Die Franzosen sind feines Sèvres-Porzellan, die übrigen Völker gemeine Thonwaaren.“ **Greg.**

„Ich weiß nicht, wo sich jemals ein Volk so mit Schmach bedeckt hat, wie die Franzosen.“ **Carlyle.**

„Wenn man auf den Preußen unbewaffnet zugeht, so läßt er sich, trotz seiner Bewaffnung, gefangen nehmen.“ **Georges Sand.**

„Ein Deutscher Sammler hat durch Zusammenrechnung der Zahlen, die in Französischen, in seinem Besitze befindlichen Berichten angegeben sind, herausgefunden, daß die Franzosen bis zum 1. November 1870 bereits etwas mehr als zwei Millionen Deutsche Soldaten getödtet haben.“ (!) **Borchhardt.**

„Wir haben das unverletzliche Gebiet Deutschlands verletzt . . . Es scheint, als ob das Nachbarland nur dazu geschaffen sei, im Nu erobert und confiscirt zu werden.“ **About.**

„Giebt es wol etwas Dummeres, als einen richtigen Pariser? . . . Diese Deutschen sind uns überlegen . . . Daß es einzelne Fälle von Plünderung gegeben hat, ist möglich — eine organisirte allgemeine Plünderung gab es aber nicht.“ **Graf Gasparin.**

„Die Belagerung von Paris durch die Deutschen bringt als natürliche und ganz unvermeidliche Folge die Tödtung der Kriegsgefangenen mit sich . . . Der Belagerte, dem die Lebensmittel abgeschnitten sind, hat ein Recht dazu, die feindlichen Gefangenen, deren er habhaft wird und die er zu tödten verpflichtet ist, zu verzehren.“ **Professor Liais.**

„Die Französischen Soldaten wollten nicht kämpfen. Man kann ein Paar Uhlanen mit 20 bis 30 Französischen Soldaten daher reiten sehen, die ihnen wie eine Herde Schafe folgen. Man braucht durchaus nicht zu fürchten, daß sie fortlaufen werden; die armen Uhlanen könnten sie gar nicht los werden, selbst wenn sie es wollten.“ **Times.**

„Welche Herzensdürre, welche niedrige Gesinnung bei der Majorität der Bauern der Beauce, welche Boshaftigkeit bei einigen derselben! . . . Mit der Liebe zur Familie verband sich bei den meisten Deutschen die Vaterlandsliebe und Religiosität . . . Unsere Soldaten erkannten, bisweilen in zu demüthiger Weise, die Ueberlegenheit der Feinde an.“ **Gabriel Monod.**

„Es wird immer feststehen, daß England sich über unsere ersten Niederlagen gefreut hat . . . Die Sympathien Englands waren sofort auf Seiten Preußens . . . Die guten Absichten Italiens, wie die Oesterreichs, mußten an der Kälte und dem Uebelwollen Englands scheitern . . . Es machte sich zur Seele einer wirklichen Neutralitäts-Verschwörung, die schlimmer war, als alle unsere Unglücksfälle.“ **Duvergier de Hauranne.**

„Ich werde bald sterben, indem ich das Land der Affen und Tiger (Frankreich) verwünsche.“ **Voltaire.**

„Es erscheint als sicher, daß die Englischen Fabriken Frankreich nur eine kleine Anzahl Gewehre geliefert und daß sie vielleicht mehr, durch Vermittlung der neutralen Länder, nach Deutschland geschickt haben. Dagegen haben die Vereinigten Staaten uns enorme Mengen Kriegswaffen geliefert.“ . . .

de Kleczy.

„Der Englische Gesandte konnte es nicht verhehlen, daß die öffentliche Meinung Englands uns sehr feindlich gesinnt sei.“ **Jules Favre.**

„Der Verbündete Rußlands ist unser natürlicher Feind.“

Graf Andrassy.

Minister von Ungarn (mit einer Bevölkerung von 10,795,767 Einwohnern).

Von der Bevölkerung Frankreichs (37,473,072) waren im Jahre 1861 16,890,000 oder fast die Hälfte nicht Französischer Herkunft und sprachen kein Französisch, sondern gehörten unterworfenen Stämmen an. Dagegen sind im Deutschen Reich, bei einer Bevölkerung von 40,105,224 nur 2,504,379 nicht Deutscher Herkunft und von diesen sprechen viele Deutsch. Außerdem giebt es noch 7,889,925 Deutsche in Oestreich. S. Gothaischer Kalender.

„Werthe Nachbarn, wir überschreiten Eure Grenzen nur, um die flüchtigen Ueberreste unseres gemeinsamen Gegners, des Feindes des Menschengeschlechts, zu verfolgen.“

Aus der Proclamation des Russischen Generals **Wittgenstein** an die Deutschen im Jahre 1813.

„Was mich heute fast ebenso traurig macht, als unser Unglück, das sind die auffallenden Symptome, unseres moralischen und intellectuellen Verfalls und die Furcht, daß Frankreich aus der furchtbaren Lehre, die ihm zu Theil geworden, Nichts gelernt habe. Sehr wenige Leute ermessen die Größe des Uebels und entdecken die Ursachen desselben. Ein Jeder benimmt sich, wie im Juli 1870, und es scheint fast, als ob Niemand etwas gelernt habe.“

Stoffel.

„Das waren für sie keine bloßen Phrasen. Wie oft habe ich sie Thränen vergießen sehen bei dem Gedanken an ihren fernen Herd. Wie stolz waren sie darauf allesammt, für das große Deutschland zu kämpfen. . . . Ich habe im Allgemeinen bei den Deutschen eine edele, tiefe, ungekünstelte Frömmigkeit angetroffen. . . . Alle fragten beim Eintritt in die Ambulanzen nach neuen Testamenten und lasen jeden Morgen die Bibel mit Andacht“. . . . **Monod.**

„Frankreich wird als militairische Nation nicht mehr lange existiren. Ein anderes, freches, habgieriges und grobes Volk, das nicht die Eigenschaften der Franzosen hat, ist an ihre Stelle getreten.“ **Frydrau.**

„Was die berühmte Depesche betrifft, welche an alle Kabinette Europas gesandt sein sollte, auf die sich zuerst Herr Ollivier berief, die dann von Herrn von Grammont bestätigt wurde, der sie der Commission vorgelegt haben sollte, so hat sie niemals existirt .... sondern gezwungen sich kategorisch über die angebliche unserm Gesandten zugefügte Beleidigung zu äußern, mußte der Minister anerkennen, daß die Depeschen des Herrn Benedetti sie nicht erwähnen."

Jules Favre.

„Ich will hinzufügen, weil Sie mich darnach fragen, daß es in Ems weder einen Beleidiger, noch einen Beleidigten gegeben hat."

Benedetti in einem Briefe vom 25. November.

„Wenn Frankreich Elsaß und Lothringen verliert, so hat es aufgehört Frankreich zu sein.... Ein verkleinertes Frankreich würde allmählich alle seine Theile verlieren, das Ganze würde aus den Fugen gehen, der Süden würde sich lostrennen." ... **Renan** in der Revue des Deux Mondes vom 4. Sept. 1871.

Fünf Monate lang war ich Zeuge der Ohnmacht, mit welcher sich eine Regierung unfähiger Advocaten herumstritt, die in ihrer schuldvollen Verblendung die Wege für die Commune anbahnten und sämmtlich im vorigen März für die letztere Partei ergriffen hätten, wenn ihr Stolz, Ehrgeiz und Haß nicht schon sechs Monate früher, am 4. September, durch jene verbrecherische Anmaßung der Gewalt befriedigt worden wäre, welche Frankreich im kritischsten Augenblicke seiner Geschichte seiner Regierung beraubte. **Stoffel.**

In Folge davon, daß man das Zeichen der Ehrenlegion, die nach der Absicht ihres Stifters nur für hervorragende Verdienste jeder Art bestimmt war, mit unerhörter Verschwendung an Leute von größter Mittelmäßigkeit, ja nur zu häufig an noch schlimmere Individuen vertheilte, hat man sich in Frankreich daran gewöhnt, sie gering zu schätzen, ohne deßhalb damit aufzuhören, nach ihr zu trachten. Nichts destoweniger ist es heutzutage bei den Gebildeten eine Auszeichnung, dieses Abzeichen nicht zu erhalten oder es nicht zu tragen.

Prévost Paradol.

Seit dem Deutschen Kriege und dem Bürgerkriege sind 16 Individuen zu Groß-Kreuzen, 52 zu Großofficieren, 232 zu Commandeuren und 1700 zu Officieren der Ehrenlegion ernannt worden!

Es ist noch nicht lange her, daß die Straßburger Professoren mir darüber klagten, daß sie auf diese Weise gezwungen würden den Gebrauch der Deutschen Sprache in den Schulen aufzugeben. **Mommsen.**

Wer besitzt eine Armee? Nur wir allein. **Michelet.**

„O! über diese zur Knechtschaft geborene Nation! Ihre Marktschreier haben sie ebenso beherrscht wie ihre Tyrannen!"

Ausspruch **de Maistre's** über die Franzosen, die Mirecourt anführt.

Der

patriotischen, tapfern, grossen Deutschen Nation

mit

ihrer ehrwürdigen Vergangenheit, glorreichen Gegenwart
und grossen Zukunft

gewidmet

vom Angelsächsischen Verfasser

J. G. T. Sinclair,
Baronet, Mitglied des Parlaments.

(Die Redacteure aller Zeitungen oder Zeitschriften, welche dieses Buch erwähnen, werden ersucht die betreffenden Besprechungen in 2 Exemplaren dem Verfasser unter der Adresse: Traveller's Club, London, zuzusenden.)

Liste von Quellen und Personen, die in diesem Buche citirt oder aufgeführt sind.

1. Stoffel.
2. Michelet.
3. Capefigue.
4. Fox.
5. About.
6. Pays Roumaine.
7. von Blume.
8. Wellington.
9. Rathbone Greg.
10. Carlyle.
11. Georges Sand.
12. Borckhardt.
13. de Gasparin.
14. Llais.
15. Times.
16. Gabriel Monod.
17. D. de Hauranne.
18. Voltaire.
19. de Blerzy.
20. Jules Favre.
21. Otto Corwin.
22. Kölnische Zeitung.
23. Morning Advertiser.
24. Daily Review.

25. Londoner Zeitung.
26. Ost-Preußische Zeitung.
27. Neue Freie Presse.
28. Becker.
29. Alfred de Musset.
30. Kaiserin Eugenie.
31. de Maistre.
32. Thiers.
33. Napoleon Bonaparte I.
34. Alison.
35. Tacitus.
36. Robespierre.
37. Prince de Joinville.
38. Marat.
39. Fürst Bismarck.
40. Independance Algérienne.
41. Le Rappel.
42. Dagbladet.
43. M. Washbourne.
44. American. Diplomat.
45. Capitain Jeannerod.
46. Earl Russell.
47. Garibaldi.
48. Louis Blanc.
49. Die heilige Schrift.
50. Westminster Review.
51. Robert Hall.
52. Francis Horner.
53. Sir Charles Bell.
54. Bischof Taylor.
55. Adolph Hahn.
56. Renan.
57. Louis Veuillot.
58. Der Scotsman.
59. Oberst Lloyd Lindsay.
60. General Ducrot.
61. Napoleon III.
62. Capitain Brackenbury.
63. Menzel.
64. Revue des Deux Mondes.
65. Journal des Débats.
66. Benedetti.
67. Herzog von Fitzjames.
68. M. Russell.
69. Sismondi.
70. Ernest Feydeau.
71. Le Combat.
72. Le Siècle.
73. Le Figaro.
74. Le Charivari.
75. M. Sarcey.
76. Le Paris Journal.
77. La Presse.
78. Herzog von Manchester.
79. Sir Charles Dilke M. P.
80. Mr. Cartwright M. P.
81. Mr. Winn.
82. Mr. A. Herbert M. P.
83. Mr. Mundella M. P.
84. Mr. Sutherland Edwards.
85. Mr. Maclane.
86. Mr. Woods.
87. Mr. Forbes.
88. Azamut Batuk.
89. Chateaubriand.
90. M. d'Ivernois.
91. Prévost Paradol.
92. Charles de Mazade.
93. M. de Forcade.
94. Emile de Girardin.
95. Heinrich Heine.
96. Sumner.
97. Herzog von Grammont.
98. Emmanuel Arago.
99. Girault.
100. de Choiseuil.
101. Jules Patenôtre.
102. Fustel de Coulanges.
103. Der Observer.
104. Victor Hugo.
105. Felix Pyat.
106. Mommsen.
107. Marschall Bazaine.
108. Littré.
109. Esquiros.
110. Edgar Quinet.
111. Alfred d'Aunay.
112. L. Vitet.
113. Lord Granville.
114. Girard.
115. Kladderadatsch.
116. L'Independance Belge.
117. Le Public.
118. Journal de Fécamp.
119. Journal de Macon.
120. Journal des villes et des campagnes.
121. Jules Janin.
122. Michel Chevalier.
123. Alphonse Karr.
124. Mr. Brassey M. P.
125. Ledru Rollin.
126. Marquis de Noailles.
127. Ernest Hart.
128. Capitain de Montvert.
129. Daily News.
130. Roger de M.
131. Pall Mall Gazette.
132. Sir G. Sinclair Bor- weiland M. P.
133. M. Viollet le duc.
134. Charbonnier.
135. C. de la Bedollidre.
136. Karl Blind.
137. Lefrançais.
138. Shakespeare.
139. Prof. Chaix.
140. Graf Andrassy.
141. Gothasches genealog. Taschenbuch.
142. Fürst Wittgenstein.
143. General Hazan.
144. Kinglake.
145. Cormenin.
146. La Quotidienne.
147. Balzac.
148. Guizot.
149. Desgrigny.
150. Lemoine.
151. G. Bancroft.
152. Karlsruher Zeitung.
153. Norddeutsche Allgemeine Zeitung.
154. Abbé Rambant.
155. Graf Damas.
156. Correspondance de Berlin.
157. Straßburger Zeitung.
158. Dr. Bilfinger.
159. Mouroult de Villeneuve,
160. Emile Delmas.
161. Fiévée.
162. Graf Ségur.
163. Challemel Lacour.
164. Carayon Latour.
165. General Bressolles.
166. Abbé Deblaye.
167. Schlumberger.
168. Heylandt.
169. Chaudordy.
170. Le Corsaire.

Notiz. Sollte dieses Buch starken Absatz finden, so wird der Verfasser noch einen Nachtrag mit zahlreichen auf den Krieg bezüglichen Citaten und Beobachtungen erscheinen lassen.

Urtheile der Presse.

.... Die Aussagen glaubwürdiger Correspondenten, wie z. B. des Herzogs von Manchester, Sir Tollemache Sinclair's und Anderer würden auch einen wohlthätigen Einfluß auf das Volk ausüben, wenn sie nur bekannt gemacht würden.

Kölnische Zeitung.

.... Gestern hat uns Sir Tollemache Sinclair eine Schilderung der Gleichgültigkeit gegeben, mit der die Leiden der Verwundeten von dabeistehenden Franzosen und selbst von ihren nicht verwundeten Kameraden mit angesehen wurden, und es scheint fast, daß die Einbildungskraft und das Gefühl erst gebildet werden müssen, um ein lebendiges Mitgefühl mit den Leiden Anderer zu erwecken.

Times.

Unter den vielen interessanten Mittheilungen, die uns vom Kriegsschauplatze in Bezug auf die Lage der Kranken und Verwundeten und die Einrichtungen für die Pflege derselben zugekommen sind, haben wir keine beachtenswerther gefunden, als die von Sir Tollemache Sinclair gemachten.... In dieser Beziehung namentlich verdient der auch im Uebrigen interessante Brief Sir Tollemache's unsere ungetheilte Aufmerksamkeit.... Wir wenden uns daher zu Sir T. Sinclair's Brief, nicht nur weil Alles, was von ihm herrührt, Beachtung verdient, sondern weil er diesen Gegenstand einer sorgfältigen Prüfung unterworfen und sich deßwegen mit Leuten in Verbindung gesetzt hat, von denen sich annehmen läßt, daß sie die Sache gründlich verstehen.... Diese Bedingung scheint ein eigenthümliches Licht auf die Art zu werfen, wie die Gesellschaft ihre Mittel organisirt hat, und Sir T. Sinclair setzt des Weitläufigeren den Weg auseinander, den sie hätte verfolgen sollen und den einzuschlagen es leider auch jetzt noch nicht zu spät ist.

.... Wir hoffen bestimmt, daß das Central-Comité sich nicht durch Vorurtheile davon wird abhalten lassen, seinen alten Plan aufzugeben und einen bessern anzunehmen, wenn der von Sir T. Sinclair vorgeschlagene Plan wirklich besser ist; was wir glauben. —

Morning Advertiser.

Der Abgeordnete für Caithneß ist auf dem Kriegs-Schauplatze gewesen; er hat sich den Krieg vom politischen Standpunkte aus angesehen, sich ein eigenes Urtheil gebildet und ist mit einem Päckchen so prononcirter Ansichten heimgekehrt, daß es in hohem Grade interessant ist sie zu prüfen. Sir J. T. Sinclair's Brief besitzt eine Eigenschaft, die sich nicht überall in den officiellen und nicht officiellen Schriftstücken findet, nämlich ungeschminkten, gesunden Menschenverstand, der den Nagel auf den Kopf trifft. Sir John ist ein wüthender Parteimann und so führt er denn die Sache seiner Freunde, der Deutschen, vortrefflich; in einigen Punkten übertrifft er sogar Bismarck in der Bismärckerei. Meist bedient sich ein „neutraler Parteimann“, um eine irische Redensart zu gebrauchen, einer stärkeren Ausdrucksweise, als jede der streitenden Parteien. Graf Bismarck wünscht noch ein Loch für den Frieden offen zu lassen. Sir

John Sinclair treibt die Sache der Deutschen so unerbittlich auf die Spitze, daß wir kaum glauben, daß ein Friede zu Stande kommen könnte, der nicht Frankreich gradezu ruinirte, wenn er Deutscher Premier-Minister wäre. Sir J. Sinclair lebt der Ansicht, die Viele mit ihm theilen, daß Europa nicht eher Frieden haben wird, bis Frankreich völlig zur Kriegführung unfähig gemacht worden ist.... Was ist dabei zu thun? Gambetta meint es gut, aber Sir John Sinclair's Brief kommt trotz seiner stellenweisen Uebertreibungen der Wahrheit viel näher, als Gambetta's Proclamationen; wenn aber dieser Brief ins Französische übersetzt würde, so würden die Franzosen wol einstimmig behaupten, daß es der Brief eines verrückt gewordenen Engländers sei. Sie würden, wenn es in ihrer Macht läge, wol Sir John Sinclair erst aufhängen und dann seinen Brief einer Prüfung unterziehen. Wir, unseres Theils, freuen uns darüber, daß dieser biderbe Herr mit heiler Haut nach Luxemburg entkommen ist; denn er schwebte in großer Gefahr; und wenn ein Beispiel vorläge, daß ein Abgeordneter einer verbündeten Nation je erschossen worden, so hätte Sir J. Sinclair sicher dieß Schicksal getroffen. Es giebt kaum einen Anderen, der ein besseres Recht zu sprechen hätte, als er und wir bedauern es nur, daß ein so interessanter Brief stellenweise größere Voreingenommenheit bekundet, als wir bei einem Manne von seiner Stellung gerne haben. Die Franzosen haben zwar einen entsetzlichen Fehler begangen, einen Fehler, der selbst wenn die Preußen in drei Monaten von jetzt ab aus Frankreich vertrieben werden während der Dauer der jetzigen Generation nicht wieder gut zu machen ist. Daher meinen wir, daß Sir John Sinclair, der sehr wohl weiß, daß sein Brief in längerer oder kürzerer Frist allen Französischen Zeitungen zukommen wird, zu hart gegen die Franzosen aufgetreten ist. Möglicherweise kann er seine gegen dieselben vorgebrachten Anschuldigungen beweisen; das wollen wir gar nicht in Frage stellen; aber das Erbarmen hat seine Zeit, ebenso gut wie das Verurtheilen.

Wir meinen z. B. Sir J. Sinclair hätte uns nicht grade jetzt an die abgeschmackten Renommistereien der Französischen Zeitungen vor dem Kriege erinnern sollen.... Wir glauben, daß Sir John zu hart gegen die Franzosen verfährt, die sich stets gebrüstet haben und beim Beginne dieses Jahrhunderts auch ein Recht dazu hatten. Sir John's Ansicht von dem Stande der öffentlichen Meinung in Deutschland, der er mit Ausnahme der Abtretung der Flotte beipflichtet, scheint uns wenig Hoffnung auf einen baldigen Frieden zu erwecken.... Mittlerweile danken wir Sir John Sinclair herzlich für seinen höchst interessanten, wenngleich einseitigen Brief. — Daily Review.

Als wir gestern Sir John Sinclair's an die Times gerichtetes Schreiben etwas scharf kritisirten, waren wir in Bezug auf mehrere Dinge anderer Meinung als er, aber ehe noch unsere Tinte trocken geworden, erhielten wir einen Brief aus dem Innern von Paris, der einen solchen hohen Grad von Verrücktheit an's Licht brachte, daß wol selbst

Sir John Sinclair das kaum hätte erwarten können. Dieser gute Mann ist zwar streng mit den Franzosen ins Gericht gegangen, aber er kann doch kaum auf die unaussprechliche Thorheit gerechnet haben, welche von den Köpfen der Minorität, glücklicherweise einer kleinen Minorität, der Pariser Bevölkerung Besitz ergriffen hat. Daily Review.

Ein Englisches Parlamentsmitglied, Sir Tollemache Sinclair auf Thurso-Castle, hat sich mehrere Male auf dem Kriegs-Schauplatze aufgehalten und der Times zwei umfangreiche Artikel eingesandt, welche mit der lobenswerthesten Unpartheilichkeit die gerechteste Auffassung der Sachlage verbinden und in erfreulichster Weise darthun, daß denkende und wohlunterrichtete Engländer der Deutschen Sache durchaus Recht geben.... Auch schildert Sir Tollemache Sinclair in einer überraschend genauen und durchaus der Wahrheit entsprechenden Art das grausame und lügenhafte Verhalten der Franzosen, sowie die mannhafte und gerechte Handlungsweise der Deutschen, wofür er überall die Beweise anführt, so daß man sieht, daß er den Kriegs-Schauplatz als ein aufmerksamer Beobachter besucht hat.... Wir sind auf diese Artikel etwas näher eingegangen, weil es einen sehr guten Eindruck auf England machen muß, wenn erfahrene Männer, Mitglieder des Parlaments, sich so offen für die Deutsche Sache aussprechen: solche Aufsätze machen der Englischen Nation Ehre und lassen hoffen, daß auch die Regierung selbst den richtigen Weg einschlagen werde. Kölnische Zeitung.

Sir J. G. Tollemache Sinclair, hierzulande einer der besten Kenner continentaler Zustände schreibt an die Times unter Anderem: „Wäre ich nach dem Kriegs-Schauplatze als ein glühender Anhänger Frankreichs gegangen, so würde ich als ein enthusiastischer Parteigänger Deutschlands zurückgekommen sein, nachdem ich Gelegenheit hatte, die edle Aufführung dieses tapfern Volks mit den verächtlichen Thaten der Franzosen zu vergleichen."

.... Es ist sehr wohlthuend in diesem Lande, wo man nur Wenige findet, die continentale Angelegenheiten verstehen, so manche höchst Gebildete anzutreffen, welche die gerechte Sache Deutschlands mit großer Einsicht vertheidigen. — Londoner Zeitung.

.... Einer der eifrigsten Vorkämpfer für Deutschland, sein Recht und seine Ansprüche unter diesen Verfassern „eingesandter" Zuschriften ist das Parlaments-Mitglied Sir Tollemache Sinclair. Er ist mit Deutschland bekannt, hat es kurz vor und während des Krieges bereist, hat nach der Schlacht von Sedan die Schlachtfelder und Ambulanzen besucht und darüber schätzbare, weil nicht übertriebene Berichte geschrieben. In wiederholten, ausführlichen Zuschriften an die Times, den Morning Advertiser und andere Blätter ist er seitdem für Deutschland gegen die Englischen Gegner desselben und ihre Beschuldigungen und ganz besonders für Deutschlands Recht zur Wiedererwerbung von Elsaß und Deutsch-Lothringen aufgetreten.... Es fehlt uns der Raum auf die weiteren interessanten Ausführungen des Baronets einzugehen. Ostpr. Zeitung.

London, 27. Januar (Orig. Corr.) Beim Nahen der Parlaments-Eröffnung mag wol auf diejenigen Mitglieder der Landesvertretung hingewiesen werden, welche inmitten des Deutsch-feindlichen Geschreies sich nicht beirren lassen, vielmehr nach wie vor unserer guten Sache gerecht zu werden wissen. Unter diesen steht das Schottische Unterhausmitglied, Sir Tollemache Sinclair, voran. Gleich beim Beginn des Krieges leistete er Deutschland einen unzweifelhaften Dienst, indem er an die Englische Regierung die Forderung stellte, daß die Lootsen von Helgoland anzuhalten seien, Französischen Kriegsschiffen nicht den Weg nach den Deutschen Häfen zu weisen. Und obwol das Ministerium anfänglich auf Sir Tollemache's Anfrage mit allerhand Umschweifen antwortete, so wurde das bemerkte Verlangen doch schließlich erfüllt. Der Schottische liberale Vertreter hat daher redlich das Seinige dazu beigetragen, um unser Land vor drohender Unbill zu wahren.

.... Sir Tollemache Sinclair's Vorlesung ist derart, daß sie in Deutschland rühmend erwähnt zu werden verdient. Der überzeugungstreue Muth, mit welchem er auftritt, ist in diesem Augenblicke, wo sich so Viele durch des Tagesgeschrei beugen lassen, doppelt ehrenwerth.

Wiener N. Fr. Presse.

.... Noch in frischer Erinnerung sind Ihren Lesern die tapferen, mannhaften Worte, welche Sir J. G. Tollemache Sinclair zur Vertheidigung Deutschlands in einer ausgezeichneten Vorlesung sprach, die reich war an geschichtlichen Rückblicken, fest und treu in ihrer Haltung, gleich der „Wacht am Rhein." Eine Anzahl Exemplare seines als Brochüre gedruckten Vortrags hat Sir T. Sinclair zum Besten der Deutschen Verwundeten zur Verfügung gestellt. Die freie Vertheilung der Schrift unter die Landesvertreter und sonstigen politischen Persönlichkeiten ist geeignet, manches Vorurtheil zu zerstreuen und die irre geleiteten Ansichten wieder auf den rechten Weg zu führen. —

Kölnische Zeitung.

Der Artikel des Sir T. Sinclair drückt sich mit großem Freimuth über den Eindruck aus, den die Neutralität Englands auf die Deutschen gemacht hat; doch hierüber gehen wir hinweg, weil England wohl mehr Leute zählt, welche die Ansichten des Grafen Bismarck über diesen Gegenstand theilen, als die des Earl Granville.... Andererseits führen wir als eigenthümlich an, was Sir Tollemache Sinclair als Fehler der Deutschen in der Kriegführung aufzählt.... Mit preiswürdiger Bestimmtheit wendet sich Sir Tollemache Sinclair im folgenden Theil gegen die Engländer und weist ihre Hinneigung zu Frankreich und ihre Abneigung gegen Deutschland nach.... Bei der weiteren scharfen Kritik der Kriegsführung der Franzosen, dieser „Griechen des Westens" spricht sich stets Sir Tollemache Sinclair's freundliche Gesinnung gegen Deutschland auf's deutlichste aus.... Nun sind wir überzeugt, daß unser Engländer sich hierin ebensowenig täuscht, wie in seiner Ansicht über unsere Armee und es bleibt nur zu wünschen, daß sich jenseits des Kanals mehr Leute fänden, die ihm gleichen.

Nordd. Corresp.

Vorrede.

Ich fühle mich gedrungen die Gründe auseinander zu setzen, die mich dazu bewogen haben eine Deutsche Ausgabe meiner Englischen Brochüre über den Deutsch-Französischen Krieg, welche während des Kampfes geschrieben worden, zu veranstalten, sowie der Briefe, die ich an die Times und andere Zeitungen damals richtete und die Antworten auf dieselben.

In Anbetracht der zahllosen Menge von Büchern, Broschüren, Briefen und Leitartikeln, die über diesen Gegenstand von den gewandtesten Schriftstellern der verschiedenen Nationalitäten und von Männern, die sich eines großen Rufes erfreuen, namentlich auch von den Correspondenten der Times, Daily News, Kölnischen und anderer Zeitungen veröffentlicht worden sind, hielt ich meine eigenen ephemeren und unbedeutenden Beiträge nicht einer erneuten Veröffentlichung werth. Als ich aber in Erfahrung brachte, daß man in Deutschland im Allgemeinen annimmt, die öffentliche Meinung in England sei während des Krieges Deutsch-feindlich gewesen — daß die günstigen Urtheile der Englischen Presse nur wenigen Deutschen zu Gesichte gekommen und in kurzen gelegentlichen Auszügen in's Deutsche und in Zeitungen übergegangen wären, habe ich mich bewegen lassen dem Deutschen Publikum einen Auszug aus der damaligen Englischen Tagesliteratur vorzulegen.

Meine eigenen warmen Sympathien galten von Anfang an der Deutschen Sache, und selbst als ich fürchtete, daß der Ausgang des Krieges für sie ungünstig ausfallen könnte, beweisen es meine von Sedan und anderswoher geschriebenen Briefe, daß ich von Anfang an ein Freund der Deutschen unter allen Umständen und kein bloßer Erfolgsanbeter war.

Es kann für Deutsche wohl von größerem Interesse sein die Ansichten eines unabhängigen Ausländers über den Krieg zu hören, die doch im Ganzen unparteiischer ausfallen werden, als die gewandter vorgetragenen Auseinandersetzungen eines Landsmanns, ebenso wie es uns Engländern interessanter und lehrreicher ist die Meinungen der Deutschen über das Verhalten unserer Armee im

Krimmkriege kennen zu lernen, als die eines Engländers. Daher habe ich denn auch im Anhange einige Leitartikel aus der Times und anderen Zeitungen, sowie einen Brief des berühmten Thomas Carlyle und den eines unserer bedeutendsten Essayisten, des Herrn Rathbone Greg, sowie einige andere auf den Krieg bezügliche Auszüge abdrucken lassen.

Während des Kampfes habe ich aus vielen Zeitungen alles dasjenige ausgezogen, was in Bezug auf den Krieg vom größten Interesse war. Da nun die Englischen Zeitungen die wichtigsten Briefe und Artikel aus Deutschen und Französischen Blättern zu übersetzen pflegen, so habe ich ein sehr großes Material gesammelt, von dem meine Broschüre in zusammengedrängter Form das Wesentlichste, in fast telegraphischer Kürze, enthält, so wie in einem kleinen Kruge von Liebig'schem Fleisch-Extract die nährenden Bestandtheile eines ganzen Ochsen enthalten sind. Für mich bestand nun die größte Schwierigkeit darin, die richtige Auswahl aus dieser großen Masse zu treffen.

Bisweilen bedauere ich es fast, daß das zu meiner Verfügung stehende Material nicht in einem eigenen Bande, etwa unter dem Titel: „Die internationale öffentliche Meinung über den Deutsch-Französischen Krieg" wieder veröffentlicht worden ist. Wenn man in dieser Weise eine Auswahl aus den beiderseitigen Publicationen gäbe, so würde es klar zu Tage treten, ein wie großes Uebergewicht die Ansichten zu Gunsten Deutschlands hatten. Doch wäre möglicherweise die Geduld des Lesers durch die Lectüre ähnlicher Berichte über dieselben Ereignisse namentlich deshalb erschöpft worden, weil der Styl einiger dieser Mittheilungen sehr weitschweifig ist, da manche Correspondenten einen bestimmten Raum in der Zeitung ausfüllen müssen, ob sie nun viel oder wenig zu berichten haben.

Eine in's Detail gehende militairische Geschichte des Krieges würde wol kaum das große Publicum so sehr interessiren, als eine Untersuchung über die politischen und sittlichen Ursachen und Verhältnisse desselben; auch kann der Verfasser, obwol er einige Jahre in der Englischen Armee gedient hat, seinen Ansichten in jener Beziehung kein großes Gewicht beilegen.

Einem Engländer fällt es schwer zu begreifen, wie so viele Deutsche darauf kommen irrthümlicherweise zu glauben, daß die Englische Presse zum größten Theil anti-deutsch gesonnen wäre; da sicherlich die überwiegende Mehrheit der liberalen Englischen Blätter den Deutschen günstig war und die conservativen Organe, die, wie ich zugebe, sich meist durch Französische Sympathien hervorthaten, im Ganzen gering an Zahl und nur wenig verbreitet sind.

Auch geben die wiederholten bittern Klagen der Französischen Zeitungen über diesen Gegenstand, die thatsächlich es in der Zeit für Engländer gefährlich machten in Frankreich zu reisen, den besten Beweis für die Deutschen Sympathien des Englischen Volkes ab. Zwar ist es nicht in Abrede zu stellen, daß die bei den Französischen Armeen befindlichen Englischen Zeitungs-Correspondenten begreiflicherweise eine Zuneigung zu den Franzosen gewannen; und man konnte daher in derselben Nummer der Times sich widersprechende günstige Berichte lesen, je nachdem sie von Englischen Correspondenten aus dem Französischen oder Deutschen Lager herrührten; aber die Leitartikel der liberalen Blätter sprachen sich fast immer, bis zum Beginn der Friedens-Verhandlungen, zu Gunsten Deutschlands aus.

Erst von diesem Zeitpunkt an trat ein Rückschlag in den Gesinnungen der Engländer ein. Viele, die bis dahin ganz besonders Deutsch gesinnt waren, wurden der Meinung, daß die Deutschen Friedensbedingungen zu hart und schimpflich wären. Es kam hierbei der ritterliche Instinct der Engländer zur Geltung, der sie dazu zwingt bei einem Streit die Partei eines Zwerges gegen einen Riesen, eines Knaben gegen einen Erwachsenen zu ergreifen, ohne das eigentliche Wesen des Streites zu untersuchen; und dieser Instinct veranlaßte Viele ihrem Mitgefühl für die Franzosen lauten Ausdruck zu verleihen.

Die Geschichte unserer Vergangenheit beweist es, wie abenteuerlich-großmüthig wir selbst unter solchen Verhältnissen verfahren sind. Wir haben z. B. nach der Schlacht von Waterloo uns Nichts von den enormen Kriegskosten bezahlen lassen und Napoleon hat uns arg über unsere beispiellos alberne Selbst-Verleugnung verhöhnt. Ebenso ließen wir Rußland nach dem Krimm-Kriege frei ausgehen und verlangten von ihm keinen Schadenersatz.

Ich, für meinen Theil, billige nun zwar von ganzem Herzen das Verfahren Deutschlands, das auf der Bezahlung der fünf Milliarden und der Abtretung des Elsaß und Deutsch-sprechenden Theils von Lothringen besteht, und habe seiner Zeit meine Ansichten hierüber mit voller Namensunterschrift in den Englischen Blättern veröffentlicht. Aber ich bedaure es, daß Deutschland Frankreich nicht den Französisch-sprechenden Theil Lothringens gelassen und nur auf der Schleifung von Metz bestanden hat, dessen Wiederbefestigung man zu einem casus belli hätte machen können, wobei Deutschland von Luxemburg hätte Besitz ergreifen müssen, dessen Bevölkerung ihr Recht auf Unabhängigkeit dadurch verwirkt hatte, daß sie sich willig der Schmach unterwarf, sich an Frankreich verkaufen zu lassen. Auch hätte der König von Holland sich nicht darüber beklagen können, wenn er von Deutschland die Summe erhalten hätte, die er von Frankreich dafür beansprucht hatte.

Wie man sehen wird, habe ich mich des Weitläufigeren über die abscheuliche Verwaltung der Englischen Gesellschaft zur Unterstützung der Verwundeten ausgelassen, welche mit ihren ungefähr 20 Millionen Thalern unberechenbar viel Gutes hätte stiften können.

Ich werde nicht aufhören es zu bedauern, daß die Umstände mich daran verhindert haben meine Ansichten über die den Kranken und Verwundeten zu leistende Hilfe zu verwirklichen; da sich mir die Gelegenheit mich nach dieser Richtung hin nützlich zu machen wol nicht mehr bieten wird. Ich sah sehr bald ein, daß die Englischen Träger der freiwilligen Hilfe nicht geschätzt, sondern als lästig angesehen wurden. Auch habe ich wol leider, nach den Angaben von Herrn Otto Corwin und andern Schriftstellern zu urtheilen, die Dienstleistungen der Johanniter überschätzt und war außerdem der Meinung, ich könnte durch meine Rückkehr nach England, wo ich auf die Mängel in der Verwaltung der Englischen Gesellschaft und die besten Mittel, dieselben abzustellen, aufmerksam machte, der Sache größere Dienste leisten. Ich muß hier noch hinzufügen, daß meines Erachtens sich bei den Deutschen ein Mangel an Freigebigkeit in der Behandlung ihrer Kranken und Verwundeten bemerklich machte. Denn die Aerzte hatten z. B., wie man mir mittheilte, Befehl, Wein und andere Stärkungsmittel nur dann zu verordnen, wenn sie zur Erhaltung des Lebens unentbehrlich waren, anstatt sie in allen Fällen zu geben, wo sie keinen Schaden thun, sondern die sichere und schnelle Genesung der Kranken befördern konnten.

Von diesem Buche wird einem jeden Mitgliede des Deutschen Reichstags und der übrigen Deutschen Volksvertretungen ein Exemplar kostenfrei zugestellt werden und ebenso werden die Deutschen politischen Zeitungen, etwa Tausend an der Zahl, jede ein Exemplar erhalten. Es würde mir sehr lieb sein, wenn diejenigen, die sie für lesenswerth halten, meinem Verleger (unter meiner Adresse) einen beliebigen Beitrag zum Besten der Wittwen und Waisen im Kriege getödteter Soldaten zustellen wollten. Auch ersuche ich die Zeitungsredacteure, die mir die Ehre erweisen, diese Brochüre zu erwähnen, die betreffenden Urtheile in zwei Exemplaren mir unter der Adresse: "Traveller's Club, London zu übersenden.

Der Deutsch-Französische Krieg.

Ursachen des Krieges.

Keinem aufmerksamen Beobachter des politischen Horizonts von Europa konnte es entgehen, daß ein Krieg zwischen Frankreich und Preußen unvermeidlich sei, und daß der rastlose Ehrgeiz Frankreichs, welches man mit Recht als den „moralischen Vulkan Europa's“ bezeichnen kann, sowie seine wahnwitzige Vorliebe für den sogenannten Kriegsruhm unfehlbar eine jener periodischen Explosionen veranlassen würde, durch welche die Franzosen, nach einem Ausspruche des Grafen Bismarck, zwanzig Mal in einem Jahrhundert, d. h. durchschnittlich alle fünf Jahre ein Mal Deutschland verwüstet haben. Zwar hatte die Preußische Armee durch die von ihr im Jahre 1866 mit blitzartiger Geschwindigkeit im Feldzuge gegen Oestreich und dessen Verbündete ausgeführten Wunder der Tapferkeit ganz Europa in Erstaunen gesetzt; aber zugleich war der Wohlstand der Französischen Nation anscheinend auf einer so beispiellosen, freilich auf Täuschung beruhenden Höhe angelangt, und hatte ihr Kriegsruhm durch die Kriege in der Krimm und Italien einen so ungebührlichen Aufschwung gewonnen, daß Freund und Feind, in Anbetracht ihrer Bewaffnung mit den Schrecken erregenden Chassepots (die bei 4500 Fuß noch tödtlich treffen, wogegen das Zündnadel-Gewehr nur bei 1500 Fuß tödtet, und mithin dem Französischen Soldaten 30 Mal aus sicherer Entfernung zu schießen gestattet, ehe der Deutsche ihn erreichen kann) und den mörderischen Mitrailleusen, annahm, die Preußen müßten

1

sicher unterliegen und daß die Franzosen, mit gewohnter Anmaßung, die vortheilhaftesten Wetten darauf anboten, daß ihre Armee in sehr kurzer Zeit in Berlin einziehen werde.

Freilich hatten die Franzosen im Jahre 1864 die Aufforderungen der Britischen Regierung für Dänemark in dessen Krieg mit Deutschland Partei zu ergreifen zurückgewiesen; aber obgleich sie sich bei dieser Gelegenheit nicht entblödeten einen kleinen Staat, der ihr treuer und uneigennütziger Verbündeter gewesen war, seinem Schicksal zu überlassen, so machen sie uns jetzt doch Vorwürfe, weil wir ihnen nicht gegen Deutschland zu Hilfe kommen wollen. In Bezug auf diese Angelegenheit sagt Prévost Paradol: „Die Zerstückelung Dänemarks, welche wir, trotz der förmlichen Aufforderung Englands eine so gefahrvolle Ungerechtigkeit zu verhindern, geschehen ließen, ist eine Thatsache, die man dem strengen Urtheil einer unparteiischen Nachwelt überlassen mag.“

Zwar behaupten sie, daß wir im Krimm-Kriege nur durch sie von einer Niederlage durch die Russen gerettet worden, während Oberst Charras, der berühmte Französische Militair-Schriftsteller, nachweist, daß die Engländer dort den Franzosen viel mehr Hilfe geleistet, als sie von denselben erhalten haben. Ferner geben sie vor, daß sie sich nur aus Gefälligkeit gegen uns auf den Krimm-Krieg eingelassen haben; wogegen Prévost Paradol behauptet, Frankreich habe jenen Krieg geführt, um seine eigene Degradation zu verhindern, zur Wahrung seiner legitimen Größe und zu Gunsten der künftigen Unabhängigkeit des Westens. Ja! einzelne Französische Schriftsteller sind sogar so kühn uns der Undankbarkeit zu zeihen, weil wir ihnen nicht beigestanden haben, da sie es doch unterlassen hätten uns nach Art der Seeräuber zu überfallen, als der Aufstand in Indien ihnen eine so verführerische Gelegenheit dazu darbot.

Bekanntlich wurde im Jahre 1866 zwischen Preußen und Oestreich um die Suprematie Deutschlands gekämpft, und zwar siegte das Erstere, im Widerspruche mit dem, was allgemein erwartet wurde, so vollständig, daß man annimmt, daß, wenn es seinen Sieg weiter verfolgt hätte, es Wien hätte nehmen und das ganze übrige Deutschland annectiren können und daß, selbst wenn Frankreich, das damals nur mit Vorderladern bewaffnet war, seine offenbare Absicht in diesem Falle für Oestreich Partei zu ergreifen ausgeführt hätte, die Preußen wahrscheinlich die verbündten Truppen besiegt haben würden. Durch die Intervention Frankreichs, das sich damals mit Erfolg die Stellung als erste Macht Europa's und oberster Schiedsrichter über dessen Geschicke anmaßte, wurde der Friede zu Stande gebracht, durch welchen Preußen Hannover, Frankfurt und noch einige Provinzen erhielt und zum Haupt des Norddeutschen Bundes wurde, über dessen Militair, Marine und Diplomatie es verfügen konnte. Durch eben diesen Vertrag wurde auch die Abmachung getroffen, daß der Dänische Theil von Schleswig an Dänemark abgetreten werden solle.

Da nun Preußen solchergestalt reichlich und unerwarteter Weise vergrößert worden, erhob Frankreich sofort seine üblichen Ansprüche auf eine compensirende Territorial-Erweiterung, wie es dieselbe mit vollständigem Erfolge von Italien verlangt hatte, als es Nizza und Savoyen, nach Inscenirung einer Volks-Abstimmung, annectirte, nachdem es den Krieg vorgeblich nur für eine Idee unternommen hatte. Nun weigerte sich aber die Regierung des Norddeutschen Bundes gleich von Anfang an mit standhafter Entrüstung auch nur einen Zoll breit Deutschen Gebietes oder einen Stein der Festungen aufzugeben, die von einer Deutsch-redenden Bevölkerung bewohnt waren. In Folge dessen wurde die Französische Regierung von Thiers, Jules Favre und fast allen Abgeordneten der Opposition auf's Strengste dafür getadelt, daß sie auch nur die Vereinigung von Nord-Deutschland, ohne reichliche Entschädigung in Gestalt irgend eines Deutschen Gebiets am Rhein, hatte zu Stande kommen lassen; und als nun gar die Schutz- und Trutzbündnisse zwischen Nord- und Süd-Deutschland abgeschlossen waren, stieg die öffentliche Entrüstung in Frankreich zu einer solchen Höhe und wurde so allgemein, daß der Kaiser Napoleon zu der Einsicht kam, daß ein entschiedener Schritt gethan werden müsse um die anwachsende Unzufriedenheit zu beschwichtigen — denn das Recht der Franzosen auf die Alpen und den Rhein als ihre natürlichen Grenzen wird sogar in den Französischen Schulen gelehrt. Daher trat er mit dem König von Holland wegen des Ankaufs des Großherzogthums Luxemburg in Unterhandlung, welches dieser Souverain zwar beherrscht, das aber von einer ausschließlich Deutschen Bevölkerung bewohnt wird, die zum Zollverein gehört, stets dem Deutschen Bunde angehört hat und eine Festung

1*

von so unvergleichlicher Stärke besitzt, daß man sie das Deutsche Gibraltar genannt hat, und die damals von Preußischen Truppen besetzt war.

Der König von Holland, welcher jetzt eine so große Anhänglichkeit an seine „lieben Luxemburger“ zur Schau trägt, war damals gern erbötig, das Großherzogthum zu verkaufen und die herrschende Minorität des Ländchens, welche vorgiebt Französisch zu sprechen und Französische Sitten nachäfft, erging sich, mit Unterstützung derjenigen, die es für klug hielten scheinbar das zu billigen, was sie für ein unvermeidliches, aber entehrendes Unglück ansahen, in lärmenden Demonstrationen zu Gunsten Frankreichs, an welches sie wie ein Faß ihres Bieres verkauft werden sollten. Hierüber kam es in Deutschland zu einer starken patriotischen Entrüstung und der Norddeutsche Bund erklärte, daß er jedem Versuch diesen ehrlosen Handel abzuschließen mit Waffengewalt entgegentreten würde. Und thatsächlich hätte Luxemburg, einmal im Besitze Frankreichs, das schon die meisten dominirenden Zugänge zu Deutschland inne hatte, letzteres Land ganz der Willkühr seiner gewissenlosen, wankelmüthigen und ruhmsüchtigen Nachbarn Preis gegeben; und wenn Luxemburg Französisch geworden und die Einheit Deutschlands nicht zu Stande gekommen wäre, so kann man es kaum bezweifeln, daß Frankreich allmählich ganz Deutschland annectirt haben würde, nach dem Beispiel Napoleon's I., der sich zuerst die Rheinprovinzen aneignete. In dieser kritischen Lage der Dinge ließ sich England, meines Erachtens, höchst unglücklicher und unnützer Weise dazu verleiten zu interveniren. Denn hätte es den beiden streitenden Parteien die Schlichtung des Streites selbst überlassen, so wäre ein Krieg zu einer Zeit ausgebrochen, wo Deutschland Luxemburg inne hatte und wo die Franzosen vorwiegend mit Vorladern bewaffnet waren und noch keine Mitrailleusen hatten, während Deutschland schon Zündnadelgewehre besaß; so daß, nach dem Ausgang des jetzigen Krieges zu urtheilen, die Norddeutschen sehr bald den Frieden in Paris mit viel geringerem Blutvergießen dictirt haben würden, als jetzt geschehen ist. Nach längeren Verhandlungen veranlaßten wir Frankreich den Ankauf von Luxemburg aufzugeben, das unter der Botmäßigkeit des Königs von Holland unter der Bedingung bleiben sollte, daß die Norddeutschen die Festung, welche geschleift werden sollte, räumten; und daß England und die übrigen Mächte die Neutralität des Ländchens garantirten. Ich muß gestehen, daß ich es für höchst unklug und unbillig halte, daß wir für die Neutralität Luxemburgs, oder irgend eines andern Landes einstehen sollen (wenn es nicht, wie Portugal, sich verpflichtet für uns zu kämpfen, wenn wir angegriffen werden), namentlich da wir, in dem Falle, wo es gleichzeitig von Frankreich und Deutschland angegriffen werden sollte, verbunden wären beide Feinde daraus zu vertreiben, wobei wir gar nicht einmal in das Land gelangen könnten, ohne unsere Truppen durch Französisches, Belgisches oder Deutsches Gebiet zu führen. Ferner brauchte ja auch die Nation, welche zuerst in Luxemburg einfiele, durchaus nicht der wirklich angreifende Theil zu sein; da sie, wenn sie sichere Kunde davon hätte, daß der Gegner einen Einfall beabsichtige, wodurch er einen überwiegenden Vortheil gewinnen würde, mit Recht ihm zuvorkommen könnte; während die verschiedenen Garantie-Mächte entgegengesetzte Ansichten darüber hegen könnten, wer der eigentlich angreifende Theil sei. Ich erfuhr daher mit staunendem Entsetzen von einem fortgeschrittenen liberalen Parlamentsmitgliede, das Lord Stanley ihn in dieser Angelegenheit um Rath gefragt und daß der Abgeordnete die vorgeschlagene Garantie gebilligt und ihr seine Unterstützung zugesagt habe. Schließlich jedoch hat Lord Stanley das dabei interessirte Publicum dadurch beruhigt, daß er die Behauptung aufgestellt hat: die fragliche Garantie sei eine gemeinsame und keinem einzelnen Staate zukommende und daß wir also, wenn die anderen Mächte nicht auch die Neutralität Luxemburgs aufrecht erhielten, allein nicht dazu verpflichtet wären. Freilich ist diese Ansicht in ganz Europa als eine unehrliche und elende Art uns unserer Verantwortlichkeit zu entziehen bezeichnet worden.

Nachdem in dieser Weise die Machiavellistische Politik der Franzosen abermals durch die patriotische Festigkeit der Deutschen vereitelt worden, wurde die Unzufriedenheit der Ersteren noch drohender und der Kaiser verdoppelte nun, als richtiger Spieler, seinen Einsatz über und über, indem er einen geheimen Vertrag vorschlug, auf den ich später zurückkommen werde; aber auch dieser Versuch schlug fehl. Da somit die Französische Regierung nach allen Richtungen Fehlgriffe gethan hatte, entschloß sie sich, nachdem sie mittlerweile ihre Soldaten mit Chassepots und Mitrailleusen bewaffnet und ihre Armee in sclavischer, aber unzulänglicher Nachahmung des Preußischen Systems reorganisirt und vermehrt hatte, den ersten besten Vorwand zu ergreifen, um Deutschland den Krieg zu erklären, ehe dieses seine Zündnadel-Gewehre verbessert und sich mit Mitrailleusen versehen hatte. Auch ließ die Gelegenheit nicht lange auf sich warten; denn bald darauf erwählte sich der Marschall Prim, der nach einem König für Spanien suchte und sich vom Prinzen Amadeus von Italien (dem jetzigen König von Spanien) und vielen Anderen Körbe geholt hatte, den Prinzen Leopold von Hohenzollern zum Könige. Nun war es zwar in ganz Europa lange, ehe die Angelegenheit zu einem casus belli zurecht gebraut wurde, bekannt, daß Prinz Leopold den ihm angebotenen Thron von Spanien angenommen habe; aber da es unwahrscheinlich war, daß sich den Franzosen sobald wieder ein Vorwand bieten würde Deutschland den Krieg zu erklären, kündigte die Französische Regierung plötzlich der Spanischen an, daß sie, falls Prinz Leopold den Spanischen Thron bestiege, Spanien den Krieg erklären würde; wodurch sie sich die freche Anmaßung zu Schulden kommen ließ die Spanier durch eine Drohung an der Ausübung ihres unveräußerlichen Rechts, sich einen beliebigen König zu wählen, verhindern zu wollen. Es halten es also die Franzosen für unerträglich, daß ein Deutscher Prinz, in Folge der freien Abstimmung des Spanischen Volks, den Spanischen Thron besteige und fürchten thörichterweise, daß die Spanier sich durch ihn für Deutsche Interessen in einen Krieg mit Frankreich verwickeln lassen würden, obgleich Bernadotte und Murat, die beide Franzosen waren, Frankreich den Krieg erklärt haben, als es sich um die Interessen ihres Adoptiv-Vaterlandes handelte; ja, obgleich Napoleon Bonaparte seinen Bruder Joseph, trotz des patriotischen Widerstands der Nation, mit Waffengewalt auf den Thron von Spanien gesetzt und Louis Philippe und Guizot durch die Intrigue der Spanischen Hochzeiten dasselbe Ziel verfolgt hatten, einen Französischen Prinzen auf den Spanischen Thron zu bringen, damit es „keine Pyrenäen mehr geben möge." Ferner schickte die Französische Regierung Benedetti zum König von Preußen, um ihm kund zu thun, daß Frankreich Preußen den Krieg erklären würde, falls der König nicht den Rücktritt des Prinzen Leopold veranlasse. Auf genau dieselben Gründe hin könnte Frankreich England mit Krieg bedrohen und würde es wol auch thun, falls ein Englischer Prinz den Spanischen Thron bestiegen hätte, gleichgiltig, ob das Englische Volk es gewünscht hätte, oder nicht.

Auf diese Ankündigung erklärte der König von Preußen, daß er durchaus keinen Einfluß auf den Prinzen Leopold ausgeübt habe; daß dieser durchaus frei sei; ja daß er (der König), als die Angelegenheit auf's Tapet gebracht worden sei, dem Prinzen sogar abgerathen habe, die Krone von einem so unruhigen und wankelmüthigen Volke anzunehmen, die von so Vielen kluger Weise ausgeschlagen worden. In diesem kritischen Zeitpunkt intervenirte England abermals und bewog den König, den Prinzen Leopold zum Rücktritt zu überreden. Hierauf erklärte Frankreich, in seinem Aerger über den Verlust einer günstigen Gelegenheit Deutschland zu einer Zeit anzugreifen, wo es noch keine den Chassepots gewachsenen Flinten besaß und eben im Begriff stand sich ein vorzügliches Gewehr anzuschaffen, daß es den Krieg erklären würde, falls König Wilhelm sich nicht verbindlich mache, für alle Zukunft und unter allen Umständen dem Prinzen Leopold (auf den er gar kein Recht hatte ein Zwangsmittel auszuüben), die Annahme der Spanischen Krone zu verbieten. Eine solche Zumuthung steht wohl beispiellos in der Geschichte da und ein Schrei der Entrüstung ging durch das ganze Deutsche Volk, daß der König nicht daran denken dürfe, sein Wort in der Art zu verpfänden, ohne Rücksicht auf die Folgen einer solchen Weigerung. Das Verlangen wurde daher zurückgewiesen und nochmals mischte sich die Britische Regierung ein und schlug ein Schiedsgericht vor; da aber dieser Vorschlag beiderseits verworfen wurde, erklärte Frankreich den Krieg. Und hier muß ich wiederum auf das furchtbare Unrecht hinweisen, das wir an Deutschland durch unsere im Trüben fischende, sich in anderer Leute Angelegenheiten eindrängende Politik begingen. Denn, wenn wir uns nicht in den Streit gemischt hätten, so hätte Prinz Leopold seine Spanische Kron-Candidatur nicht zurückgezogen und Spanien wäre gezwungen gewesen an Deutschlands Seite zu kämpfen; während jetzt dieses Land feiger Weise die von Frankreich ihm angethane Beleidigung einsteckte und es Deutschland überließ, allein einen Spanischen Streit auszufechten. Außerdem hatten wir den König von Preußen bewogen, sich einer unnützen Demüthigung auszusetzen, die seine persönlichen Empfindungen und den gerechten Stolz des Deutschen Volks auf's Tiefste verletzte, indem wir darauf drangen, daß Prinz Leopold seine Spanische Kron-Candidatur zurückzog. Und ich kann es nicht begreifen, warum Prinz Leopold nicht den von seinem Vater, in seinem Namen, aber ohne sein Wissen und Zustimmung abgegebenen Verzicht zurückzog, als es sich herausstellte, daß dieses patriotische Opfer, dem er stillschweigend beigestimmt hatte, den Krieg doch nicht verhindern konnte. In diesem Falle hätten selbst diejenigen Spanier, die gegen ihn waren, es sich zur Ehrensache gemacht ihn zu unterstützen und er würde dadurch ungefähr 324,000 Mann Spanische Soldaten auf Deutschlands Seite gebracht haben. Als nun dieses große Völker-Duell eine beschlossene Sache war, wurde die Kriegs-Erklärung mit donnerndem Beifall von dem gesetzgebenden Körper und der ganzen Bevölkerung Frankreichs aufgenommen und Europa sah, bestürzt und zweifelnd, dem furchtbaren Schauspiel entgegen, das aufgeführt werden sollte und von den man allgemein annahm, daß es in einen vollständigen Triumph Frankreichs und in eine fürchterliche Niederlage Deutschlands auslaufen würde. Ich weiß sehr wohl, daß man vorgegeben hat, daß der Krieg gegen Preußen nicht von dem gros des Französischen Volks gewünscht worden sei; aber dagegen muß man anführen, daß die fast einmüthige Billigung einer Abgeordnetenkammer, die vor kurzem im Ganzen ehrlich, durch allgemeine, geheime, direkte Wahl und mit sehr großer Mehrheit gewählt worden, wohl als der Ausdruck der öffentlichen Meinung angesehen werden kann; und die Kriegs-Anleihen wurden mit 246 gegen 10 Stimmen bewilligt, ja, bei der Abstimmung über die Einberufung der Mobil-Garde und der Freiwilligen verminderte sich die Minorität zu einer einzigen Stimme.

Man hat jedoch behauptet, daß eine von der Regierung der nationalen Vertheidigung in den Archiven vorgefundene und veröffentlichte Sammlung von Documenten beweise, daß die Präfecten verschiedener Departements berichtet haben, das Volk sei gegen den Krieg; aber erstens habe ich schwere Bedenken, ob diese Documente nicht gefälscht sind, da bekanntlich die Franzosen zwei Formen der Wahrheit haben — die einfache nämlich, welche die Unwahrheit, und die doppelte oder zusammengesetzte, welche bisweilen wahr ist; und dagegen haben die Deutschen eine weit größere Sammlung von in Versailles vorgefundenen Documenten veröffentlicht, welche sie sich anheischig machen, dem Diplomatischen Corps vorzulegen, und die den Nachweis liefern, daß viele eben jener Präfekten und eine große Anzahl anderer erklärt habe, die Bevölkerung sei sehr für den Krieg begeistert. Unter den Orten, von welchen die Demonstration zu Gunsten des Krieges ausgingen, befinden sich außer vielen andern: Paris, Marseille, Toulon, Aurillon, Perpignan, Limoges, Orléans, Dijon, Troyes, Tarbes, Havre, Laon, Toulouse, Nancy, Digne, Ajaccio, Brest, Rennes, Aube, Isère, Haute Garonne, Dünkirchen, Lot, Meurthe, Lille, Cambrai, Mayenne, Aisne, Clermont, Ferrand, Gard, Nimes, Montpellier, Avignon, Mauleon, Alençon, Compiegne, Rethel und Sedan — kurz die meisten der wichtigsten Departements und Städte Frankreichs. Zu dieser Zeit erschien eines Tages der berühmte Vertrag Benedetti's in der Times und rührte Europa und namentlich England, wie ein Donnerschlag. Nach diesem Vertrags-Entwurf sollte Frankreich sich wie ein Dieb in Belgien einschleichen und das ganze theils von einer Flaemischen, d. h. halb-deutschen, theils von einer Französischen Bevölkerung bewohnte Land annectiren, ohne auch nur den Schein einer Volksabstimmung zu wahren und mit offenkundiger Verletzung alles Völkerrechts und aller Treue. Man nahm dabei an, daß Preußen so erz-thöricht sein würde den Besitz Belgiens an Frankreich zu garantiren und dieses verabscheuungswerthe Verbrechen, mit der gewissen Aussicht auf einen Krieg mit England, lediglich deßhalb unterstützen würde, um von Frankreich eine völlig nutzlose Garantie für die Deutsch-sprechenden Provinzen zu erhalten, die es seit 4 Jahren ohne alle Schwierigkeit inne gehabt hatte. Nun behauptete zwar die Französische Regierung mit schamloser Frechheit, daß dieser Vertrags-Entwurf nicht von Benedetti, sondern von Bismarck herstamme, aber der Preußische Kanzler zeigte dem Diplomatischen Corps in Berlin das Original vor und bewies demselben, daß der Vertrags-Entwurf von Benedetti's eigener Hand geschrieben sei. Hierauf stellten die Franzosen die Behauptung auf, daß der arme, schuldlose Benedetti (den Napoleon wol wegen seiner Dummheit und nicht wegen seiner Schlauheit in seine Dienste genommen hatte!) zwar wirklich Bismarck besucht habe, daß dieser aber den ganzen Vertrag entworfen und Benedetti dazu bewogen habe ihn nach Dictat niederzuschreiben, worauf Bismarck ihn bei sich behalten habe! Zum Glück für die Sache der Wahrheit und Gerechtigkeit konnte Bismarck beweisen, daß der Vertrag auf Papier geschrieben war, welches den Stempel der Französischen Botschaft trug, und nun war es unmöglich zu behaupten, daß Benedetti bei seinen Besuchen beim Preußischen Minister Bogen seines eignen Schreibpapiers bei sich zu tragen pflege. Außerdem würde der Vertrag, wenn er von Bismarck entworfen wäre, doch wol festgesetzt haben, daß Frankreich Deutschland gestatte, Luxemburg, Limburg und vermuthlich auch Holland zu annectiren und diese ihm als Aequivalent für die Französische Annexion von Belgien garantire.

In ganz England wurde die öffentliche Meinung durch die Französische Kriegs-Erklärung und die Veröffentlichung des geheimen, aber fehlgeschlagenen Vertrages in großen Aufruhr versetzt und die überwiegende Mehrheit der Nation verdammte das Betragen Frankreichs und sympathisirte mit der Deutschen Sache. Nur eine kleine Minorität ließ sich durch die Thatsache beeinflussen, daß der Kaiser Napoleon, mit Ausnahme des vorliegenden Falles des Benedetti'schen Vertrags-Entwurfs, ein treuer Verbündeter Englands gewesen war und blieb Frankreich günstig gesonnen, indem sie mehr Gewicht auf das politisch Vortheilhafte, als auf die Gerechtigkeit legte. Denn fast Jedermann war überzeugt, daß Preußen geschlagen werden und daß Frankreich sein Programm, die Rheinprovinzen zu annectiren, ausführen würde. Man warnte das Haus der Gemeinen davor, Frankreich ungünstigen Gesinnungen Ausdruck zu verleihen; und es erschien mir, als ob sowohl die Regierung, als das Parlament von dem Schreckens-Gespenst der militairischen Größe Frankreichs vollständig eingeschüchtert wäre, das im Begriff stand Deutschland zu vernichten und das, wenn wir es unklugerweise tadelten, sich sofort (ohne daß wir darauf vorbereitet wären) mit unwiderstehlicher Gewalt gegen uns wenden werde. Es scheint mir, daß es einfach die Pflicht der beiden Häuser des Parlaments war, in einer förmlich gefaßten Resolution, Frankreich die völlige, fast einmüthige Mißbilligung des von demselben Deutschland unprovocirt erklärten Krieges auszusprechen und dem tapfern Deutschen Volk eine Sympathie- und Ermuthigungsadresse zugehen zu lassen, mit der gleichzeitigen Erklärung, daß es nicht unsere Absicht sei zu interveniren, wenn nicht eine der kämpfenden Parteien es versuche, eine anders-redende

Bevölkerung zu annectiren. In diesem Falle hätten wir, wenn sich die andern Großmächte, einschließlich Nord-America's, mit uns verbunden hätten, aber sonst nicht, die Ausführung eines solchen großen Unrechts verhindern müssen. Gleichzeitig hätten wir, als Beweis unserer wohlwollenden Neutralität gegen die ungerechter Weise angegriffenen Deutschen, durch ein Gesetz die Waffen-Ausfuhr in jedes der feindlichen Länder verbieten müssen. Wenn auf diese Weise die Franzosen eingesehen hätten, daß sie schließlich um die ersehnte Beute kommen würden, hätten sie sich wol auf Unterhandlungen, die zum Frieden geführt hätten, eingelassen.

Andererseits haben die Deutschen kein Recht, von uns zu verlangen, daß wir die Waffen-Ausfuhr, die unser unbezweifeltes Recht ist, so lange das Völkerrecht noch nicht in diesem Punkte, wie es geschehen sollte, geändert ist, verbieten und sie sollten nicht vergessen, daß sie selbst im Krimmkriege unsere Feinde, die Russen, mit großen Waffen-Vorräthen versorgt haben und können sich daher nicht darüber wundern, daß ein Theil unseres Volkes nicht geneigt ist das Böse, das sie uns vor 15 Jahren zufügten, mit Gutem zu vergelten. Außerdem exportirt America ganz offen aus seinen Magazinen hundertmal mehr Waffen, als unsere Fabrikanten es heimlich gethan haben und es ist daher unbillig und einer so klugen, als tapfern Nation, wie die Deutsche, unwürdig, England, welches friedlebend und nur zur Defensive entschlossen ist, mit schweren Vorwürfen zu überhäufen, sich aber keinen Tadel gegen America zu erlauben, welches doch bekanntlich kriegerisch gesonnen ist. Es ist thöricht zu behaupten, daß wir, weil wir unter gewissen Umständen im Stande sind durch einen Ministerialbefehl die Waffenausfuhr zu verbieten, dieses im jetzigen Krieg thun könnten und müßten, da doch das Gesetz es vorschreibt, dieses habe nur zu geschehn, wenn eine drohende Gefahr vorläge, daß wir selbst bald in den Krieg verwickelt würden, eine Gefahr, die dieses Mal nicht vorhanden war, so daß das Ministerium ungesetzlich gehandelt hätte, wenn es das Waffen-Ausfuhr-Verbot erlassen hätte. Auch haben die Deutschen kein Recht uns zu tadeln, daß wir nicht, wie es früher geschehen, ihnen Subsidien im Betrage von Millionen votiren. Und was eine Gesetzes-Aenderung nach dieser Richtung betrifft, so sind wir dafür nicht mehr zu tadeln, als die Americaner, die gerade so leicht wie wir eine solche vornehmen könnten.

Auch sollte man nicht vergessen, daß wenn England wirklich die Waffen-Ausfuhr in Häfen der kriegführenden Parteien verboten hätte, man selbige auf Americanischen Schiffen, deren Bestimmungsort angeblich ihr Heimathland oder ein anderes nicht im Kriege befindliches Land war, hätte ausführen können. Diese hätten nun leicht in Französischen Häfen anlegen können, z. B. wegen Ungunst des Wetters, ungenügenden Proviants, Kohlen- und Wasser-Mangels; oder man hätte das Cargo zur See auf Americanische Schiffe umladen oder Waffen über Luxemburg oder Dänemark einschmuggeln können. Ja selbst nach America versandte Waffen konnten wieder verladen und in 24 Tagen nach Frankreich gebracht werden. Auch soll ja eine große Anzahl der Säbel-Bajonette auf den von England nach Frankreich expedirten Chassepots aus Deutschen Fabriken stammen, was wiederum beweist, wie schwer es ist die Waffen-Ausfuhr sogar in Feindesland zu verhindern. Auch sollten die Deutschen daran denken, daß sie selbst einen Vertrag mit America abgeschlossen haben, gegen den sich Vieles einwenden läßt, durch welchen der Waffenhandel mit kriegführenden Parteien ausdrücklich sanctionirt wird, die Beschlagnahme solcher Ladungen verboten und als einziges Mittel ihm Einhalt zu thun die Handels-Sperre und Bezahlung oder spätere Wiedererstattung der Ladung festgesetzt ist.

Indessen haben wir es nicht gewagt, unseren Ueberzeugungen Ausdruck zu verleihen, (ich, meinestheils, schäme mich meines eigenen Kleinmuths) und die Englische Regierung weigerte sich, aus Furcht vor Frankreich, ein Gesetz gegen die Waffenausfuhr einzubringen, wie Belgien, Holland und Italien es gethan; wodurch sich die Waage noch mehr zu Ungunsten Deutschlands senkte, das ohnehin schon in einer offenbar precären Lage war, zumal seine Flotte nicht gegen die Französische in See stechen, es also keinesfalls Waffen, deren es übrigens nicht, wie Frankreich, bedurfte, von uns importiren konnte. Ich erlaubte mir jedoch eine kleine Demonstration zu Gunsten Deutschland's; denn ich interpellirte unsere Regierung, ob sie die Helgoländer Lootsen daran verhindern würde Französische Schiffe in Deutsche Häfen und umgekehrt, Deutsche Schiffe in Französische Häfen, zu lootsen. Trotz der Aufforderung diese Interpellation zurückzuziehen, bestand ich auf derselben und erhielt, wie gewöhnlich, eine ausweichende Antwort — zumal die

Stimmung des Hauses offenbar gegen mich war, weil ich diesen wunden Fleck berührt hatte. Doch war meine Frage nicht inopportun (denn die Regierung gab den Lootsen zu verstehn, daß sie Französische Kriegsschiffe nicht führen möchten — ein Punkt, über den man damals in Deutschland sehr unruhig war.

Skizze der Geschichte des Feldzuges.

Als die Französische Regierung den Krieg erklärte, hatte sie mit Bestimmtheit auf die Unterstützung aller von Preußen im Jahre 1866 annectirten Provinzen — vor Allem Hannovers — sowie auch der Süddeutschen Staaten, Dänemarks, Italiens und möglicherweise auch Oesterreichs gerechnet.

In ihrem eingebildeten Hochmuth und mit gänzlicher Verkennung des Deutschen Charakters, nahm sie an, daß ein großer Theil Deutschlands Nichts gegen eine Unterwerfung der Rheinprovinzen unter Frankreich haben würde, wenn es nur den kleinlichen Groll des Local-Patriotismus an Preußen auslassen könnte und daß die Deutschen thöricht genug sein würden, dasselbe tolle Spiel zu spielen, das ihnen zur Zeit des ersten Napoleon so viel Unheil gebracht hatte, wo ein Theil Deutschlands nämlich, zu Gunsten der Franzosen und der verschiedenen kleinen Fürsten, aber gegen das Interesse des Deutschen Volks, gegen den andern kämpfte. Dies war bekanntlich eins der großen Geheimnisse der Napoleonischen Politik und eine Hauptursache ihrer Erfolge, welche so lange dauerten bis die unterdrückten Sachsen sich bei Leipzig patriotisch gegen ihn erhoben und seine gänzliche Niederlage bewirkten. In diesem Calcül jedoch hatten sich die Franzosen abermals getäuscht. Deutschland erhob sich, wie ein Mann, um den frechen Eindringling zurückzuweisen. Die Empfindungen der Deutschen lassen sich am besten in dem hübschen patriotischen Liede Beckers, das unser ausgezeichneter Deutschfreundlicher Staatsmann, Sir Robert Peel, so zu loben pflegte, wiedergeben:

No, France shall ne'er obtain thee,
Thou free and German Rhine!
Though thirsting to regain thee,
Her eagles scream: "Thou'rt mine!"
No, ne'er while gently gliding
Between thy margins green,
Ne'er while one prow dividing
Thy placid waves is seen.

Sie sollen ihn nicht haben
Den freien, deutschen Rhein,
Ob sie wie gier'ge Raben
Sich heiser danach schrei'n;
So lang' er ruhig wallend
Sein grünes Kleid noch trägt,
So lang' ein Ruder schallend
In seine Wogen schlägt.

No, she shall ne'er possess thee,
Thou fair and German Rhine!
So long as free hearts bless thee,
And drink thy generous wine;
Ne'er while thy murmuring waters
Yon rocks eternal lave;
Ne'er while proud scenes of slaughter
Are mirrored in thy wave.

Sie sollen ihn nicht haben
Den freien, deutschen Rhein
So lang' sich Herzen laben
An seinem Feuerwein;
So lang' in seinem Strome
Noch fest die Felsen stehn,
So lang' sich hohe Dome
In seinem Spiegel sehn.

No, she shall ne'er surround thee,
Thou free and German Rhine!
While warriors brave around thee
With beauteous maids entwine;
While on thy banks still hover
Our bards' enchanted strains,
Ne'er till thy depths close over
The last man's bleached remains!

Sie sollen ihn nicht haben
Den freien, deutschen Rhein,
So lang' dort kühne Knaben
Um schlanke Dirnen frei'n;
So lang' die Flosse hebet
Ein Fisch auf seinem Grund
So lang' ein Lied noch lebet
In seiner Sänger Mund.

Sie sollen ihn nicht haben
Den freien, deutschen Rhein,
Bis seine Fluth begraben
Des letzten Mann's Gebein!

Ich citire hier noch einen Vers von Alfred de Musset's Französischer Parodie dieses herrlichen Liedes, als Beispiel Französischer Barbarei und Unverschämtheit: —

Nous l'avons eu votre Rhin Allemand,
Il a tenu dans notre verre;
Un couplet qu'on s'en va chantant,
Efface-t-il la trace altière
Du pied de nos chevaux,
Marqué dans votre sang?

Wir hatten Euren deutschen Rhein!
Er glänzte uns beim Becherklang!
Kann denn ein Gassenhauerlein,
Ein reimereicher Singesang
Verwischen unsrer Rosse Spur,
Die blutig zeichnet Eure Flur?

Die Französische Armee zählte auf dem Papier ungefähr eine halbe Million Mann, wovon mehr als 300,000 einberufen und an verschiedenen Punkten, von Metz an bis Straßburg, aufgestellt waren und zwar unter der Führung des Kaisers Napoleon selbst, unter dem der Marschall Leboeuf als Generalstabs-Chef und die Marschälle Mac-Mahon und Bazaine standen; der von Mentana her berüchtigte General de Failly und Frossard befehligten Divisionen.

Trotz allen Renommirens der Franzosen mit der Vortrefflichkeit ihrer Organisation stellte es sich alsbald heraus, daß die Armee an Allem Mangel litt — von den Nahrungsmitteln und der Munition an bis zur Kleidung. Als nun das Volk von wegen des Aufschubs ungeduldig wurde, rückte der Kaiser mit einem Theil seiner Armee bis auf die vor Saarbrück gelegenen Höhen vor und bombardirte, ganz im Widerspruch mit den Gebräuchen der modernen Kriegführung, diese offene, vertheidigungslose Stadt, um dem Kaiserlichen Prinzen, wie er sich großsprecherisch ausdrückte, die „Feuertaufe" zu geben. Die Kaiserin freilich betrachtete dieses Verfahren mit Recht als Comödie und telegraphirte ihrem Gemahl: „Bring unsern Sohn doch dorthin, wo Kugeln fallen, welche tödten." Obgleich nun das Resultat dieser-Heldenthat völlig unbedeutend war, so schrieb doch der frivole und unverschämte Edmond About unmittelbar darauf: „Wir haben das heilige Land der Deutschen entweiht . . . es scheint als ob das Nachbarland nur dazu geschaffen ist im Nu erobert und eingesteckt zu werden." Nachdem die Franzosen in so unwürdiger Weise ihren ersten Schlag gegen eine kleine, unvertheidigte Stadt geführt hatten, beschlossen die Deutschen, unter Führung des Kronprinzen, dem Einfall der Französischen Söldlinge in ihr Vaterland durch einen kühnen Zug der patriotischen Deutschen Soldaten zuvorzukommen. Der Kronprinz griff daher Mac Mahon's Armee bei Weißenburg an, schlug sie daselbst auf's Haupt, und vervollständigte diesen Sieg durch einen zweiten, den er unmittelbar darauf bei Wörth erfocht; hierdurch wurden Mac Mahon's Truppen vollständig demoralisirt, auseinandergesprengt, und von der Haupt-Armee getrennt; und fielen die Vogesen-Pässe sowie ganz Elsaß, mit Ausnahme einiger befestigter Städte, in die Hände der Deutschen. Ungefähr zur selben Zeit griffen die Preußischen Divisionen unter Steinmetz die Franzosen unter Frossard in einer fast uneinnehmbaren Stellung, die ich selbst in Augenschein genommen habe, an und schlugen sie vollständig in die Flucht. Auf diese Weise wurde es im Verlauf weniger Tage offenbar, daß die Deutsche Armee die Französische in jeder Beziehung überrage, sowohl in Bezug auf ihre Führer, als auf die verschiedenen Truppengattungen und daß sich die Frage nicht mehr darum drehe, ob die Franzosen nach Berlin einziehen, sondern wie bald die Deutschen Paris erreichen würden.

Sobald der Kaiser der Franzosen von den Niederlagen Mac Mahon's, Frossard's und de Failly's hörte und erfuhr, daß Mac Mahon sich mit den Trümmern seiner Armee auf der Flucht nach dem Lager von Chalons befinde, telegraphirte er mit ungewohnter Aufrichtigkeit nach Paris, daß die Unglücksfälle des Krieges sich noch bessern könnten und rief dadurch eine furchtbare Aufregung unter den leicht erregbaren und großsprecherischen Parisern hervor. Darauf verweilte er so lange in Metz, bis die Deutsche Haupt-Armee im Stande war sich zu concentriren und bewirkte schließlich, wie ein zweiter Xerxes, mitsammt seiner ungeheueren, üppigen Equipage, nicht ohne große Schwierigkeit und mit Preisgabe bedeutender militärischer Vortheile seinen eigenen Rückzug nach Chalons. Marschall Bazaine versuchte es denn auch mit dem Gros der Französischen Armee aus Metz zu entkommen, wurde aber von den Deutschen, der Reihe nach, bei Gravelotte, Vionville, Rezonville, Mars-la-Tour u. a. O. gründlich geschlagen, so daß er sich zuletzt mit 200,000 Mann hinter die Kanonen der jungfräulichen Festung Metz zurückziehen mußte, wo er von der Deutschen Armee unter dem Oberbefehl des Prinzen Friedrich Carl belagert wurde.

Mittlerweile rückte der Kronprinz gegen Paris vor, während die Franzosen das Lager von Chalons aufgaben und Mac Mahon's, etwa 130,000 Mann betragende, Armee, bei welcher sich der Kaiser befand (der schließlich das Commando, dem er durchaus nicht gewachsen war, niedergelegt hatte), begab sich auf eine abentheuerliche Expedition über Rethel und Montmedy, um Bazaine in Metz zu entsetzen. Die Französischen Truppen litten Mangel an Nahrungsmitteln und Proviant jeder Art; sie marschirten schlecht; und ihre Bewegungen wurden durch das enorme Gefolge des Kaisers erschwert, dessen zahlreiche Karossen, Handpferde und sonstige Luxusgegenstände, im stärksten Contrast zu der Spartanischen Einfachheit des Königs von Preußen und der übrigen Deutschen Prinzen und Feldherrn, den Vorrang vor allen Andern hatten.

Als der Kronprinz von dem Umweg erfuhr, auf dem die Franzosen nach Metz marschirten, verfolgte er sie in Gewaltmärschen, holte sie bei Mouzon ein und trieb sie nach Sedan, wo der Kaiser und die ganze Französische Armee auf's Haupt geschlagen und gefangen genommen wurde. Durch die Capitulation von Sedan verbanden sich die Franzosen dazu, ihre sämmtlichen Fahnen, Adler, Kriegsmunition, Waffen u. dgl. m. den Deutschen auszuliefern; nichtsdestoweniger zerbrachen die Soldaten, in offenbarem Treubruch, einen großen Theil ihrer Chassepots, beschädigten sie ihre Flinten und Mitrailleusen, verbrannten oder zerstörten sie die meisten Fahnen und Adler und zerbrachen die Officiere ihre Säbel, welche sie in den Fluß warfen, wo ich selbst viele derselben gesehen habe.

Nach der Schlacht von Sedan forderte Graf Bismarck den Kaiser zu Friedens-Unterhandlungen auf; aber Napoleon behauptete, er könne als Gefangener keine Verträge abschließen und verwies den Grafen nach Paris an die Kaiserin-Regentin. Es leuchtet aber ein, daß, obgleich es für Napoleon unthunlich sein mochte einen definitiven Friedens-Vertrag abzuschließen, er es doch hätte versuchen müssen, sein Land aus der elenden Lage herauszureißen, in die es durch seine Schuld gestürzt worden war und daß er also verpflichtet war auf Verhandlungen einzugehen, die er den Franzosen, ohne ihnen bindende Verpflichtungen aufzuerlegen, hätte anempfehlen können. Jedenfalls wäre es seinem Lande vom größten Nutzen gewesen, zu erfahren, welches die günstigsten Bedingungen wären, die es von Deutschland erhalten könnte, die damals sicherlich viel leichter und weniger demüthigend gewesen wären, als später. Was den Umstand betrifft, daß er ein Gefangener war, so hat doch Jules Favre, obgleich er gefangen war, sich auf Unterhandlungen eingelassen, auch vermuthe ich, daß sich diese Schwierigkeit leicht hätte heben lassen, indem die Deutschen, wenn Napoleon eine Neigung zu Unterhandlungen an den Tag gelegt hätte, ihm seine Freiheit gegeben haben würden, da sie wohl wußten, daß die Franzosen ihn nach der Capitulation von Sedan sicherlich entthronen würden, wenn es ihm nicht gelänge, einen möglichst günstigen Friedens-Vertrag zu Stande zu bringen und daß er in

2

diesem Falle völlig unschädlich geworden wäre und wol nach England werde fliehen müssen, wo er sich eben so gut, wie auf Wilhelmshöhe hätte aufhalten können.

Auf jeden Fall hätte er, wenn er sich nicht auf Verhandlungen einlassen wollte (wie er es doch 1859 in Villafranca ganz selbständig gethan), an die Pariser Regierung telegraphiren müssen, damit dieselbe einen Unterhändler abschicke, da man es doch von den Deutschen nicht erwarten konnte, daß sie nach so beispiellosen Siegen die Franzosen zum zweiten Male zu Friedens-Unterhandlungen auffordern würden. Ja! es erregt sogar mein Erstaunen, daß sie überhaupt willens waren Frieden zu schließen, ohne die denkwürdigen Besuche der Franzosen in Berlin durch eine Einnahme von Paris wettmachen zu wollen.

Unmittelbar nachdem die Kunde von der Capitulation von Sedan sich in Paris verbreitet hatte, wurde die Kaiserliche Regierung umgestürzt und eine Regierung der nationalen Vertheidigung, an deren Spitze Trochu, Gambetta und Jules Favre standen, aber nicht die Republik, proclamirt. Da die Franzosen auf die Deutschen Friedens-Vorschläge nicht geantwortet hatten, marschirte die Deutsche Armee auf Paris und erschien in unglaublich kurzer Zeit vor diesem modernen Sodom* (wo die unehelichen Geburten im Verhältniß zur Bevölkerung viermal und Mordthaten fünfmal so häufig sind, als in London, und wo man Pferde bei lebendigem Leibe secirt) und umlagerten dasselbe von allen Seiten, so daß aller Verkehr mit der Stadt abgeschnitten war. Aber selbst dann erklärten die hirnverbrannten Franzosen, daß von Frieden nicht eher die Rede sein könne, als bis die Deutschen den heiligen Boden Frankreichs verlassen hätten. „Mögen die Preußen unbelästigt abziehen, dann wollen wir von ihnen keinen Schadenersatz verlangen."

Nach Eröffnung der Belagerung von Paris unterließ es der König von Preußen aus Humanität ungefähr 3 Monate lang die Stadt zu bombardiren, obwol die Franzosen den Krieg mit dem Bombardement der offenen Stadt Saarbrücken eröffnet und später auch Kehl bombardirt hatten. Er begnügte sich damit Paris zu

* de Maistre erklärt an der Stelle, wo er von Voltaire spricht, welcher das Gesetz Gottes infam genannt und sich für einen persönlichen Feind Christi erklärt hat, Paris für schlimmer als Sodom, denn sagt er: „Paris bekränzte Voltaire, während Sodom ihn verbannt haben würde."

blockiren; dagegen brannten die Franzosen in unglaublichem Vandalismus ihr altes Königsschloß zu St. Cloud ab und gefährdeten auf's Höchste die aufgesammelten Schätze von Sèvres, die nur durch die Sorgfalt der Deutschen gerettet wurden.

Während der Belagerung von Paris nahmen die Deutschen, der Reihe nach, eine große Anzahl Französischer Festungen und in dieser Zeit intervenirte die Englische Regierung nochmals und brachte eine Zusammenkunft zwischen dem Grafen Bismarck und Jules Favre zu Stande, in welcher der Letztere, gestützt auf die Proclamation des Königs von Preußen, welche erklärt hatte, daß der Krieg nur gegen den Kaiser der Franzosen und dessen Heer, nicht aber gegen das Französische Volk geführt werde, die Forderung aufstellte, die Deutschen möchten sich jetzt, wo die Dynastie gestürzt und ein Drittheil der Französischen Armee gefangen sei, mit einer geringen Kriegskosten-Entschädigung zurückziehen. Die Antwort Bismarck's lautete: das Gros der Französischen Armee befände sich noch im Felde; die Deutschen verlangten, was die Franzosen, wenn es ihnen passe, eine „Grenz-Berichtigung" nennen, nämlich eine Sicherung ihrer Grenzen, d. h. in diesem Falle Straßburg und jenen Theil des Französischen Gebiets, das die Deutschen damals besetzt hielten, der von einer Deutsch-redenden Bevölkerung bewohnt sei. Auf Jules Favre's Einwände gegen eine Französische Gebiets-Abtretung erwiderte Bismarck, daß er Nichts mehr verlange, als was Frankreich durch die Annectirung von Nizza, Savoyen und Algier gewonnen habe; daß, wenn die Verträge von 1815 genau das Europäische Gleichgewicht hergestellt hätten, dieses durch jene Annexionen gestört worden sei und daß die vorgeschlagene Gebiets-Abtretung dasselbe nur zum Theil wiederherstellen werde; und daß Frankreich offen erklärt habe, daß es, wenn es die Deutschen besiegt hätte, sogar die Deutsch-redende Bevölkerung der Rhein-Provinzen annectiren würde. Hierauf fragte Jules Favre, unter welchen Bedingungen ein Waffenstillstand abgeschlossen werden könne und erhielt von Bismarck zur Antwort, Straßburg, Toul und Verdun müßten capituliren. Diese Forderungen wurden thörichterweise mit Entrüstung von Jules Favre von der Hand gewiesen; denn bald darauf fielen die drei Festungen und schließlich brach Favre die Unterhandlungen mit der berühmten Phrase ab: „Keinen Zoll unseres Gebietes, keinen Stein unserer Festungen."

2*

Als bald darauf Metz mit 200,000 Mann capitulirte (ein Unglück für Frankreich, wie es die Weltgeschichte noch nicht gesehn, und im Zusammenhang mit Sedan und den übrigen Kriegs-Ereignissen eine glänzendere Großthat der Deutschen Waffen, als alle Siege, welche die Französischen Heere je gewonnen haben, zusammengenommen) mischte sich die Englische Regierung wiederum ein und brachte es dahin, daß Thiers es versuchen sollte wenigstens einen Waffenstillstand, womöglich einen Frieden zu schließen. Nun ist aber von allen Franzosen, die je gelebt haben, Thiers gerade derjenige, der am meisten dazu beigetragen hat, jene unsinnige Vorliebe für den Kriegsruhm bei den Franzosen anzuregen und wach zu erhalten, welcher schon in ihrer Natur liegt, und zwar nicht nur durch seine Reden, sondern noch mehr durch jenen historischen Roman, den es ihm beliebt hat „Geschichte des Consulats und Kaiserreichs“ zu nennen, in welchem er die Wahrheit auf die schamloseste Weise verdreht hat. In demselben wird nämlich ein jeder Französische Sieg übertrieben und jede Französische Niederlage, selbst die von Waterloo verwandelt sich, schlimmsten Falls, in eine Art unentschiedener Schlacht. Ich führe hier nur die Erzählung von der Schlacht von Waterloo an, wie sie im Französischen Soldaten-Katechismus steht, welche dem Thiersschen Bericht über diese Schlacht recht ähnlich ist. Sie lautet: „Auf jeden Punkt zurückgetrieben, in jeder Beziehung gebrochen, in unordentlicher Flucht, flehten die Engländer, daß die Erde ihre Schlünde aufthue, damit sie sich darin verbergen könnten.“ Kurz was Fälschung der Statistik und Kühnheit der Erfindung betrifft, beweist Thiers durch seine Arbeiten, daß ein Franzose es mit zehn Individuen irgend welcher andern Nation aufnehmen kann. Er hat sich durch seinen intensiven Haß gegen Deutschland und seine Opposition gegen das Deutsche Einigungswerk besonders hervorgethan; er hatte dem Kaiser schwere Vorwürfe darüber gemacht, daß er 1866 keinen Krieg mit Preußen geführt und er hatte sich dem Kriege von 1870 nicht weil er ungerecht war, sondern nur weil die Franzosen nicht auf ihn vorbereitet wären, widersetzt. Er war soeben von einer abenteuerlichen Mission zurückgekehrt, die ihn durch ganz Europa geführt hatte, um England, Oestreich, Rußland und Italien dazu zu bewegen die Waffen gegen Deutschland zu ergreifen. Aber es war ihm weder durch Schmeicheleien, noch Vorwürfe, weder durch Versprechungen, noch Drohungen (wie z. B. die gegen die Italienische Regierung ausgestoßene, daß Frankreich, wenn Italien sich nicht mit ihm verbände, den Papst bei der ersten guten Gelegenheit wieder in seinen weltlichen Besitz einsetzen werde) gelungen, irgend etwas durchzusetzen und er war in sehr niedergedrückter Stimmung heimgekehrt. Als Thiers um einen Waffenstillstand nachsuchte, brachte er ihn thörichterweise mit der Bedingung in Verbindung, daß Paris sich in der Zeit wieder verproviantiren könne, was Bismarck natürlich entschieden verweigerte, da die Festsetzung eine durchaus einseitige gewesen wäre, für welche Thiers gar kein Aequivalent anbot. Da nun aber die Franzosen es versucht haben die öffentliche Meinung wegen dieser Weigerung gegen Deutschland einzunehmen, so citire ich hier nur was Thiers selbst hierüber in seiner Geschichte des Consulats gesagt hat, als ein Waffenstillstand zu Gunsten des damals von den Franzosen belagerten Mantua vorgeschlagen und dabei dasselbe Recht der Wieder-Verproviantirung gefordert wurde: „Bonaparte verwarf diese Forderung" (wie Thiers sagt) „aus den besten Gründen" welche nämlich genau dieselben waren, die Bismarck zu Gunsten der Deutschen Entscheidung vorbrachte. Dafür aber sind die Franzosen auch eine privilegirte und ganz besondere Nation, die für sich als Recht beansprucht, was den Deutschen versagt bleiben muß. — Nachdem nun die Wieder-Verproviantirung verweigert worden, wurde die Belagerung von Paris fortgesetzt und Gambetta, der in einem Luftballon von Paris nach Tours entkommen war, organisirte durch Gewaltmittel im Norden, Süden, Westen große Armeen und vor Allem die Loire-Armee zu dem Zweck Paris zu entsetzen. Nun schlug General von der Tann zuerst die Franzosen, und vertrieb sie darauf aus Orléans. Da er aber von einem bedeutend zahlreicheren Gegner angegriffen wurde, sah er sich zu einem ordnungsmäßigen Rückzug gezwungen, verstärkte sich hierauf, ergriff wiederum die Offensive und warf die Loire-Armee vollständig über den Haufen, welche dadurch in eine südöstliche, unter dem Oberbefehl von Bourbaki stehende und in eine südwestliche, unter Chanzy, getheilt wurde, der zum Nachfolger des tapfern und tüchtigen, aber wegen seines Unglücks, wie gewöhnlich, entlassenen Generals d'Aurelles de Paladine gemacht worden war. Chanzy erlitt ein Paar Nichts entscheidende Niederlagen, welche er mit der den Franzosen eigenen Geringschätzung der Wahrheit, für Siege ausgab. Er veröffentlichte darauf einen die Deutschen beschimpfenden Bericht, wurde von diesen sofort angegriffen und so vor Le Mans geschlagen, daß er in die Stadt gedrängt und mit einem Verlust von 20,000 Gefangenen wieder aus derselben vertrieben wurde. Unterdessen waren Manteuffel und von Goeben im Stande günstige Erfolge über die Nordarmee zu berichten, denn nach einigen sehr ernsthaften Gefechten, die Faidherbe in Siege der Franzosen verwandelte, obwol er nach jedem einzelnen sich zurückziehen mußte, wurde auch dieser General völlig auf's Haupt geschlagen.

In der Zwischenzeit hatten die Pariser, in Folge eines falschen Berichts von Gambetta (des despotischen Italienischen Usurpators und lügenhaftesten Ministers, von Allen, die je einer Regierung vorgestanden), nach welchem die Loire-Armee einen großen Sieg erfochten hatte, den berühmten Ausfall gemacht, von dem der ihn commandirende General Ducrot mit der üblichen Französischen Ruhmredigkeit gesagt hatte, daß „er nur als Sieger oder als Leiche" von demselben heimkehren werde. Es war dies derselbe Ducrot, der nach der Capitulation von Sedan sein Ehrenwort gebrochen hatte und über dessen Verhalten ein Ehrengericht eingesetzt wurde, bei welchem zwei Französische Offiziere die Ehrlichkeit und den Muth hatten, seine Handlungsweise für nicht ehrenhaft zu erklären. Der Ausfall wurde von den Deutschen unter entsetzlichem, unnützem Blutvergießen siegreich zurückgeschlagen; Ducrot aber besann sich, als echter Franzose, eines besseren und kehrte frisch und gesund nach Paris zurück; was an die Anecdote von Jérome Napoleon erinnert, der als die Franzosen bei Waterloo zurückzuweichen anfingen, in die Worte ausbrach: „Dies ist der Ort, wo ein Bonaparte sterben muß!" sprach's, gab seinem Pferde die Sporen und entfloh. Da es sich herausstellte, daß Paris doch nicht capituliren würde und daß die Deutsche Armee durch das Bombardement, dem sie ausgesetzt war, durch Krankheiten und nutzlose Ausfälle der Franzosen große Verluste erlitt, sahen sich die Deutschen wider Willen genöthigt, das Bombardement von Paris zu eröffnen. Nach der Französischen Darstellung hatten die Deutschen dies früher zu thun unterlassen, weil sie außer Stande waren sich in einen Kampf mit dem Französischen Geschütz einzulassen; trotz dieser Behauptung aber räumten die Franzosen am ersten Tage den Mont Avron, eine der wichtigsten Positionen, von der der Times-Correspondent behauptet, daß sie schon durch mittelmäßige Artillerie leicht zu halten gewesen wäre. Die Franzosen hatten höhnend behauptet, keine Deutsche Bombe würde Paris erreichen, und nun sind doch Tausende hineingeworfen worden. So lange sie nur nach Belleville, dem von Armen bewohnten Stadt-Viertel, hinfielen, kümmerten sich die Pariser nicht darum, aber jetzt, wo die Deutschen die reichen Stadttheile bombardiren, erheben sie ein Geschrei über die Barbarei, die darin liegt, dieß Paris anzuthun, obgleich das in Berlin keine Barbarei gewesen wäre; denn Napoleon I. sagte in einem Briefe an den Prinzen Eugen: „Wenn man Ihnen die geringste Beleidigung in irgend einer Stadt oder einem Dorfe Preußens zufügt, so brennen sie dieselbe sofort nieder, und wäre es Berlin.“ Das Ende der Belagerung von Paris, von der Victor Hugo wehklagt: „Wenn Paris ausgelöscht ist, wird Dunkelheit Europa decken;“ ist jetzt offenbar vor der Thür; aber ich für meine Person werde mich darüber freuen, daß die Deutschen den Frieden in den Tuilerien dictiren und nicht die Franzosen in Berlin. Ich lasse also hier das begeisternde Deutsche National-Lied folgen, daß von so patriotischer Wirkung auf die Deutschen gewesen ist; ich meine:

The Rhineland Watch.	Die Wacht am Rhein.
A roar like thunder strikes the ear,	Es braust ein Ruf wie Donnerhall,
Like clang of arms or breakers near.	Wie Schwertgeklirr und Wogenprall:
"On for the Rhine, the German Rhine!	Zum Rhein, zum Rhein zum deutschen Rhein!
Who shields thee, my beloved Rhine?"	Wer will des Stromes Hüter sein?
Dear Fatherland, thou needst not fear,	Lieb' Vaterland magst ruhig sein,
Thy Rhineland watch stands firmly here.	Fest steht und treu die Wacht am Rhein!
A hundred thousand hearts beat high;	Durch Hunderttausend zuckt es schnell,
The flash darts forth from ev'ry eye;	Und aller Augen blitzen hell;
For Teutons brave, inured by toil,	Der Deutsche, bieder fromm und stark,
Protect their country's holy soil.	Beschützt die heil'ge Landesmark.
Dear Fatherland, thou needst not fear,	Lieb' Vaterland magst ruhig sein,
Thy Rhineland watch stands firmly here.	Fest steht und treu die Wacht am Rhein!

The heart may break in agony,
Yet Frenchman thou shalt never be.
In water rich is, Rhine, thy flood;
Germania rich in heroes' blood.
Dear Fatherland, thou needst not fear,
Thy Rhineland watch stands firmly here.

Und ob mein Herz im Tode bricht,
Wirst du doch drum ein Wälscher nicht.
Reich wie an Wasser deine Fluth,
Ist Deutschlands Kraft und Heldenblut.
Lieb' Vaterland magst ruhig sein,
Fest steht und treu die Wacht am Rhein.

When heavenwards ascends the eye,
Our heroes' ghosts look down from high;
We swear to guard our dear bequest
And shield it with the German breast.
Dear Fatherland, thou needst not fear,
Thy Rhineland watch stands firmly here.

Er blickt hinauf in Himmelsau'n,
Da Heldenväter niederschau'n,
Und schwört mit stolzer Kampfeslust:
Du Rhein bleibst deutsch wie meine Brust!
Lieb' Vaterland magst ruhig sein,
Fest steht und treu die Wacht am Rhein.

As long as German blood still glows,
And German swords strike mighty blows,
Whilst German marksmen take their stand,
No foe shall tread our native land.
Dear Fatherland, thou needst not fear,
Thy Rhineland watch stands firmly here.

So lang ein Tropfen Blut noch glüht,
Noch eine Faust den Degen zieht,
Und noch ein Arm die Büchse spannt,
Betritt kein Feind hier deinen Strand!
Lieb' Vaterland magst ruhig sein,
Fest steht und treu die Wacht am Rhein!

We take the pledge. The stream runs by;
Our banners, proud, are wafting high.
On for the Rhine, the German Rhine!
Our heart'sblood for our native Rhine.
Dear Fatherland, be of good cheer;
Thy Rhineland watch stands firmly here.

Der Schwur erschallt, die Woge rinnt,
Die Fahnen flattern hoch im Wind:
Am Rhein, am Rhein, am deutschen Rhein,
Wir alle wollen Hüter sein!
Lieb' Vaterland magst ruhig sein,
Fest steht und treu die Wacht am Rhein!

Historische Skizze des Charakters der Deutschen und Franzosen bis vor dem letzten Kriege.

Ich habe nur eine flüchtige Skizze der Geschichte des Feldzugs gegeben, da die Ereignisse desselben im Großen und Ganzen bekannt sind und die Details militairischer Begebenheiten nur für Militairs von Interesse und verständlich sind. Wollte ich mich darauf einlassen diese des Ausführlichern zu erörtern, so würde ich nicht Zeit haben die Gedanken zu entwickeln, welche dieser beispiellose Krieg in mir erweckt und die sich namentlich auf die Wohlfahrt unseres geliebten Englands beziehen.

Bevor ich jedoch auf dieses interessante Thema eingehe, will ich einige Bemerkungen zur Charakterisirung der Franzosen und Deutschen im Laufe des jetzigen Krieges, sowie in früherer Zeit vorausschicken. Denn da beide Nationen jetzt vor die Schranken der öffentlichen Meinung der civilisirten Welt gebracht worden sind, ist es von Wichtigkeit, daß beiden gestattet werde Zeugniß abzulegen über ihren Charakter und ihrer Vergangenheit.

Blicken wir nun zurück in die frühesten historischen Zeiten, so finden wir im Tacitus, daß die civilisirten Römer eine weit höhere Meinung von den Deutschen, als von den Galliern hatten. Dieser Schriftsteller führt nämlich als einen der stärksten Beweise für den schätzenswerthen Charakter der Germanen die edle und zarte Behandlung der Frauen an, welche hingegen in allen Celtischen Ländern zu Lastthieren herabgewürdigt wurden. Des Tacitus Worte lauten, soweit ich mich derselben erinnere, daß sie „die Frauen zu Rathe zogen und ihre Rathschläge nicht verachteten, sondern der Ueberzeugung waren, daß bei ihnen eine besondere Weisheit und etwas Heiliges zu finden sei;“ daher brauchte man sie als Schiedsrichter in den meisten Streitigkeiten. Auch nimmt man ja allgemein an, daß der Edelmuth und sittliche Werth eines Volks sich am besten in seiner Behandlung der Frauen erkennen läßt, da, wo ihr Einfluß am größten ist, Religion, Sittlichkeit und Menschlichkeit am häufigsten sich vorfinden.

Blicken wir auf eine uns näher liegende Zeit, so hat es zwar in Deutschland lange und blutige Kriege, Metzeleien, religiöse Verfolgungen und viele Frevel gegeben; aber im Ganzen genommen, waren diese Gräuel einfacher Natur, wie sie durch die gewöhnliche

Unvollkommenheit des menschlichen Wesens bedingt werden. Nie hat ein größerer Theil des Volks raffinirte oder teuflische Grausamkeiten verübt oder geschehen lassen, sondern dasselbe ist im Ganzen tugendhaft, arbeitsam, religiös und redlich.

Bei den Franzosen hingegen brauchen wir nur bis zu der am 23. August 1572 begangenen Bartholomäus-Nacht zurückzugehen, um auf das frevelhafteste und perfideste Verbrechen zu stoßen, welches je ein Volk verübt hat. Hier schoß der König von Frankreich selbst auf die Protestanten und der Papst Gregor XIII. ließ sogar ein Jubiläum verkünden, um den Triumph über die Ketzer zu feiern, durch welchen mehr als 5000 Protestanten, worunter der heldenmüthige Admiral Coligny, allein in Paris zu Grunde gingen. Vergleicht man diese fürchterliche Metzelei mit einer ähnlichen Begebenheit aus der Geschichte Englands, die von Französischen Schriftstellern über Englische Geschichte mit Recht, aber doch übertrieben, getadelt wird, — die freilich Macaulay andererseits in unwürdiger Weise beschönigt — mit dem Gemetzel von Glencoe nämlich, so wurden bei diesem beklagenswerthen Ereigniß doch nur 38 Menschen getödtet.

Fahren wir in unserer historischen Betrachtung fort, so kommen wir auf den Widerruf des Edicts von Nantes — eines der schändlichsten und unklugsten Verbrechen Ludwigs XIV., jenes durch Sinnlichkeit entsittlichten Despoten, dem man fälschlich den Beinamen des Großen gegeben und dem die Franzosen sclavisch gehorchten, nachdem die Engländer schon früher Karl I. für weit leichtere Vergehen enthauptet hatten. In Folge dieses Edicts wurden eine halbe Million Französischer Protestanten, weil sie ihrer Religion treu blieben, aus ihrem Vaterlande vertrieben und 400,000 andere, die Frankreich nicht verlassen konnten, durch Militair-Gewalt gezwungen die Messe zu besuchen und das Abendmahl nach Römischem Ritus zu nehmen. Ferner ließ Ludwig XIV. durch den Marschall Duras die Pfalz verwüsten, um den Deutschen ihre Hülfsmittel zu entziehen und mußte in Folge dessen eine halbe Million Menschen in drei Tagen ihre Heimath verlassen, da ihnen alle Häuser, Kirchen, Obst- und Wein-Gärten, ja selbst das Getreide auf dem Felde zerstört worden war.

Die Französische Revolution.

Ich komme jetzt auf die große Französische Revolution zu sprechen, die an Scheußlichkeit Alles übertrifft, was in den Annalen der Weltgeschichte verzeichnet ist. In der That, wenn man Alles zusammenzieht, was an Greueln von sämmtlichen andern Europäischen Völkern in historischer Zeit verübt worden ist, so erreicht man noch nicht die Summe von Grausamkeiten, welche die Franzosen an ihrem eigenen Volk begangen haben; von dem gar nicht zu reden, was sie sich gegen andere Völker haben zu Schulden kommen lassen. Ja! dieses übertrifft sogar die Barbarei der Africaner.

Im Jahre 1792 wurden fast 5000 Pariser, die im Verdachte royalistischer Gesinnung standen, eingekerkert. Die herrschende Gewalt miethete nun 300 Meuchelmörder, versah sie reichlich mit geistigen Getränken und ließ sie das Stadthaus besetzen. Man griff darauf das Gefängniß der Abtei an und als 24 gefangene Priester ankamen, wurden sie vom Pöbel aus ihren Fuhrwerken gerissen und ermordet. Hierauf stürzte sich der Pöbel in das Gefängniß — improvisirte ein Schein-Tribunal — und schleppte die Gefangenen heraus, welche hierauf von großen Pöbelhaufen, die nach noch mehr Opfern schrieen, ermordet wurden. Ja, man ergötzte sich sogar an dem wilden Schauspiel die Gefangenen erst bedeutende Strecken laufen und sie wiederholt verwunden zu lassen, ehe man sie tödtete. So wurden, unter Anderm, die Gefangenen von dem quälendsten Durst gepeinigt, ohne daß man ihnen einen Tropfen Wasser hätte zukommen lassen. Die Weiber des Quartiers verlangten nach Licht, um sich die Metzeleien ansehen zu können; man stellte daher Lampen an geeignete Orte auf und jedesmal wenn ein Gefangener herausgebracht wurde, erhob sich ein wüstes Freuden-Geschrei aus der Mitte der Menge und wenn er hingerichtet war, tanzte man um seine irdischen Ueberreste. Nach dem Tode der Gefangenen wurden ihre Köpfe zu dem berüchtigten Maire von Paris, Pétion, gebracht. Dieser theilte nun selbst Wein unter die Menge aus und Billaud de Varennes gab jedem der Mörder 24 Francs, wobei einer derselben sich rühmte allein 40 Menschen ermordet zu haben; ja ein Neger, Namens de l'Orme, erschlug deren sogar 200. Die Hälfte der hierzu nöthigen Summe wurde von dem Girondisten Roland bezahlt, der von Lamartine fast vergöttert wird, aber der trotzdem, mit seiner ganzen Partei, gegen seine Ueberzeugung, für den Tod des Königs stimmte. Bei dieser Gelegenheit konnte das achtzehnjährige Fräulein v. Sombreuil ihres Vaters Leben nur dadurch retten, daß sie eine Tasse Aristokraten-Blut trank. Unter den Erschlagenen befanden sich der Erzbischof von Arles und andere Priester, die sich durch ihre Menschenliebe in der Hungersnoth von 1789 ausgezeichnet hatten. Auch die schöne und liebenswürdige Prinzessin von Lamballe wurde damals getödtet, völlig entkleidet ausgestellt und ihr nackter, enthaupteter Leichnam in Stücke zerrissen, welche auf Piken in Procession durch die Stadt getragen wurden. Als Journiac freigesprochen wurde, bestanden die Meuchelmörder darauf ihn nach Hause zu begleiten und vergossen, mit echter Französischer Sentimentalität, Krokodilsthränen, als er seiner Familie wiedergegeben wurde. Von dieser Sentimentalität weist unsere Literatur Proben in der gefühlvollen Reise von Sterne auf, der, um mit Byron zu reden, lieber über einen todten Esel weinte, als eine lebende Mutter unterstützte. Von jener Expedition kehrte der Pöbel zu neuen Mordthaten zurück. In der Conciergerie allein kamen 289 Menschen um. Einer Frau wurden z. B. verschiedene Körpertheile abgeschnitten und darauf erst wurde sie bei lebendigem Leibe mit einem Säbel aufgeschlitzt. Man ermordete die 54 Mann von der Schweizer-Garde in ihren Gefängniß-Cellen. Man entließ die Galeeren-Sclaven, um bei den Mordthaten Hilfe zu leisten. Man schonte alle jungen Frauenzimmer, um sie einem beklagenswerthen Schicksal zu überlassen, während man die alten erbarmungslos niedermetzelte. Alles in Allem kamen in dem Gemetzel von 4 Tagen 1100 Menschen um's Leben. Der Pöbel griff hierauf das Bicêtre an, dessen Gefangene, mehrere Tausend an Zahl, sich muthig vertheidigten; da ließ man sieben Kanonen kommen, sprengte das Gefängniß und metzelte sämmtliche Insassen desselben in zwei Tagen nieder. Herr von Montmorin, der frühere Französische Minister des Auswärtigen und ein warmer Anhänger der Revolution, wurde lebendig auf einen Pfahl gespießt und so, im Todeskampfe, in die National-Versammlung getragen. Und zwar fielen diese Schandthaten im Herzen einer Stadt vor, in der sich 50,000 Mann bewaffneter National-Garde befanden.

Der Herzog von Brissac, vormals Gouverneur von Paris,

und de Lessart, der frühere Minister des Innern, wurden sogar mit Hilfe der National-Garde in Versailles ermordet und Laroche-Foucauld in den Armen seiner Gattin und Mutter in Gisors; trotzdem weigerte sich der damalige Justiz-Minister Danton sich in die Sache zu mischen. Aehnliche Metzeleien fanden in Meaux, Lyon und Reanne Statt. In Rheims verbrannte der Pöbel, nachdem er den Postmeister und eilf Priester ermordet hatte, noch zwei Priester und den Decan der Kathedrale lebendig; und als noch ein Priester aufgefunden worden war, wurde auch dieser, obgleich er darauf einging sich vereidigen zu lassen, verbrannt und sein Neffe, der bei ihm wohnte, gezwungen, Holzbündel zu seines eigenen Onkels Scheiterhaufen herbeizutragen. Auch verbrannte man einen Arbeitsmann, Namens Laurent, im Beisein seiner Frau. Und zwar wurden alle diese Grausamkeiten in Gegenwart von 5000 National-Gardisten, von allen Stadtbehörden und der ganzen Bevölkerung von Rheims verübt.

Nach der Einnahme von Verdun, welches die Franzosen blos deßhalb als verrätherisch bezeichneten, weil es zur Uebergabe gezwungen worden, hatten eine Anzahl schöner junger Frauen dem Könige von Preußen ein Geschenk von Blumen dargebracht, um ihn gnädig zu stimmen. Diese wurden später dafür guillotinirt. Fouquier Tinville's, des öffentlichen Anklägers, einzige Erholung bestand darin den Tod der Opfer auf dem Schaffot anzusehen; er bekannte, daß dieses Schauspiel große Anziehungskraft für ihn habe. Nichts konnte ihn so anregen, wie die Aussicht auf eine Todesstrafe; dann wurde er aber auch so erregt, daß sein Gesicht ausdrucksvoll und strahlend wurde. Man hat berechnet, daß eine Million Franzosen in diesen Greueln der Revolution ihren Untergang fanden. Schließlich erließ der Convent einen Befehl, daß man in jedem Proceß, der drei Tage gedauert hatte, die Geschworenen fragen solle, ob sie sich schon schlüssig gemacht hätten, und wenn dieß der Fall, sollten sie ihren Urtheilsspruch fällen, ob der Angeklagte sich vertheidigt habe, oder nicht.

Nach der Niederlage der Vendéer metzelten die republicanischen Soldaten 10,000 gegnerische und ebenso viele Weiber und Kinder nieder und man nahm einen General-Adjutanten gefangen, der einen Befehl bei sich führte den Bauern eine Amnestie zu verkünden und sie dann, wenn sie sich unterworfen hätten, niedermetzeln zu lassen.

In Bezug auf die Stadt Nantes lautet die eidliche Aussage von Thomas bei dem Proceß Carrier folgendermaßen: „Ich habe Männer, Weiber, Greise und Kranke in ihren Wohnungen lebendig verbrennen sehen. Ich habe 150 Soldaten Frauen und jungen Mädchen von 14 bis 15 Jahren Gewalt anthun, sie darauf ermorden und zarte Säuglinge, die von der Mutter Brust weggerissen werden, von einer Bajonett-Spitze auf die andere schleudern sehen."

Marat's Legion machte 3000 bis 4000 Gefangene, die entweder in den Gefängnissen erdolcht, oder in der Loire ertränkt wurden. Schwangere Frauen und neunjährige Kinder wurden zusammen in den Fluß geworfen, an dessen Ufer Bewaffnete aufgestellt waren, um sie mit Säbeln niederzumachen, falls sie das Ufer erreichten. 10,000 Menschen starben an Krankheit, Noth und vor Schrecken in dem Departement, dessen Hauptstadt Nantes ist. In zwei Fällen wurden 47 Royalisten ohne Proceß zusammen guillotinirt und unter ihnen befanden sich mehrere Kinder von 7 bis 8 Jahren und 7 Frauen. In einem einzigen Falle gingen allein 600 Kinder durch diese republicanischen Taufen und Ertränkungen zu Grunde. Die Zahl der in Nantes vorgenommenen Noyaden betrug 25 und in jeder derselben verloren 80—150 Menschen ihr Leben. Und unter Carrier's Verwaltung allein wurden nicht weniger als 18,000 Menschen guillotinirt. Auf der 12 Meilen langen Strecke von Saumur bis Nantes war die Loire so stark von Blut geröthet, daß man ihr Wasser nicht trinken konnte.

Als Lyon durch die Belagerung in die äußerste Noth gerathen war, versuchte es Precy mit 20,000 Männern und ihren Familien zu entkommen; sie wurden aber sämmtlich, mit Ausnahme von 50, die in die Schweiz entkamen, unbarmherzig niedergemacht und die Belagerer zerstörten das Hospital mit rothglühenden Kugeln, obgleich die schwarze Flagge von den Belagerten aufgezogen worden war.

Couthon gebrauchte 20,000 Arbeiter, um alle die schönsten Häuser und Paläste von Lyon zu zerstören, deren Aufbau 12 Millionen £ St. gekostet hatte. Die Kirchen wurden geschlossen, der Gottesdienst verboten, die Dekade statt der Woche eingeführt. Ein mit dem Evangelium, dem Kreuz, den Abendmahlsgefäßen und dem heiligen Abendmahl selbst beladener Esel wurde an einem auf dem Place de Terreaux errichteten Altar geführt und daselbst öffentlich verbrannt, nachdem der Pöbel auf dem geweihten Brod herumgetrampelt und den Esel gezwungen hatte den Abendmahlswein zu trinken. Aus Roanne brachte man 209 Gefangene ein und verurtheilte dieselben, nachdem man sie um ihren Namen und Stand befragt hatte, ohne weitere Beweisaufnahme oder Vertheidigung, sämmtlich zum Tode. Einige derselben erklärten, sie würden mit anderen Personen verwechselt und im Versehen wurden wirklich zwei Gefängniß-Beamte mit hinausgeführt. Als man den Irrthum entdeckte, sagte Collot d'Herbois, das hätte Nichts zu sagen, man möge die Leute nur erschießen, da, „wenn sie heute stürben, sie morgen nicht zu sterben brauchten." Und Fouché, der spätere Polizei-Minister Napoleon's, welcher der Hinrichtung beiwohnte, schrieb damals: „Ich vergieße Freudenthränen, denn heute Abend lassen wir 231 Rebellen erschießen." Im Laufe von fünf Monaten wurden 600 Menschen in Lyon hingerichtet. In Toulon mußten 14,874 Menschen mit Sir Sidney Smith auswandern; einige Tausend, die zurückblieben, jeden Alters und Geschlechts, wurden durch das Schwert, die Kugel oder die Guillotine zum Tode befördert und man brauchte 12,000 Arbeiter, um die Häuser der Stadt zu zerstören. Alles in Allem kamen theils durch Erschießen, theils durch die Guillotine, theils durch Ertrinken beim Versuche nach dem Meere zu entkommen, in Toulon 14,325 Menschen um.

Alles dieses jedoch ist gar Nichts im Vergleich zu dem, was sich während der Dauer der Schreckensherrschaft ereignete, als Robespierre endlich ausrief: „Wenn der liebe Gott nicht existirte, so müßte man ihn erfinden", und als eine halbe Million unschuldiger Menschen in's Gefängniß geworfen und fast sämmtlich hingerichtet wurden, so daß Dante's Beschreibung der Hölle sich in Paris fast verwirklichte.

Ich komme jetzt zur Regierung Napoleon Bonaparte's, welcher, nach dem Historiker Alison den Tod von drei Millionen Franzosen und ebenso vieler, anderen Nationalitäten angehörigen Individuen veranlaßt hat und brauche da nur einiger Fälle Erwähnung zu thun. Während seiner Expedition nach Egypten hatte ein Araberstamm eine Abtheilung Franzosen überrascht und niedergemacht. Er ließ darauf seine Generale diesen Stamm umzingeln, alle seine Hütten verbrennen, seine sämmtlichen Männer tödten und ihre Köpfe nach Cairo bringen, wo man sie zum Entsetzen der Mahomedaner auf einem öffentlichen Platze ausstellte. In Jaffa ließ er 400 Kranke von seiner eigenen Armee vergiften. Die 4000 Mann betragende Garnison von Jaffa ergab sich dem Prinzen Eugen, unter der Bedingung, daß ihr Leben geschont werden solle; aber Napoleon ließ sie mit beispielloser Treulosigkeit und Grausamkeit niedermachen. Der Marschall Davoust verbannte im Monat December 50,000 Einwohner von Hamburg, ohne Unterschied des Alters und Geschlechts, und ließ sie Nachts aus ihren Betten schleppen und zum Thor hinaus bringen; natürlich gingen Viele davon zu Grunde. Als der Französische General Loison im Jahre 1808 Alentejo, in Portugal, nahm, ließ er die ganze Bevölkerung, ohne Schonung des Alters, oder Geschlechts, niedermachen.

Unter der Regierung Louis Philippe's ließ der General Pelissier eine Höhle in Algier, in der eine große Anzahl Männer, Frauen und Kinder Zuflucht gefunden hatten, zustopfen und anzünden, wodurch alle Insassen verbrannten. Und der Prinz von Joinville welcher 20 Jahre lang ein gastliches Asyl in England gefunden hat, legt seine feindselige Gesinnung gegen dasselbe in seiner Brochüre über die Französische Marine an den Tag, indem er sagt: „Wer kann es bezweifeln, daß wir in einer gut organisirten Dampf-Marine die Mittel besäßen, unserem Feinde an seiner Küste enorme Verluste und unerhörte Leiden beizubringen.“ „Wenn man den Englischen Handel schwer belästigt, so geht man England an die Nieren, so führt man einen Dolchstoß gegen England's Herz.“ Diese Worte erinnern mich an einen Ausspruch Marat's: „Wenn man sehr in Noth um eine Sache ist, so hat man das Recht, dieselbe dem Nachbar von dessen Ueberfluß gewaltsam zu nehmen. Man hat mehr Recht seinen Nachbar zu ermorden und ihn noch zuckend zu verzehren, als selbst zu Grunde zu gehen. Das Mitleid ist eine ganz und gar gemachte Erfindung.“ In dieser Zeitperiode setzte auch die Französische Regierung fest, daß auf Englischen Schiffen befindliche Matrosen neutralen Nationalität zu tödten seien; den Soldaten der Republik wurde es verboten, Englischen Soldaten Pardon zu geben und Pitt wurde für einen Feind der Menschheit erklärt. Als Heinrich IV. von Frankreich Paris im Jahre 1590 belagerte, verzehrten, nach dem Bericht des Geschichtsschreibers de Thou, Eltern ihre Kinder und eine Zeit lang machte man Brod aus den gemahlenen Knochen und Hirnschädeln der Todten. Freilich sollen die, welche dies Brod gegessen, elendiglich gestorben sein.

Verhalten der Deutschen und Franzosen während des letzten Krieges.

Vergleicht man das Verhalten der Franzosen und Deutschen in diesem Kriege, so stellt sich Folgendes heraus. In den Französischen Hospitälern fehlte es an Allem, die Deutschen dagegen waren gut eingerichtet. Die Franzosen zeigten sich selbstsüchtig, argwöhnisch, grob und verfuhren oft sogar brutal gegen alle Fremden; die Deutschen waren freundlich, höflich und zuvorkommend. Das Ersuchen der Deutschen, die Verwundeten beider Nationen durch Belgien nach Deutschland zu schicken, wurde von den Franzosen abgeschlagen, wodurch die Leiden der Verwundeteu unendlich vermehrt wurden, da sie große Umwege zu machen hatten, was selbst den Tod mancher Franzosen zur Folge hatte. Die Franzosen gaben als Grund hierfür an, daß dies Verfahren die Deutschen Kriegs-Transporte erleichtert haben würde, was ebenso thöricht als grausam war. Denn die nach Deutschland zu bringenden Verwundeten konnten den Transport von Truppen, Waffen und Provision aus Deutschland nicht stören. Ferner wurden sowohl die Französischen als Deutschen Verwundeten bei ihrer Ankunft in Deutschland an der Grenze von Herren und Damen des betreffenden Bezirks empfangen, und, ohne Unterschied der Nationalität, mit Essen, Wein, Cigarren, Kleidung und allen Bedürfnissen versehen. Ja! die Deutschen Zeitungen beklagten sich sogar, daß man wo möglich freundlicher gegen die Franzosen, und selbst die wilden Turcos, als gegen die eigenen Landsleute gewesen sei. So wird das rühmenswerthe Verhalten der Deutschen vom Herzog von Manchester, Sir H. Drummond Wolf, Mr. Winn und allen Correspondenten der Times, des Daily Telegraph, der Daily News und anderer Zeitungen auf's Bestimmteste bezeugt; ja, es wird selbst, widerwillig, in einigen Fällen, von dem Französischen Correspondenten der Pall Mall Gazette zugestanden, der unter dem lächerlichen Türkischen Pseudonym „Azamut Batuk" vermuthlich deshalb schreibt, um seine Nationalität zu verbergen und sich das Ansehen eines vorurtheilsfreien Türken zu geben. Auch das Zeugniß des Französischen Dragoner-Hauptmanns de Montvert zu Glogau, eines Französischen Officiers in Spandau und des Ehrengerichts der Französischen Officiere in Erfurt bestätigt die gute Behandlung der Französischen Gefangenen.]

Die gewandteste und glaubwürdigste Vertheidigung des Verhaltens der Deutschen, sowie die vollständigste Darlegung der schlechten Aufführung der Franzosen findet sich in den Depeschen des Grafen Bismarck, in denen er damit beginnt, einen Vergleich anzustellen zwischen dem „Volk in Waffen" und den Söldlingen Frankreich's, den wilden Africanischen Turco- und Spahi-Regimentern und den entarteten Sträflings-Bataillonen, die einen ausreichenden Sauerteig der Barbarei abgeben würden, um selbst die beste Armee zu demoralisiren. Die Deutschen Soldaten sind gebildete Leute, da viele Angehörige der oberen und mittleren Stände als Gemeine dienen und die Officiere sind meist durch Geburt, alle durch Erziehung wissenschaftlich gebildete Leute und Männer von Ehre. Die Französischen Gemeinen dagegen haben zum größten Theil gar keine Schulbildung und da ungefähr ein Drittel der Officiere vom Gemeinen avancirt ist, so wird das Niveau ihrer Bildung durch die Beimischung dieser groben, armseligen Elemente herabgedrückt. Auch ist das Verhältniß der Gemeinen zu den Officieren oft ein so schlechtes, daß man Französische Kugeln, die sich durch ihr Gewicht und ihre Größe von den Deutschen unterscheiden, in den Körpern verwundeter und getödteter Französischer Officiere gefunden hat. Ferner lohnen die Franzosen, nachdem sie den armen Mann durch eine Einrichtung zum Dienste gezwungen haben, welche es dem Reichen gestattet, sich demselben zu entziehen, jenen mit einem Tagessold von 5 Pfennigen, außer elenden Rationen und gröbster Kleidung ab, wohingegen bei den Deutschen alle Stände gleichmäßig zu dienen verpflichtet sind, die

Soldaten gut genährt und gekleidet werden und ungefähr sieben Mal so viel Sold erhalten, als die Franzosen. Graf Bismarck verpfändet seine und Deutschland's Ehre, daß seine gegen die Franzosen erhobenen Anklagen wahr sind; auch sind sie in den meisten Fällen sowol durch den directen juristischen Beweis, als auch durch eine moralische, aus den Umständen geschöpfte Augenscheinlichkeit zu erhärten. Er behauptet, daß auf Parlamentärflaggen mit Musketen- und Kartätschen-Kugeln sowol im Einzelfeuer, als in Salven geschossen worden und daß in 21 Fällen, die er sämmtlich durch eidliche Bescheinigung beweisen will, Trompeter und Parlamentäre getödtet und verwundet seien; und zwar lagen in allen die Thatsachen so, daß ein Zufall oder Irrthum seitens der Französischen Truppen ausgeschlossen sei.

Die Deutschen halten sich gewissenhaft an die Genfer Convention, die jetzt hauptsächlich den Franzosen nützt und den Deutschen die große Unbequemlichkeit und Gefahr bringt, mehr als hundert Französische Militairpersonen, als Aerzte oder Medicinalgehilfen, bei sich zu haben, von denen so manche wol Spione im Hauptquartier gewesen sein mögen. Sie haben es den Französischen Delegirten gestattet, die Gefangenen-Depots ihrer Landsleute in Deutschland zu besuchen, wobei es vorgekommen ist, daß man sich dieses Verkehrs bedient hat, um Waffen in Ballen warmer Kleidungsstücke einzuschmuggeln und verrätherische Pläne zur Ermordung der Wachen auszuhecken. Dagegen haben die Franzosen ihre Angriffe auf Verbandplätze und Ambulanzen fortgesetzt. Es sind von ihnen Aerzte und Delegirte, sowie Krankenwärter und Heilgehilfen schlecht behandelt und geplündert, ja Verwundete ermordet worden. Und häufig hat man Aerzte, die in die Hände des Feindes gefallen, schlecht behandelt, eingekerkert, oder ihres Vermögens beraubt. Dr. Burkhard, ein Schweizer, sagt aus, daß er am 30. November einen Französischen Militair-Arzt sich dessen habe rühmen hören, er habe viele Preußische Gefangene mit seinem Revolver getödtet. Auch legten sich viele Franctireurs, sobald sie retirirten, das Genfer Kreuz an und gaben vor, den Verwundeten zu Hilfe zu eilen. In der Schlacht von Wörth bedienten sich die Franzosen, im Gegensatze zum Vertrage und ihren neuerlichen Versprechungen, explodirender Geschosse und beschuldigten die Deutschen fälschlich desselben Vergehens. So wurde z. B. der Oberst von Beckendorff

3*

von einem solchen Geschoß und der Lieutenant von Oertzen am 20. September bei Tours von einem andern verwundet. Bei Französchen Gefangenen hat man Patronen gefunden, in denen, gleichfalls im Gegensatz zum Vertrage, die Kugel aus gehackten, 16=eckigen Stücken Blei bestand. Das Französische Kriegsschiff „Desaix" verbrannte Drei Deutsche Kauffahrer zur See, anstatt dieselben nach dem Völkerrecht den Prisengerichten zu übergeben. In Frankreich sind die deutschen Gefangenen, obwol gering an Zahl, häufig unmenschlich, streng, oder doch nachlässig behandelt worden. So hat man 300 kranke Baiern, die im Hospital von Orléans gefangen wurden und zum größten Theil an Typhus, Ruhr oder Verwundungen litten, in den Corridors und Zellen des Gefängnisses zu Pau eingepfercht. Als Bett diente ihnen ein Bündel Stroh und sechs Tage verbrachten sie bei Wasser und Brod, bis einige Engländer und Deutsche ihnen zu Hilfe kamen. Bei der Faidherbeschen Armee wurden die Gefangenen auf einem ungeheizten Boden ohne Decken und hinreichendes warmes Essen zur Winterzeit gehalten, wohingegen in Deutschland alle für die Aufnahme von Gefangenen hergerichteten Gebäude vom Anfange des Winters' an mit Oefen versehen waren. Gefangene, die durch Provinzialstädte gebracht werden, sind sogar noch jetzt nicht vor schlechter Behandlung durch die Bewohner gesichert. Die wilden Turcos und Araber haben sich namentlich die viehischsten Verstümmelungen und Grausamkeiten gegen Deutsche Verwundete zu Schulden kommen lassen. Und die Independance Algérienne apostrophirt die Araber folgendermaßen: „Gehet hin und schneidet den Feinden die Köpfe ab; je mehr ihr das thut, um so höher werdet ihr in unserer Achtung stehen. Fort mit dem Angreifer (doch nur dem von Frankreich, nicht von Algier), fort mit jedem Gefühl der Menschlichkeit! Die Gums können Ehre einernten (genau 5 Pfennige den Tag und ein Stückchen reichlichst ausgetheiltes rothes Band, aber wahrscheinlicher noch Vernachlässigung, Wunden und den Tod), wenn wir die Parole austheilen: Tod, Plünderung, Mordbrennerei!" Für die geköpften Todten und die ihrer Nasen und Ohren beraubten Verwundeten, die sich in den Dörfern Coulours und Auscan vorfanden, sind die Turcos verantwortlich.

Am 21. November schickte der Präfect der Côte d'Or Circulare an seine Untergebenen, in welchen Civilisten der Mord anempfohlen und als Heldenmuth gerühmt wird. „Er sagt unter Anderem: „Das Land verlangt nicht von Euch, daß Ihr Euch in Waffen versammelt und öffentlich dem Feinde entgegenstellt; es erwartet, daß drei oder vier entschlossene Männer jeden Morgen aus ihren Gemeinden aufbrechen und sich an irgend einem, von der Natur dazu geschaffenen Punkte versammeln, von dem sie ohne Gefahr auf die Preußen schießen können." Ein Decret des Kriegsministers vom 13. November bietet Schadenersatz und eine Prämie von 200 Thalern den Officieren an, welche dem Feinde entfliehen und somit ihr Ehrenwort brechen; und der Französische General Lefort richtete dieselbe Aufforderung an die auf Ehrenwort nach Belgien entlassenen Französischen Officiere.

Aus einer großen Menge in meinem Besitz befindlicher, beglaubigter Thatsachen führe ich hier noch die folgenden an. Auf ihrem Rückzuge von Givonne sah der Herzog von Manchester Französische Soldaten auf's Grausamste Französische Bauern schlagen. — Während die Französische Armee, die Gefangenen und die Einwohner von Metz daselbst von den kümmerlichsten Rationen leben mußten, schwelgten der Marschall Bazaine und sein Generalstab täglich auf's Ueppigste; noch acht Tage vor der Capitulation kaufte er sich eine Gänseleber-Pastete für 133 Thaler. — Wie die Kölnische Zeitung meldet, war des Luxus des Marschalls Mac Mahon ein fürstlicher und die vom General de Failly zurückgelassenen Speisekarten wiesen für jeden Tag ein Diner von acht Gängen und einem Nachtisch, sowie Champagner und vier bis fünf andere Weinsorten auf. In der aufgefangenen Französischen Bagage pflegten sich obsöne Bilder und Bücher in großer Menge vorzufinden. — In dem Briefe eines Garibaldianers, der in der Gazetta d'Italia abgedruckt worden, findet sich folgende Stelle: „Es fehlt an Allem, an Mundvorräthen, Kleidern und Schuhen; statt 80,000 Mann kamen nur ein Paar Tausend aus den Vogesen zu uns und diese desertirten bei der ersten Gelegenheit, einer nach dem andern, wie es z. B. vor einigen Tagen der General Cambriels erfahren hat. Sie warfen ihre Chassepots fort und ergriffen die Flucht." — In Ablis nahm eine Schwadron Preußen Nachtquartier. Als sie schliefen, standen die Einwohner, denen einige Franctireurs beistanden, auf, tödteten die Pferde und erschossen die

Mannschaft, wie sie herausgestürzt kam, so daß nur zwei Officiere und sechszehn Mann entkamen. —

Viele Französische Officiere saßen rauchend beim Trinkgelage in Sedan, als draußen die Schlacht wüthete; und den Abend vorher tanzten sie auf einem Ball in Douzy. — Daß die Französischen Conscribirten nur ungerne dienen, geht daraus hervor, daß Gambetta, welcher von einem „Pact auf Tod und Leben" renommirt und erst neulich, Hals über Kopf, aus der Schlacht von Le Mans floh (natürlich nicht um sich, sondern blos um sein Volk zu retten), eine berittene Gendarmerie organisirt hat, um alle Deserteure mit dem Tode zu bestrafen. — Garibaldi hat gedroht jede Compagnie zu decimiren, die sich ohne Ordre zurückzieht und die Mobile-Garde hat einen Text nach der Melodie „Mourir pour la patrie" („Für's Vaterland zu sterben") gedichtet, in welchem es heißt: „Wir ziehen aus, wie Schafe zur Schlachtbank; wir lieben zwar das Leben, aber trotzdem gehen wir zur Metzgerbank, wo wir wie Ratzen niedergemetzelt werden. Oh! wie Bismarck lachen wird!" — Etampes hatte laut nach Waffen geschrien; und nach der Französischen Zeitung La France hatte es welche erhalten; aber in der ersten Nacht, wo die Annäherung von Uhlanen gemeldet wurde, warf man daselbst 50,000 Patronen in den Fluß und stellte, um den Preußen Weitläufigkeiten zu ersparen, die Gewehre vor der Hauptwache zusammen, die sie auch daselbst zerstörten. In Lagny und anderen Orten kam Aehnliches vor und die große Stadt Nancy ergab sich an vier Uhlanen. — Der Socialist Flourens hat neulich in einem Schreiben an Pyat den Vorschlag gemacht, daß das Siegen anbefohlen und jeder Französische General, der eine Niederlage erlitte, hingerichtet werden solle, wie es schon in vielen Fällen in der großen Revolution, z. B. mit dem General Beauharnais, geschehen. — Die Times erzählt uns, daß die Garibaldianer in einem Kriegsgericht einen Priester zum Tode verurtheilt haben, welchen Spruch Gambetta jedoch suspendirte. Sie haben ihre Pferde in Kirchen und Kathedralen untergebracht, selbst wo die Behörden ihnen ein anderes Unterkommen anboten. Auch sind sie in Privathäuser eingebrochen, unter anderen in das des Bischofs von Autun, dessen Schlafgemach sie mit gezogenen Säbeln vorgeblich nach Spionen durchsuchten und aus demselben, statt des nicht vorhandenen Spions, des Bischof's Uhr, Krummstab und Siegel mit sich fortnahmen. — Als

Prinz Friedrich Carl an den Marschall Bazaine die Frage richtete, warum er nicht seinen theilweisen Erfolg am 16. August weiter verfolgt habe, um aus Metz zu entkommen, erhielt er zur Antwort: „Man marschirt doch nicht bei Nacht“; und ein anderer Französischer Officier beklagte sich bitterlich bei seinem Deutschen Sieger, daß man ihn nach dem Abendessen überfallen habe, was allerdings ein sehr ungemüthliches und ganz regelwidriges Verfahren ist. — Als die National-Garde bei Belleville im Begriff war gegen das Bataillon von La Villette zu kämpfen, verließ sie ihren Posten vor dem Feinde und mußte vom Oberst Le Maine erst wieder auf denselben zurückbeordert werden. — Bei der Ankunft des in China stationirten Missions-Bischof's Dubar in Marseilles wurde sein Haus von der Civil-Garde angegriffen, er selbst aber gefangen genommen und geplündert und erst nach acht Tagen wieder freigegeben, ohne irgend etwas von seinen Sachen oder seine 270 Thaler betragende Kasse zurück zu erhalten. — Selbst die Franzosen geben zu, daß ganze Corps von der Armee d'Aurelles de Paladine's ohne zu kämpfen davon liefen und der Times-Correspondent giebt eine Schilderung von Französischen Soldaten, die sich in Haufen freiwillig den Deutschen ergaben, während ihre Officiere beim Gelage saßen. — Der Commandant von Montmedy verlangte zwei Französische Soldaten für einen Deutschen Gefangenen; und obwol dieß ein schlechtes Compliment für seine Landsleute war, hätte er, selbst wenn man ihm im Nothfall drei bis vier bewilligt hätte, doch einen schlechten Tausch gemacht. — Der Times-Correspodent erzählt uns, daß die Französischen Gefangenen allerhand abscheuliche Streiche in der Kathedrale von Orléans gespielt haben, so z. B. stimmten sie unanständige Lieder an und entweihten den Altar mit Unflath, während die Deutschen Soldaten ihre Andacht verrichteten und ein Priester sich vor Weinen nicht lassen konnte. — Alle Französischen Generale, die Unglück haben, Uhrich, Bazaine, Cambriels nicht ausgenommen, werden als Verräthrr, Feiglinge und Narren bezeichnet und auch sonst schlecht behandelt. Bazaine wurde in Metz, Ars und Pont-à-Mousson mit Ermordung bedroht und auf's Gröblichste beschimpft und mußte vor seinen eigenen Landsleuten von Preußischen Soldaten beschützt werden. Und als dem bei Sedan am Kopf verwundeten General Cambriels, der seine Dienste der Regierung wieder angeboten und ein Commando in den Vogesen erhalten hatte, seine Truppen fortgelaufen waren, griffen ihn die Zeitungen auf's Heftigste an und beschuldigten ihn des Verraths; denn es ist ein Französisches Axiom, daß ein Franzose nur in Folge von Verrath eine Niederlage erleiden kann. Auf seiner Reise von Montpellier, wo er eine schmerzhafte Operation durchzumachen hatte, wurde er sogar in Lezignan angegriffen, beschimpft und bedroht und kam kaum mit dem Leben davon. — Der Siècle griff auch Thiers an, indem er seinen Scharfsinn, seine Würdigkeit und seinen Patriotismus in Zweifel zog. — Ebenso wurde General Mazure in Lyon, ohne Ursache, in's Gefängniß geworfen; und der Commandant Arnauld wurde daselbst, nach einem possenhaften Gerichts-Verfahren, ermordet, nachdem er vergeblich sein Bataillon National-Garde aufgefordert hatte ihn zu retten. — Bei Guerrieux wagten es 70,000 Mann Franzosen mit 60 Stück Geschütz nicht 24,000 Deutsche mit 40 Kanonen anzugreifen; und General Faidherbe wurde bei Pont Noyelles in einer superben Stellung mit der dreifachen Heeresmacht, von den Deutschen völlig auf's Haupt geschlagen. — Der Times-Correspondent sagt über diesen Punkt: „Wir sind zu dem Schluß gezwungen, den die Französischen Bauern schon längst gezogen haben, daß die Französischen Soldaten nicht kämpfen wollen. Man kann einige Uhlanen dahin reiten und zwanzig bis dreißig Französische Soldaten ihnen wie eine Heerde Schafe folgen sehen. Man braucht durchaus nicht zu fürchten, daß sie davonlaufen werden. Die armen Uhlanen könnten sie gar nicht los werden, selbst wenn sie wollten. Auf einem Morgenritt finden sie sich plötzlich auf's Liebevollste von diesen Franzosen umgeben, welche sie um Schutz gegen ihre eigenen Generale anflehen, die sie zum Kampfe zwingen; sie verlangen gar kein besseres Schicksal, als nach Deutschland geschickt zu werden." — Dagegen sagt der Rappel, das Organ Victor Hugo's, vom König von Preußen: „Bruder Wilhelm befindet sich außerhalb der Schranken des Gesetzes. Alle Freimaurer haben die Befugniß ihn zu überfallen und mit dem Tode zu bestrafen." — Die Franzosen ließen die herrliche Straßburger Bibliothek zu Grunde gehen, da sie doch die Bücher mit Leichtigkeit hätten sicher in den Gewölben unterbringen können und obgleich ihnen das Bombardement frühzeitig angezeigt worden war. Freilich theilte der Gouverneur es den Einwohnern nicht mit, damit man die Deutschen des Vandalismus zeihen könne und damit Straßburg, nach der Deutschen Annexion, weniger Werth haben möge. — Als Trochu 42,000 Feiwillige aus der wol 360,000 Mann starken Pariser Nationalgarde aufrief, meldeten sich nur 12,000 Mann. — Die Franzosen erklären die Einwohner von Rouen wegen der Uebergabe der Stadt für Memmen; diese wälzen wieder alle Schuld auf General Briand, der seinerseits das ganze Rouen für eine unhaltbare Mausefalle erklärte.

In Bezug auf die Französische Flotte hat die Dänische Zeitung Dagbladet eine sehr strenge, aber gerechte Kritik veröffentlicht. Sie erklärt dieselbe für völlig untüchtig und nur ein Schiff befinde sich in der ganzen Französischen Marine, der Rochambeau nämlich (der nicht bereit war in See zu stechen) im Stande den Kampf mit einigen der Deutschen Schiffe aufzunehmen. Das officielle Französische Blatt sagt hierüber, man habe das Arsenal in Cherbourg in Folge des Günstlingsystems der commandirenden Admirale, die es mit Brest und La Rochelle hielten, in hohem Grade vernachlässigt. „Admiral Bouet war ohne Karten der Dänischen Küste in See gegangen; die meisten Schiffe hatten keine genügenden Kohlen-Vorräthe und in einigen fehlten sie gänzlich. Wir können nur annehmen, daß das Marine-Ministerium ebensowenig im Besitz der betreffenden Karten war, als das Geschwader.“ Der Times-Correspondent schreibt von Ducques aus: „Es giebt keinen auffallenderen Zug im Charakter der Franzäsischen Bauern, als der völlige Mangel an physischem und moralischem Muth. Noch schwieriger ist es zu begreifen, wie der Bürgerstand sich nicht gegen diese Bauern behaupten kann .... Die Leute behaupten, sie hätten keine Ursache zur Klage, da sie für Alles bezahlt werden.“ —

Im Anfange wandte sich der Herzog von Grammont an den Americanischen Gesandten, unter dessen Schutz die Deutschen Unterthanen in Paris beim Ausbruch des Krieges gestellt waren, mit dem Ersuchen, er möge alle kräftig gebauten Deutschen in Paris zurückbehalten, was Mr. Washburne als beispiellose Inhumanität ablehnte. Trotzdem wollte sich Grammont nicht zufrieden geben. Als bald darauf die Franzosen geschlagen waren und die Belagerung von Paris wahrscheinlich wurde, jagte Grammont alle Deutschen, deren Zahl mehr als 100,000 betrug, aus Paris. Vergebens erhob der Americanische Gesandte Vorstellungen gegen diese Grausamkeit und schrieb darauf an seine Regierung: „Die Deutschen in Paris sind daher heute ohne Arbeit, Geld, Credit, ohne Freunde und Brod. Vom Hunger gepeinigt, durch angedrohte Gewaltthaten erschreckt, ohne die Mittel das Land zu verlassen, haben sie uns um Hilfe gebeten. Es befinden sich Frauen darunter mit Säuglingen in den Armen und andere, die hochschwanger sind, die vor Angst weinen und wehklagen." Man muß es den Preußen rühmlich nachsagen, daß sie für die Heimkehr dieser Unglücklichen reichliche Gelder nach Paris gesandt haben. Dagegen hat später M. Arago auf's Tyrannischste bestimmt, daß die Steuern vom Vermögen dieser gewaltsam verjagten Deutschen eingezogen und falls sie nicht bezahlt würden durch Execution eingetrieben werden sollten obwohl doch die Besitzer gar nicht wissen konnten, daß die Steuern eingefordert seien. Zur Zeit, als die Deutschen Grund hatten zu fürchten, daß es den Franzosen gelingen könne ihnen zuvorzukommen und in Deutschland einzufallen, und auch später auf ihren Märschen durch Frankreich, haben sie die in Deutschland lebenden Franzosen mit der größten Humanität behandelt; keiner von ihnen (mit Ausnahme des Französischen Militair-Bevollmächtigten in Berlin, welcher zum Kriege gedrängt hatte) wurde gezwungen das Land zu verlassen. Ja, als die gewissenlose Französische Presse die Lüge aussprengte, daß man die in Baden lebenden Franzosen beschimpft und schlecht behandelt habe, dementirten diese selbst diese Gerüchte und erklärten, sie hätten sich über Nichts zu beklagen, denn sie wären in jeder Beziehung gut behandelt worden; welcher Mittheilung die Französischen Zeitungen die Annahme versagten.

Als Beweis der bestialischen Wildheit der unwissenden, fanatischen Bauern führe ich an, daß die Einwohner einer Stadt im Departement Dordogne sich über einen harmlosen Gutsbesitzer aus der Nachbarschaft — M. de Moneis — hermachten, ihn folterten und darauf lebendig verbrannten. Für dieses Verbrechen sind vier Individuen vor Kurzem zum Tode verurtheilt worden, wobei die Geschworenen nicht, wie gewöhnlich mildernde Umstände annahmen; wie sie es z. B. in jenem Falle thaten, wo ein Pariser Stallknecht seine Herrin mit einer Heugabel todtgeschlagen hatte, aber nicht zum Tode verurtheilt wurde, weil seine Herrin sich darüber beklagt hatte, daß der Stall und das Pferdegeschirr schmutzig seien, was seine Ehre verletzt habe. — Ein in Frankreich lebender

Engländer schreibt an die Times: „Das Ehrgefühl ist jetzt in Frankreich sehr schwach. Man rühmt den Verrath gegen die Preußen offen als etwas Gutes." — Ferner erzählt der Times-Correspondent von den Bauern, daß sie aus übertriebener, ungegründeter Furcht, so entsetzlich lügen, daß ihre eigenen Landsleute ihren Nachrichten nicht trauen können. — Prinz Friedrich Carl erwiderte dem General Cissey auf seine Anfrage, ob die bei Metz gefangenen Französischen Officiere, wie die von Sedan, gegen ihr Ehrenwort frei sein würden: „Nein; denn zwei Generale und 300 Officiere haben ihr Ehrenwort gebrochen und kämpfen jetzt gegen uns." Ja! ehrenhaften Französischen Officieren, die auf ihr Ehrenwort nach Hause entlassen waren, wurde dort so von allen Seiten zugesetzt dasselbe zu brechen, daß sie sich wieder den Preußen als Gefangene gestellt haben. Ein Americanischer Diplomat, der die Ehre genießt seine Artikel an bevorzugter Stelle in der Times gedruckt zu sehen, schreibt: „Es ist nicht wahr, daß die Preußischen Siege nur von der Uebermacht der Preußen herrühren. Bei Vionville z. B. wurde Bazaine's Versuch mit 150,000 Mann durchzubrechen von einem einzigen Preußischen Corps von 30,000 Mann Stärke bis 3 Uhr glücklich aufgehalten; dann erst war ein zweites Preußisches Corps heraufgezogen, welches in Gemeinschaft mit dem ersten 0,3 Meilen vorrückte und Bazaine abschnitt. Die Französischen Soldaten schießen zu schnell, zielen nicht und treffen daher selten. Die Deutschen halten die Oesterreicher und Dänen für bedeutend standhafter und besser disciplinirt, als die Franzosen. Auf dem Marsche wird kein Deutscher Soldat auch nur einen Apfel von einem Baume pflücken." Und ich selbst habe es mit angesehen, wie hungrige Deutsche Soldaten in Remilly das Federvieh der Franzosen ungeschoren ließen.

In den Jahren 1806 bis 1813 haben die Franzosen für 40 Millionen £ St. Requisitionen in Preußen erhoben. d. h. also verhältnißmäßig viel mehr, als was die Deutschen jetzt fordern. Und es ist offenbar politisch vernünftig und nothwendig diese Requisitionen zu erheben, wenn man Verschreibungen über die Beträge ausstellt, nicht nur um die Ausgaben des ungerechter Weise von den Franzosen begonnenen Krieges zu bezahlen, sondern auch um sie der Mittel zu berauben, denselben fortzusetzen oder in anderen Worten noch mehr Deutsche zu tödten.

In Perpignan wurde der commandirende Officier vom Pöbel

fast erschlagen und einem Manne wurde der Schädel mit einem Beil gespalten. — In Marseille wurde General Cambriels, sowie der Präfect der Vogesen von einer großen, von 4000 Menschen besuchten, politischen Versammlung zum Tode verurtheilt und Gambetta als seines Vaterlandes unwürdig gebrandmarkt.

Gambetta hat die Generalräthe der Departements unterdrückt, die Presse geknebelt und er beabsichtigt, weder den durch die allgemeine, geheime Abstimmung, vor Kurzem, mit überwiegender Majorität, ehrlich gewählten gesetzgebenden Körper, der von einem verabscheuungswerthen Pariser Pöbelhaufen ohne Recht und Gesetz entfernt worden, wieder einzuberufen; noch will er eine neue Versammlung wählen lassen, obgleich die Deutschen den Franzosen jede mögliche Erleichterung zu diesem Zwecke gewähren wollen. Aber er weiß, daß die Versammlung antirepublicanisch ausfallen würde und zieht es vor, um jeden Preis die Republik und seine eigene angemaßte Macht zu begründen, lieber als Frankreich zu retten.

Carlyle sagt: „Ich weiß nicht, daß jemals ein Volk sich so sehr mit Schmach bedeckt hätte. Offenbar glauben die Franzosen, daß neue himmlische Weisheit von Frankreich aus über alle anderen umnachteten Völker ausstrahle; daß Frankreich das neue Zion des Weltalls sei; und daß all das traurige, schmutzige, halbwahnsinnige und zum großen Theil aus der Hölle stammende Zeug, das der Französische Liberalismus uns seit 50 Jahren gepredigt hat, ein wahres neues himmlisches Evangelium sei."

Die Deutschen Zeitungen machen sich über eine Kriegskarte lustig, die sich die Franzosen angeschafft haben. Auf derselben ist der Rhein eine Meile breit und entspringt nicht aus den Alpen, sondern vom Bodensee. Würtemberg und Baden sind nur als Schwaben bezeichnet; das wichtige Rastatt kommt gar nicht vor. Heidelberg heißt Heilbe. Rheinbaiern ist ein flaches Land. Mainz ist an der Stelle von Ingelheim angegeben. Wiesbaden ist in ein jenseits Mainz liegendes Hochgebirge verwandelt, an dessen nördlichem Abhange die Stadt Taunus liegt. — Die Times schreibt: „Man darf die Franzosen nicht so beleidigen, daß man ihnen sagt sie seien ein Volk, wie alle andern auch — denn sie haben ein göttliches Recht der Eroberung und Annectirung anderer Länder — und ein anderes Recht in dem unwandelbaren Besitz ihres eigenen Gebiets beschützt zu werden." — Als Laon genommen war, wurde die

Citadelle verrätherischerweise von den Franzosen in die Luft gesprengt. Auch bekümmerte sie der Untergang von 300 Landsleuten nicht; da wie ein berühmter Französischer Offizier zu Jemandem, der die Zahl der getödteten Soldaten bejammerte, sagte, „man keine Eierkuchen machen könne ohne Eier zu zerschlagen;" wenn dabei nur 30 von den verhaßten Deutschen zu Grunde gingen, denen sie nicht nur Niederlagen, sondern völlige Ausrottung wünschen. — Und diese schändliche Handlung wurde als Heldenthat von der Französischen Presse auf's Wärmste gepriesen. — Es hat ein Deutscher die nach den Angaben der Franzosen von ihnen getödteten Deutschen zusammengerechnet und dabei kommt die ungeheure Zahl von 2 Millionen heraus; während factisch die Deutschen, bis zum 4. October 1870, 8207 Officiere und Mannschaften verloren haben. Hingegen hatten die Deutschen bis zum 30. November 10,067 Französische Officiere und 303,842 Mann Soldaten zu Gefangenen gemacht. — Jeder Deutsche, vor Paris von den Franzosen verwundete Soldat hat ihnen 20,000 Thaler gekostet. — Bei der Capitulation von Schlettstadt waren fast alle Französischen Soldaten betrunken. Sie plünderten die Läden, zündeten in Gemeinschaft mit dem Pöbel die Häuser an, waren im Begriff das Pulver-Magazin in die Luft zu sprengen und wurden nur durch den Einzug der Deutschen daran verhindert. — Als in Mainz 240 Französische Gefangene ausgewechselt werden sollten, wollte keiner in die Heimath zurück und diejenigen, welche das Loos traf waren sehr unglücklich. — Die Deutschen haben mehr als 3½ Millionen Thaler durch Sammlungen für ihre Kranken und Verwundeten zusammengebracht, außer den ungeheuren Beiträgen in natura; wogegen man annimmt, daß die Franzosen noch nicht ein Viertel der Summe, oder auch nur die Hälfte von dem erreicht haben, was die Engländer allein zu diesem Zwecke dargebracht. Im Krimmkriege betrug der patriotische Fonds der Franzosen ungefähr 700,000 Thaler, der Englische hingegen 7 Millionen. Und ein Professor aus der Französischen Schweiz hat mir vor Kurzem brieflich mitgetheilt, daß der ganze Beitrag einer reichen Französischen Flüchtlings-Familie für die Französischen Verwundeten in einem Paar Socken bestanden hat. Auch hilft die Französische Regierung, die sich erst kürzlich viele Millionen für Kriegszwecke aus England geholt hat, keineswegs aus ihren Mitteln oder aus localen Fonds dem Elend der besetzten Provinzen auf, sondern sie ermuthigt dieselben zu Betteleien in England; obgleich wir Engländer fast 2 Millionen Thaler für ihre Kranken und Verwundeten beigetragen haben und selbst eine Million öffentlicher Armen, sowie eben so viel andere Hilfsbedürftige besitzen. Und zwar haben sich die Franzosen nie bei ähnlichen Gelegenheiten in England betheiligt; ja, zur Zeit der, in Folge der Baumwollen-Krise eingetretenen, Hungersnoth haben sie nur 56,000 Thaler für 300,000 Französische Fabrikarbeiter gezeichnet, während wir gegen 9 Millionen zusammenbrachten.

Nach dem Zeugniß des Französischen Hauptmanns Jeannerod plünderten die Französischen Soldaten nicht nur ihre Landsleute, sondern einander aus. — Beim ersten Angriff auf Paris ergriff eine Anzahl Französischer Linien-Regimenter die Panik und sie flohen, so daß mehrere Soldaten wegen Feigheit erschossen wurden, um die übrigen zu ermuthigen. — In einem Hospital in Sedan erzählte mir ein Französischer Officier, daß er, verwundet auf dem Schlachtfelde liegend, von seinen eigenen Soldaten beraubt worden sei. — Es ist wiederholt und vor Kurzem noch in Rom vorgekommen, daß Französische Zuaven die weiße Flagge zum Zeichen der Uebergabe aufzogen und dann auf den Gegner schossen, wenn er, Nichts ahnend, hinkam, um sie zu Gefangenen zu machen. — In der unverschämten, gewissenlosen Französischen Presse habe ich irgendwo folgenden frevelhaften Satz gelesen: „Bauern der Champagne, wenn Ihr Dünger für Eure Felder haben wollt, so tretet in die Armee gegen die Deutschen." — Es ist wohlthuend nach diesen zahlreichen Beispielen von bornirter Gemeinheit und grausamer Ungerechtigkeit eine rührende Geschichte zu erzählen, die sich nach der Schlacht von Sedan zutrug. Man fand nämlich daselbst in der Tasche eines getödteten Französischen Officiers folgenden pathetischen, an seine Frau gerichteten Brief: „Mitten in der Schlacht, umgeben von Kanonenkugeln, schreibe ich Dir ein Lebewohl. Die Kanonen- und Flinten-Kugeln, die mich Stundenlang verschont haben, werden das nicht mehr lange thun. Lebe wohl! mein geliebtes Weib! Ich hoffe, irgend ein Menschenfreund wird Dir dieses Lebewohl zukommen lassen. Ich habe mich tapfer gehalten und ich sterbe, weil ich die Verwundeten nicht ihrem Schicksal überlassen will. — Noch einen Kuß! H. V." — Der

Graf Chandordy, der es immer nur mit vagen Behauptungen und runden Zahlen zu thun hat und nicht, wie Bismarck, Namen, Zahlen und Daten giebt, hat die Behauptung aufgestellt, daß die Deutschen Privat-Eigenthum geplündert haben. Aber ich bezweifle es, ob dies in vielen Fällen bewiesen werden kann, und meine, daß es in einigen Fällen zufällig geschehen oder in andern die natürliche Folge der schlechten Aufführung der Bevölkerung oder die heimliche Unthat einzelner Subjecte gewesen sein mag. Ich habe hingegen es selbst mit angesehen, wie Deutsche Officiere und Soldaten, ohne zu murren, gründlichst von Französischen Gastwirthen und Krämern gerupft wurden. Ich glaube auch, daß das Französische Heer seine eigenen Landsleute viel mehr auszieht, als die Deutschen es thun. Ferner macht man den Deutschen einen schweren Vorwurf daraus, daß sie Französische Bürger als Geißeln für gefangene Handels-Matrosen genommen haben; aber die Matrosen wurden, allem Gesetz und aller Menschlichkeit zum Trotz, wie Verbrecher behandelt, zu zweien an einändergekettet, beschimpft und halb ausgehungert; und die Repressalie war daher nicht nur nothwendig und legitim, sondern auch deßhalb nöthig, um den Matrosen zu ihrem Recht zu verhelfen.

Man hat auch behauptet, die Deutschen hätten sich in diesem Kriege nie großmüthig erwiesen; ich erwidere darauf, daß sie drei Monate lang, aus bloßer Menschlichkeit, es unterlassen haben Paris zu bombardiren, und zwar mit einer enormen, ungebührlichen Aufopferung Deutscher Soldaten, von denen Viele in Folge davon verwundet und getödtet worden sind. Ferner verfuhren sie mit einer an Donquixoterie streifenden Großmuth bei den Capitulations-Bedingungen von Verdun. Auch haben sie für reichliche Provision für Paris gesorgt, für den Fall einer Uebergabe, und lehnen Privat-Zeichnungen zu diesem Behuf ab. Sie haben es sechs Monate lang unterlassen Französische Kauffahrer zu kapern, obwol die Franzosen viele der ihrigen genommen und einige Deutsche Kriegs-Schiffe, die jetzt auf offener See kreuzen, wie z. B. die Augusta, das ganz gut könnten. Sie haben den in Deutschland lebenden Franzosen den unbelästigten Aufenthalt daselbst gestattet, obwol Viele davon Spione sind. Sie haben den Franzosen nie den häufigen Bruch der Genfer Convention oder die wilden, von den Turcos an den Verwundeten begangenen, Grausamkeiten vergolten.

Sie haben die Loire-Armee lieber entkommen, als die Brücke zerstören und sich dadurch in die Lage versetzen lassen die Stadt Orléans zu bombardiren; und sie haben endlich den Französischen Verwundeten und Gefangenen, selbst die entarteten Turcos nicht ausgenommen, außerordentliche Menschenfreundlichkeit erwiesen. In der That, wenn Grausamkeit und Liebe zur Unterdrückung charakteristisch für die Deutschen wären, wie kommt es, daß man sie dieser Eigenschaften nicht im Dänischen Kriege von 1864 und im Oesterreichischen Feldzuge von 1866 geziehen hat? Auch hat der König von Preußen vor einigen Jahren es vorgezogen, seine Oberhoheit über Neufchatel aufzugeben, als den Frieden Europa's zu stören.

Ferner sagt man, die Thatsache, daß das Französische Volk die vom Pöbel eingesetzte Regierung bestehen läßt, beweise hinreichend, daß es mit der Fortsetzung des Krieges einverstanden und jedem Frieden abgeneigt sei, der eine Gebiets-Abtretung in sich schließt. Es genügt hierauf zu erwidern, daß es viele Beweise in Briefen von Englischen Correspondenten und Franzosen selbst dafür giebt, daß die Massen in Frankreich sich nach einem Frieden um jeden Preis sehnen. Das Journal de Fécamp z. B. sagt: „Ja, das eroberte und gedemüthigte Frankreich sehnt sich nach Frieden und verlangt denselben.“ Es ist uns allen bekannt, daß das Volk von Paris mit der Regierung, an deren Spitze Gambetta sich eigenmächtig gestellt hat, nicht zufrieden ist und daß es erst neulich in Paris eine Revolution gab, in der die rothen Republicaner sich des Vertheidigungs-Comité's bemächtigt und vorübergehend die Regierung geführt haben. Mehr, als irgend ein anderes Volk folgen die Franzosen eine Zeit lang jedem kühnen Usurpator, der ihren Leidenschaften schmeichelt, wie eine Herde Schafe; und in der That ist es unwahrscheinlich, daß ein Volk, das sich dem Joch so harter Tyrannen, wie Robespierre und später Napoleon, zu einer Zeit unterwarf, wo kein Feind in Frankreich stand, sich gegen den Despotismus von Gambetta auflehnen wird, wo die Deutschen im Begriff sind Paris zu nehmen und bereits ein Drittel von Frankreich inne haben.

Die Einmischung.

Was die Intervention betrifft, so leuchtet es ein, daß England weder allein, noch in Verbindung mit anderen Mächten, dazu bereit ist; und es entsteht nur noch die wichtige Frage, ob irgend eine andere Nation, oder mehrere Mächte zusammen sich finden werden, die Preußen Friedensbedingungen dictiren? Die einzigen Mächte, die es wagen könnten sich auf eine solche Politik einzulassen, sind Rußland und Oestreich. Aber selbst in dem unwahrscheinlichen Falle, daß sie schließlich die Thiers gegenüber ausgesprochene Weigerung, Frankreich beizustehen, widerrufen und gegen Preußen Krieg führen sollten, wenn dieses nicht auf seine Forderung, den Deutsch-redenden Theil Frankreichs zu annectiren, verzichtet, haben die Deutschen keine Ursache besorgt zu sein. Sie dürfen nur den Dänischen Theil von Schleswig unter der Bedingung, daß Dänemark neutral bleibt, an dieses abtreten, Finnland an Schweden, Savoyen an die Schweiz, Nizza und Corsica an Italien, und Flandern an Belgien zurückgeben, um diese zu Verbündeten zu haben. Sie brauchen nur die Unabhängigkeit Polen's zu proclamiren, Posen abzutreten und 100,000 Mann mit hinreichender Munition, Waffen und Geld nach Polen zu schicken und könnten dadurch Rußland und Oestreich so viel zu schaffen machen, daß sie kein Unheil in Deutschland anstiften könnten; und schließlich könnte es ihnen wol gelingen die Unabhängigkeit Polen's in seinen alten, weitesten Grenzen herzustellen und dafür die Deutschen Theile Oestreich's und Rußland's zum Deutschen Reich zu schlagen.

Die Vermittelung.

In Bezug auf die Vermittlung hat man gemeint, wir könnten in Verbindung mit andern neutralen Mächten den kriegführenden Parteien einen Frieden unter folgenden Bedingungen vorschlagen: daß die Festungen in Elsaß und Lothringen geschleift würden; daß Frankreich Nichts von seinem Gebiete abzutreten brauchte; und daß wir uns an einer gemeinsamen Garantie betheiligten, für die jedoch auch jeder Theilnehmer einzeln aufzukommen habe, der zufolge im

Falle, daß in Zukunft Feindseligkeiten zwischen Frankreich und Deutschland ausbrechen sollten, wir gegen den Angreifer zu Felde ziehen müßten, wenn die streitenden Parteien sich nicht einem Schiedsgericht unterwerfen wollten. Doch man sollte nicht vergessen, daß vor jetzt 40 Jahren die Neutralität Belgien's in dieser Weise garantirt worden ist und daß es sich beim Ausbruch des jetzigen Krieges herausgestellt hat, daß weder Rußland, noch Oestreich, noch die anderen Garantie-Mächte die Absicht hatten ihren Verpflichtungen nachzukommen. Da wir nun, meines Erachtens nach Art Donquixote's, unsere Garantie erneuerten, haben wir uns verpflichtet, ohne Beihilfe einer anderen Macht, eine oder gar beide kriegführenden Mächte, wenn sie durch Noth, Zufall oder Absicht Belgisches Gebiet besetzten, zu bekämpfen. Meiner Ansicht nach sollte England sich nicht dazu verstehen, für Andere die Kastanien aus dem Feuer zu holen, sich also nie auf eine solche Garantie einlassen, zumal wenn sich die Vereinigten Staaten von Nord-America nicht dabei betheiligten. Diese sind nämlich gerade so viel oder so wenig dazu berufen, die Polizei von Europa zu spielen (warum nicht auch von America, Asien oder Africa?) und civilisirte Völker am Kriegführen zu hindern, als wir; da sie das einzige Volk, mit Ausnahme der Deutschen, sind, auf dessen Wort man sich unter allen Umständen verlassen könnte und das nicht einen heimlichen Separat-Frieden, zu unserem Nachtheil, oder gar unwiederbringlichen Ruin, mit dem Feinde abschließen würde. Ich meine, es wäre nur billig, daß Sir Henry Bulwer, M. Arles Dufour, M. Thiers, M. Guizot und alle Uebrigen, die auf's Bestimmteste ihre Ansicht dahin ausgesprochen haben, daß es England's Pflicht sei auf der oben genannten oder irgend einer andern Basis zu vermitteln, uns nachwiesen, warum das gerade England's Pflicht ist, und warum sie die uns gemachten Vorwürfe nicht ebenso gegen Nord-America, Rußland, Oestreich und die übrigen neutralen Mächte richten. Obwol man uns immer eine „Nation von Krämern“, das „perfide Albion“ u. dgl. m. nennt und obgleich man uns sagt, wir seien jetzt unter die Mächte dritten Ranges hinabgestiegen, oder wie die Americaner sich ausdrücken eine „Macht von einer Pferde-Kraft“ geworden, so werden wir doch sonderbarer Weise einstimmig von Europa als diejenigen gewählt, welche für die neutralen Mächte einzutreten und sie zu beschützen haben. Diese sind denn auch so gefällig uns zur Hergabe einiger hundert Millionen £ St. und vieler Tausend Menschenleben einzuladen, um unseren Erbfeinden den Franzosen beizustehen und unseren Erb-Verbündeten und Verwandten, den Deutschen, zu schaden.

Ich, meinestheils, halte das internationale Duell für eben so schlecht und thöricht, als das von zwei Individuen. Beides ist Mord seitens des angreifenden Theils und jeder auswärtige Krieg, der kein Vertheidigungskrieg ist und sich mehr aneignet, als was für die zukünftige Sicherheit nothwendig ist, sowie jeder Bürgerkrieg, der nicht gegen die Tyrannei geführt wird, sind Verbrechen. Ich meine, kein Minister und kein Parlament hat ein Recht, uns die Verpflichtung aufzuerlegen, irgend ein Gebiet zu garantiren und daß wir es also Belgien und Luxemburg ankündigen sollten, daß wir nach Ablauf eines Jahres für ihre Neutralität ebensowenig einstehen wollen, wie für die der Schweiz, oder der noch hülfsbedürftigeren, weil viel schwächeren Staaten, der Republik San Marino oder des Fürstenthums Monaco. Auf den Einwand, wir müßten Belgien deßhalb Garantie leisten, weil, wenn dasselbe von Frankreich annectirt würde, Antwerpen als französische Besitzung England sehr gefährden würde, erwidere ich, daß die Franzosen zur Zeit Napoleon's I. nicht nur Antwerpen, sondern fast alle Küsten Europa's besessen haben und doch nicht im Stande waren uns zu überwältigen. Ich berufe mich dabei auf Captain Sherard Osborne und andere Autoritäten, welche in der Times nachgewiesen haben, daß dieß ein bloßer Popanz ist. Aber selbst wer den Ruin England's darin voraussieht, daß Antwerpen Französisch wird, sollte dessen eingedenk sein, daß die Franzosen nach ihren letzten überwältigenden Niederlagen auf lange Zeit hinaus nicht in der Lage sein werden, Belgien anzugreifen und daß wir, wenn sie einmal so weit sein werden, wol schwerlich eine hinreichende Militär-Macht besitzen werden, um sie in Gemeinschaft mit den Belgiern zu besiegen. Wenn ferner wir wahrscheinlicher Weise geschlagen und unsere Truppen in Antwerpen, Ostende und andern Häfen, unter dem Schutz unserer Flotte eingeschlossen wären, so könnten wir leicht, wie ich glaube, die Demüthigung erleben, daß die Belgischen Bauern, auf besonders gute Bedingungen hin, namentlich in Bezug auf den Militairdienst, Steuern und Zölle und durch die normale Bestechung und Einschüchterung in ihrer Majorität für die

4*

Annexion stimmten. Wie albern würden wir uns aber in einem solchen Falle ausnehmen, nachdem wir viel an Geld, Blut und Ansehen verloren hätten. Und wenn wir unsere Garantie für Belgien zurückzögen, steht es noch durchaus nicht fest, daß die Franzosen dasselbe angreifen, und daß nicht in letzterem Falle irgend eine andere Macht sich fände es zu vertheidigen.

Gesetzt ein Krieg mit Frankreich wegen Belgien koste uns einige Tausend Menschenleben und 100 Millionen £ St., könnte man dann wol vernünftigerweise behaupten, daß wir trotz des Französischen Besitzes von Belgien nicht sicherer vor einem Angriff wären, wenn wir jene Soldaten und diese Millionen nicht verloren hätten?

Ferner führt man an, wir sollten stets bereit sein uns in die Angelegenheiten des Europäischen Festlandes zu mischen, weil wir, wenn wir in sogenannter egoistischer Isolirung verharren, ein Zustand, den ich als durch die Moral und Religion geboten erachte, keine Verbündeten gegen Rußland zu Gunsten der Türkei haben würden. Nun, ich trage kein Bedenken in Gemeinschaft mit Bright und Cobden den Krimmkrieg für einen riesigen Fehler zu halten.

Ich gebe es nämlich nicht zu, daß es unser Interesse ist, Rußland an der Eroberung der Türkei zu hindern. Ich spreche von der Türkei, abgesehen von dem fortschrittlichen Egypten, mit ihrer hauptsächlich muselmännischen Bevölkerung. Im Gegentheil meine ich, der ich jenes Land aus eigener Anschauung kenne, daß unser Handel sehr dadurch gewinnen würde, wenn eine dem Fortschritt zugethane, christliche Macht an die Stelle der jetzigen nicht nur stabilen, sondern retrograden und entarteten Türkischen Race träte, welche jetzt, obwol sie sehr in der Minorität ist, die große christliche Majorität in jenem unglücklichen, schlecht regierten Land unterdrückt. Ich würde damit sehr zufrieden sein, wenn die christlichen Rajas sich durch eine, von Griechenland und Rußland unterstützte, Revolution befreiten und ein Griechisches Kaiserreich mit der Hauptstadt Constantinopel wieder erstände. Auch glaube ich daß dieses wünschenswerthe Resultat rasch erzielt werden könnte, wenn nicht England bekanntlich, obwol in der Theorie christlich, in der praktischen Politik in der Türkei, Indien und China antichristlich wäre. Auch ist es ja hauptsächlich dem Englischen Einfluß zuzuschreiben, daß den Candioten ihre Versuche unabhängig zu werden fehlschlugen und sie nach tapferem Kampfe unterliegen mußten; ebenso wie wir ähnliche Erhebungen in Thessalien und Epirus durch Drohungen unterdrückt und die civilisirteren und unternehmenderen Egypter daran gehindert haben sich von den Türken los zu machen. Wenn nun aber die christlichen Rajas nicht im Stande sind sich, mit Hilfe von Griechenland, zu befreien, so würde ich sie nur für klug halten, wenn sie es vorzögen Russen zu werden, als Türkische Unterthanen zu bleiben.

Soll ich jedoch, der Discussion zu Liebe, zugeben, daß es zur Zeit unser augenscheinliches Interesse ist Rußland an der Emancipation der Christen in der Türkei zu verhindern, so behaupte ich, daß mir Niemand beweisen kann, daß dieses Interesse die vielen Tausend Menschenleben und die 100 Millionen £ St., die es uns gekostet hat, werth sei. Vielmehr erkläre ich, wir wären stärker gegen die Russischen Angriffe, als wir jetzt sind, wenn jene Soldaten noch am Leben und das Geld noch in unserer Tasche wäre.

Aber selbst wenn sich der Beweis führen ließe, daß der Krimmkrieg, soweit unser Interesse dabei im Spiel ist, seine Kosten werth gewesen sei, so frage ich, welches Recht haben wir durch einen blutigen Krieg die Bande zu befestigen, in welche die Muselmänner die unglücklichen Christen in der Türkei geschlagen haben? Wir haben den Ruf erschallen hören. „Möge Savoyen untergehen!" Und derselbe Ruf könnte uns ertönen, wenn das durch einen Krieg zu vertheidigende Interesse England's in Conflict geräth mit dem Interesse und der Freiheit von Millionen Menschen und es somit culturfeindlich der Entwickelung der Menschheit entgegentritt. Wenn dann nach einem neuen, erschöpfenden Kriege zu Gunsten unserer muselmännischen Schützlinge wir selbst von einem gewissenlosen, ehrgeizigen Nachbar angegriffen und Napoleon's III. Plan England zu zerstückeln und Irland und Schottland als selbständige Nationen hinzustellen verwirklicht würde, so würden wir in den Augen der Welt unser Schicksal verdient haben.

Ich meine daher, daß sich England, nachdem es die unheilvollen und abgeschmackten Theorien von dem Europäischen Gleichgewicht und von der Handelsbilanz von sich gethan, unter keinem Vorwande mehr in die Angelegenheiten Europa's mischen sollte, ebensowenig wie dies Nord-America thut. Und wenn Europa so thut, als ob es uns deshalb an den Pranger der öffentlichen Verachtung stellen wolle, so würde ich es zufrieden sein in Gemeinschaft mit „Onkel Sam", an Leib und Beutel gesund, dazustehen und mich von dem in Folge von eingewurzeltem Ehrgeiz und unheilbaren Interventionsgelüsten blutenden und verarmten Europa, wie König David von Simei, in scheinbarer Verachtung, aber eigentlich aus neidischer Bewunderung schmähen zu lassen. —

Die Annexion von Elsaß und Lothringen.

Was die Annexion von Elsaß und Lothringen, unter der Bedingung betrifft, daß denjenigen Einwohnern, welche Französisch bleiben wollen, eine gewisse Frist vergönnt werde, um ihre Vermögensverhältnisse zu ordnen, wie es ja auch in Nizza geschah, so steht es fest, daß die Deutschen es lieber mit ganz Europa aufnehmen, als auf diese Forderung Verzicht leisten wollen. Ja, wenn Graf Bismarck sogar diesen Anspruch fallen lassen wollte, so würden es die Baiern und Badenser nicht zugeben, sondern, wie Sybel, Strauß, Karl Blind und Andere bewiesen haben, die Preußen mit Recht des Verraths und treulosen Egoismus' beschuldigen, wenn er ohne ihre Zustimmung und gegen ihre Wünsche und Interessen, die uneinnehmbare Vogesenkette den stets angriffslustigen Franzosen überließe, wodurch diese die Macht behielten beliebig auf Kanonenbooten mit Turcos und Franctireurs den Rhein hinabzukommen und das friedliche Deutschland zu verwüsten.

Nun möchte ich erstens gern wissen, welches Volk ein Recht dazu hätte den ersten Stein auf Deutschland deshalb zu werfen, wenn es mit Gewalt nicht nur das ganze Deutsche Elsaß und Lothringen, sondern auch Metz und den Theil von Lothringen, den einige Deutsche verlangen, wo man aber fast kein Deutsch mehr spricht, annectirte?

Um mit Frankreich zu beginnen, — wem ist es unbekannt, daß Napoleon I. die Deutschen Rhein-Provinzen und Theile der Schweiz und Italiens annectirte? daß er Familienmitglieder und Angehörige auf die Throne von Spanien, Holland, Belgien, Neapel, Westphalen u. s. w. setzte? daß sein Sohn König von Rom wurde?

Und falls diese Ereignisse zu veraltet wären, wollten die Franzosen unserer Tage etwa nicht Belgien und die Rheinlande annectiren? nicht Rom gegen ein anderes Stück Italien austauschen? Ist etwa die Annexion von Algier in Uebereinstimmung mit den Wünschen der Bevölkerung oder auch nur nach einer scheinbaren Volksabstimmung vor sich gegangen? Wäre dies der Fall, wie erklärten sich dann die unaufhörlichen Kriege und grausamen Metzeleien, die in Algier stattgefunden haben?

Was ferner England betrifft, so hat Sir Francis Hood in einem an die Times gerichteten Brief unsere Aufmerksamkeit auf die große Menge Colonien gelenkt, die wir entweder durch Gewalt, oder durch Cession von den Franzosen, Holländern, Deutschen, Italienern, Spaniern u. a. m. erhalten haben. Er fordert uns daher mit Recht auf den Balken aus unserm eigenen Auge zu entfernen, ehe wir auf den Splitter aufmerksam machen, den wir im Auge unseres Deutschen Bruders zu erblicken meinen.

Wir haben einen Theil von China, Oude und das Peudschab erst in neuester Zeit annectirt und Inder und Chinesen sind doch auch Menschen, die ein ebenso gutes Recht darauf haben befragt zu werden, wie Europäer.

In Gemeinschaft mit Frankreich haben wir Rußland zu Ende des Krimmkrieges gezwungen, ohne die Zustimmung und gegen die Wünsche und Interessen der Einwohner, Gebietsabtretungen an die Türkei zu machen. Wir halten Irland fest, obwol die Mehrheit der Bevölkerung desselben wol ebenso sehr, wie die Elsäßer von Deutschland, von uns unabhängig zu sein wünscht und wir haben es nicht einmal gewagt gegen den jetzigen von den Franzosen unternommenen Angriffskrieg zu protestiren, den sie mit der ausgesprochenen Absicht eröffneten eine Deutsch- und nicht etwa eine Französisch-redende Bevölkerung zu annectiren. Wir behalten Helgoland, das uns von keinem Nutzen ist und das wir, nach dem Beispiel der Jonischen Inseln und als ein gutes Vorbild für Frankreich, an Deutschland abtreten sollten.

Ebensowenig, wie wir, sind die Vereinigten Staaten von Nord-America in dieser Beziehung schuldfrei. Sie haben Texas und Californien, trotz des entrüsteten Protestes ihres großen Landsmann's Channing und Anderer, annectirt. Die Mehrheit des Americanischen Volks hat die gewaltsame Annexion von Cuba verlangt und hat wiederholt bewaffnete Expeditionen dahin ausgerüstet. Erst vor Kurzem haben die Vereinigten Staaten Russisch-America, wie einen Waarenballen gekauft, ohne auch nur scheinbar die Einwohner um ihre Wünsche zu befragen. Viele Americaner haben die Annexion von Mexico, St. Domingo und Britisch-Nord-America befürwortet. Vor allem aber haben sie die Süd-Staaten wieder annectirt, welche ihre Unabhängigkeit vier Jahre lang mit furchtbarem Verlust an Menschenleben und einem Kosten-Aufwand, der wohl den Land-Werth des ganzen Südens oder wenigstens den der Sclaven übersteigt, behauptet haben. Ich, für meinen Theil, habe mit Roebuck für den Süden Sympathien gehabt, welcher, wie Lord Russell sagte, für seine Unabhängigkeit kämpfte, während der Norden, der in der ersten Periode des Krieges sich dazu erbot die Sclaverei aufrecht zu erhalten, wenn sich der Süden ergäbe, nur um die Herrschaft stritt. Wenn der Süden nach der Schlacht von Bull's Run auf Washington losmarschirt wäre, hätte er den Krieg beendigt; und wenn er, kühn und rasch, die unvermeidliche und wünschenswerthe Sclaven-Emanicipation vorgenommen und die Sclaven als freie Soldaten bewaffnet hätte, so wäre ganz Europa auf seine Seite getreten und er würde, statt unterworfen zu sein und wie ein zweites Polen regiert zu werden, jetzt das unschätzbare Gut der Unabhängigkeit zugleich mit dem Freihandel genießen.

Rußland, welches das unglückliche Polen mit einer eisernen Ruthe beherrscht und sogar ihm die Sprache und Religion zu rauben versucht, und das beständig Gebiete annectirt, deren Bevölkerung nicht Russisch spricht, wird wol kaum die Verwegenheit haben den Deutschen die Annexion von Elsaß vorzuwerfen. Ebensowenig kann dieß Oestreich, das bis zum letzten Augenblick dafür kämpfte Venedig und die Lombardei in Knechtschaft zu erhalten, das Galizien von Polen geraubt und Rußland zu Hülfe gerufen hat, um die Unabhängigkeit Ungarn's zu zerstören.

Ich glaube indessen nicht, daß Deutschland sein unzweifelhaftes Eroberungs- und Wieder-Vergeltungs-Recht so weit treiben wird auf der Abtretung des Französisch-redenden Theils von Lothringen zu bestehen, sondern bin der Ueberzeugung, daß es sich mit der Schleifung von Metz und einiger anderer festen Plätze in jenem Gebiete begnügen wird. In Beziehung auf den Deutsch-redenden Theil von Elsaß und Lothringen habe ich nachgewiesen, daß der

Französische General Ducrot es zugiebt, daß die Gesinnungen zu Gunsten einer Annexion an Deutschland, vor dem Kriege, unter der zahlreichen protestantischen Bevölkerung jenes Gebiets stark vertreten waren. Dasselbe haben der Haupt=Pastor und die übrige Protestantische Geistlichkeit von Straßburg öffentlich behauptet. Wenn also Deutschland die Elsässer auf zwei Jahre von allen Steuern befreit, ihnen vollen Schadenersatz für die durch das Deutsche Heer bei Straßburg und sonst angerichteten Zerstörungen bezahlt und sie auf zehn Jahre vom Militair=Dienst befreit, so möchte ich mein ganzes Vermögen dafür einsetzen, daß sie in ihrer überwiegenden Mehrheit mit Freuden Deutsch werden. Auf alle Fälle ist es, nach Analogie der im Jahre 1866 von Preußen annectirten Provinzen, welche seitdem ebenso patriotisch geworden sind, wie die Alt=Preußen, mit Sicherheit anzunehmen, daß auch Elsaß und Lothringen in ebenso kurzer Zeit gut Deutsch gesinnt sein werden.

Luxemburg.

Wenn die Deutschen, wie behauptet wird, wirklich die Absicht haben Luxemburg zu annectiren, so wird man sich erinnern, daß die herrschende Minorität dieses Großherzogthums, welche dort das große Wort führte, angeblich ganz erbötig war, sich vom König von Holland an den Kaiser der Franzosen, wie eine Sklaven=Plantage auf Cuba, verkaufen zu lassen! Ist dieß der Fall, so wird man wol bei ihrer etwaigen Wieder=Vereinigung mit Deutschland nicht zu zarte Rücksichten auf ihre Empfindungen zu nehmen brauchen. Luxemburg wurde ohnehin durch Frankreich, so viel ich weiß, gegen den Wunsch der Majorität, von Deutschland losgerissen. Sind die Deutschen Willens aus strategischen Gründen, da Luxemburg das Gibraltar jenes Theils von Deutschland ist, den festgesetzten Preis für das Großherzogthum zu bezahlen, so ist wol auf die jetzt von seinen Bewohnern behauptete Anhänglichkeit an den König von Holland kein großes Gewicht zu legen, da beide Theile auf den oben besprochenen Handel seinerzeit bereitwillig eingegangen sind.

Schleswig-Holstein.

Bei dieser Gelegenheit, will ich ein Wort über die Schleswig-Holsteinsche Frage sagen, die fortwährend ungerechterweise den Deutschen von denjenigen vorgeworfen wird, welche entweder mit den betreffenden Thatsachen unbekannt sind, oder sie absichtlich entstellen. Die Schleswig-Holsteiner sind Deutsche; sie wurden von den Dänen, im Widerspruch mit den Verträgen auf die abscheulichste Weise regiert und wandten sich an den Deutschen Bund, um von diesem Joch los zu kommen. Gäribaldi hat es anerkannt, daß die Dänen Schleswig-Holstein so behandelt haben, wie Oestreich die Lombardey; Lord John Russell hat die Dänische Tyrannei in seinen Depeschen gebrandmarkt; und selbst Louis Blanc nahm in diesem Streit Partei für die Deutschen. Der Deutsche Bund, und nicht bloß Preußen, hat Dänemark den Krieg erklärt, Bundestruppen gegen Dänemark geschickt und die Herzogthümer von Preußen und Oestreich besetzen lassen. Diese besiegten die Dänen und annectirten, nach dem Rechte der Eroberung, Schleswig-Holstein unter Zustimmung der Mehrheit der Bevölkerung. Einige Jahre darauf wurde Preußen durch den Prager Frieden dahin gebracht sein Recht auf den Dänischen Theil von Schleswig und einige strategisch wichtige Stellungen aufzugeben und eine gemischte Commission sollte eingesetzt werden um die genaue Demarcationslinie beider Nationen festzustellen. Seitdem haben die Preußen und Dänen Zeit gehabt die schwierige Frage zu beantworten, welche Bezirke eigentlich Deutsch und welche Dänisch sind und sie wird wol einem neutralen Schiedsgericht zur Entscheidung vorgelegt werden müssen.

Ich knüpfe hieran das Resultat meiner Nachforschungen in Nizza und Savoyen über den modus operandi bei der sogenannten Volks-Abstimmung in jenen Gebieten.

Wie man Volksabstimmungen macht.

Die Franzosen fingen damit an alle die Zeitungen und einflußreichen Persönlichkeiten, die zu verführen waren und die ihre

Anstellungen zu verlieren fürchteten zu bestechen und zwar sowol mit Geld, als mit dem Ehrenlegionsorden, dieser reichlichst vertheilten Decoration, wie nicht minder durch Versprechungen von guten Stellen und rascher Beförderung und Titeln. Sie sorgten dafür, daß es allgemein geglaubt würde, daß durch die verschiedensten Kniffe und Pfiffe eine Mehrheit zu Gunsten der Annexion würde zu Stande gebracht werden; sie setzten die Krämer in Furcht, daß sie ihre Kunden verlieren würden; sie machten den Hypotheken-Schuldnern Angst, daß ihnen die Hypotheken gekündigt, oder doch der Zinsfuß erhöht werden würde. Sie bewirtheten das Volk reichlich mit geistigen Getränken und hintergingen dasselbe mit Versprechungen von niedrigen Steuern und Verminderung der Dienstzeit. Nimmt man hierzu die bekannten Französischen Phrasen von dem Marschallsstab, den jeder Soldat in seinem Tornister mit sich trägt — von la carrière ouverte aux talents — von den 40 Jahrhunderten, die nur auf die Franzosen huldvoll herabblicken und den sonstigen gewöhnlichen Schwindel; und daß auf der andern Seite jeder Gemeinde mit Verfolgung von Seiten der Obrigkeit gedroht wurde, falls ihre Mehrheit mit Nein stimmte und daß sie nie auf neue Straßen, öffentliche Arbeiten oder andere Vortheile zu rechnen habe, so erscheint das Resultat begreiflich.

Ich bin erstaunt zu sehen, daß manche Engländer, die im Beginn des Krieges Deutsch gesinnt waren, jetzt ihre Sympathien Frankreich zuwenden. Es liegt ohne Zweifel für einen Engländer etwas Ritterliches und Fesselndes darin, für den schwachen Angreifer und gegen den mächtigen Rächer Partei zu ergreifen. Es ist dieß ein Gefühl, wie es den Dichter Burns beschleicht, wenn er sein Mitgefühl für die unglückliche Lage des armen Beelzebub ausspricht, oder wie es in, mit zahlreichen Unterschriften versehenen, Petitionen seinen Ausdruck findet, welche fast zu Gunsten eines jeden Verbrechers an unser Ministerium des Innern gerichtet werden; was in andern Ländern nie vorkommt. Ich selbst habe von Anfang an herzliche Sympathien für die Deutschen gehabt, als ich noch der Meinung war, sie müßten schon allein wegen der größeren Vorzüglichkeit des Chassepot unvermeidlich unterliegen; aber meine Sympathien haben in Folge ihres tapfern und edlen Verhaltens sich nur vermehrt, nicht vermindert.

Was die öffentliche Meinung in England betrifft, so bin ich

davon überzeugt, daß die Franzosen sich mehr Engländer durch ihre gemeine Undankbarkeit gegen den Kaiser, der sich wenigstens nicht an Französischem Golde bereichert hat, und durch die auf ihn gehäuften Verläumdungen entfremdet haben, als die Deutschen es je durch eine ihrer vergangenen oder zukünftigen Handlungen thun können. Denn so sehr ich auch die Politik des Kaisers mißbillige, so glaube ich doch, daß er nicht ein Zehntel des auf ihn gehäuften Tadels verdient, sondern daß er zum Sündenbock der Französischen Nation gemacht wird, die wenigstens eben so viel Schuld, wie er, an jenem Fehler hat, den er begangen und die durchaus keinen Antheil hat an dem Ruhm, der dem Kaiser dafür gebührt, daß er bis an's Ende seiner Regierung in so gutem Einvernehmen mit uns Engländern gestanden hat. Freilich beweist der geheime Vertrag, daß er sich zuletzt gezwungen fühlte dasselbe zu brechen.

Das internationale Duell ist eben so thöricht, als verbrecherisch.

Schließlich will ich mir einige Bemerkungen über den Krieg im Allgemeinen erlauben. Ich stehe nicht an es auszusprechen, daß ich ein unversöhnlicher Gegner eines jeden Krieges bin, es sei denn, daß er zum Schutz unserer Küsten, oder unserer Colonien geführt würde. Auch hoffe ich aufrichtig, daß die Mehrzahl der Letzteren und namentlich Canada, recht bald das ausführen werden, wovon sie schon so oft gesprochen haben und was sowol den Colonien als England zum Nutzen gereichen würde, nämlich sich in Freundschaft von dem Mutterlande zu trennen und selbstständige Staaten zu bilden; gerade wie im Familienleben der mündige Sohn, wenn er selbstständig wird, auch sich sein eignes Haus anschafft. Es ist unbillig, daß wir Gefahr laufen sollen wegen Canada's in einen Krieg mit America verwickelt zu werden, welches Land von der ganzen Englischen Armee zusammen mit der Bevölkerung desselben nicht gegen die Vereinigten Staaten gehalten werden könnte; es ist dieß um so unbilliger, als wir durchaus keinen Nutzen, sondern nur ein leeres, eingebildetes Prestige davon haben, wobei Canada von unseren Erzeugnissen denselben Zoll erhebt, wie von denen anderer Völker und wir das Geld unserer Englischen Steuerzahler hinschicken müssen, um nur unsere Regierungs-Einrichtungen zu erhalten. Seit dem großen Napoleonischen Kriege wurden wir im Jahre 1840 wegen der Syrischen Frage fast in Feindseligkeiten mit Frankreich verwickelt; später war es die Tahiti- oder Pritchard-Frage und noch später die auf den Kaiser in England gemachten Angriffe und die Weigerung des Parlaments das von Lord Palmerston zu seinem Schutz eingebrachte Gesetz anzunehmen, welche die Französischen Obersten laut einen Krieg mit England fordern ließ, wobei sie herzlich vom Französischen Volk unterstützt wurden. Und noch einmal haben die Kriegs- und Händel-süchtigen Franzosen es versucht ihre Regierung wegen des von uns auf Perim, einer unfruchtbaren Insel des rothen Meeres, zu Gunsten der Kauffahrer aller Nationen erbauten Leuchtthurms zu einem Kriege mit uns zu bewegen.

Die Vereinigten Staaten sind auch seit hundert Jahren nie ohne irgend eine Beschwerde, oder einen Casus belli gegen uns gewesen und sobald wir durch beständige Nachgiebigkeit den größten Theil ihrer Forderungen befriedigt haben, mögen sie auch noch so ungerecht sein, so erfindet man immer wieder neue Ursachen zum Streit, so daß es fast ein Wunder ist, daß wir fast 40 Jahre im Frieden mit ihnen gelebt haben. Zwar sind wir ganz wohl im Stande es mit ihnen allein aufzunehmen, wenn es sich um die Vertheidigung unseres Vaterlandes handelt, aber wenn wir mit einer andern Macht Krieg führten, so hätten wir doch immer zu fürchten, daß England's Verlegenheit America's Gelegenheit werden könne. —

Bei Gelegenheit des jetzigen Krieges haben die Franzosen es an Nichts fehlen lassen, weder an Berufungen an unsere vermeintlichen Interessen und Leidenschaften, noch an Versprechungen, Drohungen und Verhöhnungen, um uns in den Krieg hineinzuziehen, aber bisher glücklicher Weise umsonst. Am inconsequentesten haben sich hierbei einige Londoner Demagogen im Verein mit nur einem einflußlosen Parlamentsmitgliede betragen, die im Anfange sehr dagegen waren, daß wir uns in den Kampf einlassen sollten, jetzt aber wo sie irrigerweise annehmen, daß Frankreich eine Republik ist, obgleich ein strenger Orleanist an der Spitze seiner Regierung steht, großen Lärm zu Gunsten eines Krieges mit Deutschland machen, nicht weil es gerecht oder nützlich wäre, sondern weil

Deutschland, wie England, mit dem Schmutz monarchischer Institutionen behaftet ist. Nun muß ich bemerken, daß obgleich die politischen Institutionen Deutschland's nothwendigerweise bis jetzt weniger liberal, als die unsrigen sind, man allen Grund hat anzunehmen, daß sie bald mindestens ebenso fortgeschritten sein werden, wenn sie die unsrigen nicht gar an Freisinnigkeit übertreffen werden. In der That können die Deutschen in einer Beziehung schon jetzt uns vorangehen, indem sie den ländlichen Bezirken das allgemeine Wahlrecht ertheilen, das wir bisher ungerechterweise selbst den Schotten vorenthalten haben, weil man annimmt die Englischen Bauern seien, durch unsere eigene Schuld, nicht hinreichend gebildet und unabhängig, daß man ihnen das Wahlrecht anvertrauen könne.

Denn, wenn auch Deutschland Manches von England lernen kann, so kann es uns auch Vieles lehren; es hat die Welt mit den unschätzbaren Gütern der Reformation und der Buchdruckerkunst beglückt; es hat jedes andere Volk in der Volkserziehung bedeutend übertroffen; bis zum Anfange dieses Krieges war seine Nationalschuld noch kein Zehntel der unsrigen; seine Steuern sind außerordentlich gering; es hat eine vorzügliche Verwaltung und was die militairische Organisation betrifft, so kann kein anderes Volk den geringsten Vergleich mit ihm aushalten.

England verliert immer durch unvortheilhafte Verträge was es durch den Krieg gewonnen hat.

Erst kürzlich kündigte die Russische Regierung die Clausel des Pariser Vertrages, welche Rußland dazu verpflichtet, keine Kriegsschiffe im Schwarzen Meer zu halten und dadurch seine Küsten wehrlos gegen die große, barbarische, Türkische Flotte macht. Ich freue mich, daß die Herren Mill, Froude, Cairnes, Carlyle, der Herzog von Cleveland und viele unserer tüchtigsten Staatsmänner sich energisch gegen einen Krieg mit Rußland aus diesem Grunde ausgesprochen haben, obgleich die Times und ein Theil unserer Presse es versucht haben uns an die Europäische Schlachtbank zu treiben, wie sie es schon beim Krimmkriege gethan, wo wir viele Tausend Menschenleben und 100 Millionen £ St. geopfert haben.

Im Jahre 1861 sagte zwar die Times selbst: „Niemals ist eine so große Anstrengung für einen so schlechten Zweck gemacht worden. Nur mit großem Widerstreben geben wir zu, daß Riesen-Anstrengungen vergebens gemacht und ungeheuere Opfer umsonst dargebracht worden sind", aber jetzt sagt dieses gewissenlose und wankelmüthige Blatt das grade Gegentheil. Freilich muß man bedenken, daß durch den Krieg der Absatz von Zeitungen mehr als verdoppelt wird.

Wir haben einen enormen Mißgriff gethan, als wir anstatt die Russische Regierung die Kosten des Krimmkrieges bezahlen zu lassen ihr die nutzlose, unbillige, unvortheilhafte, unhaltbare und demüthigende Bedingung auferlegten für alle Zeiten auf ihr unveräußerliches Recht zu verzichten, ihre eigenen Küsten mit so vielen Kriegsschiffen, als ihr beliebt, zu beschützen, wodurch ein entgegengesetzter Vertrag mit einer früheren Russischen Regierung null und nichtig wurde. Würde wol England sich je auf längere Zeit einer solchen Ungerechtigkeit unterziehen, wenn das Kriegsglück eine zeitweilige Unterwerfung unter dieselbe von uns erheischt hätte? Ich, für meinen Theil, würde allerdings, wenn wir in einem Angriffskriege von Frankreich geschlagen wären, wie Frankreich jetzt von Preußen geschlagen werden, nicht dafür sein den Krieg lieber bis zum letzten Mann und letzten Schilling fortzusetzen, nachdem die Franzosen ganz England besetzt hätten, als unsere Rechte auf den Französisch-redenden Theil von Groß-Britannien, nämlich die Kanal-Inseln aufzugeben. Zwar ist die Bevölkerung dieser Inseln uns zugethan, weil sie ihre eigenen Gesetze hat; keine Steuern bezahlt; Waaren bequem nach England und Frankreich schmuggeln kann und keine Kriegsdienste zu leisten hat, sondern umsonst regiert und beschützt wird. Wenn es aber anders wäre und wir sie mit Steuern heimsuchten, so würden sie, wie es von Hiob heißt, uns in's Gesicht fluchen und sich, wenn sie es könnten, zu Frankreich schlagen. Nach demselben Grundsatze meine ich, sollten die Franzosen Elsaß und den Deutsch-redenden Theil von Lothringen abtreten. Denn als die Revolution der Nord-Americaner gegen England von Erfolg gekrönt war, mußten auch wir die Englisch gesinnten Colonisten ihrem Schicksal überlassen.

Nach dem großen Napoleonischen Kriege haben wir denselben erstaunlichen Fehler begangen. Anstatt darauf zu bestehen, daß die

Franzosen uns die Kosten bezahlten und namentlich die großen Subsidiengelder wieder erstatteten, welche wir albernerweise an die Europäischen Mächte verschwendet hatten, um ihnen in ihrem eigenen Vertheidigungskriege beizustehen, feilschten wir nur um ungenügenden Schadenersatz, vornehmlich für die Französischen Flüchtlinge und setzten dadurch Frankreich in den Stand rasch seine Kräfte wieder zu sammeln, um nach einigen Jahren wieder zum Kriege bereit zu sein. Unser größter Feind, Bonaparte, ließ sich auf St. Helena folgendermaßen über unser dummes Verhalten in Bezug auf den Vertrag von 1815 aus: „Was würden die Engländer, die vor 100 Jahren lebten, sagen, wenn sie sich aus ihren Gräbern erheben, Eure glorreichen Erfolge erfahren, England sehen, sein Elend erkennen und hören könnten, daß im ganzen Friedensvertrage kein einziger Artikel zu Gunsten England's sich befindet; daß Ihr im Gegentheil eroberte Gebiete, wie Java, Surinam, Martinique, Isle de Bourbon u. a. m. sowie für Eure Existenz nothwendige Handelsrechte aufgegeben habt? Wenn doch Oesterreich und Preußen je 10, Rußland 8 Millionen Unterthanen, Holland, Bayern, Sardinien und jeder andere Staat eine Gebietsvermehrung gewonnen haben, warum konnte England nicht auch so etwas bekommen?“

Der Jammer des Krieges trifft hauptsächlich die Arbeiter.

Ich bin der festen Ueberzeugung, daß die Gesinnungen des Englischen Volks, wenn man sie durch eine allgemeine Abstimmung (an der sich natürlich die Frauen auch zu betheiligen hätten) ermittelte, sich gegen jede Garantie oder Einmischung in fremde Angelegenheiten aussprechen würden und noch mehr gegen einen Krieg wegen irgend eines anderen Landes. Und wenn man die Zeitungsredacteure und kriegslustigen Parlamentsmitglieder und Pairs in den Krieg schickte, wie es in Preußen geschieht (und ich würde sie direct in die Front stellen), so würden sie sich ebenso sehr nach dem Frieden sehnen, als sie vor Kurzem, im Vertrauen auf den Muth Anderer, nach Krieg getobt haben. Ich verwerfe vollständig die falsche Idee, daß unsere National-Ehre uns verpflichte einen Krieg anzufangen, ebenso wie alle vernünftigen Engländer der früher geltenden, hassenswerthen und unsittlichen Verpflichtung zum Duell, im Falle einer Verbal- oder Real-Injurie, entsagt haben. Heutzutage ist es bei uns, wie aus einem in jüngster Zeit verhandelten, interessanten Proceß hervorgeht, Niemandem, wes Standes er auch sei, gestattet sich selbst wegen der schwersten und nicht wieder gut zu machenden Rechts-Verletzung, der Verführung der eigenen Frau, zu duelliren.* Ich verstehe die Englischen Grundsätze der National-Ehrenhaftigkeit, aber ich habe keine Sympathie für die Französischen Vorstellungen von National-Ehre. Die höheren Stände haben gut zungendreschen über einen Krieg, an dem nur Wenige ihresgleichen sich betheiligen, welche dann auch Aussicht auf Ehre und Belohnung haben. Sie sitzen zu Hause und schlürfen ihren Champagner und essen ihre Schildkröten-Suppe, während der Englische Gemeine sein Herzblut, unbeachtet und ungekannt, auf dem Schlachtfelde vergießt. Die Arbeiter aber haben die ganze Schwere des Krieges zu tragen; sie ernten weder Ruhm noch Vortheil davon; im Gegentheil werden sie noch nachher durch die schwere Steuerlast zu Boden gedrückt. Sie haben für unsere Thorheit zu zahlen und werden dadurch oft der ersten Lebensbedürfnisse beraubt, während dem Reichen nur wenige seiner überflüssigen, oder gar schädlichen Luxus-Genüsse verkürzt werden. Wenn wir z. B. nicht früher den Krieg mit Napoleon geführt hätten, so hätten uns unsere verwerflichsten und drückendsten Steuern schon vor 50 Jahren abgenommen sein können. Wenn wir uns aber von Neuem in einen großen Europäischen Kampf einlassen und womöglich eine neue Schuld von 800 Millionen £ St. zuziehen, so würde wahrscheinlich die ganze Englische Constitution darüber zu Grunde gehen nnd jedenfalls würde sie in ihren Grundlagen er-

* In Frankreich kann es vorkommen, daß ein Franzose aus bloßer Streitsucht, mit einem Ausländer, der ein principieller Gegner des Duells ist und nicht zu fechten versteht, anbindet, um für einen Helden da zu gelten, wo keine Gefahr dabei ist; während er andrerseits, wenn sein Gegner ein gewandter oder gewohnheitsmäßiger Duellant ist, sich mit Vorliebe zurückzieht und sich Nichts daraus macht, jenen anderweitig zu tödten, wie es z. B. Peter Bonaparte mit Victor Noir gethan hat. Und wenn ein Mann, wie es neulich im Dubourgschen Falle geschehen, zur Treulosigkeit seiner Frau ein Auge zudrückt — ja sie sogar mit seiner eigenen Maitresse zusammenleben läßt — selbst unzählige Intriguen anspinnt, seine Frau aber von Spionen beobachten läßt und schließlich nach langer Ueberlegung zum Morde schreitet, nachdem er sich in hinterlistiger Weise Zutritt zu seinem Opfer verschafft hat; so zwingt ihn die öffentliche Meinung in Frankreich nicht dazu, den Verführer zu fordern, sondern gestattet ihm eine beliebige Anzahl Dolchstöße gegen sein hilfloses Opfer zu führen, ohne daß er ihr Flehen um Gnade und Verzeihung berücksichtigt und läßt ihn unter allgemeinen Beifall mit einer kurzen Gefängniß-Strafe davon kommen.

5

schüttert werden und wir könnten gar leicht in ein ähnliches Unglück hinein gerathen, wie es jetzt die Franzosen heimgesucht hat. Ich, für meinen Theil, würde demokratischen Institutionen das Wort reden, wenn ich dächte (was nicht der Fall ist), daß dieselben eine Garantie für den Frieden darböten. Sollte aber je ein Minister das Land in solch ein Unglück stürzen, und zwar gegen den Willen des Volkes, obwol möglicherweise in Uebereinstimmung mit einer parlamentarischen Majorität, so hoffe ich, daß er sofort gestürzt werden möge. In einem solchen Falle würde das Volk so berechtigt, als berufen sein, wenn auch mit Widerstreben, die energischen Maßregeln zu ergreifen, zu denen die Führer der liberalen Partei riethen, als man die Verwerfung der Reformbill fürchtete. Meiner Ansicht nach sollte, ehe eine Kriegs-Erklärung ausgesprochen wird, eine Parlaments-Auflösung statt finden, d. h. eine Berufung an das Land über die betreffende Frage ergehen, so daß es nicht in der Macht einer zufälligen ministeriellen Majorität, die häufig gegen ihr besseres Urtheil und Gewissen stimmt, läge, um einen beliebten Minister am Ruder zu erhalten, uns in einen Kampf hineinzutreiben, wie das, in Folge unserer schwankenden Politik, im Russischen Kriege geschah. Wir sind schwach für den Angriffskrieg und ich hoffe wir werden es stets bleiben. Auch kann das nicht anders sein, wenn wir nicht selbst unsere Freiheit durch Militair-Conscriptionen verkürzen und unser Volk durch schwere Steuern erdrücken wollen. Aber wir sind stark für den Defensiv-Krieg und ich hoffe wir werden sofort wirksame Maaßregeln ergreifen um uns dazu noch mehr zu stärken. Und wenn ein übermüthiger Feind unsere Küsten angreifen sollte, so bin ich der festen Ueberzeugung, daß wir in einem Vertheidigungs-Kriege unsere Pflicht mit einem Muth und einer Ausdauer thun würden, wie sie unsere Französischen Nachbarn nie besessen haben und daß unsere Erfolge in einem günstigen, aber grellen Contrast stehen würden zu dem völligen Fehlschlagen ihres frivolen Angriffskrieges gegen die tapfere Deutsche Nation, die uns stamm- und glaubensverwandt ist, die uns von der Möglichkeit einer Niederlage bei Waterloo gerettet hat und der wir großen Dank dafür schuldig sind, daß sie einen unvermeidlichen Krieg mit Frankreich von uns abgewandt hat. In der That hat ein jeder Deutsche Verwundete oder Todte einen Engländer vor demselben Schicksal bewahrt; und ich betrachte das Resultat dieses Krieges als eine Erfüllung der Verheißung: „Du wirst das Volk zerstreuen, das Freude hat am Kriege."

Die Thorheit, Sträflichkeit und Schrecken des Krieges.

(Aus der Westminster Review.)

Caesar's Schlachten kosteten mehr als 1,192000 Menschen das Leben und ebenso war es mit Alexander. Nach authentischen, vom Historiker Alison gesammelten Documenten wurden in Frankreich vom Anfang bis zum Ende der Revolutionskriege mehr als 4 Millionen Soldaten ausgehoben, von denen, schlecht gerechnet, 3 Millionen im Hospital, Biwak oder auf dem Schlachtfelde zu Grunde gingen. Rechnet man zu diesen, wie es nöthig ist, eine wenigstens eben so große Zahl aus den Reihen der Gegner, so erhellt daraus, daß im Anfange des 19. Jahrhundert's und im Herzen des civilisirten Europa nicht weniger als 6 Millionen Menschen im Verlauf von 20 Jahren durch den Krieg zu Grunde gegangen sind. Aber selbst diese ungeheuren Zahlen geben uns keine richtige Vorstellung von der in Folge der Kriege der Revolution und des Kaiserreich's stattgehabten Zerstörung von Menschenleben. Man muß nämlich hierzu noch die Tausende rechnen die durch Mangel, Gewaltthat und Gefahren, sowie die Hunderttausende, die nachträglich durch das Wüthen jener Seuche dahingerafft wurden, welche auf dem Rückzuge aus Rußland und in den überfüllten Garnisonen des Jahres 1813 ihren Ursprung nahm und eine Reihe von Jahren hindurch fast jedes Land von Europa verheerte. Und dazu ist der Tod auf dem Schlachtfelde noch eins der kleinsten Uebel des Krieges; die verbrannten Dörfer, die vernichteten Ernten, der zu Grunde gerichtete Handel, die mit Sturm genommenen Städte, die Niedermetzelung und Vergewaltigung aller derer, die schwach oder reizend sind, der Gram, die Verzweiflung, das Elend, die in zahllose Familien hineingetragen werden — alles das gehört zu den schrecklichsten Heimsuchungen eines Feldzuges (siehe: Alison Geschichte von Europa VI. IX. und X.). „Ein Kriegszustand", sagt Robert Hall, „ist nichts weniger, als eine zeitweilige Aufhebung aller Grundsätze der Moral." Der Haupt-Zweck des Krieges und mithin die Haupt-Pflicht des Kriegers besteht darin dem Feinde so viel Schaden als möglich zuzufügen. Ja, dieser Grundsatz steht

5*

so entschieden fest, daß man über verdiente Officiere nur deshalb Kriegsgericht gehalten hat, weil sie dem Gegner nicht so viel Böses gethan, als man unter den obwaltenden Umständen für möglich gehalten hatte; daß sie z. B. Eigenthum geschont, welches hätte zerstört werden können, oder irgend einen Mitmenschen hätten entkommen lassen, den sie hätten umbringen können; und zwar ist in solchen Fällen die Anklage gradezu in diesen dürren Worten formulirt worden .... „Die Sittlichkeit friedlicher Zeiten", sagt Robert Hall, „steht in directem Gegensatz zu den Grundsätzen des Kriegs. Das Grundprincip der ersteren besteht im Wohlthun — das des letzteren im Unrechtthun. Jene gebietet uns den Unterdrückten zu Hilfe zu eilen — diese die Wehrlosen zu überwältigen. Die Gesetze der Sittlichkeit erlauben uns nicht selbst unsere theuersten Interessen durch die Lüge zu fördern; die Grundsätze des Krieges rühmen die Unwahrheit sogar zum Zweck des Verderben's Anderer" .... Die Geschichtschreiber haben noch nie eine vollständige und ehrliche Analyse des Krieges gegeben. Sie haben uns zwar die Märsche, Belagerungen, geschickten Manöver, scharfsinnigen Kriegslisten, tapferen Unternehmungen, verzweifelten Kämpfe und meisterhaften Combinationen geschildert, an denen der Krieg reich ist; und sie haben diese Schlachtenbeschreibungen, die man mit athemlosem Interesse liest, in einem Bericht zusammengefaßt, der uns meldet: der Sieg sei mit dem Verlust von so und so viel Tausend Todten und Verwundeten, so und so viel Tausend Gefangenen, so vielen erbeuteten Fahnen und Geschützen gewonnen worden; aber alles dieses ist nur die Außenseite des Krieges und macht uns fast gar nicht mit seinem wirklichen Character bekannt. Nur selten erzählen uns die Geschichtschreiber von den während eines Feldzugs erduldeten Entbehrungen, entstandenen Krankheiten und erlittenen Qualen, noch weniger aber von den durch „diese zeitweilige Aufhebung der Grundsätze der Moral" zur Reife gediehenen Lastern, den befestigten Selbstsucht und vollendeten Herzenshärtigkeit. Sie sprechen uns nicht von den zerrissenen Verbindungen, von den zu Grunde gerichteten Landleuten, von dem verwüsteten Familienglück, von dem Kummer, der nie zu stillen, der Schmach, die nie abzuwaschen, der Last andauernder Trübsal, die über viele glückliche Haushaltungen kommt, von all den namenlosen Freveln, von denen ein einziger in Friedenszeiten uns mit Grauen erfüllen würde, die aber im

Kriege täglich von Tausenden ungestraft verübt werden. Nur selten bringen uns Geschichtschreiber Bilder, wie das folgende, und doch bilden diese die stete Begleitung des Krieges. „Das war die fürchterliche Schlacht von Eylau, die im tiefsten Winter, mitten in Eis und Schnee, unter unvergleichlich schrecklichen Umständen geschlagen wurde. Auf beiden Seiten war der Verlust ein ungeheurer und nie ist in neueren Zeiten ein Schlachtfeld von einer solchen Menge Erschlagener besät gewesen. Seitens der Russen waren 25,000 Mann gefallen, unter denen sich mehr als 7,000 Todte befanden; seitens der Franzosen gab es mehr als 30,000 Todte und Verwundete und fast 10,000 hatten ihre Fahne unter dem Vorwande verlassen, den Verwundeten beizustehen. Nie gab es ein so schreckliches Schauspiel als das, welches das Schlachtfeld am nächsten Morgen darbot. Mehr als fünfzig Tausend Mann lagen auf einem Raume von etwa 2 Stunden Länge, in ihrem Blute schwimmend. Die Wunden waren meist von der schwersten Art, von wegen der außergewöhnlichen Anzahl Kugeln, die während des Kampfes abgefeuert worden und der großen Nähe der kämpfenden Heeresmassen zu den tödtlichen Batterien, welche ihre Kartätschenkugeln in halber Musketen-Schußweite in die Reihen der Soldaten gesandt hatten. Obgleich die Verwundeten auf kaltem Schnee gebettet und der Strenge eines nordischen Winters ausgesetzt waren, brannten sie doch vor Durst und die kläglichsten Rufe nach Wasser oder nach Hilfe, um die Verwundeten aus den Haufen der todten Menschen und Pferde herauszuziehen, von denen sie erdrückt wurden, ließen sich von allen Seiten hören. 6,000 edle Rosse lagen, das Schlachtfeld beengend, rings herum, oder wieherten, von rasendem Schmerz gepeinigt, mitten unter dem unterdrückten Gestöhne der Verwundeten, laut auf." Alison, B. VI. p. 85.

„Am Sonntag Morgen fand ich eine Menschenmenge um einen Karren versammelt, der so eben von Rußland zurückgekehrt war. Keine Granate oder Kartätschenkugel hätte diese unglücklichen Opfer der Kälte so verstümmeln können; einer derselben hatte die ersten Glieder aller 10 Finger verloren und er zeigte uns die Stümpfe. Einem Anderen fehlten beide Ohren und die Nase. Noch entsetzlicher war der Anblick eines Dritten, dessen Augen erfroren gewesen waren; jetzt hingen die verwesenden Augenlider schlaff herab und die geborstenen Augäpfel traten aus der Augenhöhle hervor. Es war entsetzlich scheußlich, aber ein noch furchtbareres Schauspiel sollte sich mir darbieten. Aus dem Stroh auf dem Boden des Karrens sah ich jetzt eine Gestalt mit Schmerzen hervorkriechen, welche man kaum für ein menschliches Wesen ansehen konnte; so wild und verzerrt waren seine Züge; die Lippen waren weggefault; die Zähne standen unbedeckt da; er zog das Tuch vom Munde fort und grinzte uns, wie ein Todtenkopf an.“ Alison IX., 112. Das nun Folgende ist eine Beschreibung des Zustandes in der Stadt und Garnison Dresden im Jahre 1813. „Die Verheerungen, welche ein ansteckendes Fieber, die Folge ihrer Entbehrungen, unter den Einwohnern hervorbrachte, vermehrten noch das allgemeine Unglück. Nicht weniger als 300 Bürger starben daran in einer Woche und 200 Leichen wurden täglich aus den Militair-Lazarethen gebracht. Die Leichen häuften sich in den Kirchhöfen so gewaltig an, daß die Todtengräber sie nicht beerdigen konnten und man sie reihenweise, nackt, ein entsetzlicher Anblick, längs der Kirchhofmauer hinlegte. Die Leichen wurden oft in solcher Menge auf die Todtenkarren gehäuft, daß sie von denselben hinunterfielen, und die Räder verursachten ein entsetzliches Geräusch, wenn sie die Gebeine der auf der Straße liegenden Leichname zermalmten. Die Krankenwärter und Kärrner der Hospitäler stampften die Leichen mit den Füßen zusammen, wie Gepäck oder Stroh, um nur Platz für andere zu gewinnen, und nicht selten gaben die vermeintlich todten Körper noch Lebenszeichen und stießen unter dieser grausamen Behandlung Schreie von sich. Mehrere Körper, die als todt in die Elbe geworfen wurden, lebten durch das plötzliche Eintauchen in das kalte Wasser wieder auf und man sah die Unglücklichen vergeblich mit den Wellen kämpfen, welche sie alsbald verschlangen. Arzeneien und Hospital-Vorräthe gab es keine mehr und fast alle Aerzte und Apotheker waren todt.“ — Alison IX., 643. Diese Bilder ließen sich durch noch schrecklichere vermehren. Wir können es uns hier aber nicht versagen einige Stellen aus einem Briefe mitzutheilen, den Sir Charles Bell nach der Schlacht bei Waterloo an Francis Horner geschrieben hat, wohin jener sich begeben hatte, um den Verwundeten seinen chirurgischen Beistand zu leihen. „Nachdem ich fünf Tage lang meiner Beschäftigung obgelegen hatte, fand ich, daß die besten Fälle, d. h. die schauderhaftesten Verwundungen sich, ganz ohne ärztlichen

Beistand, im Französischen Hospital vorfanden. Dieses war nämlich noch im Entstehen begriffen und man holte noch damals diese armen Wesen aus den Wäldern. Es ist unmöglich, Ihnen ein Bild von dem menschlichen Elend, das ich beständig vor Augen habe, zu entwerfen. Und was am Tage herzzerreißend ist, ist in der Nacht nicht zu ertragen .... Um 6 Uhr Morgens nahm ich mein Messer zur Hand und blieb beständig bei der Arbeit bis 7 Uhr Abends; und das ging so den zweiten und dritten Tag fort. Alles, was zum Anstand einer chirurgischen Operation gehört, mußte alsbald außer Acht gelassen werden; denn während ich einem Manne den Oberschenkel amputirte, lagen ein Mal noch 13 Andere da, die alle darum flehten, zunächst an die Reihe zu kommen. Es war eine sonderbare Empfindung, die Kleider steif von Blut und die Arme kraftlos vom Gebrauch des Messers zu fühlen, und noch seltsamer sich selbst ruhig unter einer solchen Mannichfaltigkeit der Leiden zu finden ..... Nachdem ich acht Tage lang unter den Verwundeten gewesen und die ganze Zeit über operirt hatte, besuchte ich das Schlachtfeld. Der Anblick des Feldes, die hochherzigen Erzählungen, die Beispiele von kühnen Unternehmungen und großer Tapferkeit Einzelner, die ich gehört, riefen mir die Vorstellung in's Gemüth zurück, welche die Welt mit den Worten Sieg und Waterloo verbindet. Aber das ging rasch vorüber; eine finstere, unerquickliche Ansicht von der menschlichen Natur ist die unvermeidliche Folge davon, wenn man das Ganze so ansieht, wie ich es gethan, wie ich gezwungen war es zu thun. Mit dem Ruhm von Waterloo verknüpft sich immer für mein Auge der Anblick des furchtbarsten Elends, für mein Ohr die flehentlichsten Bitten, das Aufschreien, das der Brust tapferer Männer entstammt, die eindringlichen, unterbrochenen Worte der Sterbenden und die entsetzlichsten Gerüche." (Memoirs of Francis Horner III., 267.) Wenn ein Staatsmann aus irgend einem der gewöhnlichen Beweggründe Krieg erklärt, wie z. B. um in den Besitz einer reichen Colonie zu gelangen, oder um einem ehrgeizigen Nachbar einen Erwerb streitig zu machen, der ihn zum furchtbaren Nebenbuhler machen würde; oder etwa um einen Monarchen, den sein durch vielfache Unterdrückung gequältes Volk entthront hat, wieder einzusetzen; oder gar um sich wegen einer Privat-Beleidigung, oder diplomatischen Kränkung zu rächen, — so richten sich seine Gedanken meist nur auf den Erlaß eines Manifestes, die Ernennung eines Oberbefehlshabers, die Truppen-Aushebung und die Ausschreibung von Steuern, um die Kriegskosten zu bestreiten. Er ist sich daher gar nicht bewußt, was er eigentlich thut. Und wenn ein Weiser an ihn heranträte, wie Nathan zum David, und also spräche: „Sie haben den Befehl zum Mord im ungeheuerlichen Maßstabe ertheilt. Sie haben es angeordnet, daß 50,000 Ihrer Unterthanen eben so viele Mitmenschen ganz unvorbereitet vor das Angesicht dessen schicken, vor dem sie sich für ihre vielfachen Missethaten zu verantworten haben. Sie lassen wiederum 30,000 Andere den besten Theil ihres Lebens hoffnungslos im Kerker verschmachten und als die schlimmsten Verbrecher behandeln, während sie doch nur auf Ihren Befehl das Verbrechen begangen haben. Sie haben es zu Wege gebracht, daß abermals 20,000, Tage lang, auf's Schrecklichste verstümmelt und sich zu Tode verblutend, auf der Erde herumliegen sollen, bis ihnen endlich Hilfe gebracht wird, sie die schmerzhaftesten Operationen durchmachen und dann elend im Hospital sterben müssen. In Folge Ihrer Befehle werden eine Menge unschuldiger, liebenswürdiger Frauen, die so schön und zart wie Ihre eigenen Töchter sind, von einer brutalen Soldateska auf's Empörendste mißhandelt werden. Ihr Befehl wird, wenn er nicht widerrufen wird, die Trauer in viele Familien hineintragen; er wird mit einem Schlage die Freude vieler Augen vernichten, wird über Tausende, die jetzt gut und zufrieden leben, ein Elend bringen, das keine Rettung kennt, einen Jammer, für den es in dieser Welt keine Linderung giebt.“ Wenn eine solche Botschaft dem Staatsmanne zu Theil würde, in der jedes Wort auf strengster Wahrheit beruhte, würde er nicht gegen das entsetzliche Bild, das man ihm hier zeigt, protestiren und ausrufen: „Ist Dein Knecht ein Hund, daß er dergleichen thun sollte?“ Und wenn ein Staatsmann sich alles dieses klar vorstellte, ehe er eine Kriegs-Erklärung unterzeichnete, würde er sie dann nicht lieber in die Flammen werfen? Wir wissen sehr wohl, daß unsere Auseinandersetzung Vielen als eine müßige Declamation erscheinen wird, die eines Mannes, der beansprucht, für einen Kenner der politischen und socialen Wissenschaft zu gelten, gänzlich unwürdig ist; dennoch ist es unzweifelhaft, daß wir unserem Bilde keine unwahren Züge zugefügt, ihm keine ungehörige Färbung gegeben haben; und unsere Bemerkungen sollten um so mehr einer aufmerksamen Prüfung werth erscheinen, als wir nicht zu denen gehören, welche die Ansicht haben, daß der Krieg unter keinen Umständen gerechtfertigt ist. Im Gegentheil, es kann Niemand die Details desselben mit lebhafterem Interesse verfolgen und an seinen Strapazen und Gefahren mit größerem Eifer Theil nehmen, wenn er für eine Sache geführt wird, die groß und rein genug ist, um die Anwendung eines so furchtbaren Mittels zu rechtfertigen. Aber wir wissen, daß derartige Fälle unendlich selten sind und daß, wenn wir nach der Vergangenheit urtheilen, der Krieg in 99 von hundert Fällen eine Thorheit und ein Verbrechen, und daß er dann die traurigste und grausamste Thorheit und das verruchteste Verbrechen ist. „Wir würden gut daran thun, dieses Wort „Krieg" in eine uns verständlichere Sprache zu übersetzen. Wenn wir unsere Armee- und Marine-Kosten überschlagen, so sollten wir eine Summe für den Todtschlag, eine andere für die Verstümmelung, eine dritte für die Schaffung von Wittwen und Waisen, eine vierte für die Hungersnoth, die das Gebiet heimsucht, eine fünfte für die Demoralisirung von ehrlichen Bürgern zu Spionen, von guten Unterthanen zu Verräthern, eine sechste für das Entfesseln der Dämonen der Wuth, der Gewaltthätigkeit, der Wollust innerhalb der civilisirten Gesellschaft festsetzen. Auf diese Weise würden wir erfahren, wofür wir eigentlich unser Geld bezahlt, ob wir einen guten Handel gemacht haben und ob die Rechnung auch sonst noch stimmen würde. Auch müßten wir alle jene begleitenden Umstände in Rechnung ziehen, welche die bloßen Schlachten als den geringsten Theil des Krieges erscheinen lassen. Wir müssen unsere Blicke nicht auf den Helden heften, der vom Siege heimkehrt, noch auf den tapfern Officier, der auf dem Feld der Ehre stirbt, der den Vorwurf für Lied und Bild abgiebt; sondern auf den zum Dienst gezwungenen Gemeinen, der durch Strapazen und Lagerseuchen erschöpft, bleich, abgezehrt in das Hospital kriecht und ein Leben — vielleicht ein langes — in Aussicht hat, das ruinirt ist, ein Leben nutzloser Leiden. Wir sollten der unzähligen Thränen der Frau denken, die einsam weint, weil ihr das einzige Wesen, das ihre Gefühle theilt, genommen ist, — der keine Militär-Musik sympathische Accorde anstimmt — denn der Tag schwindet langsam dahin und er kehrt nicht heim.

Sie kann ihren Kummer nicht über seinem Grabe ausweinen, denn sie weiß gar nicht, ob er überhaupt eins hat. Wäre er zurückgekommen, so wären seine individuellen Anstrengungen in Vergessenheit gerathen, denn er war nur ein unmerklich kleiner Theil jener Menschen-Maschine, die man ein Regiment nennt. Das sind keine Phantasiestücke; wenn man sie sich ausmalen will, so kann das ein Jeder für sich selbst thun." („Die Sünden der Regierung — die Sünden der Nation", p. 400.) Ist es irgend einem unserer Leser je eingefallen, über den Beruf des Soldaten kritisch nachzudenken, einen Beruf, der in unserem Lande, wie in den meisten übrigen, so hoch geehrt wird? Ein Soldat ist ein Mann, dessen Beruf es ist Krieg zu machen — mit seinen Mitmenschen zu kämpfen und (man mag es nun mit der glatten, heuchlerischen Sprache der Etiquette umhüllen, wie man will) sie todtzuschlagen. Wie jeder Andere setzt er gewöhnlich seinen Stolz und sein Vergnügen in die Ausübung seines Berufs. In Unthätigkeit zu versauern ist verdrießlich und unrühmlich und im Frieden hat er wenig Aussicht auf Beschäftigung, Beförderung und Auszeichnung. Daher ist ihm der Frieden lästig und unwillkommen. Ganz natürlicherweise sehnt er sich nach dem Kriege, beobachtet mit natürlicher, aber sicherlich nicht christlicher Freude den Beginn eines jeden Haders, welcher in offene Feindschaft auszubrechen verspricht und wünscht den schwelenden Brand zu voller Flamme anzufachen. Das ist natürlich und unvermeidlich; es kann gar nicht anders sein. Die meisten Nationen des jetzigen Europa haben also einen geachteten und einflußreichen Stand, der Hunderttausende von Mitgliedern zählt, dessen Interessen und Neigung auf den Krieg hinweisen und der somit eine beständig wirkende Kraft darstellt, welche die übrige Gesellschaft (wenn auch noch so unbewußt) zu dem hindrängt, was, wenn man es klar auseinandersetzt, Niemand vertheidigen kann, nämlich bereit zum Angriff, hartnäckig im Streit, rasch zu Repressalien geneigt und empfindlich gegen Kränkungen zu sein. Der Soldat ist also ein Mann, welcher durch den unvermeidlichen Instinct seines Berufs beständig einen Zustand der Dinge herbeisehnt und sucht, den das Christenthum als sündhaft und die Vernunft als schädlich und widersinnig verdammt. Und ferner! daß die Vernichtung des Lebens und Eigenthums unserer Mitmenschen eine Sünde und zwar eine abscheuliche an und für sich ist, kann nicht bezweifelt werden. Die Stellung des Soldaten aber macht es ihm zur Pflicht, diese große Ungerechtigkeit ohne Beschränkung und beliebig gegen wen, auf Befehl irgend eines Ministers, zu begehen. Die Geschichte lehrt ihn und seine eigene Erfahrung wird die Lehre bestätigen, daß solch ein Minister oft schlecht, unfähig und leidenschaftlich ist, daß er häufig seine Macht durch die gemeinsten Mittel (in Frankreich durch Maitressen, in England durch käufliche parlamentarische Majoritäten) erlangt hat, daß er in seinen Ansichten und Befehlen oft von den niedrigsten Beweggründen und den albernsten und schlechtesten Rathgebern geleitet wird; er kann ein seichter und sinnlicher Ränkeschmied, wie Godoy, sein; er kann Zwecke des persönlichen Ehrgeizes verfolgen, wie Napoleon; er kann ein leerer Schwätzer, wie Newcastle, sein. Aber wie ungerecht auch der Krieg, den er anbefohlen, wie abenteuerlich sein Plan, wie frech sein Angriff, wie unschuldig sein Opfer, wie barbarisch und hart die Art, in welcher das Unternehmen auszuführen ist, auch sein mag — der Soldat hat keine Wahl, keine Macht, ihm zu entgehen. Er hat sich an die Befehle seines Vorgesetzten gebunden, wie handgreiflich ungerecht diese auch sein mögen. Er kann nicht zurücktreten, denn das würde Entehrung zur Folge haben; er kann nicht Gegenvorstellungen machen, denn das würde als Insubordination bestraft werden. Kurz in einigen seiner wichtigsten Handlungen hat er aufgehört frei, obgleich er nie aufhören kann, für dieselben verantwortlich zu sein. Er hat sein Geburtsrecht für ein Gericht Linsen dahingegeben; er hat sich in der That als eine Art Sclave verkauft, dem häufig nur der demüthigende Wechselfall übrig bleibt, entweder auf seinem Posten zu bleiben und Unrecht und Grausamkeit zu verüben, oder ihn zu verlassen und sich selbst Schande und Verderben zuzuziehen. Uns erscheint es daher höchst sonderbar und ein deutlicher Beweis dafür, wie schwer es dem Menschen wird, sich zu principiellen Anschauungen zu erheben, daß irgend Jemand von gesundem Urtheil und moralischer Gesinnung, der auch nur graben, pflügen, weben oder sonst auf irgend einem der unzähligen Wege, die dem Unternehmenden zu Gebote stehen, sein Glück machen kann, sich gerne darauf einläßt, für ein so geringes Aequivalent sein Recht auf Verweigerung einer verwerflichen Handlung zu verhandeln.

„Der Soldat," sagt der Bischof Tayler, „ist gewohnt, in

seiner Rüstung und mit seinen Wunden dazustehen — patiens solis atque luminis — bleich und matt, ermüdet, aber wachsam; und des Nachts wird ihm eine Kugel aus dem Fleisch und ein Splitter aus den Knochen gezogen und er muß sich seinen gespaltenen Mund wieder zunähen lassen, damit er seine normale Größe wieder erlangt; und all das für einen Menschen, den er nie gesehen hat, oder wenn er ihn gesehen, von dem er nie beachtet worden und der ihn zum Galgen verurtheilt, wenn er sich erlaubt, seinem Elend zu entlaufen." „Alle Raubthiere verrichten ihr grausames Werk an Geschöpfen, die einer andern Gattung angehören. Wenn der Löwe aus seinem Hinterhalt springt, so gräbt er seine Klauen in den Nacken des Büffels oder der Antilope; wenn die Wölfe im Chore heulen, so verfolgen sie den Hirsch; wenn der Schrei des Adlers am lautesten ertönt, hat sich die wilde Ente in Acht zu nehmen. Selbst der unersättlich raubgierige Tiger hält sich von seinesgleichen fern. Aber wenn die Trommeln wirbeln und die Trompeten schmettern, wenn die Fahnen in der Luft flattern und das Wiehern des Schlachtrosses auf die tiefen Töne des Hornisten antwortet, dann bereitet sich der Mensch, trotz all seiner hochgerühmten Vernunft, darauf vor, das Blut seines Bruders zu vergießen, seinen verheerenden Kriegswagen über sein eigenes Geschlecht daher sausen zu lassen, Vernichtung und Verzweiflung vor sich hertreibend und Hunger und Pestilenz auf seiner Spur zurücklassend."

Worte der Warnung von Franzosen an Frankreich gerichtet.

Unter diesem Titel hat der beliebte Deutsche Schriftsteller, Adolf Stahr, eine Reihe von Abhandlungen begonnen, von welchen wir hier die erste übersetzen, welche über M. Ernest Renan handelt. „Der Gewarnte ist halb gerettet," sagt ein Deutsches Sprichwort. Nun hat es aber Frankreich in den letzten zwei Decennien nicht an Warnungen gefehlt, die sogar zum großen Theil von seinen eigenen Söhnen ausgingen. Aber freilich ist die Warnung nur die halbe Rettung und völlig nutzlos, wenn sie nicht zu Herzen genommen wird. Und das haben die Franzosen noch nie gethan. M. Renan ist sicherlich ein guter Franzose und hat eben deßhalb vor drei Jahren in seinen „Questions Contemporaines" seinen

Landsleuten viele der Fehler und Irrthümer vor die Augen gehalten, für die sie jetzt so schwere Buße thun. Erstens ihren grenzenlosen Stolz auf ihre erste, große Revolution. M. Renan hat den Muth sich beide Seiten jenes ungeheuren Experiments anzusehen und fühlt sich genöthigt zu gestehen, daß es als ein mißlungenes zu betrachten sei (une experience manquée).

Nun hat aber Frankreich seit 1789 eine Reihe von Revolutionen durchgemacht; und gerade jetzt ist es im Begriff das Experiment zu wiederholen.

Mit dieser wichtigen Frage schließt M. Renan seine Vorrede. Und gerade in die jetzige Zeit gehört sie mehr denn je, gerade jetzt ist sie im Munde aller wahren Freunde Frankreichs am meisten gerechtfertigt. Es gab eine Zeit, wo M. Renan es für möglich hielt, daß Napoléon III. die beste Politik befolgen könne, um Frankreich auf den richtigen Weg zu bringen. Hierzu gehörten, nach ihm, besonders zwei Dinge: Erstens, daß der Kaiser nicht nur keine Opposition gegen die unvermeidliche Bewegung mache, welche unter der Führung Preußens vor sich ging und die Schöpfung eines großen, einigen Deutschlands, mit liberaler Verfassung, zum Zweck hatte; sondern daß er die Entwickelung derselben, die von großer Bedeutung für die Menschheit ist, thätig fördere. Und zweitens, daß er durch einen unwiderruflichen Beschluß feststellen lasse, daß Frankreich durchaus keine Gebiets-Vergrößerung verlange. Daß Napoleon keins von beiden gethan hat, das sieht M. Renan als den „Grund-Irrthum seiner auswärtigen Politik“ an. Und außerdem weist er noch auf Rathgeber, wie Rouher, die „durch ihre herausfordernde Haltung das gefährliche Element im Deutschen Patriotismus wach gerufen haben.“ Wir müssen daran denken, daß M. Renan dieses zu einer Zeit geschrieben hat, wo der allmächtige Beherrscher Frankreichs noch fest auf seinem Throne saß, nämlich unmittelbar nach der Schlacht von Sadowa. Er hat also die Gefahr vorausgesehen, die seinen Landsleuten in Folge ihres aufstachelnden Rufes nach „Rache für Sadowa“ und ihrer Drohungen wegen des Ueberschreitens der Mainlinie aus dem Deutschen Patriotismus erwachsen konnte und hegte in seinem innersten Herzen keinen Zweifel über den Ausgang des seit so langer Zeit von Frankreich provocirten Streits, der doch, früher oder später, zwischen den beiden Völkern zum Austrag kommen mußte.

In den Worten, die Renan gebraucht, um die Resultate zu schildern, welche Frankreich aus seinen früheren Revolutionsversuchen, Verfassungskämpfen und Dynastien-Wechseln gewonnen hat, entwirft er ein schreckliches Bild seines sittlichen Zustandes. „Die Franzosen sind es gewohnt, mit einem Lächeln auf die Frage nach den Grundsätzen zu antworten, die ihrem Handeln zur Richtschnur dienen; und die Meinung hat sich bei ihnen festgesetzt, daß Grundsätze, Verträge, Verfassungen — kurz, alle Eide — nur so lange bindend sind, als das Volk nicht stark genug ist sie zu beseitigen.“ Bei dieser Gelegenheit behauptet M. Renan nicht, daß dieser Mangel an sittlichem Ernst, dieses Leben aus der Hand in den Mund sich ändern und in sein Gegentheil umschlagen könne, wie er es mit Bezug auf die Unwissenheit Frankreichs tröstend annimmt. Dieses überläßt er seinem großen Landsmann Victor Hugo, wie wir es vor Kurzem gesehen haben. Trotzdem wird Deutschland gut daran thun, dieses Characteristicums des heutigen Frankreich in dem jetzigen Streite eingedenk zu sein.

„Frankreich“, fährt M. Renan fort, „hat sehr wenig Glauben an die Freiheit. Es glaubt es nur zu gerne, daß die Ideen sich in anderer Weise Bahn brechen, als auf dem natürlichen Wege der geistigen Entwickelung der Menschheit. Es glaubt, daß der Fortschritt von außen her gemacht werden — daß das Gute anbefohlen werden kann. Es begnügt sich, wie ein Kind, sich einen Garten mit Blumen und Stauden zu pflanzen, die keine Wurzeln haben und lebt der Hoffnung die Sonne werde sie schon gedeihen lassen. Es sieht nicht ein, daß der einzige wünschenswerthe Fortschritt in der Veredelung der Seele, in der Stärkung des Characters und in der sittlichen Erhebung des Geists besteht.“ Wir ersehen hieraus, daß Frankreich am 4. September dieses Jahres wiederum ein solches Gartenspiel getrieben hat, das wahrscheinlich keine besseren Erfolge haben wird, als die früheren. Denn der Geist der Unduldsamkeit und Ausschließlichkeit, welcher, wie M. Renan klagt, stets die Freiheit in Frankreich unmöglich gemacht hat, tritt deutlicher, denn je, in dem Frankreich Gambetta's zu Tage. „Ein characteristischer Zug des Französischen Geist's sagt M. Renan an einem andern Ort „besteht in den plötzlichen Sprüngen desselben von der Sorglosigkeit zur Verzagtheit, von vorsichtiger Aengstlichkeit zur sorglosesten Tollkühnheit.“ Hiervon haben wir auch eben erst auffallende Beweise gehabt.

Ich könnte hier noch viele andere Stellen anführen, in denen M. Renan seinen Landsleuten die Wahrheit sagt und zwar in Bezug auf ihre anmaßende Unwissenheit und Oberflächlichkeit; über ihre Vorliebe für das Prunkende und Ephemere im Gegensatz zu Allem, was Ernst und Ausdauer verlangt; wegen ihrer unheilbaren Seichtigkeit in religiösen Dingen, in Folge deren es für lächerlich gilt in gebildeter Gesellschaft ernsthafte, religiöse Ueberzeugungen auszusprechen; und endlich in Beziehung auf Frankreich selbst, „das vor allen Anderen das Land der Vorurtheile und beschränkten Ansichten sei,“ und „wo die National-Eitelkeit den Glauben erzeugt hat, daß die Stärke eines Volkes auf der Schwäche und Zerrissenheit seiner Nachbarn beruhe.“ Ich begnüge mich jedoch hier nur zwei Urtheile hervorzuheben, welche M. Renan über den sittlichen Zustand seines Vaterlandes fällt. Das erste davon bezieht sich auf die neuere Französische Litteratur, welche, wie er eingesteht, genau dem Verlangen des lesenden Publicums, das, der überwiegenden Mehrheit nach, aus dem Bürgerstande von Paris und den Provinzen besteht, nach dem Aufregenden und Amüsanten entspricht. Das schrieb er im Jahre 1849. Im Jahre 1867 fährt er aber folgendermaßen fort: „Im Verlauf der Zeit hat sich auch diese Kost als nicht hinreichend piquant erwiesen. Jetzt bilden schon Albernheiten aller Art, widerliche, gemeine Possenreißerei die Bedingungen für den Erfolg eines Litteratur-Products bei dem Lesepublicum unserer Städte und Provinzen.“

Das fürchterlichste Urtheil aber, das je von einem Schriftsteller über ein Volk gefällt worden ist, spricht M. Renan am Ende seines Buches über das Verhältniß seiner Zeitgenossen zu dem Ideal der sittlichen und Geistes-Freiheit. Mit der Bitterkeit eines Juvenal redet er die jungen Dichter so an: „Seid gemein, lacht, singt wüste Lieder, schmeichelt den Fehlern des Volkes und es wird Euch Alles vergeben — Ihr werdet national sein. Es ist ja sehr einfach; die Freiheit des Gedankens und Glaubens existirt nur für diejenigen, die im Stande sind zu denken und zu glauben. Die Freiheit des gemeinen Epicuräismus hingegen ist in einem Lande im selben Verhältniß wichtiger geworden, als daselbst eine gewisse gemeine Genußsucht zur Ursache politischer

Umwälzungen, zur dichterischen Eingebung, zum Gegenstand des höchsten Strebens, kurz zur Religion Aller geworden ist." Dieß also ist das Frankreich, welches sich seit lange heraus nimmt „an der Spitze der Civilisation zu marschiren" und aus seinem eigenen Ueberfluß vermittelst der Turcos und Zephyrs diese Civilisation bei uns Deutschen einführen will!

Aber wie war es möglich, daß M. Renan solche Worte über seine Landsleute aussprechen konnte, ohne sich der Gefahr des Gesteinigtwerdens auszusetzen? Die Antwort ist einfach. Er schloß alle diese prophetischen Warnungen in Bezug auf die Sünden der Franzosen mit einigen Schmeichelworten. Nachdem er über die Mängel der Französischen Erziehungs- und Unterrichts-Anstalten und über „die Gefahr" gesprochen, „welche die Nation läuft ein Volk von Rhetoren und Journalisten" zu werden, tröstet er seine Landsleute mit dem Gedanken, daß aus diesen seichten und elenden Institutionen doch Männer von Geist (esprit) hervorgehen können, wie Prévost-Paradol und Edmond About. „Denn so geht es mit Frankreich! Mit einem Sprunge gewinnt es den Boden wieder, den es verloren; es hat Nichts gelernt und weiß doch Alles — sein seltenes Genie setzt es in den Stand mit Leichtigkeit das zu erreichen, wozu andere Völker nur durch Fleiß und mühevolle Anstrengung gelangen!" Und Alles in Allem genommen, wünscht er selbst gar keine Veränderung des Französischen Characters. „Es wäre kindisch auf eine solche Aenderung zu hoffen, ja sich selbst zu erlauben sie zu wünschen, sogar wenn sie durch den Schlag einer Zauberruthe bewirkt werden könnte. Denn Frankreich ist reizend, wie es ist." Mein Liebchen was willst Du noch mehr?

Und schließlich liegt, nach M. Renan, der beste Trost für Frankreich in der Ueberzeugung, daß es sein politisches Uebergewicht eben diesen Mängeln verdankt. „Denn" ruft er aus, indem er sich an uns Deutsche wendet, „vielleicht ist grade die politische Schwäche Deutschland's die nothwendige Vorbedingung für sein geistiges Uebergewicht!" Das Jahr 1866 hat ihm, möglicherweise, diese Ueberzeugung etwas erschüttert, denn er fühlt sich gedrungen, uns die feierliche Frage vorzulegen: „Kann nicht der Eintritt Deutschlands auf die Arena der praktischen Politik und militairischen Action ein Herabsteigen von seinem hohen Geistes-Standpunkt zur Folge haben?"

Möge M. Renan sich beruhigen. Deutschland wird auch nach dem Jahre 1870 nicht ermangeln ihm den Gegenbeweis zu liefern.

Wenn M. Renan sein geliebtes Frankreich so darstellt, als ob es „erschaffen sei die Welt durch seine Genie-Streiche und Launen in Erstaunen zu setzen" und uns versichert, daß „die Revolution dasselbe in eine Art kritischen Heldenzustand versetzt hat, der es gelegentlich tief unter das Niveau anderer Völker herabdrückt und der Vortheile beraubt, die vernunftbegabten Menschen eigen sind, anderntheils aber seiner Stirn das Zeichen einer geheimnißvollen Bestimmung aufdrückt" — so wollen wir Deutsche den Versuch machen, ob wir nicht durch Ausbildung der Vortheile der gesunden Vernunft, ohne „Genie-Streiche und Launen", mit weniger Gefahren unsere noch weit „geheimnißvollere" Bestimmung zu unserm eigenen und Europa's Heil verwirklichen können.

So weit Herr Stahr. Im Uebrigen werden die Franzosen unvergleichlich von den Deutschen in der Philosophie, — von den Engländern in der Regierungskunst, Litteratur und in philanthropischen Bestrebungen, — von den Italienern und selbst Spaniern und Niederländern in der Malerei — und von den Italienern und Deutschen in der Musik übertroffen. Eine unbedingte Herrschaft übt Frankreich nur in der ungesunden Kochkunst und in den scheußlichen und unnatürlichen Moden aus.

Die Ex-Kaiserin der Franzosen.

Man würde es kaum glauben, wenn der nachfolgende Brief es nicht auf's Ueberzeugendste darthäte, daß die Kaiserin der Franzosen, deren Fähigkeiten und Bildung so sehr von den Imperialisten gerühmt und deren Begabung schon zwei Mal für ausreichend gehalten worden ist, um die Regentschaft zu führen, selbst nicht einmal einen grammatisch und orthographisch richtigen Brief schreiben kann: —

"Sur le Nil, à bord de l'Impératrice,
27 Octobre, 1869.

"Mon bien cher Louis, — Je t'écris en route sur (illisible) sur le Nil. Te dire que nous avons frais ne serait absolument pas la vérité, mais la chaleur est fort supportable, car il y a de l'air, mais au soleil c'est autre chose! d'ailleurs par télégraphe je te dis l'état de l'atmosphére. J'ai de tes nouvelles et celles de Louis tous les jours par télégraphe, c'est merveilleux et bien doux pour moi, puisque je suis toujours tenue à la rive amie par ce fil qui me rattache à toutes mes affections.

"Je suis dans le ravissement de notre charmant voyage et je voudrais t'en faire la description, mais tant d'autres plus savants et plus charmants conteurs que moi ont entrepris cette œuvre qu'il me semble que dans l'admiration muette je dois m'enfermer.

"J'etais bien tourmentée de la journée d'hier et de te savoir à Paris sans moi, mais tout s'est bien passé à ce que je sais par ta dépêche. Quand on voit les autres peuples, on juge et apprécie bien plus l'injustice du notre. Je pense, malgré tout, qu'il faut ne pas se décourager et marcher dans la voie que tu as inauguré (*sic*), la bonne foi dans les concessions données comme du rest on le pense et dis (*sic*), est une bonne chose, j'espere donc que ton discours sera dans se sens; plus on aura besoin de force plus tard, et plus il est nécessaire de prouver au pays qu'on á (*sic*), des idées et non des expedients. Je suis bien loin et bien ignorant des choses depuis mon départ pour parler ainsi, mais je suis entièrement convaincue que la suite dans les idées, c'est la véritable force, je n'aime pas les à coups (*sic*), et je suis persuadée qu'on ne fait pas deux fois dans le meme règne des coups d'état, je parle à tort et à travers car je prèche au converti qui en sait plus long que moi. Mais il faut bien dire quelques choses, ne fut-ce (*sic*) que pour prouver ce que tu sais, que mon cœur est près de vous deux, et si dans les jours de calme mon esprit vagabond arrive à se promener dans les espaces c'est près de vous deux que j'aime à être les jours de soucis et d'inquiétude.

"Loin des hommes et des choses, on respire un calme qui fait du bien, et, par un effort d'imagination, je me figure que tout va bien, puisque je ne sais rien. Amuse-toi, je crois indispensable la distraction; il faut se refaire un moral comme on se refait une constitution affaiblie, et une idee constante finie (*sic*) par user le cerveau le mieux organisé. J'en ai fait l'experience, et de tout ce qui, dans ma vie, a terni les belles couleurs de mes illusions je ne veux plus en entretenir le souvenir; ma vie est finie, mais je revis dans mon fils, et je crois que ce sont les vraies joies celles qui traverseront son cœur pour venir au mien.

"En attendant je joui (*sic*) de mon voyage, des couches (*sic*) du soleil, de cette nature sauvage cultivée sur les rives dans une largeur de 50 mettres (*sic*), et, derrière le désert avec ses dunes et le tout éclairé par un soleil ardent.

"Au revoir et crois à l'amitié de ta toute devouée,

"EUGENIE."

Uebersetzung.

Auf dem Nil, am Bord der Impératrice
27. October 1869.

Mein theurer Louis!

Ich schreibe Dir unterwegs auf (unleserlich) auf dem Nil. Wenn ich Dir sagen wollte, daß wir's kühl haben, so wäre das nicht grade die Wahrheit, aber die Wärme ist doch sehr erträglich, denn wir haben hin und wieder ein Lüftchen, aber in der Sonne ist es anders! übrigens lasse ich Dich telegraphisch den Zustand der Atmosphäre wissen. Täglich erhalte ich von Dir und Louis telegraphische Nachrichten, das ist wundervoll und mir sehr lieb, denn ich werde immer an das geliebte Ufer gefesselt durch diesen Draht, welcher mich mit Allem, was ich liebe, verbindet.

Ich bin entzückt von unserer reizenden Reise und ich würde Dir gerne eine Beschreibung derselben geben; aber es haben sich so viele andere, kundigere und anziehendere Erzähler, als ich, dieser Aufgabe unterzogen, daß es mir scheinen will, als müßte ich mich in stumme Bewunderung einhüllen.

Ich bin wegen des gestrigen Tages sehr unruhig gewesen, da ich Dich, ohne meine Begleitung, in Paris wußte, aber so viel ich aus Deiner Depesche ersehe, ist Alles gut vorübergegangen. Wenn man sich andere Völker ansieht, so würdigt und verurtheilt man die Ungerechtigkeit des Unsrigen viel mehr. Ich denke trotz alledem, daß man den Muth nicht darf sinken lassen und den Weg

6*

fortsetzen muß, den Du zuerst eingeschlagen hast, der gute Glaube an die gemachten Concessionen was man auch übrigens denken und sagen möge ist ein gut Ding, ich hoffe doch Deine Rede wird in diesem Sinne gehalten sein; je mehr man später Gewalt nöthig haben wird, um so mehr ist es nöthig dem Lande zu beweisen, daß man Ideen, und nicht blos Auskunftsmittel hat. Ich bin zu weit von den Dingen entfernt und kenne sie seit meiner Abreise zu wenig, um so sprechen zu dürfen, aber ich bin völlig davon überzeugt, daß die consequente Verfolgung von Ideen einem die wahre Kraft giebt, ich liebe das Stoßweise nicht und bin der Meinung, daß man nicht zwei Mal während einer und derselben Regierung Staatsstreiche machen kann, doch ich spreche in den Tag hinein, denn ich predige dem Bekehrten, der es besser weiß, als ich. Aber ich muß doch etwas sagen, sei es auch nur, um Dir zu beweisen, was Du weißt, daß mein Herz bei Euch Beiden ist und wenn in ruhigen Tagen mein herumschweifender Geist bisweilen in das Weite schwärmt, so liebe ich es doch in Zeiten der Unruhe und Sorge bei Euch zu sein.

Von den Menschen und Dingen entfernt athmet man eine wohlthuende Ruhe, und, durch die Anspannung der Einbildungskraft, stelle ich mir vor, daß Alles gut geht, weil ich Nichts weiß. Amüsire Dich, ich halte die Zerstreuung für unumgänglich; man muß sich sittlich erholen, wie man einer geschwächten Constitution wieder aufhilft, und ein und derselbe Gedanke verbraucht schließlich das best organisirte Gehirn. Das habe ich erfahren, und an Alles, was in meinem Leben den schönen Farben meiner Illusionen ihren Schmelz geraubt hat, will ich mich gar nicht mehr erinnern; mein Leben ist zu Ende, aber ich lebe in meinem Sohne wieder auf, und ich glaube, daß das die wahren Freuden sind, die erst sein Herz durchzogen haben, ehe sie in das Meinige gelangen.

Mittlerweile genieße ich meine Reise, die Sonnen-Untergänge, die wilde Natur, die nur in einer Breite von 50 Mettres (sic) cultivirt ist und hinter derselben die Wüste mit ihren Sandhügeln, das Ganze von einer glühenden Sonne beleuchtet.

Auf Wiedersehen und glaube an die Freundschaft

Deiner Dir ganz ergebenen

Eugenie.

(Die zahlreichen orthographischen, grammatischen, stylistischen, etymologischen und Interpunctions-Fehler lassen sich in der Uebersetzung nicht wiedergeben. Nur das „Mettres“ und einige Interpunctions-Fehler ließen sich erhalten.)

M. Louis Veuillot, der Ex-Redacteur des Univers, erwiderte auf die Aufforderung die Candidatur zur National-Versammlung für Paris anzunehmen: „Ich bin nicht im Stande Paris zu vertreten und Paris kann sich nicht durch mich vertreten lassen. Paris ist der Krebsschaden Frankreichs, der Scandal der Welt — ein Babel, von dem die Bibel gesagt, daß es Rechenschaft wird ablegen müssen über das unschuldige Blut, das es vergossen hat.“

Die Correspondenten des Schottischen Blattes The Scotsman „bestätigen die schon früher gemachten Behauptungen in Bezug auf die Aufnahme der Englischen Gaben in Paris. Das Volk sieht dieselben entweder als einen natürlichen und gebührenden Tribut, oder als eine aus dem Englischen Egoismus stammende Bestechung an.“

Was die behauptete Unfähigkeit der Franzosen betrifft die fünf Milliarden Francs oder zwei hundert Millionen £ St. Schaden-Ersatz den Deutschen zu bezahlen, eine Summe die erweislicher Maßen geringer ist, als der ihnen direct und indirect zugefügte Kriegsschaden und die eine Kopfsteuer von Zwei Thalern auf jeden Franzosen repräsentirt, so muß ich dazu bemerken, wie ich mich erinnere, daß die Franzosen bei Gelegenheit der letzten unter dem Kaiserreich (noch ehe der Deutsche Krieg vor der Thür stand) contrahirten Anleihe sich dessen rühmten, daß noch weit mehr als zweihundert Millionen £ St. für diese Anleihe gezeichnet seien; und es läßt sich nicht bezweifeln, daß wenn genügende Zinsen, z. B. 6 Prozent, wie es die Vereinigten Staaten von Nord-America thun, bezahlt würden, die 200 Millionen £ St. gezeichnet und zwar zum sehr großen Theil von Frankreich selbst aufgebracht werden würden.

Der Kaiser hat die Französische National-Schuld während seiner einundzwanzigjährigen Regierung um mehr als 200 Millionen £ St. vermehrt und doch schien das Land ein reiches zu sein, obgleich das Geld in den Kriegen von Italien, der Krimm, Mexiko und anderweitig, sowie für die Verschönerung von Paris und zu andern unproductiven Arbeiten verausgabt worden ist.

Es ist einfach eine Thatsache, daß wir Engländer dadurch, daß wir am Ende des großen Krieges von 1814 nicht mehr, als ungefähr 60 Millionen £ St. von Frankreich forderten und mit demselben einen Frieden unter Bedingungen schlossen, wie sie nicht von einer siegreichen, sondern von einer besiegten Macht als billig angesehen worden wären, den kriegerischen und angriffslustigen Geist Frankreichs ermuthigt haben. Denn die Franzosen meinten, wir wagten es gar nicht solche Forderungen zu stellen, wie Frankreich es unter ähnlichen Umständen stets gethan hatte und wir wüßten, daß wir schließlich doch von den Franzosen geschlagen werden würden, wenn wir günstigere Bedingungen beanspruchten. Im Vertrage von 1814 ließen wir nämlich den Franzosen außer Avignon, Venaissin, Sarrelouis, Marienburg, Philippeville und andern erst kürzlich eroberten Gebieten alle Gemälde und Kunstwerke, die sie aus allen Theilen Europa's geraubt hatten.

Zwar stellten sich die Franzosen, als ob sie von Dankbarkeit wegen unserer Großmuth überwältigt wären und nur Abscheu gegen den Corsischen Usurpator empfänden, welcher auf seiner Reise durch Frankreich nach Elba kaum Mißhandlungen von Seiten des Pöbels entging. Aber in weniger als einem Jahre empfing dieses selbe wankelmüthige Volk, das eine wahnsinnige Liebe für den Tyrannen fühlte, der seinem maßlosen und schuldbeladenen Ehrgeiz das Leben von drei Millionen Franzosen geopfert hatte, ihn auf seiner Rückkehr von Elba mit offenen Armen und zwang uns das Leben von Tausenden von Engländern und viele Millionen £ St. daran zu setzen, um ihn in dem Feldzuge zu besiegen, der mit der Schlacht von Waterloo endigte.

Trotz alle dem bewilligten wir in thörichter, schuldvoller Mißachtung des Lebens unserer Soldaten und unserer Finanzen, den Franzosen im Jahre 1815 wiederum einen höchst vortheilhaften Frieden, in welchem wir ihnen allerdings die geraubten Kunstschätze und einige der Französischen Eroberungen in Deutschland wieder abnahmen, aber doch Avignon und Venaissin ließen. In diesem Frieden gewann Frankreich trotz seiner Niederlagen an Gebiet sowol, wie an Ansehen; und Bonaparte selbst spottete auf St. Helena über unsere Donquixote-artige Großmuth und war darüber erstaunt, daß wir Frankreich Martinique und andere Gebiete zurückerstatteten. Kurz, man hat es Frankreich allein immer gestattet das Kriegsspiel nach dem Grundsatze zu treiben, daß ihm unter allen Umständen Vortheil daraus erwachse und Millionen fleißiger Engländer wurden nach dem Kriege mit einem Zuwachs der National-Schuld um 600 Millionen £ St. belastet, damit nur ja die angriffslustigen Franzosen weniger Steuern zu bezahlen hätten, als wir und es uns, in Folge der größeren Billigkeit der Arbeit, in vielen Industriezweigen zuvor thun konnten.

Man kann mit Recht behaupten, daß die Expedition gegen Spanien im Jahre 1824 — die Eroberung von Algier — die Kriege in Italien, der Krimm, Cochin-China und Mexico, die Verschönerung von Paris und alle übrigen Verschwendungen der Franzosen mit Englischem Golde bezahlt worden sind. Denn, wenn wir uns im Jahre 1815 unsere Kriegskosten voll hätten ausbezahlen lassen, hätten die Franzosen alle jene Ausgaben nicht bestreiten können, was für sie selbst, für ganz Europa, und namentlich für den armen, überbürdeten Englischen Steuerzahler ein großer Vortheil gewesen wäre. Und statt uns für unsern erstaunenswerthen Edelmuth dankbar zu sein, haben die Franzosen uns stets als perfides Albion und die Verträge von 1815 als infam bezeichnet, die sie bei der ersten Gelegenheit zu vernichten die Absicht hätten.

Der Vorschlag, Frankreich solle sich verpflichten einige seiner Festungen in Lothringen zu schleifen, ist deshalb unausführbar, weil gar keine Aussicht dafür da ist, daß es je eine solche Festsetzung länger einhalten würde, als es durch Schwäche und Erschöpfung dazu gezwungen wäre.

Ein Blick auf den Kriegs-Schauplatz.

Brief aus der Times von Sir T. Sinclair an Lady Sinclair.

Anglo-Americanische Ambulanz.
Sedan, 13. Septbr. 1870.

Ich habe Dir einen langen Brief aus Arlon geschrieben, den Du hoffentlich rechtzeitig erhalten hast und Dir heute von hier aus telegraphirt, um Dir mitzutheilen, daß ich gesund bin, hier hoffe, mich nützlich machen zu können und daher für's Erste hier zu bleiben gedenke. Da ich aber nur eine Nacht in Luxemburg und die andere in Arlon zugebracht habe, habe ich noch keine Briefe von Hause erhalten, da Du so frühzeitig nicht hast schreiben können. Wie ich schon in meinem Briefe aus Arlon sagte, habe ich einige Stunden des Tages, den ich da zubrachte, dazu verwandt, die Vorräthe der Englischen Gesellschaft zur Unterstützung der Kranken und Verwundeten in ein Buch einzutragen, damit die Beamten der Gesellschaft genau wissen könnten, wie viel sie von jedem Artikel besäßen; doch fand ich, daß Alles in der größten Verwirrung und der Inhalt vieler Ballen und Kisten gänzlich unbekannt war. Endlich gelang es mir jedoch, wie ich meinte, ein Inventar aufzunehmen und ich machte den Vorschlag am nächsten Tage die Vorräthe zu classificiren und die gleichartigen Gegenstände zusammenzustellen, anstatt sie ungeordnet unter einander liegen zu lassen. Da man aber einen anderen Plan vorzog, überließ ich die Sache den Vereinsmitgliedern. Am Tage vorher waren zwei Wagen von Arlon nach dem 6 Meilen entfernten Beaumont abgeschickt worden mit zwei Aerzten und zwei Heilgehilfen und zwar mußten diese an einem der regnerischsten Tage, die ich je erlebt habe, die Strecke zu Fuß machen, obwol man Miethswagen in der Stadt haben konnte. Ich sah es deutlich, daß die Wagen nur halb vollgeladen waren und fand später, daß man eine so schlechte Auswahl von Sachen getroffen, daß die Aerzte am dritten Tage kaum mehr was zu essen hatten und sich freuten, etwas von unseren Vorräthen zu bekommen. Die beiden Aerzte, die ich begleitete, thaten sehr recht daran sich zu weigern, unnützerweise die 6 Meilen nach Stenay zu Fuß zu laufen und obzwar der Beamte ihnen keinen Wagen verschaffen konnte, trieben sie sich selbst einen zweispännigen Omnibus auf, welchen er nach einigem Widerstreben für sie miethete. So machten wir uns auf den Weg. Ich hatte dringend gewünscht mit allem Nothwendigen gut assortirt zu sein, namentlich auch mit Droguen und wollte deßhalb die Wagen gehörig beladen haben; konnte aber nur so wenig Arzneimittel aus den großen Vorräthen erhalten, daß die Wagen noch nicht zur Hälfte gefüllt waren. Der Verwalter behauptete jedoch, daß die Wagen nicht mehr tragen könnten und daß der Kärrner Recht hätte, wenn er den Wagen zu ungefähr zwei Tonnen abschätzte. Ich wußte bestimmt, daß das falsch war, konnte aber meinen Wunsch eine Wagenlast zu wägen nicht durchsetzen, weil angeblich Gewichte und Wagschaale weder dort, noch in der Stadt zu haben waren. Beides entdeckte ich jedoch in dem Hôtel, in dem sich das Hauptquartier der Gesellschaft befand, und es stellte sich heraus, daß der Wagen nur 915 Kilogramm statt 2000 wog. Dennoch weigerte man sich ihn mehr zu belasten, obwohl der andere Wagen noch leichter war, die beiden zusammen also noch nicht einen Wagen ausmachten und die Gesellschaft pro Wagen 100 Francs zu bezahlen hat.

Am Nachmittag reisten wir ab und erreichten Virton am Abend, wo wir viele Französische Flüchtlinge, unter Anderen auch einen Unterlieutenant fanden, der in Sedan gefangen und entkommen war. Im Laufe des Abends kam ein Stadtrath aus Montmedy, welche Stadt noch von den Franzosen gehalten wird, zu uns und bat uns um Arzneimittel, an denen man dort großen Mangel litte. Da wir aber mittlerweile entdeckten, daß sie noch genug hätten, schlugen wir ihm die Bitte ab und gaben ihm die Adresse eines Arztes in Brüssel, der ihnen Alles schicken werde, dessen sie bedurften. Dieses so einfache Verfahren war nämlich bisher weder den Aerzten noch Apothekern in Montmedy eingefallen.

Am nächsten Morgen fuhren wir zeitig fort und erreichten das stark befestigte und recht romantische Montmedy um ungefähr 10 Uhr Morgens. Hier wurden wir sofort unter die Obhut eines Gend'armes und zum Gouverneur der Festung gebracht. Die Deutschen hatten den Ort einige Tage vorher bombardirt, waren aber außer Stande gewesen ihn zu nehmen. Ihre Bomben hatten zwar einige Häuser in der oberen Stadt, nahe bei der Citadelle, zerstört, die untere Stadt aber ganz unbeschädigt gelassen.

Der Gouverneur sah uns zuerst etwas argwöhnisch an; als er aber aus meinem Paß ersah, daß ich ein Parlamentsmitglied sei, versprach er mir einen Paß und ersuchte mich, die Aufsicht über eine Luxemburg'sche Ambulanz zu übernehmen, die am vorhergehenden Tage in Montmedy angekommen war und von der er argwöhnte, daß sie eigentlich eine Handelsspeculation zu Gunsten der Deutschen sei. Wir wurden nun auf's Bureau geführt, wo mich der Beamte meinen Paß selbst stylisiren und schreiben ließ und ihn darauf unterzeichnete und abstempelte. Gerade in diesem

Augenblicke kam ein Französischer Artillerie-Hauptmann herein und äußerte in unhöflicher Weise, unsere Vorräthe seien wol für die Preußen bestimmt, und wir wären wol wahrscheinlich Spione, die entweder zu erschießen, oder mindestens in's Gefängniß zu werfen seien. Als ich ihm meinen Paß zeigte, überzeugte er sich, daß er sich in Bezug auf uns im Irrthum befinde. Mit den Luxemburgern aber sprach er sehr grob, sagte ihnen, er werde sie daran verhindern nach Stenay weiter zu gehen und ließ ihnen sofort ihre Vorräthe wegnehmen und sie selbst zurückschicken. Dann sprach er sich sehr bitter gegen die Engländer aus, die, nach seiner Ansicht, alle Sympathien für die Preußen hätten. Auch half es Nichts, daß ich ihm sagte, daß man in England mehr als zwei Millionen Francs zum Besten der Französischen und Deutschen Verwundeten, ohne Unterschied der Nationalität, gesammelt habe, was viel mehr sei, als die Summe, welche die Franzosen für ihre eigenen Verwundeten gezeichnet hätten.

Auf einem Spaziergange in die untere Stadt besichtigten wir das Hospital, welches ziemlich gut eingerichtet war und ließen darauf die Pferde zur Weiterreise anschirren. Aber die Kutscher weigerten sich weiter zu fahren, aus Furcht vor den Drohungen des Volkes. Endlich gelang es uns mit vieler Mühe sie dazu zu bewegen, als sich ein Pöbelhaufen versammelte, der uns, trotz meines Passes, den ich ihm vorzeigte, an der Reise nach Stenay verhindern wollte. Auf unsern Befehl weiter zu fahren, stürzten Leute hervor und ergriffen die Pferde am Zügel. Ich nahm ihnen aber die Zügel ab und führte die Wagen selbst vorwärts. Nach einigen Schritten wurden wir aber wieder von Leuten angehalten und das wiederholte sich so oft, daß wir nur mit Mühe endlich den Gipfel des Berges erreichten. Hier entstand eine neue Behinderung durch eine große Menge Menschen, die nur durch einen höflichen Lieutenant, den ich aufgesucht hatte, gehoben wurde. So kamen wir schließlich wieder den Berg hinunter. Dies genügt, um den Zustand der Disciplin in Montmedy zu schildern.

Wir fütterten auf dem halben Wege in einem kleinen Dorfe und ich benutzte die Gelegenheit, um mich mit einer Anzahl Leuten zu unterhalten. Ich fand, daß sie die Deutschen nicht mehr fürchteten und daß nur ein Mann aus der ganzen Bevölkerung freiwillig zur Armee gegangen war und zwar deßhalb, weil er sich mit seiner Frau verzankt hatte. Es wurde mir klar, daß Keiner von ihnen Lust zum Kampfe hatte und daß es ihnen vollkommen gleichgiltig war, ob Frankreich den Elsaß verlöre oder nicht. In der That hat die ländliche Bevölkerung von Frankreich den Kriegsruhm und das Blutvergießen satt. Die Bauern haben keine Waffen und nur Wenige von ihnen verstehen mit einer Flinte umzugehen. Es waren auch nur ungefähr 6 Jagdflinten in dem Dorfe und dessen Umgebung gewesen und die hatten die Preußen fortgenommen. Ich fragte sie, ob sie die Preußen, wenn dieselben, geschlagen und von den Franzosen verfolgt, an ihren Häusern vorbeifliehen würden, tödten oder schädigen möchten? Aber alle versicherten mich, sie hätten gar keine Lust, sie irgendwie zu belästigen, sondern würden ihnen lieber alle mögliche Freundlichkeit erweisen. Wenn, wie ich glaube, diese Unterhaltung die Durchschnitts-Gesinnung des Französischen Volkes darstellt, so leuchtet es ein, daß all das Renommiren der Französischen Zeitungen über die levées en masse, die Franctireurs und das Ausrotten Deutscher Reisender bloßes Geschwätz ist. Weil vor einem halben Jahrhundert die Spanier Guerilla-Banden bildeten und so viele Französische Soldaten, wie möglich, niedermetzelten, deßhalb sollen jetzt die Französischen Bauern Franctireurs werden und möglichst viele Deutsche vernichten. Damals aber waren die Bauern mit der äußersten Grausamkeit behandelt, Frauen entehrt, das Volk zum Elend und zur Verzweiflung getrieben worden, während jetzt die feindliche Armee die Bauern mindestens eben so gut, in manchen Fällen besser, behandelt, als die eigene es thut. Die Bauern fühlen es, daß ihre Regierung wegen des unprovocirten Angriffskrieges zu tadeln ist und sehen es deutlich ein, daß, ob siegreich oder besiegt, sie nur wenig Dank für die Gefahren und Leiden einernten werden, zu denen man sie auffordert, weil der König von Preußen Benedetti nicht vorgelassen hat.

Nach einigen Stunden kamen wir in Stenay, einer Stadt von fast 3000 Einwohnern, an. Hier setzten wir uns mit den Französischen und Preußischen Aerzten in Verbindung und es stellte sich heraus, daß sie fast gar keine Arzneien hatten und daß es fast an allen Bedürfnissen für die Kranken und Verwundeten fehlte. Obwol Capitän Brackenbury, der Agent der englischen Gesellschaft, es uns verboten hatte, von unseren Arzneien etwas fortzugeben, so fühlte ich mich doch durch die drängende Noth gezwungen, seine Instructionen außer Acht zu lassen und vertheilte daher fast alle unsere Vorräthe zu gleichen Theilen unter die Franzosen und Deutschen, die dafür höchst dankbar waren. Wir speisten beim ersten Arzt von Stenay und trafen daselbst mit mehreren Französischen und Deutschen Aerzten zusammen, die sehr liebenswürdig waren. Ehe wir abgegessen hatten, erzählte uns einer derselben, daß zum Abend 2000 bis 3000 Französische Gefangene von Sedan erwartet würden, für welche, wie er fürchtete, nicht einmal Brod genug vorhanden sein würde. Ich meinte darauf, es wäre eine Schande für die Bevölkerung von Stenay die Französischen Gefangenen so gänzlich zu vernachlässigen und daß ich nicht ruhig dasitzen und Champagner und Rothwein trinken könne, wenn man mir erzähle, daß für die Gefangenen kein Brod und für die Verwundeten kein Wein da wäre. Darauf sagte man mir, daß man in Stenay kaum Brod zu kaufen bekommen werde; da wir nun glücklicherweise 700 Pfund aus Belgien mitgebrachtes Brod bei uns hatten, entschloß ich mich dieses auf meine Kosten unter die Gefangenen zu vertheilen, und es der Gesellschaft zu ersetzen, da deren Gelder nur für die Kranken und Verwundeten bestimmt sind. Es begleiteten mich aber nur ein oder zwei Aerzte und ich hatte die größten Schwierigkeiten, aus der Menge Müßiggänger in den Straßen ein Paar Leute zu bekommen, die mir freiwillig das Brod zu den Gefangenen hintrugen. Bei meinem Eintritt in die Kirche sah ich die armen Soldaten, bleich und erschöpft vor Hunger und Strapazen. Sie hatten seit 24 Stunden Nichts zu essen gehabt und waren hocherfreut zu hören, daß ein Engländer ihnen wenigstens Brod geben wolle, während sie von ihren eigenen Landsleuten völlig vernachlässigt wurden. Als ich das Brod vorbrachte, stürzte Alles auf mich zu und zwei Preußische Soldaten mit aufgesteckten Bajonetten waren dazu nöthig, mich vor dem Erdrücken zu schützen, als ich durch die Reihen der Gefangenen schritt. Von allen Seiten flehten sie mich um Gottes willen an, ihnen wenn auch nur den kleinsten Bissen zu geben. Ich beendete schließlich die Vertheilung selbst; mein Vorrath reichte aus, um jeden Einzelnen mit einem Drittel Pfund Brod zu versehen, wofür die armen Burschen sehr dankbar waren. Auch freut es mich sagen zu können, daß sie sich alle sehr gut betrugen und daß die stärkeren Leute, die sich die Brode leichter zu verschaffen wußten, sie redlich mit den schwächeren theilten. Ungefähr 70,000 von den 100,000 Gefangenen von Sedan kamen durch Stenay und blieben je eine Nacht da. Wären nun die Bewohner dieser Stadt menschenfreundlich gewesen, so hätten sie für 470 Thaler einem jeden Soldaten ein Pfund Brod geben können, das sie entweder, wie ich, aus Belgien hätten kommen lassen oder sich selbst hätten abziehen können, indem sie sich auf halbe Rationen setzten. Ohne Zweifel waren die Deutschen dazu verpflichtet ihren Gefangenen zu essen zu geben; aber wenn sie es nicht konnten oder wollten, so hätten die Franzosen es thun können und müssen und als Vorsichtsmaßregel hätten sie doch wenigstens für ein Pfund Brod pro Mann sorgen können, selbst wenn sie annahmen, daß die Deutschen sie mit der gewöhnlichen, aber doch stets ungenügenden Gefangenenkost versehen würden. Wie anders behandeln da doch die Deutschen die kranken, verwundeten und gefangenen Franzosen in Deutschland? Sobald ein Zug ankommt, wetteifern Damen und Herren der höchsten Stände, ihre Bedürfnisse auf's Reichlichste zu befriedigen und bringen ihnen nicht nur Brod, welches nicht mangelt, sondern Cigarren, Wein, Früchte und Delicatessen jeder Art in Hülle und Fülle. Kurz, die Franzosen werden von ihren Feinden unendlich viel besser behandelt, als von ihren Landsleuten.

Am nächsten Morgen gewährte es mir einen traurigen Anblick, viele Gefangene ohne Schuhe, mit wunden, blutenden Füßen herumhumpeln zu sehen. Aber, soviel ich bemerkte, war Niemand aus der wohlhabenden Klasse der Bewohner von Stenay da, um ihnen auch nur ein freundliches Wort zu sagen. Ich hätte mir gerne die Stiefel ausgezogen, um ihnen zu helfen, aber wir durften unsere Weiterreise nicht verschieben. Für einen Wagen oder Karren hatten die Stenayer auch nicht gesorgt, um diejenigen, welche noch 4 Meilen weiter mußten, ohne marschiren zu können, zu befördern. Ohne Frühstück und Geld, mit dem nur einige ihrer glücklicheren Cameraden versehen waren und für das diese sich mit Freuden von ihren habgierigen Landsleuten Nahrungsmittel zu wucherischen Preisen kauften, mußten also die Aermsten weiter marschiren. Ein protestantischer Deutscher Pastor gab mir einen Sitz in seinem Wagen bis Sedan und meine Gefährten folgten langsam zu Fuß über Beaumont, wo sie noch größeren Mangel an Vorräthen und Arzneien, als gewöhnlich, vorfanden. Wir passirten mehrere Dörfer, in denen ich Chloroform, Liebigschen Fleisch-Extract und andere Artikel, an denen absoluter Mangel war, vertheilte und kamen dann nach Mouzon, wo sich eine schöne Kirche befindet, die vor dem Kriege eben restaurirt wurde. Dort ging ich zu den Deutschen und Französischen Ambulanzen und fand, daß sie auch an Arzneien und allem Anderen großen Mangel litten. Ich gab ihnen daher so viel ich konnte aus den Vorräthen der Gesellschaft, aber lange nicht so viel, als sie hätten brauchen können und ich gerne gegeben hätte. Unter anderen Bedürfnissen fehlte es, nach der Aussage der Aerzte und Pflegerinnen des Französischen Hospitals, daselbst an Wein, den man in und um Mouzon nicht haben könne. Ich ging also in's erste Hôtel und erfuhr dort, daß man mir 100 Flaschen Burgunder und 50 Flaschen anderen Rothwein, den letzteren zu 1½ Francs, verkaufen wolle. Als ich dieses den Aerzten mittheilte, erklärten sie, das wäre viel zu theuer und wenn man keinen billigeren Wein haben könne, so müßten die Kranken und Verwundeten darauf verzichten, wenn ich sie nicht damit versehen könnte. Ich sagte ihnen, daß ich eine solche Knickerei für eben so inhuman, als thöricht hielt; denn ganz abgesehen von der Menschlichkeit, nehme man den Werth eines Soldaten in Friedenszeiten zu wenigstens 670 Thalern an, im Kriege stelle er sich höher und es sei daher eine vernünftige Oeconomie ihren Kranken das Leben durch passabeln Wein zu erhalten, der ja doch immer noch billiger, als Medicin sei. Auch werde eine Drittel-Portion des besseren Weins à 1½ Francs den Kranken nützlicher sein, als eine ganze von dem schlechten und ordinären zu einem halben Franc. Da meine Bitten, wie meine Gründe, Nichts halfen, kaufte ich sechs Flaschen vom guten Rothwein und vertheilte sie unter alle die Kranken, als Geschenk der Englischen Gesellschaft zur Unterstützung der Verwundeten, und sie waren alle, selbst für diese kleine Aufmerksamkeit, sehr dankbar.

Der commandirende Officier der Niederlage des Deutschen freiwilligen Vereins zur Unterstützung der Verwundeten beschenkte mich mit einem Chassepot-Gewehr nebst Säbel-Bajonett, das ich annahm, und bot mir einen Säbel und Helm an, deren ich ihn aber nicht berauben wollte. Wir zogen nun nach Douzy weiter, wo es viele Kranke und Verwundete giebt und von dort nach

Bazeilles, einem großen Dorfe, von dem jedes Haus durch die Deutschen während der Schlacht von Sedan völlig zerstört worden ist. Es bietet einen außergewöhnlich furchtbaren Anblick dar und ich hoffe, ich werde nie wieder ein solches Werk der Zerstörung sehen.

Wir erreichten, nach einer kurzen Strecke, nachdem wir uns das noch von Pferdeleichen besäte Schlachtfeld, das die Luft mit unerträglichem Gestank verpestete, angesehen, Sedan, eine große Stadt von ungefähr 150,000 Einwohnern, mit früher für furchtbar gehaltenen Befestigungswerken, zu deren Verstärkung der Fluß aufgedämmt und ein großer Theil der Umgegend unter Wasser gesetzt worden war. Da es in keinem Hôtel ein Zimmer gab, nahm ich die angebotene Gastfreundschaft der Aerzte der Anglo-Americanischen Ambulanz mit Freuden an und schreibe diesen Brief in der Stube, in der ich mit den beiden Chef-Aerzten, die jetzt, da es bald 1 Uhr Morgens ist, in tiefem Schlaf liegen, zusammen schlafen soll. Das hiesige Hospital kann ungefähr 500 Kranke beherbergen, was, wie ich höre, viel mehr ist, als irgend ein anderes leisten kann; jedes Bett ist besetzt und eine ziemliche Anzahl Kranker sind noch in Zelten untergebracht. Die Aerzte sind sehr aufmerksam und haben, wie ich glaube, ungewöhnlich gute Erfolge aufzuweisen. Für alle Bedürfnisse ist gesorgt und die Aerzte selbst sind mit einer selbst für mich zu spartanischen Diät zufrieden, der ich doch leicht zu befriedigen bin. Gestern sind aber doch sieben Franzosen gestorben; und zwar einige derselben wie mir scheint, weil sie zu früh vom Deutschen Hospital herübergebracht worden sind, um in letzterem für Preußen Platz zu schaffen. Dieß ist ein heilloser Irrthum, da die Franzosen viel besser daran gewesen wären, wenn man sie nicht hätte den Ort wechseln lassen und die Deutschen, wenn man sie direct hierher gebracht hätte, sich hier besser befunden haben würden, als in ihrem eigenen Hospital.

Wir frühstückten etwa um 7 Uhr Morgens und ich ging darauf mit einigen Anderen in das 0,6 Meilen von hier entfernte Donchery, wo die Eisenbahn nach Belgien frei ist. Dort fand ich ungefähr 200 verwundete Französische Gefangene, die per Eisenbahn weiter transportirt werden sollten. Viele von ihnen lagen mit amputirten Armen und Beinen auf Strecklagern und schienen mir völlig außer Stande zu reisen, ja einige ihrem sicheren Tode unterwegs entgegen zu gehen. Die armen Burschen lagen entweder auf Stroh in Wagen, oder saßen in Eisenbahnwagen dritter Classe und erzählten mir, sie hätten an dem Tage noch Nichts zu essen bekommen, außer einigen Zwiebacken, die sie in einem Kasten entdeckt und sich selbst angeeignet hätten. Auch theilten sie mir ferner mit, daß sie, vom Anfange des Feldzuges an, nie genug zu essen und in drei Wochen nur drei Mal Wein erhalten hätten. Da ein hausirender Chocoladen-Krämer auf einige Minuten seinen Kasten hatte offen stehen lassen, nahmen sich einige von den Verwundeten etwas von der Chocolade, wurden aber alsbald entdeckt und auf's Maßloseste vom Besitzer ausgeschimpft. Da ich sah, daß die Verwundeten Chocolade allem Anderen vorzogen, kaufte ich hinreichend viel davon für alle; eine der Damen gab ihnen Aepfel dazu; wir versahen sie mit Trinkwasser und füllten ihnen ihre Flaschen für die Reise. Aber außer uns beiden kümmerte sich kein Mensch um sie, ja einer ihrer Officiere sah dem ruhig zu, ohne uns zu helfen, obwol einige der Verwundeten Officiere waren. Nichts konnte die Dankbarkeit der armen Leute für unsere unbedeutenden Aufmerksamkeiten übersteigen und wir verließen sie unter den Rufen von „Vive l'Angleterre!" Nach unserer Rückkunft nach Sedan, fanden wir das Lager der Französischen Gefangenen verlassen, aber ich hörte, zu meinem Entsetzen, daß sie halb ausgehungert gewesen wären und nur Pferdefleisch in ungenügender Quantität zu essen bekommen hätten. Und doch ist Sedan eine reiche Fabrik-Stadt, die das Lager in unmittelbarer Nähe hat und wenn man allen hätte Brod während ihres hiesigen Aufenthaltes geben wollen, so hätte es nur etwa 6000 Thaler gekostet. Nach einem äußerst mäßigen, aus trockenem Brod und Wein bestehenden Mittelfrühstück, besuchte ich Dr. Frank, dessen Du Dich von Cannes her entsinnst. Er scheint sehr thätig und verdienstvoll zu wirken, denn seine Patienten sprechen sich, so viel ich mit ihnen geredet, mit vieler Wärme über seine menschenfreundliche und geschickte Behandlung aus.

Nach meiner Rückkehr beschloß ich alle Hospitäler und Privathäuser zu besuchen, in denen sich Verwundete befanden. Ich versuchte es, ihren dringendsten Bedürfnissen abzuhelfen und erbot mich, Briefe und Telegramme an ihre Verwandten über Belgien zu befördern und die Antworten auf demselben Wege zurückkommen zu lassen. Zu meiner Freude machten Viele von meinem Anerbieten gern Gebrauch; es befanden sich darunter selbst einige Officiere, die seit drei Wochen außer Verbindung mit den Ihrigen gewesen sind, weil dieser einfache und billige, von mir vorgeschlagene Weg ihnen nicht in den Sinn gefallen war. Ein unglücklicher Officier, der, wie ich fürchte, nicht am Leben bleiben kann, erzählte mir, daß er, als Verwundeter auf dem Schlachtfelde, von einem Französischen Soldaten seiner ganzen Baarschaft beraubt worden sei!

Die Verwaltung der Englischen Gesellschaft zur Unterstützung der Kranken und Verwundeten scheint mir außerordentlich mangelhaft zu sein. Mit Recht sagte mir heute ein Französischer Arzt, daß die Verwundeten wol todt, oder geheilt und der Krieg beendet sein werde, ehe wir unser Geld und unsere Vorräthe nur halb vertheilt haben. In diesem Sinne habe ich denn auch, in Uebereinstimmung mit den beiden Englischen Aerzten, die mich nach Sedan begleitet haben, an die Gesellschaft in London telegraphirt. Es ist durchaus falsch, anzunehmen, daß die Bauern Hunger leiden und daß die nothwendigsten Lebensbedürfnisse sehr theuer sind. Das Kilogramm Brod kostet 4 Sgr. 2 Pf., das Kilogramm Fleisch, wie ich heute in Balan erfahren, 12½ Sgr., das Pfund Butter 16 Sgr. und das Liter Bordeaux-Wein im Faß 10 Sgr. Doch es ist jetzt zwei Uhr vorbei und ich muß rasch schließen. Dein u. s. w.

J. G. T. Sinclair.

Sir Tollemache Sinclair auf dem Kriegsschauplatze.

(Aus dem Morning Advertiser.)

Mein Herr! Nach dreiwöchentlicher Abwesenheit heute vom Kriegs-Schauplatze zurückgekehrt, betrachte ich es als eine gebieterische, wenngleich ärgerliche Pflicht, in Ihren Spalten die ungemein schlechte Verwaltung des Londoner Comité's unserer Gesellschaft zur Unterstützung der Kranken und Verwundeten des jetzigen Krieges und ihrer auswärtigen Beamten öffentlich zur Sprache zu bringen.

So weit ich es beurtheilen kann, ist das Verfahren des Londoner Comité's und seiner Beamten auf dem Festlande ein sonderbares und für einen Engländer höchst demüthigendes Gemisch von Kargheit und Verschwendung, Sorglosigkeit und Aengstlichkeit, Saumseligkeit und Uebereilung. Es zeichnet sich durch einen völligen Mangel jeder Methode und eine absolute Abwesenheit aller leitenden Grundsätze aus. Nach dem eigenen Geständnisse des Comité's hat dasselbe noch nicht mehr als etwa ein Viertel der Beiträge expedirt und hiervon ist der größere Theil noch nicht an Ort und Stelle verausgabt, obgleich der Krieg fast vorbei und alle großen Schlachten desselben bereits geschlagen sind.

Die Gesellschaft bildete sich ursprünglich im Juli. Damals wurde eine Versammlung derselben in London abgehalten, in der eine Art provisorische Regierung, ziemlich ebenso auf's Gerathewohl, wie die jetzige Regierung in Paris, zusammengesetzt wurde, wobei man, meines Erachtens, nicht die hinreichende Rücksicht auf die Befähigung der Individuen nahm, denen die ernste und schwere Aufgabe, diese wichtige Angelegenheit der ganzen Nation zu leiten, anvertraut worden ist. So kamen Aemter, die von der allerwesentlichsten Bedeutung für das Wohl und Weh der Kranken und Verwundeten sowol, als auch für unsern Ruf als Menschenfreunde sind, in die Hände einiger reichen, aber unerfahrenen Dilettanten, anstatt in die geschäftsgewandter Beamten, wie z. B. von Sir Charles Trevelyan und Anderer, welche der Nation Vertrauen eingeflößt haben würden. Diese hätten zugleich dieselbe zu neuen Zeichnungen veranlaßt und mit der Hälfte des Geldes mehr geleistet, als die jetzige Verwaltung mit dem ganzen Fond thut.

Niemandem, der etwas Urtheil und Glauben an den Wohlthätigkeitssinn unserer Landleute hatte, konnte es, nach Analogie der früheren Beispiele von unbegrenztem Edelmuth, die das fragliche Publikum gegeben hat, entgehen, daß die Zeichnungen zum Besten der Kranken und Verwundeten unmöglich weniger, als 700,000 Thaler betragen würden und in der That haben sie jetzt schon fast die doppelte Höhe erreicht. Wenn nun das Londoner Comité seiner Aufgabe gewachsen gewesen wäre, so hätte es sofort seine Operationen auf einer, einem solchen Fond entsprechenden, Basis eröffnen müssen und wenn so reiche Leute eine derartige Verantwortlichkeit für das Geld nicht auf sich zu nehmen wagten, so hätte sich, in 24 Stunden, ein Garantie-Fond bis zu der Höhe in London erheben lassen. Statt dessen ging das Comité langsam, furchtsam, knauserig und mit nur sehr geringem Glauben an die Menschenliebe der Engländer vor und ließ die kritischen Tage der Schlachten von Wörth, Weißenburg, Spicheren, Gravelotte, Mars-la-Tour, Rezonville und Sedan, ohne irgend etwas Wesentliches zu leisten, vorübergehen. Und jetzt, wo das Schlimmste vorüber ist, wo die Verwundeten und Todten bereits fortgeschickt sind, kommen die Aerzte, Beamten und Wagen der Gesellschaft, mit überflüssigen Vorräthen belastet, endlich, aber zu spät, langsam auf dem Kriegsschauplatze an.

Die ersten, von der Gesellschaft gewählten Beamten befriedigten, wie vorauszusehen war, dieselbe nicht. An ihre Stelle trat daher Capitän Brackenbury, welcher in seinem, in der Times veröffentlichten Briefe ihre Verwaltung in starken Ausdrücken rügt. Doch erwähnt er in demselben eins ihrer Verwaltungs-Stückchen nicht, das er uns mitgetheilt hat. Sie haben nämlich für 5000 Thaler Wagen, Pferde und Geschirr angekauft, welche, wie ich höre, leer hinter der Preußischen, nach Paris marschirenden, Armee hergezogen sind, und die unzweifelhaft für andere Zwecke, als die der Gesellschaft verwandt, wenn sie nicht von Franctireurs erbeutet worden sind, die friedlichen Civilisten ebenso furchtbar, als den Deutschen unschädlich sind.

Mein erster Verkehr mit dem Londoner Comité bestand in Briefen, in denen ich meinen Beitrag zum Fond übersandt und folgende beide Punkte in Anregung gebracht hatte: daß man nämlich Charpie, wenn sie nicht in hinreichender Menge zu haben sei, aus den gereinigten und sorgfältig ausgewählten Lumpen der Papierfabricanten in großen Massen herstellen könne; und zweitens, daß die Gelder der Gesellschaft nicht gleichmäßig unter die Armeen beider Völker, sondern im Verhältniß zur Zahl der Verwundeten, zu vertheilen seien, da bei Weitem mehr Verwundete (sowol Deutsche, als Franzosen) sich in den Händen der Preußen befinden. Auf diese und andere Bemerkungen erhielt ich nur eine Quittung über den eingesandten Betrag zur Antwort.

Von der traurigen, aus den Briefen der Times, des Telegraph und anderer Zeitungen geschöpften, Ueberzeugung durchdrungen, daß die ganze Verwaltung unserer Englischen Gesellschaft mangel-

7*

haft und ihr Personal ungenügend sei, begab ich mich nach London und bot meine Dienste unter der Bedingung dem Comité an, daß man mir eine bestimmte, unabhängige Stellung gäbe. Ich erhielt jedoch von demselben den Bescheid, daß man keine Beschäftigung für mich hätte, da schon mehr Beamten da wären, als man brauchen könne. Ich erwiederte, daß es doch unmöglich sei, daß ein Engländer, der auf seine eigenen Kosten, mit der Absicht sich nützlich zu machen, auf den Kriegsschauplatz geht, dort nicht die Gelegenheit dazu finden solle, und daß ich hinzugehen entschlossen sei. Darauf bot man mir eins ihrer wenig zahlreichen Agenten-Diplome an, von denen, wie man mir sagte, bis zu der Zeit, nur drei ausgetheilt worden waren. Da ich aber mit dem Inhalt des Documents nicht einverstanden war und eine unabhängige Thätigkeit vorzog, schlug ich dasselbe aus.

Ich begab mich nun nach Arlon und bot meine Dienste dem Capitän Brackenbury an; doch auch dieser war außer Stande mir irgend eine Art anzugeben, in der ich der Gesellschaft hätte von Nutzen sein können. Endlich aber fand ich selbst, ohne Schwierigkeiten, verschiedene Arten, wie ich mich in Arlon sehr nützlich hätte machen können, wenn ich nicht durch Capitän Brackenbury daran verhindert worden wäre. Ich habe dieselben in einem, am vorigen Dinstag in der Times veröffentlichten Briefe nachgewiesen. Auf meiner Reise nach Stenay, Mouzon und Sedan hatte ich die große Befriedigung den Kranken und Verwundeten bedeutende Dienste zu leisten, aber nur dadurch, daß ich Herrn Brackenbury's bestimmten Befehlen nicht nachkam, sondern Arzneien und andere Vorräthe an Ambulanzen gab, die der Dienste der mich begleitenden Aerzte nicht bedurften. Ich glaube das Leben vieler von den 2,400 Französischen Gefangenen in Stenay dadurch gerettet zu haben, daß ich den größten Theil des mir für die Verwundeten mitgegebenen Brodes ankaufte, dessen diese, mit Ausnahme einiger in Pouilly befindlichen, gar nicht bedurften. Aber freilich war dieß eine für die Englische Gesellschaft kaum berücksichtigenswerthe Kleinigkeit, obzwar ich, meines Theils, die größte Reise nicht gescheut haben würde, um das unschätzbare Vorrecht zu genießen einen derartigen Dienst, noch dazu für ein äußerst unbedeutendes Geldopfer, leisten zu können.

Ferner fehlte es in allen den Ambulanzen und Hospitälern,

die ich besucht habe, entweder an Allem, was über das absolut Nothwendige hinausging, oder derartiges war doch nur sehr ungenügend vorhanden. Die Krankenpflege war, wenn sie nicht von barmherzigen Schwestern geübt wurde, gewerbmäßigen Krankenwärtern anvertraut, welche ihr Amt in der nachlässigsten und ungenügendsten Weise versahen und von denen durchschnittlich nur einer auf zehn Verwundete kam, was offenbar durchaus nicht ausreicht. In den verschiedenen Ambulanzen sind die Aerzte so überarbeitet, daß sie keine Zeit haben auf irgendwas Anderes, als das rein Technisch-medicinische zu achten und selbst die Officiere beklagen sich, daß ihre Diät nur aus Bouillon d. h. lauwarmem Wasser mit Fettaugen, bouilli, d. h. dem Stückchen Fleisch, dem der Saft ausgekocht ist, und etwas saurem Brod bestände. Man hätte also über und über zu thun gehabt, wenn man für reichlichere Nahrung, für Liebig'sches Extract, eingemachtes Fleisch, Chocolade, Kaffee, Fruchtsäfte, Zwieback, guten Wein und Cigarren gesorgt, die Correspondenz der Verwundeten mit ihren Angehörigen besorgt und die Sterbenden auf den ernsten Moment des Todes vorbereitet hätte, — eine Aufgabe, die jetzt nur nachlässig von einigen wenig sympathischen Priestern abgemacht wird — wenn man Mitgefühl mit ihren Körper- und Geistes-Leiden gezeigt, ihre letzten Aufträge an Freunde und Verwandte entgegengenommen und überhaupt versucht hätte ihnen die letzten Augenblicke zu erleichtern. Dieß sind freilich Dienstleistungen, die am Besten von den in England so zahlreichen, wohlwollenden Frauen ausgeführt werden, da es dem Manne schwerer wird sich sofort das unbedingte Vertrauen zu erwerben, das die sympathischere Natur und der aufopferndere Tact der Frauen so leicht in solchen Augenblicken einflößt. In der That scheinen die meisten Verwundeten völlig ahnungslos zu sterben, und einer derselben konnte in seinen letzten Momenten nur eine trockene Brochüre über die Propaganda zu lesen bekommen.

Das sind die Dienste, deren die Französischen Officiere und Soldaten hauptsächlich bedürfen, welche in Sedan und anderweitig auf's Schamloseste von ihren Landsleuten vernachlässigt werden und die in ihrer traurigen Lage selbst dann hilflos daliegen, wenn sie reichlich Geld haben. Ich habe eine beträchtliche Anzahl Französischer Officiere besucht, von denen viele an den schmerzhaftesten Wunden litten und dabei auf kurzen, mit Stroh- und Haar-Matratzen versehenen, eisernen Bettstellen lagen, zu denen ein hartes cylindrisches Kopfkissen gehörte, auf welchem nur ein Theil des Hinterkopfs und der Schultern ruhen kann, so daß die Halsmuskeln dabei angestrengt bleiben. Ich selbst konnte, obgleich gesund und ermüdet, auf einem solchen Lager kein Auge zumachen und war darüber erstaunt, daß keiner von den reichen Einwohnern von Sedan bereit war auch nur auf eine Nacht eins seiner weichen, großen Betten mit Sprungfeder-Matratzen und guten Federkissen seinen eigenen verwundeten Landsleuten abzugeben. Ich habe mich wirklich über die cynisch selbstsüchtige Gleichgültigkeit der Franzosen gegen die Verwundeten und Gefangenen geradezu entsetzt. Als ich in einem der reichsten Häuser in Sedan Besuch machte, erkundigte sich der Herr und die Frau des Hauses bei mir, ob ich ihnen keine Nachricht über einen verwundeten Husaren-Oberst verschaffen könnte, der in Beaumont lag und an dessen Wohlergehn der Mann angeblich großen Antheil nahm. Ich sagte ihm, daß er doch, falls er sich wirklich für seinen verwundeten Freund interessire, nach dem Frühstück ihn in seinem bequemen Wagen zu sich zu Mittag abholen möge, anstatt andere Leute, die vollauf zu thun hätten, damit zu belästigen. Ich ließ mich darauf in den stärksten Ausdrücken über das Betragen der Einwohner von Sedan und anderer Orte gegen die Französischen Gefangenen und Verwundeten aus, wie ich es auch später gegen eine große Zahl Französischer Aerzte und sonstiger Anwesenden in der Französischen Ambulanz in der Präfectur Solus gethan habe, wo mir alle Versammelten beistimmten.

Am Morgen vor meiner Abreise von Sedan wurde ich auf's Schmerzlichste durch die Nachricht überrascht, daß eine große Anzahl Verwundeter aus der Anglo-Americanischen Ambulanz evacuirt werden sollte, obgleich viele davon, nach der Ansicht unserer Aerzte, durchaus nicht reisen konnten und es menschenfreundlicher gewesen wäre, sie einfach niederzuschießen. Es war entsetzlich das Geschrei der armen Leute anzuhören, wie sie auf Wagen ohne Federn, in denen sich nur wenig Stroh befand, über die holprigen Wege dahin gerumpelt wurden.

Noch am selben Abend kam der Befehl, daß 40 von den 67 Krankenwärtern unsere Ambulanz zu verlassen hätten, worüber unsere Aerzte natürlich sehr böse wurden und sich laut über die Unmenschlichkeit der Deutschen beklagten.

Am nächsten Morgen begab ich mich also zum Commandanten, der mich sehr höflich empfing, und setzte ihm auseinander, daß es mir, der ich Deutsch gesinnt wäre, ungemein leid thäte Anschuldigungen gegen die Deutschen darüber zu vernehmen, daß sie untransportable Verwundete doch transportiren und der Anglo-Americanischen Ambulanz in rücksichtslosester Weise, nachdem es ihr nur eine Stunde vorher angezeigt worden, zwei Drittel ihrer Krankenwärter, an denen sie ohnedieß Mangel litte, nehmen ließen. Auch hätte ein General-Arzt der Preußischen Armee, der mit mir die Krankenzimmer besucht habe, den Mangel an Reinlichkeit dem nicht ausreichenden und untauglichen Dienst-Personal zugeschrieben. Hierauf erwiderte mir der Commandant: es sei dies auf Veranlassung des Chef's der Französischen Intendanz geschehen, der die Evacuirung mehrerer Ambulanzen, worunter auch die unsere, verlangt habe. Er (der Commandant) habe nicht voraussetzen können, daß jener sich einen Mangel an Fürsorge und Menschenfreundlichkeit gegen seine eigenen Landsleute werde zu Schulden kommen lassen und habe deßhalb den betreffenden Befehl erlassen, doch thäte ihm meine Mittheilung sehr leid und er werde die Sache sofort untersuchen lassen. Auch sagte er mir, daß am Tage vorher die Französische Intendantur über die zu große Zahl von Krankenwärtern in unserer Ambulanz Beschwerde geführt und sich dahin geäußert habe, daß 27 völlig ausreichten. Darauf hätte er die 40 Krankenwärter fortnehmen lassen, da er der Angabe um so mehr Glauben geschenkt habe, als neunzehn Zwanzigstel unserer Verwundeten Franzosen seien. Auch schien der Commandant dadurch verletzt zu sein, daß ich ihn einer derartigen absichtlichen Unmenschlichkeit fähig hielt, die sich kein Deutscher Officier könne zu Schulden kommen lassen. Ferner meinte er, daß es sich mit unserer Englischen, angeblichen Neutralität nur schwer zusammen reimen lasse, daß fast alle unsere Verwundete Franzosen seien und daß, soweit ihm bekannt, Nichts von den Vorräthen der Englischen Gesellschaft den Deutschen zu Gute gekommen sei, während er an eben jenem Morgen um $3\frac{1}{2}$ Uhr Wagenladungen voll Vorräthe vor unserer Ambulanz habe stehen sehen. Meine Erwiderung lautete: die Ueberzahl der Franzosen sei wol bloß zufällig. Auch wären die Französischen Aerzte, wie man mir sagte, weniger geschickt und aufmerksam, als die Deutschen und weniger mit Arzneien und sonstigen medicinischen Bedürfnissen ausgerüstet. Unsere Vorräthe seien eben erst, Abends zuvor, angekommen. Auch würde ich alles mir mögliche thun, um den Deutschen von unserem Ueberfluß etwas abzugeben. Doch wären die Deutschen zu stolz um sich etwas zu fordern, und zur Zeit hätten wir noch Niemand, der damit beauftragt wäre, ihre Bedürfnisse festzustellen und ihnen danach die uns entbehrlichen Dinge anzubieten.

Ich benutzte auch die Gelegenheit andere hochgestellte Deutsche Officiere zu sehen und sie zu fragen, ob es wahr wäre, daß man die 100,000 Französischen Gefangenen sehr vom Hunger habe leiden lassen. Sie theilten mir hierauf mit, daß am Tage der Capitulation und noch ein Paar Tage nachher kein Brod gebacken worden sei und daß ein großer Mangel an Allem geherrscht habe. Man hätte aber soviel Nahrungsmittel, als zu missen waren, den Gefangenen gegeben und die eigene Mannschaft hätte zu jener Zeit kaum mehr als halbe Rationen erhalten. Offenbar war es unmöglich, daß die Deutschen die Gefangennahme von 100,000 Franzosen voraussehen und dem entsprechende Maßregeln ergreifen konnten und es ist eigentlich zum Erstaunen, daß der Fall nicht noch viel schlechter ablief. Und in der That, hätten die Franzosen die Deutsche Armee gefangen genommen, so würden sie nicht nur Nichts für diese gehabt haben, sondern sie hätten selbst hauptsächlich von den Vorräthen der Deutschen zehren müssen. Einige Officiere erzählten mir, daß die Deutschen Behörden den Einwohnern von Sedan Befehl ertheilt hätten die Gefangenen mit Kost zu versehen, was sie leicht von dem, etwa 4 Meilen entfernten Belgien her hätten thun können, wenn sie eine städtische Anleihe dazu aufgenommen hätten. Jedenfalls hätten die Franzosen, selbst wenn die Deutschen für die allernothwendigsten Lebensbedürfnisse zu sorgen hatten, ihre privaten und städtischen Mittel zu Hilfe nehmen müssen, um ihren Landsleuten etwas mehr, als trockenes Brod neben der Deutschen Ration, oder an deren Stelle, zu geben. Das würde ihnen, wie ich in meinem letzten Briefe bewiesen, etwa 6 bis 7 Tausend Thaler gekostet haben. Wie geringfügig wäre selbst das gewesen, im Vergleich zur verschwenderischen Freigebigkeit der Deutschen, die sie zu Hause nicht nur gegen ihre eigenen Landsleute, sondern auch gegen die Französischen Gefangenen ausgeübt haben.

Am Abend ehe ich Sedan verließ, speiste ich im Hôtel d'Europe mit einem mir bekannten Englischen Juden, in Gemeinschaft, mit dem ich, zu meiner großen Befriedigung, Verschiedenes zum Besten der Verwundeten unternommen hatte. An der Tafel trafen wir Beamten der Brüsseler Gesellschaft zum Besten der Verwundeten, die schließlich angekommen waren, um sich 1200 Verwundete abzuholen, für deren Aufnahme die Stadt Brüssel Sorge tragen wollte. Andere Theile von Belgien wünschten noch viele Tausende unterzubringen. Doch bis zu dem Tage (14. September) hatten sie kaum irgendwelche bekommen, obwol Hunderte schon per Eisenbahn abgeschickt worden waren, ohne daß sie es auch nur versucht hätten, sich um sie zu bemühen. Ja, ich glaube, daß noch heute nur ein geringer Theil ihrer Betten belegt ist. So trifft es sich unglücklicherweise, daß dieselbe schlechte Verwaltung, die unsere Englische Gesellschaft kennzeichnet, auch, wenngleich in geringerem Grade, den Belgiern zur Last zu legen ist. Dagegen ist die Leitung der Holländischen Ambulanzen bewunderswerth und läßt fast Nichts zu wünschen übrig. Der Ihrige

J. G. T. Sinclair.

Thurso Castle, 24. September 1870.

Die Kranken und Verwundeten.

Die Times veröffentlicht folgende Auszüge aus einem Briefe von Sir J. G. T. Sinclair:

Zur Zeit meines Besuchs in Sedan waren die Straßen daselbst voll von Leuten, die hauptsächlich zu den Französischen Ambulanzen gehörten, aber scheinbar Nichts zu thun hatten, als sich zu vergnügen. Und der Schreiber eines Ambulanzen-Comissariats, welches, wie er sagte und wie ich nach seiner geschäftsmännischen und offenen Art zu urtheilen auch glaube, in einem benachbarten Orte viel Gutes stiftete, erzählte mir, daß die Hälfte der Französischen Ambulanzen wenig oder gar Nichts thäte und daß einige derselben Paris, ohne Instrumente und Arzneien, verlassen hätten und noch immer Nichts dergleichen besäßen.

Bei einem Besuche, den ich vor meiner Abreise im Hospital abstattete, blieb ich daselbst bis nach neun Uhr, und da sich die

Stadt im Belagerungszustande befand, war die Zugbrücke schon aufgezogen und der Wachtposten verbot mir den Eintritt in dieselbe. Der wachhabende Unterofficier aber, den ich auffand, war gutmüthig genug, mit sechs Mann, die schwere Brücke für mich herunter und mich in mein Hôtel zu lassen, ohne eine Bezahlung für diesen Dienst anzunehmen.

Am nächsten Morgen fuhren wir, in meines Freundes Wagen, in Gesellschaft von zwei Französischen Officieren, von Sedan nach Libramont und besuchten in Givonne den Herzog von Bergues, einen schwerverwundeten Französischen Officier, der jetzt von seiner Mutter gepflegt wird. Es schien mir merkwürdig, daß nicht auch andere Französische Damen diesem Beispiele folgen, da die Deutschen dabei durchaus keine Schwierigkeiten machen, sondern sehr zuvorkommend und höflich sind. Nach meinem Paß z. B. fragten sie nicht ein einziges Mal. Der Herzog und fünf andere Französische Officiere wurden von Deutschen Aerzten behandelt, deren Aufmerksamkeit und Tüchtigkeit sie sehr lobten. Aber auch hier fand sich ein Mangel an Allem, was über die nothwendigsten Lebensbedürfnisse hinausgeht, wie auch an Arzneien. Gerade im Augenblicke, wo ich dort ankam, litt ein armer Soldat furchtbar am Starrkrampf und es war kein Chloralhydrat vorhanden. Glücklicherweise hatte ich eine Flasche davon unter anderen Arzneimitteln von meinen gefälligen Freunden aus der Anglo-Americanischen Ambulanz erhalten, die ich den Leuten gab, wofür sie sehr dankbar waren. Mein Freund erbot sich einen der verwundeten Officiere von Givonne in sein Haus, in Brüssel, aufzunehmen, wo er auf eigene Kosten eine Anzahl verwundeter Officiere bis zu ihrer Genesung verpflegen will, und Einer davon nahm das Anerbieten mit Freuden an. Dieser sagte mir, die Französischen Intendantur-Beamten seien "des canailles"; einer derselben hätte ihn evacuiren wollen, aber er hätte denselben so rasch wie möglich expedirt und ihm gesagt, er sei ein "cochon". Auch theilte er mir mit, daß einige zu einer Französischen Ambulanz gehörige Herren, die aus dem Herzog von Fitzjames und anderen Pariser Modeherrchen bestände, sie besucht und sich nach ihren Bedürfnissen erkundigt hätten. Da sie aber zu stolz gewesen wären, sich irgend etwas zu fordern, obgleich sie an Allem Mangel litten, so hätte man einem Jeden von ihnen nur einige Cigarren gegeben. Ehe die Ambulanzleute sie verließen, sagte Einer der Officiere, er wünsche sich einen Paletot kaufen zu können, worauf man ihm sagte, er könne deren so viele haben, als er wolle, da das Geld bei ihnen keine Rolle spiele und sie große Vorräthe hätten. Trotzdem wurde ihm nie ein Paletot geschickt. Denn Viele der Leute, welche die Französischen Ambulanzen begleiten, sind "fainéants", welche sich gerne als Menschenfreunde aufspielen, ohne es sich etwas kosten zu lassen.

In Libramont trennte ich mich von meinen Bekannten und ging nach Luxemburg. Hier erfuhr ich, daß die Correspondenten verschiedener Zeitungen, deren angenehme Bekanntschaft ich, bei meinem letzten Besuche daselbst, gemacht hatte, in die Umgegend von Metz abgegangen wären. Daher machte ich mich den nächsten Morgen auch auf den Weg dahin und hielt mich unterwegs ein Paar Stunden in Trier auf, wo ich mir einige schöne Kirchen, das herrliche Römische Thor und andere Sehenswürdigkeiten ansah. Auch traf ich dort die Tochter des Grafen Palikao, die ohne Nachrichten von ihrem Vater, Bruder und Vetter war; ich konnte ihr bei ihren Nachforschungen von keinem Nutzen sein und reiste daher nach Saarbrücken weiter, wo ich des Abends eintraf. Hier fand ich Ihren Correspondenten und setzte mich mit einem Arzt in Verbindung, der von der Londoner Gesellschaft hergeschickt war. Er ist, wie ich glaube, ein Mann von Ruf und empfing mich sehr herzlich. Er sehnte sich sehr nach nützlicher Beschäftigung, hatte aber keine genauen Instructionen erhalten und gar Nichts zu thun.

Wir brauchten sechs Stunden, statt zwei, um nach Remilly zu kommen, wo Brod, Käse, Wein, Branntwein und andere Nahrungsmittel zu mäßigen Preisen zu haben waren. Hier sah ich, daß die Deutschen sogar die Gänse und das Federvieh der Franzosen geschont und, wie es schien, nicht einmal ein Ei sich gewaltsam angeeignet hatten. Capitän Maclaine stellte, gefälligerweise, seine zweispännige Equipage mir und drei andern Engländern zur Disposition, und wir fuhren eines schönen Nachmittags nach den letzten Vorposten der Preußischen Armee, nach Mercile-Haut, das nur fünf und zwanzig Minuten von Metz entfernt ist. Als wir den letzten Posten erreichten, muß unserm Kutscher wol ein Halt geboten werden sein, welches weder er, noch einer von uns Anfangs gehört hatte; als es nun wiederholt wurde, ließ ich den Wagen halten; wir bekamen tüchtige Schelte für unseren Ungehorsam und es wurde uns gesagt, daß wenn der Posten seine Schuldigkeit gethan hätte, wir erschossen worden wären. Auch lautete unser Paß nur auf zwei Personen, da unser doch vier waren." Da hieß es denn zuerst, ich könne nicht weiter; aber durch etwas Höflichkeit ließen sich die stets gutmüthigen Deutschen dazu bewegen uns passiren zu lassen.

Nach unserer Ankunft beim Vorposten war der Officier so freundlich, uns einen Soldaten mitzugeben, da wir uns innerhalb der Schußweite der Stadt und der Französischen Wachtposten befanden. Wir schlichen uns also so weit, als möglich hinunter und standen hinter Bäumen, die sich noch innerhalb der halben Tragweite eines Chassepot-Gewehrs befanden; ein solches sahen wir in den Händen eines Französischen Wachtpostens, der jedoch keinen Versuch machte uns zu belästigen. Wir konnten die Menschen, Häuser, Zelte und anderen Dinge außerhalb Metz, aber innerhalb der Französischen Linien, deutlich sehen und die Musikbanden in der Stadt spielen hören. Ich meine, Metz ist besser verproviantirt, als die Deutschen annehmen und daß diese das Bombardement wieder werden aufnehmen müssen, welches aus Menschlichkeit vom König unterbrochen worden ist.

Auf unserm Rückwege nach Remilly blieben wir kurze Zeit in Courcelles, woselbst, wie ich fand, ein Streit zwischen dem Johanniter-Oberen und dem militairischen Befehlshaber (der, unter Beistand eines Engländers, wol hätte beigelegt werden können) ausgebrochen war; zu meinem Bedauern hörte ich später, daß der Erstere, da er keine Genugthuung erhalten konnte, sich, doch wol mit seinen Vorräthen, zurückgezogen habe; wodurch sich daselbst gerade jetzt eine besonders günstige Gelegenheit für die Englische Gesellschaft darbietet. Das Haupt der Johanniter-Ritter in Courcelles ist ein höchst intelligenter Mann von Stande, der sowohl Französisch als Englisch sehr gut spricht; überhaupt können fast alle Deutschen Officiere, die ich getroffen habe, sich auf Französisch und viele derselben auch auf Englisch verständlich machen. Bei unserer Rückkunft in Remilly hielt uns der Wachtposten an, da es 7½ Uhr war und Niemand nach 7 Uhr in's Dorf hinein gelassen wurde. Man gestattete jedoch zweien von uns unseren Anglo-Americanischen Beamten aufzusuchen, der uns zur Wohnung Ihres Correspondenten geleitete, wo man mich so gastfrei aufnahm, als die Umstände es gestatteten; ich mußte aber auf einigen Bündeln Stroh, auf der Erde schlafen, und bediente mich des früher erwähnten Geschenks des Englischen Volks an die Deutsche Armee als eines Kopfkissens.

Am nächsten Morgen kehrte ich nach Saarbrücken zurück und hatte abermals eine lange, interessante Unterhaltung mit einigen Deutschen Officieren. In der Stadt erkundigte ich mich, in Gemeinschaft mit einigen Englischen Bekannten, ob sich nicht dort, in Erwartung des Falls von Metz, wo Typhus und Ruhr grassiren, ein Hospital einrichten ließe. Zu diesem Behuf hatten wir eine Unterredung mit dem dortigen Chef des Militair-Medicinal-Wesens, welcher meinte, die Deutsche Regierung werde, unter obwaltenden Verhältnissen, nicht geneigt sein der Englischen Gesellschaft die Erlaubniß zur Einrichtung eines Hospitals zu geben, sondern wenn mehr Ambulanzen nöthig wären, dieselben wol selbst einrichten. Auch wolle die Deutsche Regierung keine Gaben an Brod, Fleisch und anderen nothwendigen Lebensbedürfnissen von irgendwem annehmen, wenn nicht in Folge eines außergewöhnlichen, nicht vorherzusehenden Umstandes irgendwo Mangel entstünde. Er könne zwar auch Wein und jedes andere Labsal, wo es absolut nöthig wäre, auf Regierungskosten anschaffen, aber derartiges, sowie auch Cigarren, welche, wenn auch eigentlich nicht nothwendig, doch für die Verwundeten sehr wünschenswerth seien und an denen jetzt Mangel sei, da die Johanniter nicht genug derartige Dinge hätten, werde er mit Freuden annehmen. Die Unterredung (der ich nicht bis zu Ende beiwohnte) schloß, wie ich glaube, damit, daß ein Beamter der Gesellschaft, als eine besondere Gunst, die Erlaubniß erhielt, eine solche, unter der Oberaufsicht des Deutschen Oberarztes stehende Ambulanz einzurichten; eine Bedingung, der sich wol nur wenige Englische Aerzte von Bedeutung unterwerfen werden.

Nachdem ich die fast uneinnehmbaren Höhen von Saarbrücken besucht hatte, welche, wie ich glaube, wol nur von Deutschen oder Englischen Truppen genommen werden können und wo ich kaum irgendwelche Ueberbleibsel der Schlacht, namentlich keine einzige Kugel oder Bombensplitter, vorfand, ging ich von Saarbrücken in Gesellschaft eines Correspondenten einer Ihrer Colleginnen, der in Rheims als Preußischer Spion roh behandelt worden war, nach Trier und von dort über Brüssel nach Hause, welches von reichen Französischen Flüchtlingen aus Paris überschwemmt ist und wo ich nur mit großer Mühe ein Bett bekommen konnte.

Da ich die Verwaltung unserer Gesellschaft zum Besten der Verwundeten getadelt habe, so halte ich es für meine Pflicht das Verfahren anzugeben, das, meines Erachtens, hätte eingeschlagen werden müssen und auf das man noch heute mit Vortheil eingehen könnte; zumal ich in meinen Ansichten noch durch eine Unterredung mit dem Nord-Deutschen Gesandten bestärkt werde, der sie, der Hauptsache nach, zu billigen schien.

Alle die großartigen Deutschen Beiträge zum Besten der Kranken und Verwundeten werden von den Johanniter-Rittern vertheilt; diese zerfallen in die protestantischen Ritter des heiligen Johannes für Nord-Deutschland und die katholischen Malteser-Ritter für Süd-Deutschland. Beide Körperschaften bestehen nur aus Leuten von hohem Adel, die in Bezug auf die Aufnahme neuer Mitglieder ebenso peinlich sind, als der vornehmste Londoner Club. Die Deutsche Regierung setzt fast unbedingtes Vertrauen in diese Johanniter, die uniformirt sind und ein Kreuz tragen und von denen eine bestimmte Anzahl einem jeden Armee-Corps zugetheilt ist. Bekanntlich bildet ein jedes Armee-Corps, nach dem Princip der Decentralisation, im Gegensatz zum Französischen, ein Ganzes für sich. Die Johanniter haben nun Eisenbahnwagen jeder Art, Post und Telegraphen frei; sie können, auf dem Wege der Requisition, zu vernünftigen Preisen, jede Hilfe z. B. auch den Transport durch Pferde und Wagen erhalten, anstatt der willkürlich geschraubten Preise,' die unsere Gesellschaft zu zahlen hat. Ferner arbeiten sie in Uebereinstimmung mit den Militär-Medicinal-Behörden und erfreuen sich der Unterstützung intelligenter, praktischer Geschäftsleute, die sich in großer Zahl ihnen freiwillig zur Verfügung gestellt haben. Mir scheint dieses System, obgleich es nicht ganz fehlerfrei sein mag, doch im Ganzen bewundernswerth zu sein und somit dürfte der von der Englischen Gesellschaft einzuschlagende Weg wol darin bestehen, einen intelligenten Englischen Gentleman, der keinen Gehalt bezöge (ähnlich den Almoseniers der Londoner Gesellschaft zur Unterstützung Hilfsbedürftiger), dem ein tüchtiger Schreiber zur Seite stände, an jedes der Deutschen Armee-Corps hinzuschicken, um in Gemeinschaft mit dem jedesmaligen Johanniter-Oberen daselbst zu wirken. Der Engländer müßte ein Mann von Stand und feinen Manieren und, womöglich, Deutsch gesinnt sein. Auch müßte er die entsprechende Summe Geldes, oder Creditbriefe, aber nicht Vorräthe mit sich führen, es sei denn von solchen Dingen, die man in London billiger und besser haben kann, oder die dem Verein geschenkt worden sind. Wenn man so mit den Johannitern und ihrem zahlreichen Personal gemeinsam arbeitete, so könnte man die Bedürfnisse der Kranken und Verwundeten täglich, ja stündlich kennen, alle Englischen Beamte könnten unter einander und mit den Armee-Corps häufigen Verkehr haben, um sich gegenseitig mit Rath und That beizustehen und eine regelmäßige, rasche Correspondenz könnte mit dem Londoner Comité Statt finden, während die jetzige, über Arlon, schwerfällig ist und sich nur mit Unterbrechungen führen läßt.

Wie die Sachen jetzt stehen, ist es wahrscheinlich, daß wir große Vorräthe von Dingen zu spät hinschicken werden, deren die Deutschen nicht bedürfen und die sie sich meist weit billiger, rascher und besser selbst verschaffen können; wogegen sie nicht rechtzeitig die Dinge in ausreichender Menge erhalten werden, an denen sie Mangel leiden. Und wie großartig auch die Englischen Beiträge an Geld und Naturalien sein mögen (leider scheint das Comité sich nicht die Mühe genommen zu haben die letzteren auch nur annäherungsweise abzuschätzen), so werden die Deutschen doch immer nur davon zu erzählen wissen, daß sie eine Menge im Ganzen unnützer Vorräthe, die zu Wucherpreisen aufgekauft und transportirt worden sind, zu spät, manchmal in unzureichender Menge, dann wieder in verschwenderischer Fülle erhalten haben und schließlich wird man dieselben am Ende des Krieges für ein Butterbrod wieder verkaufen müssen. Selbst wer nicht an die gute Verwaltung der Johanniter glaubt, wird es zugeben müssen, daß die Deutschen sich lieber von ihren Landsleuten, die ihre Bedürfnisse kennen, helfen lassen, als von Fremden, welche ihre Sprache meist sehr unvollkommen sprechen. Wenn sich z. B. je ein so sehr unwahrscheinliches Ereigniß zugetragen hätte, daß die Franzosen eine National-Subscription zum Beßten der in Folge der Baumwollen-Krise in Lancashire Verunglückten eröffnet hätten, und sie hätten ihre Gaben durch ein eigenes, kostspieliges Comité vertheilt, anstatt sich dem unter Lord Derby's Leitung stehenden anzuschließen, so würde doch Jedermann ihr Verwaltung für verschwenderisch und äußerst abgeschmackt gehalten haben. Auch könnte ein verständiger Engländer manche Fehler des Johanniter-Systems abstellen helfen und überdieß würde in Folge des Vortheils, den der Englische Verein aus der freiwilligen, intelligenten Unterstützung der Johanniter gezogen hätte, wol ein Beitrag von 100,000 £ St. in Geld sowohl in Wirklichkeit, als dem Anscheine nach, mehr geleistet haben, als 200,000 £ St. in Naturalien. Ferner würde dieses Verfahren uns einen heilsamen Einfluß auf diese patriotischen und intelligenten Deutschen Edelleute verschafft, den Namen Englands jedem Deutschen Herzen theuer gemacht und jedenfalls den schlechten Eindruck gemildert haben, der mit Recht dadurch hervorgerufen worden ist, daß wir uns geweigert haben, die Waffenausfuhr bei uns zu verbieten.

Was die Franzosen betrifft, so geht Nichts über die Untauglichkeit und Abgeschmacktheit ihres Centralisations-Systems und bei ihnen scheint es mir absolut nothwendig Englische Beamten und Aerzte zu verwenden. Andererseits würde es offenbar unbillig sein, die Hälfte des Geldes und der Vorräthe den Französischen Armeen und Hospitälern zuzuschicken, da sich wohl mehr als fünf Sechstel der Kranken und Verwundeten beider Nationen in den Händen der Deutschen befinden. Und es wäre daher nur gerecht, unsere Gaben im Verhältniß zur ungefähren Zahl der bei jeder Armee befindlichen Kranken und Verwundeten auszutheilen. Auch hätten die Vereins-Vorräthe in Libramont, oder dem angrenzenden Dorfe sein müssen, was die bei Weitem nächste Eisenbahn-Station von Sedan ist; und wenn man dort nicht das nöthige Unterkommen gefunden hätte, so hätte man sofort billige Holzschuppen für Vorräthe, Pferde und Menschen errichten können.

Auf diese Weise wären die Vorräthe nur wenige Stunden per Axe von Sedan entfernt gewesen, anstatt daß Arlon zwei Tagereisen weit ist; und sogar hier wurden die Vorräthe erst am 9. September von Luxemburg untergebracht, anstatt daß man sie direct nach Sedan hätte bringen sollen. Der Transport würde dann gerade halb so viel, als jetzt gekostet haben, oder sogar weniger, als ein Viertel, wenn man die Vorräthe gewogen und volle Wagenladungen, statt der gewöhnlichen halben abgesandt hätte. Auch hätte die Niederlage in Libramont den ferneren großen Vortheil gehabt, sich gerade an dem Punkte zu befinden, wo fast alle Verwundeten auf die Eisenbahn gebracht wurden und wo man unendlich viel Gutes hätte stiften und wol manchen Menschen das Leben hätte retten können, indem man ihnen Erquickungen zukommen ließ, deren sie bedurften; wogegen sie jetzt, so viel ich gesehen, dort factisch nur etwas Butterbrod, Wasser und Cigarren von den Belgiern und Deutschen erhielten. Uebrigens gingen auch alle anderen, als die Englischen Vorräthe über Libramont.

Ich füge noch hinzu, daß nach einem Briefe in der Times, der Anglo-Deutsche Verein, trotz viel beschränkterer Mittel, aber in Folge von verständiger, rechtzeitiger und unverzagter Freigebigkeit, mehr an Ort und Stelle vertheilt hat, als unsere Gesellschaft mit allen ihren enormen Hilfsquellen. Ja sie hat sogar unsere Anglo-Americanische Ambulanz in Sedan unterstützt, wo sich fast nur Französische Kranke befanden. Wie ich höre, ist der Mann, dem ich in Arlon bei den Vorräthen nicht Hilfe leisten durfte, und den ich für ganz untüchtig hielt, der aber nach Aussage des Vereins-Agenten einer der beßten Verwalter in Europa war, jetzt entlassen worden. Auch theilte mir Herr Churchward in Dover mit, er glaube, die Gesellschafts-Vorräthe, die über Calais gingen, würden dort einfach in das Französische Regierungs-Magazin gethan, anstatt den Verwundeten zugeschickt zu werden.

Ich bitte um Entschuldigung, daß ich Ihren Raum und die Geduld Ihrer Leser so sehr in Anspruch genommen habe, aber große Eile und die Wichtigkeit der Sache werden mich hoffentlich rechtfertigen.

Thurso Castle, Caithneß, 26. September 1870.

Nachschrift. Während ich dieß schrieb, wurde ich durch einen Brief des Oberst Loyd Lindsay in der Times vom vorigen Freitag überrascht, welcher mittheilt, daß das Londoner Comité im Begriff steht, eine Ambulanz und zwölf Wagen unter der Leitung des Dr. Longmore und Anderer nach Frankreich zu expediren und daß der Nord-Deutsche Gesandte es ihm zusagt, einen großen Vorrath von Chloroform durch die Preußischen Linien in die „belagerten Städte" Metz, Straßburg und „Montmedy" bringen zu dürfen. Meines Erachtens befinden sich schon viel zu viele Englische Aerzte, und viel zu wenig Heilgehilfen, Krankenwärterinnen und Schreiber auf dem Kriegs-Schauplatz. Sehr gerne möchte ich

8

einen Bericht über die Thätigkeit eines jeden Einzelnen dieser Herren lesen, da ich Einige kenne, die, als ich fortging, absolut Nichts zu thun hatten und auch keinen Wirkungskreis finden konnten. Außer der Anglo-Americanischen Ambulanz in Sedan, die unter der Leitung der Doctoren Sime und Frank und nur theilweise mit der Englischen Gesellschaft in Verbindung steht, haben, meines Erachtens, die auf den Kriegs-Schauplatz geschickten Englischen Aerzte nur wenig leisten können und zwar meist ohne ihre Schuld, da die fremden Aerzte und Vorstände der Ambulanzen fast alle Operationen eifersüchtig für sich behalten. Warum benutzt man also nicht die Dienste der schon dort Anwesenden, anstatt noch Andere hinauszuschicken? Auch könnte man Wagen und dergl. viel billiger und besser in der Nähe des Kriegs-Schauplatzes kaufen oder miethen.

Da seit dem 1. September kein Ausfall aus Metz gemacht worden ist, so kommen dort jetzt wol kaum viele chirurgische Operationen vor und wird daher Chloroform dort kaum so nothwendig sein; wohl aber wird Metz, das an Typhus und Ruhr leidet, anderer Arzneimittel bedürfen.

Am 11. d. M. war ich in Montmedy, welches nur ein Dorf und keine „große Stadt" ist, damals nicht belagert war, und es auch jetzt, wie ich glaube, nicht ist. Dort, wie später in Sedan (wo ich in den Apotheken viele Arzneimittel vorfand, von denen man annahm, daß sie fehlten) gab ich den Apotheken und Aerzten die Adresse eines Brüsseler Arztes, der sie mit einem dortigen Droguisten in Verbindung bringen würde (was freilich auch der dortige Französische Gesandte oder Consul hätte thun können). Da sich in Montmedy nur etwa zwanzig Kranke und Verwundete vorfanden, gab ich ihnen kein Chloroform, von dem ich eine bedeutende Quantität bei mir führte, da sie damals genug davon hatten und sich rasch und billig das etwa fehlende ersetzen konnten.

Sir Tollemache Sinclair über den Krieg.

An den Redacteur der Times.

Mein Herr! Vor Kurzem vom Kriegs-Schauplatz zurückgekehrt, wo ich mich vielfach mit den Deutschen Officieren und unter Anderen mit einem Freunde und Nachbarn des Grafen Bismarck unterhalten habe, ist es mir in Bezug auf die Friedensbedingungen klar geworden, daß unter den Deutschen die Ansicht vorherrscht, jene müßten sich nach den Kriegs-Ereignissen richten. Da nämlich die Zahl der Todten und Verwundeten auf ihrer Seite stets zunähme, die Lasten des Krieges täglich drückender würden, Geschäft und Handel und alle Friedensthätigkeit immer mehr gestört werde, wobei ihre Erfolge ungehindert fortgesetzt würden, so würden sich ihre Forderungen nothwendigerweise steigern. So würden die Bedingungen, die sie heute gerne annehmen, morgen vielleicht unzulässig erscheinen, und ich fürchte daher, die Franzosen werden mit ihren Vorschlägen immer einen Tag zu spät kommen. Zuerst wollten sie sich gar nicht auf Verhandlungen einlassen so lange das „Deutsche Ungeziefer“ sich auf Französischem Boden befände. Darauf bestanden sie auf einer abgeschmackten Ausnahme-Stellung in Bezug auf die Folgen eines unprovocirten Krieges, weil sie den Kaiser abgesetzt und eine Republik proclamirt hätten, welche angeblich den Frieden dem Ruhme vorzieht. Noch später waren sie Willens Frieden zu schließen, falls eine billige Kriegs-Entschädigung verlangt würde, wollten aber keinen Stein von ihren Festungen, keinen Zoll ihres Gebiets abtreten. In letzterer Zeit wollten sie einige von ihren Festungen zwar schleifen, aber nicht eine einzige den Deutschen überliefern. Und in den allerletzten Tagen weigerten sie sich auch nur provisorisch Straßburg, Toul und Verdun, als Vorbedingungen eines Waffenstillstands, zu übergeben, obgleich zwei dieser Plätze am Vorabende der Uebergabe standen und beide seitdem capitulirt haben; während Verdun, an Stelle dessen sie böswilligerweise vom Mont Valérien sprachen, vielleicht noch vor dem Ende des Waffenstillstands fallen wird, — ganz abgesehen von Paris und anderen Festungen, die wol noch in demselben Zeitraum genommen werden können. Wahrlich auf die Franzosen läßt sich das Sprichwort anwenden: „Quem Deus vult perdere, prius dementat.“

8*

Wenn Paris gefallen ist, so wünscht, wie man mir sagt, die öffentliche Meinung in Deutschland folgende Bedingungen: 1) Die Abtretung von Elsaß und Deutsch-Lothringen an Deutschland, des Flämischen Theils von Frankreich an Belgien, von Savoyen an die Schweiz und von Corsica und Nizza an Italien; 2) Eine Milliarde Thaler Kriegs-Entschädigung; 3) Die Hälfte der Französischen Flotte; 4) Die Schleifung von Cherbourg; 5) Frankreich darf nicht mehr als 100,000 Mann Land- und See-Soldaten und Matrosen halten; 6) Turcos und andere Wilde dürfen nie in Europäischen Kriegen verwandt; 7) Handels-Fahrzeuge kriegführender Mächte nicht gekapert; 8) Offene Städte nicht bombardirt und die unbefestigten Theile befestigter sollen so viel wie möglich geschont werden; 9) Privat-Vermögen, dessen man sich bemächtigt, soll zu entsprechenden Preisen mit Wechseln bezahlt werden, die nach Sicht in der Hauptstadt einer der beiden kriegführenden Mächte einzulösen sind. Civilisten sollen zu jeder Zeit eine belagerte Stadt verlassen; Aerzte, Arzneien und sonstige zum Beßten der Kranken und Verwundeten dienende Dinge stets in dieselben hineingelassen und Geldstrafen Städten nur wegen schlechter Aufführung der Einwohner auferlegt werden. 10) Die Waffenausfuhr in kriegführende Länder ist verboten.

Alle diese Bedingungen erscheinen mir nur gerecht, nothwendig und nach der Analogie früherer Fälle formulirt, mit Ausnahme des Verlangens nach der halben Französischen Flotte, die wie eine unnütze Demüthigung eines gefallenen Feindes aussieht. Auch sind die meisten Schiffe der Französischen Flotte, wie die Mehrzahl Französischer Producte überhaupt, auf Täuschung berechnet, und die Deutschen könnten also, wenn sie den halben Werth der Flotte zu den Entschädigungsgeldern schlügen, sich eine sehr viel bessere Flotte bauen, wobei die Franzosen es noch vorziehen würden selbst den doppelten Werth der Flotte, als diese selbst herauszugeben.

Was die Abtretung von Elsaß und Deutsch-Lothringen betrifft, so leuchtet es ein, daß, da Europa sich nicht eingemischt hätte, um die Franzosen, wenn sie siegreich gewesen wären, daran zu verhindern, die Deutsch-redenden Rheinprovinzen zu annectiren, es auch kein Recht hat, den Deutschen die Besitznahme des nicht Französisch-, sondern Deutsch-redenden Theils von Frankreich zu wehren. Wie, wenn die Franzosen in einem Defensiv-Kriege mit

England Sieger wären, es ein billiges Verlangen von ihnen wäre, die Französisch-redenden Canal-Inseln zu annectiren, die Französisch sein würden, wenn es nicht ihr deutliches Interesse wäre, Englisch zu sein; während unser Verhalten, angenommen, daß wir Frankreich angegriffen hätten, um einen Theil desselben zu annectiren, ganz und gar nicht zu rechtfertigen wäre. Denn selbst wenn die Festungen in Elsaß und Lothringen geschleift würden, so würde die Vogesenkette, als fast uneinnehmbares Bollwerk, übrig bleiben, das bei guter Vertheidigung die ganze Französische Armee schützen und von dem aus der Gallische Hahn sich immer auf das wehrlose Deutsche Volk stürzen könnte, wie er dies 25 Mal in einem Jahrhundert d. h. durchschnittlich alle vier Jahre ein Mal bereits gethan hat. Hingegen haben die friedliebenden Deutschen noch nie einen Krieg gegen die Franzosen angefangen. Auf den Einwand, daß die Bevölkerung von Elsaß (die durch einen räuberischen Angriff Ludwig's XIV. in Friedenszeiten zu Franzosen gemacht wurde) Französisch bleiben möchte, läßt sich erwidern, daß dieß mindestens zweifelhaft und nie bewiesen worden ist. Auch die Majorität der Irländer wünscht eine Trennung von England. Im Jahre 1815 wurden den Verbündeten zahlreiche Petitionen von protestantischen Elsäßern überreicht, die mit Deutschland wieder vereinigt zu werden wünschten. Die Franzosen selbst haben daran gedacht, Belgien, im Widerspruch mit dem Wunsche der Bevölkerung, zu annectiren und die Nord-Staaten von America haben den Süden besiegt und annectirt, obgleich dieser vier Jahre lang mit Erfolg für seine Unabhängigkeit gekämpft hat. Ich bin der Ansicht, daß die oberen und mittleren Classen in Elsaß der Sprache und Gesinnung nach Französisch sind, daß aber die unteren Stände es in Folge eines unwiderstehlichen Instincts vorziehen würden, Deutsch zu sein (wie es auch ein aus den geheimen Papieren des Kaisers veröffentlichter Brief des General Ducrot nachweist), wenn ihnen nicht die Französischen Lügen über die Grausamkeit ihrer Landsleute Angst machten. Freilich müßten die materiellen Vortheile in beiden Fällen gleich sein; dann aber würde eine Volksabstimmung, der sich doch die Franzosen nach ihren eigenen Grundsätzen und Gewohnheiten nicht widersetzen könnten, zu Gunsten der Deutschen ausfallen. Als z. B. neulich die Deutschen in Straßburg einzogen, erklärte der erste protestantische Pastor der Stadt, daß die Elsaßer günstig für die Vereinigung mit Deutschland gesinnt wären. Man hat daher den Vorschlag gemacht, daß die Deutschen ihren Zolltarif modificiren und den Elsaßern sowol in Bezug auf die Besteuerung, als den Kriegsdienst auf eine Reihe von Jahren bedeutende Vortheile gewähren sollten, um es ihnen deutlich zu machen, daß es in ihrem Interesse liege, Deutsch zu werden.

Ferner sollte man in Betracht ziehen, daß sich die Franzosen vor dem Kriege auf dem Höhepunkt ihres Ruhmes und Wohlstands befanden, wogegen jetzt, nach ihrer Niederlage, ihre Nationalschuld sich um die Hälfte vermehren, mithin die Besteuerung sehr in die Höhe gehen wird. In Folge dessen werden die Elsaßer jetzt, als Deutsche, sicherer vor einem Einfalle sein, als wenn sie Franzosen wären, wovon früher das Umgekehrte der Fall war. Bekanntlich wurde der spätere Kaiser Napoléon zum Präsidenten der Republik gewählt, als Cavaignac am Ruder war, weil er dem Volk die Befreiung von dem 45-Centimes-Zuschlag, den ihm die republicanische Partei auferlegt hatte, versprach. Auch kann man es wol als ein politisches Axiom hinstellen, daß namentlich eine ungebildete Landbevölkerung sich immer mehr von ihrem Interesse, als von anderen Gefühlen wird leiten lassen. So glaube ich denn auch, daß die Elsaßer willig Italiener, Russen, oder wol gar Chinesen werden würden, wenn sie dadurch von Steuern und dem Kriegsdienste befreit würden. Man sollte daher in jedem Dorfe von Elsaß durch Ansprache tüchtiger und patriotisch-gesinnter Männer die Vortheile einer Vereinigung des Landes mit Deutschland auseinandersetzen.

Man hat ferner den Gedanken ausgesprochen, Elsaß und Deutsch-Lothringen unabhängig und neutral, wie die Schweiz, hinzustellen und solcher Gestalt eine vollständige Kette neutralen Gebietes von Belgien an bis zur Schweiz zwischen Deutschland und Frankreich zu bilden. Offenbar ist Belgien jetzt zu schwach; wenn es also um Französisch Flandern und Luxemburg vergrößert und Frankreich um so viel verkleinert würde, als die Deutschen vorschlagen, so könnte England Belgien die Vertheidigung seiner eigenen Neutralität und Unabhängigkeit überlassen.

Was Nizza und Corsica betrifft, so meine ich, daß, wenn man jetzt, wo Frankreich gedemüthigt ist, seine Steuern sich also sehr vermehren müssen und Rom von Italien besetzt werden, zu einer Volksabstimmung schritte, die Einwohner sich eben so gerne mit Italien verbinden würden, wie die Jonier es mit Griechenland gethan haben. Und in Savoyen sind alle Interessen und Gesinnungen zu Gunsten einer Vereinigung mit der Schweiz.

In Beziehung auf die Kriegs-Entschädigung kann Niemand, der es sich überlegt, was dieser Krieg gekostet, welche Verluste er Familien durch Beraubung von Gatten, Vätern und Söhnen bereitet, welche Störungen von Handel und Gewerbe er herbeigeführt hat, die geforderte Summe für zu hoch halten; namentlich, wenn man sich die ungeheuren Summen denkt, welche der erste Napoléon aus Deutschland erpreßt hat, und sich der unmenschlichen Art erinnert, mit der er Deutsche dazu zwang, gegen ihre eigenen Landsleute zu kämpfen; zumal da nicht einmal 60 Millionen £ St. Frankreich am Ende des großen Krieges abverlangt wurden. Auch würde die Zerstörung von Cherbourg, das etwa 40 Millionen £ St. und fünfzig Jahre zu bauen gekostet hat, sich als ein unschätzbarer Segen für die Welt und namentlich für England erweisen, dem Deutschland jetzt seine Schuld für die Dienste abträgt, welche es ihm und Europa während des Krieges gegen Napoléon I. erwiesen hat. Hierdurch würden die Franzosen nicht nur das verlieren, was ihnen Cherbourg an Geld gekostet hat, was ein Verlust wäre, den sie durch eine Anleihe wieder gut machen könnten; sondern es würden keine dreißig Jahre ausreichen, um die Trümmer fortzuschaffen und den Wieder-Aufbau zu bewerkstelligen. Da nun aber die Franzosen dabei mitgeholfen haben, das Russische Sebastopol im Süden, als eine beständige Drohung gegen die Welt, zu zerstören, so können sie sich, vernünftigerweise, nicht darüber beklagen, wenn die Deutschen ihrerseits das Französische Sebastopol im Westen, das sich leicht von der Landseite aus nehmen läßt, zu Grunde richten.

Wenn man Frankreich, diesem moralischen Vulkan Europa's, den Zwang anthut, nicht mehr als 100,000 Mann Soldaten aller Waffengattungen (mit Einschluß der Marine) zu halten, so hat erstens Napoléon I. Preußen eine noch größere Beschränkung auferlegt und dann könnte Deutschland auch ohne Gefahr auf eine ähnliche Verpflichtung eingehen, wenn Oestreich und Rußland entwaffnen wollten. Dies würde die Sicherheit Europa's im höchsten Grade vermehren und auch uns in den Stand setzen, unsere Flotte zu reduciren.

Die übrigen vorgeschlagenen Bestimmungen, daß nämlich keine Turcos oder andere Wilde in Europäischen Kriegen verwandt; offene Städte nicht bombardirt, auf der See befindliches Eigenthum kriegführender Mächte nicht gekapert; Privatvermögen, dessen man sich bemächtigt, mit Wechseln, die nach Sicht in der Hauptstadt einer der kriegführenden Parteien zahlbar sind, bezahlt; Geldbußen nur wegen Vergehen gegen das Kriegsgesetz Städten oder ländlichen Bezirken auferlegt werden sollen; es Civilisten gestattet sei, belagerte Festungsstädte zu verlassen und Aerzte, Arzneien und sonstige für Kranke und Verwundete nothwendige Apparate freien Zutritt zu denselben haben, diese Bestimmungen sind so vernünftig und im Einklang mit der fortschreitenden Humanität unseres civilisirten Zeitalters, daß ich hoffe, man werde sie allgemein annehmen.

Sir Henry Bulwer hat in Ihren Spalten die Ansicht ausgesprochen, daß unsere Ehre es uns gebiete, bei den kriegführenden Parteien zu interveniren, selbst wenn wir von keiner derselben darum ersucht würden. Aber wenn wir das thäten, so würden wir die Zurückweisung und diplomatische Niederlage verdienen, die wir wol bei dem Versuche, die Kastanien für die anderen neutralen Mächte aus dem Feuer zu holen, erleben würden. Da die Vereinigten Staaten von Nord-America, die eine eben so große Bevölkerung und eben solche Hilfsquellen wie wir haben, sich passiv verhalten, so können wir das auch thun. Welche Dankbarkeitsbeweise oder Vortheile haben wir denn überhaupt je von irgend welchem Volke dafür erhalten, daß wir Europa in dem Kriege gegen den ersten Napoleon gerettet haben?

Leider muß ich constatiren, daß die Deutschen mit unserem Verhalten sehr unzufrieden sind und zwar in mancher Beziehung mit Recht. Die Erbitterung gegen uns wurde dadurch etwas gemildert, daß wir die Kohlen-Ausfuhr für die Bedürfnisse der Französischen Flotte und die Verwendung von Helgoländer Lootsen für Französische Kriegsschiffe verboten haben. Aber sie beklagen sich, wie mir scheint, mit Recht darüber, daß ein von der Königin präsidirter Geheime-Rath nicht die Ausfuhr von Waffen und Kriegsmunition untersagt hat, obgleich er das thun darf; eine Unterlassung, welche, da die Franzosen sich frei auf der See bewegen können und Mangel an Waffen haben, was bei den Deutschen nicht der Fall ist, den Letzteren sehr zum Nachtheil gereicht. Ich muß gestehen, daß ich vollständig mit dieser Ansicht übereinstimme, von der ich glaube, daß sie auch die der Mehrzahl unseres Volkes ist. Ich war daher genöthigt, diesen Irrthum unserer Regierung einigermaßen mit den Thatsachen zu entschuldigen, daß die Vereinigten Staaten von Nord-America eben so handeln, daß Preußen während des Krimmkrieges Rußland mit Waffen versehen hat und daß die Engländer in liberalster Weise ungefähr eine viertel Million £ St. zum Beßten der Kranken und Verwundeten beigetragen haben. Ferner konnte ich noch anführen, daß, erwiesenermaßen, nur eine sehr unbedeutende Anzahl Gewehre, wol weniger als 9000, von Englischen Fabricanten an die Franzosen verkauft und daß, wie ich meinte, die Ersteren durch die öffentliche Meinung in England von diesem Handel abgeschreckt worden seien.

Ein anderer Punkt den die Deutschen vorbrachten, war der, daß wenn wir ein kühnes Wort darein gesprochen und die Franzosen hätten wissen lassen, daß ein Angriffskrieg auf Deutschland auch für uns ein Casus belli sei, wir den Krieg hätten verhindern können. Hierauf habe ich erwidert, daß das Französische Volk so sehr nach einem Eroberungskriege verlangt habe, daß es nicht gezaudert hätte, es sowol mit England, als Preußen aufzunehmen, zumal es auf die Unterstützung von Süd-Deutschland, Hannover, Dänemark, Oestreich und Italien rechnete. Auch hätte die Eitelkeit desselben, selbst wenn es sich eben so ungern auf einen Krieg mit England eingelassen hätte, als es sich danach sehnte, Rache für Waterloo zu nehmen, ihm doch nicht gestattet, sich einer Drohung zu fügen. Ich konnte noch hinzufügen, daß wir ja erst vor Kurzem uns eingemischt und nur mit Schwierigkeit und nicht ohne Gefahr den Ausbruch des Krieges zwischen Frankreich und Preußen wegen der Luxemburger Frage verhindert hätten. Dadurch hätten wir aber, obzwar in der beßten Absicht und mit Aufopferung unseres Grundsatzes, uns auf keine Verantwortlichkeit für die Verhältnisse des Europäischen Festlandes einzulassen, gerade den Deutschen sehr viel Schaden gethan; da zu der Zeit die Französische Armee noch nicht vollständig mit dem mörderischen Chassepot-Gewehr bewaffnet und mit fast gar keinen Mitrailleusen versehen gewesen sei, wogegen die Deutschen in Luxemburg, wenn sie es besetzt gehalten, eine sehr feste Position gehabt hätten. Hätten wir uns endlich nicht, in allerneuester Zeit, eingemischt, so würde wol Prinz Leopold von Hohenzollern seine Thronecandidatur nicht zurückgezogen und Spanien an der Seite Deutschlands gekämpft haben.

Hätten wir ferner ein Kriegsbündniß mit Preußen gegen Frankreich abgeschlossen, so hätten wir sicherlich, mit der uns eigenen, übertriebenen Großmuth, beim Frieden dahin gehende Bestimmungen getroffen, daß Frankreich Nichts von seinem Gebiete verliere, nur eine völlig unbedeutende Kriegs-Entschädigung zahle und überhaupt nur ungenügende Sicherheit für die Zukunft gäbe, auch hätten wir dann einen großen Antheil an dem Ruhme des Feldzuges gehabt, der jetzt den Deutschen ungeschmälert zufalle. Ferner wären unsere Generale in einem solchen Falle wol in ihren Ansichten aus einander gegangen und daraus hätten entweder Niederlagen entstehen, oder wenigstens der Verlauf der Siege verzögert werden können. Auch erlaubte ich mir die Frage, warum die Deutschen nur England und nicht auch Nord-America und die anderen neutralen Mächte tadelten? und fügte dem noch hinzu, daß sie sich darüber freuen müßten, keine Hülfe von uns bekommen zu haben und sich fast hätten schämen müssen, eine ihnen von uns etwa angebotene, anzunehmen, da sie ja den Franzosen überlegen wären. Ebenso seien die Gesinnungen in England im Allgemeinen sehr zu Gunsten der friedliebenden Deutschen, die gleichen Stammes und gleicher Religion mit uns seien und sich in diesem Kriege in einer Weise benommen hätten, die der Menschheit zur Ehre gereicht und Alles übertrifft, was bisher in der Geschichte vorgekommen ist.

Die Deutschen scheinen mir in diesem Kriege nur vier ernste Fehler begangen haben. Erstens hätten sie, nachdem sie von der mörderischen Wirkung des Chassepot-Gewehrs bei Mentana gehört hatten, ihre Truppen mit dieser Waffe versehen müssen, welche in einer Entfernung von 1,800 Meters trifft, während das Zündnadel-Gewehr nur 600 Meters trägt, wodurch der Französische Soldat 30 Schüsse vor dem Deutschen voraus hat. Zweitens hätten die Deutschen, nachdem die Franzosen ihren Vorschlag, daß friedliche Kauffahrtei-Schiffe nicht gekapert werden sollten, zurückgewiesen hatten, sofort ihre ganze Seemacht ausbreiten, ihre sämmtlichen Handels-Dampfer bewaffnen und deren Seiten mit Schienen versehen müssen (wie die Americanischen Süd-Staaten es in ihrem letzten Kriege gethan). Jedermann erinnert sich, welche großen Nachtheile die „Alabama“ dem Handel der Vereinigten Staaten zugefügt hat und hätte Deutschland 100 Alabama's ausgeschickt, so würde der Französische Handel von allen Meeren vertrieben worden sein und der Feind hätte furchtbare Verluste erlitten; man hätte die mit Waffen und Kriegsmunition für Frankreich versehenen Schiffe gekapert, die Blocade der Ostsee unmöglich gemacht, da die Französische Flotte sich gleichfalls hätte ausbreiten müssen, und beide Parteien hätten sich, je nach der zufälligen Stärke der sich gegenüberstehenden Geschwader, von Zeit zu Zeit ihre Schiffe weggekapert. Drittens hätten die Deutschen sofort Straßburg bombardiren und viertens hätten sie die bei Sedan genommenen Gewehre, Mitrailleusen und Chassepots gegen die Franzosen brauchen müssen.

Ich gestehe, daß ich über die Französischen, anti-Deutschen Gesinnungen einiger Engländer, namentlich eines Theils der äußersten Liberalen erstaunt bin. Ich meinestheils kann es nicht vergessen, daß Napoleon III. es in dem Buche, das er vor seiner Wahl zum Präsidenten veröffentlichte, ausgesprochen hat: Frankreich müsse drei Kriege führen, einen mit Oesterreich zu Gunsten Italiens, um Nizza und Savoyen zu bekommen; den zweiten mit Preußen, um die Rheinprovinzen zu annectiren und den dritten mit England, um Rache für Waterloo zu nehmen. Auch haben sich alle Parteien in Frankreich, die legitimistische, Orléanistische, republicanische, socialistische und imperialistische stets in ihrem Herzen sehr nach einem Kriege mit England gesehnt und sind nur durch Gründe der Klugheit und in letzterer Zeit durch die Besonnenheit des Kaisers davon abgehalten worden, welcher einsah, daß ein solcher Krieg seiner Dynastie verhängnißvoll sein würde. Meiner Ansicht nach schützt daher ein jeder verwundete oder getödtete Deutsche einen Engländer vor demselben Schicksal und Deutschland kämpft ebenso wohl für uns, als für sich selbst.

Rufen wir uns noch einen Augenblick einige der Ereignisse des gegenwärtigen Krieges in's Gedächtniß zurück und lassen wir die Gegner der Deutschen das Betragen der Franzosen rechtfertigen oder beschönigen, wenn sie es können. Die Franzosen haben den Krieg erklärt; sie haben zuerst Deutschland, zum fünfundzwanzigsten Mal in einem Jahrhundert, angegriffen, sie haben zuerst die offene

Stadt Saarbrücken bombardirt, um den kaiserlichen Prinzen zu belustigen und ihm eine gefahrlose „Feuertaufe" zu geben. Sie haben wiederholt auf Parlamentär-Flaggen und Ambulanzen geschossen, wie aus den fast ausnahmslos wahren Berichten der Deutschen hervorgeht; sie haben Truppen hinter Ambulanzen aufgestellt, um die Deutschen dazu zu zwingen, entweder zu schießen oder sich einer Niederlage auszusetzen. Sie haben allerhand Lügen über eingebildete Deutsche Frevel und Französische Siege ausgesprengt; sie haben das gemeine und aufreizende Lied Alfred de Musset's: „le Rhin Allemand" wieder veröffentlicht und bejubelt; und unter andern abscheulichen Aufrufen ihrer entsittlichten Zeitungen fand sich folgender: „Bauern der Champagne! wenn Ihr Dünger für Eure Felder braucht, so tretet in die Armee und ihr werdet Deutsche dafür bekommen!" Ein Französisches Regiment schoß auf Oberst Pemberton und tödtete ihn, nachdem es ihn und den Kronprinzen von Sachsen unter dem Vorwande herausgelockt hatte, daß es sich ergeben wolle, wie die Französischen Zuaven es auch den Italienern gegenüber in Rom gethan haben. Bei mehreren Gelegenheiten haben Franzosen den Deutschen den Pardon versagt; nach der Capitulation von Sedan haben diese Griechen des Westens mit Punischer Treue die Capitulations-Bedingungen gebrochen, ihre Fahnen und Standarten vernichtet, ihre Chassepots und Säbel unbrauchbar gemacht und soviel Kriegsmaterial, wie möglich, zerstört; sie haben ihre eigenen Truppen hungern lassen und selbst die Civil-Bevölkerung hat in scheußlichster Weise ihre verwundeten und gefangenen Landsleute vernachlässigt. Sie haben ihre Verwundeten von Sedan fortgeschickt, als diese noch untransportabel waren, wahrscheinlich um der Welt einzureden, daß die Deutschen Unmenschen seien. Sie haben verrätherischer Weise die Citadelle von Laon, nach der Uebergabe, in die Luft gesprengt, um nur 60 Preußen zu tödten, wenn auch 300 Franzosen dabei zu Grunde gingen. Viele ihrer Officiere sind, auf falsche Atteste französischer Aerzte hin, daß sie die nächsten drei Monate nicht dienen könnten, freigelassen worden und Andere, die ihr Wort gegeben haben, nicht zu dienen, sollen, wie man sagt, nach Algier an die Stelle dort dienender Officiere gehen, welche wiederum in den Krieg ziehen; ja der bei Sedan gefangene General Ducrot hat offen sein Wort gebrochen. Die Turcos haben Verwundete verstümmelt und ermordet und führen, unter Beifall des Französischen Publikums, Theaterscenen auf, in denen sie Deutsche gliedweise zerreißen und auffressen. Nach dem Bericht des Hauptmanns Jeannerod und dem Brief eines Französischen Officiers in der Times haben nicht nur Soldaten, sondern selbst Officiere sich gegenseitig und ihre Landsleute im Allgemeinen beraubt, anstatt, wie die Deutschen, alle ihre Bedürfnisse zu bezahlen. Als ein Beweis für das zwischen Französischen Officieren und Soldaten bestehende Verhältniß möge es dienen, daß, wie berichtet wird, Französische Kugeln, die sich in ihrer Gestalt sehr von den Deutschen unterscheiden, in den Leichen Französischer Officiere gefunden worden sind. Die Franzosen haben ferner viele Menschen auf ungenügende Beweise hin, als Spione mißhandelt, eingekerkert und sogar hingerichtet; sie hatten die Absicht mit Gewalt Provinzen, die von Deutschen und nicht von einer Französisch-redenden Bevölkerung bewohnt sind, zu annectiren; sie haben sich geweigert das zur See befindliche Privat-Eigenthum zu achten; sie haben einen Kreuzzug zügellosen und unnützen Niedermetzelns von Vorposten und Nachzüglern gepredigt. Die wohlhabenden Classen zwingen die Armen durch ein ungerechtes Conscriptions-System, bei dem es Stellvertretung giebt, zum Dienst, geben ihnen dafür genau 5 Pfennige den Tag und lassen sie dann (wie in Paris geschehen) niederschießen, wenn sie nicht kämpfen wollen. Der Herzog von Manchester hat Französische Soldaten auf ihrem Rückzuge von Givonne nach Sedan Bauern mißhandeln sehen. Die Franzosen haben in Nizza und anderswo Verbrecher befreit, um sie auf den Feind loszulassen. Sie haben es versucht Deutschland zu einem einseitigen Vertrage zu verführen, durch den sie Belgien gewaltsam annectirt und Deutschland in einen Krieg mit England verwickelt hätten. Sie haben 80—100,000 unschuldige Deutsche aus Frankreich in's Elend getrieben, nachdem sie dieselben wiederholt beschimpft und geschädigt hatten, während man ebenso harmlosen Franzosen den Aufenthalt in Deutschland gestattete. Die Französischen Zeitungen hatten die Behauptung aufgestellt, daß man Franzosen in Baden beschimpft und mit Geld- und Kerker-Strafen belegt habe und als die dort lebenden Franzosen dieß in Abrede stellten, haben sie der Widerlegung die Aufnahme verweigert. Beim letzten Ausfall aus Paris haben Französische Linien-Regimenter ihre Waffen fortgeworfen und die wilde Flucht ergriffen; Städte, wie Nancy, haben sich an vier Uhlanen ergeben und ich glaube, man wird eine socialistische Republik ausrufen und einige der schlimmsten Scenen der ersten Revolution wieder aufführen: und dann wird die Bourgeoisie, wie in Sèvres, die Preußen auffordern die Gesellschaft zu retten und Paris mit einer Preußischen Garnison zu versehen.

Ich bin Ihr gehorsamer Diener

J. G. Tollemache Sinclair.

Thurso Castle, 10. October 1870.

Die schlechte Verwaltung der Englischen Gesellschaft zur Unterstützung der Verwundeten.

Der nachfolgende Brief erschien in der Times am Montag vor einer Woche:

An den Redacteur der Times.

Mein Herr! Ich lese in der Dinstags-Times, die ich heute erhalten habe, einen Brief des Capitain Brackenbury, in welchem er es versucht meinen in der Times abgedruckten Brief über die schlechte Verwaltung des Londoner Comité's und der Local-Agentur der Englischen Gesellschaft zur Unterstützung der Verwundeten zu widerlegen und bitte um Erlaubniß Folgendes festzustellen:

1. Am 8. September wußte der Englische Gesandte in Brüssel überhaupt gar nicht, wo der Agent der Englischen Gesellschaft zu finden sei und der General-Secretair der Belgischen Gesellschaft zur Unterstützung der Verwundeten, Dr. Holsbeek, meinte, die Englischen Vorräthe befänden sich in Bouillon;

2. Man hätte ein hölzernes Magazin in Libramont von einem Unternehmer in Namur oder einer andern Stadt aufführen lassen können, ehe der Agent im Stande war seine Ballen und Kisten von Luxemburg herauf zu bringen; und man hätte ein Vorraths-Local in dem Nachbar-Dorf von Libramont, oder in Bouillon für einen angemessenen Preis miethen können. Man hätte Wagen und Karren in den um Libramont liegenden Städten und Dörfern, wie die Deutschen es gethan, miethen und per Telegraph Wein, Cigarren und andere Lebensbedürfnisse und Erquickungen nach Libramont bestellen und per Eisenbahn hinkommen lassen können.

3. Die Fahrt von Arlon nach Sedan zu Wagen kostete zwei Tage, die von Libramont nach Sedan nur einen Tag.

4. Die Anglo-Americanische Ambulanz in Sedan war, wie aus Herrn Dr. Hart's Bericht hervorgeht, so schlecht versorgt, daß sie genöthigt war besondere Boten nach London zu schicken, um Vorräthe zu bekommen, welche einen Tag später, als eine sehr große Waarensendung aus Arlon, ankamen.

5. Ihre Leser wissen 'es, daß die Correspondenten der Times aus dem Hauptquartier vor Paris, aus Metz und Straßburg einstimmig die schlechte Verwaltung der Englischen Gesellschaft tadeln und ihre Ansicht wird in den stärksten Ausdrücken von dem Correspondenten des Scotsman bestätigt.

Ich kann noch hinzufügen, daß es mir vielen Spaß machte, als ich an dem frühen Morgen, wo ich von Saarbrücken nach Remilly reiste, einen Beamten der Gesellschaft auf der Eisenbahnstation traf, der mir eilig gefolgt war, um mir ein Päckchen abzugeben, das folgende Gegenstände enthielt: zwei bis drei Binden, eine kleine Flasche Liebig'schen Fleisch-Extracts, ungefähr 3 Fuß Charpie und ebensoviel Watte, zwei Paar Socken, ein Paar Pantoffeln, zwei Hemden, zwei flanellne Leibchen, zwei Paar Unterhosen, zwei Taschentücher, ein Gläschen Opiumpillen und ein Gläschen andere Pillen. Dieses war das Geschenk der Englischen Gesellschaft an die Kranken und Verwundeten der Deutschen Armee von Metz, die 300,000 Mann zählte! Gehorsamst der Ihrige

J. G. T. Sinclair.

Vertheidigung der Deutschen Sache.

Angehängtes Kapitel.

Es ist mir das Sammeln von Material zu dieser Arbeit und das Abfassen derselben eine angenehme Mühe gewesen und ich hoffe, daß es mir (nach dem Englischen Sprichwort, dem zufolge ein Freiwilliger soviel werth ist, wie zwei zum Dienst Gezwungene) einigermaßen gelungen sein möge die hauptsächlichsten Argumente für und gegen Deutschland aus der Französischen, Deutschen, Englischen, Americanischen und den übrigen Pressen mit möglichster Vollständigkeit zusammengestellt zu haben.

Niemand kann mehr, als ich selbst, von den Mängeln meiner Arbeit überzeugt sein und es einsehen, wie gering die Ansprüche sind, die ein fast unbekannter Ausländer, den weder Verwandtschafts- noch Freundschafts-Beziehungen an Deutschland knüpfen, auf Beachtung seitens des Deutschen Publicums erheben kann. Dennoch hoffe ich, daß meine Brochüre, von deren erstem Theil ich 10,000 Exemplare als Zeichen meiner Hochachtung den Mitgliedern der Deutschen Volksvertretungen, den politischen Zeitungen und vielen Militair-Personen gratis zu übersenden mir erlaube, schon nach dem Sprichwort von dem geschenkten Gaul, in demselben freundlichen Geiste aufgenommen werden wird, in dem ich sie darbringe. Auch wird die Arbeit, da sie im Uebrigen, zum Herstellungs-Preise von 10 Sgr. pro Exemplar verkauft werden soll, hoffentlich Niemandem zu theuer erscheinen. Sollte dieselbe eine zweite Auflage erleben, so werde ich eine jede mir zukommende Kritik gebührend berücksichtigen und einschlägige Thatsachen, Citate oder Argumente von Bedeutung derselben hinzufügen.

Ich bedaure aus Mangel an Raum die Anführung vieler trefflichen und interessanten Arbeiten über den Krieg, die namentlich von Deutschen Verfassern herrühren, unterlassen zu müssen. Zwar habe ich einige derselben citirt; da aber ein bloßes Verzeichniß der Deutschen Schriften über den Krieg ungefähr eben so lang geworden wäre, als eine ganze Brochüre, so bin ich überzeugt, daß jene talentvollen und patriotischen Kämpen für die Sache ihres Vaterlandes, die ich nicht aufgeführt habe, mein Schweigen nicht als einen Mangel an Achtung vor ihren Arbeiten, soweit mir dieselben zu Gesichte gekommen, auffassen werden. Auch thut es mir leid dazu gezwungen zu sein, die Auszüge aus dem vortrefflichen und unparteiischen Werke des Grafen Gasparin und anderer Schriftsteller so verstümmelt wieder zu geben. Ich fürchte nämlich, daß meine Citate in dieser zusammengepreßten Gestalt auf Manchen so ermüdend wirken werden, wie eine Sammlung von Anecdoten, von denen jede Einzelne höchst interessant sein kann; während sie Anderen so ungenießbar erscheinen können, wie nicht durch Wasser verdünnter Fleisch-Extract, oder so wenig lockend, wie seltene Edelsteine, die man ungeordnet zusammengeworfen hat. Trotz aller ihrer Mängel bietet meine Arbeit jedoch dem Deutschen Publicum in Deutscher Sprache die Quintessenz der

Mehrzahl der wichtigsten Werke über die politischen und sittlichen Verhältnisse des letzten Krieges (mit Ausschluß der militairischen) und es wird der Deutsche dadurch in den Stand gesetzt, sich fast umsonst Materialien zu verschaffen, die ihm im Original theuer zu stehen kämen, die übrigens nur zum kleinsten Theile übersetzt worden und daher nur den mehrerer Sprachen Kundigen zugänglich sind. Hiezu kommt noch, daß ein beträchtlicher Theil meiner Arbeit jetzt zum ersten Male veröffentlicht wird und das bereits früher Veröffentlichte (darunter der Inhalt meiner Brochüre bis Seite 87 und meine Briefe in den Zeitungen) theilweise vergriffen ist.

Ich habe sorgfältige Auszüge von Allem gemacht, was sich über diese Frage an Thatsachen oder Argumenten in den letzten sieben Jahrgängen der Revue des Deux Mondes befindet, die allein einen ungefähren Umfang von 40,000 Seiten hat, und unter Anderem findet der Leser Excerpte aus folgenden Schriftstellern: De Gasparin, Michel Chevalier, Xavier Raymond, Charles de Mazade, L. Vitet, Ernest Feydeau, Monod, Stoffel, Quatrefages, Prévost Paradol, Edgar Quinet, Ernest Renan, Jules Patenôtre, Duvergier de Hauranne, Caro, Rathbone Greg, Carlyle, Newman, Jules Favre, Bismarck, Mommsen, Benedetti, Sumner, Fustel de Coulanges, Giraud, Thiers, Vlerzy, Madame de Staël, Michelet, Victor Hugo; ferner aus der North American Review, dem Observer, der Quarterly Review, dem Globe, der Times, Daily News, dem Morning Advertiser, sowie aus Taine, Capefigue, Max Müller, Strauß, Voltaire, Karl Blind, de Tocqueville, Littré, de Mirecourt, Wickede, Adolph Stahr, de Sarcey, Alphonse Karr, Borckhardt und Anderen.

Sollte diese Masse von Material gehörig verarbeitet werden, so ließen sich daraus leicht mehrere Bände machen, die von Nutzen sein könnten und ich hoffe, daß einer der vielen tüchtigen Deutschen Schriftsteller von Ruf, wie z. B. Menzel, der als „Franzosenfresser“ bekannt ist, sich dieser ebenso patriotischen wie nützlichen Aufgabe unterziehen wird.

Ich erwarte es durchaus nicht, daß die Arbeit eines Englischen Parlamentsmitgliedes, selbst wenn sie werthvoller, als diese wäre, in Deutschland ebenso sehr die allgemeine Aufmerksamkeit auf sich lenke, wie etwa ein Werk eines namhaften einheimischen

Schriftstellers. Auch wird derselben als Vertheidigung Deutschlands weder in Frankreich, noch anderweitig dieselbe gewichtige Autorität beigelegt werden und es ist leicht möglich, daß Französische Gegner sich nicht in eine litterarische Fehde mit einem freiwilligen Kämpfer einlassen wollen, der keine Legitimation dazu nachweisen kann und noch dazu ihre Fehler schonungslos aufdeckt. Wenigstens haben mir sowol die Revue des Deux Mondes, wie das Journal des Débats die Aufnahme von mir verfaßter, Französisch geschriebener Erwiderungs-Artikel auf Angriffe gegen England, die sie, meines Erachtens, nicht hätten widerlegen können, zurückgewiesen. Da ich aber mit offenem Visir und vollem Namen kühn in die Schranken trete, so erwarte ich, daß etwaige Gegner sich nicht hinter die Anonymität verstecken, sondern gleichfalls in loyaler Weise offen hervortreten werden. Freilich erwarte ich von den Franzosen und ihren Partei-Genossen wenig Gnade, da ich sie ihnen selbst auch nicht habe zu Theil werden lassen, bin aber darum außer Sorge, da ich noch einen gehörigen Vorrath an litterarischen Geschossen besitze. Es wird daher auch eine Französische Ausgabe dieser Brochüre veranstaltet werden, die in 2000 Exemplaren gratis an die Mitglieder der Französischen National-Versammlung und an die politischen Zeitungen vertheilt werden soll. In England hat ein Jeder der zahllosen Leser der Times meinen Brief über den Krieg zu Gesichte bekommen und ich habe mehr als 1000 Exemplare meiner Brochüre in Englischer Sprache einem jeden Mitgliede der beiden Häuser des Parlaments und den bedeutendsten Zeitungen Londons und der Provinzen zugeschickt.

Vertheidiger Frankreichs haben die Behauptung aufgestellt: Fürst Bismarck hätte sich offen dahin ausgesprochen, er fürchte nicht, daß England je gegen irgendwelche Annexion, die zwischen Frankreich und Preußen vereinbart worden, Opposition machen werde, da Groß-Britannien sich unter keinen Umständen auf einen Vertheidigungskrieg für ein fremdes Land einlassen werde. Obgleich ich nun selbst der Ueberzeugung huldige, daß England sich durchaus nie in die Angelegenheiten des übrigen Europa zu mischen habe, so sind doch die meisten Mitglieder des Parlaments (wenn auch nicht die Mehrheit des Englischen Volks) der Ansicht, daß wir stets verpflichtet sind für alle die Staaten, deren Unabhängigkeit oder Neutralität wir garantirt haben, wenn die Umstände es erheischen, das Schwert zu ziehen. Und zwar sind das: Griechenland — Neufchatel und Valengin — Portugal — die Niederlande — Savoyen (Chablais und Faucigny) Schweden und Norwegen — die Schweiz — die Türkei — der Canal zwischen dem Stillen und Atlantischen Ocean — Luxemburg — Belgien und (was meist vergessen wird, aber durch den Wiener Vertrag festgesetzt ist) die Preußische Provinz Sachsen. Wenn also z. B. im Kriege von 1866 Oestreich und Sachsen Preußen geschlagen hätten und in die Provinz Sachsen gedrungen wären, so wären wir verpflichtet gewesen jenen den Krieg zu erklären, damit Preußen dieser Provinz nicht verlustig ginge. Bei dieser Gelegenheit mache ich auf die große Abgeschmacktheit dieser Garantien aufmerksam, wie sie in dem Falle der Belgischen Revolution zu Tage trat. Hier hatten England und die anderen Großmächte die **Integrität** der Niederlande garantirt und kamen dadurch in das unrühmliche Dilemma, entweder den Niederländern ihr Wort zu brechen, oder sträflicherweise die Unabhängigkeit Belgiens zu vernichten.

Fürst Bismarck konnte unmöglich vergessen haben, daß wir im Jahre 1840 ganz bereit waren Frankreich wegen der Syrischen Frage den Krieg zu erklären; daß wir 1854 factisch wegen der Türkei mit Rußland einen längeren Krieg geführt und dabei so wenig Friedensliebe gezeigt haben, daß der Frieden von Paris vielmehr den Bemühungen Frankreichs um Beendigung des Kampfes zuzuschreiben ist, als den unsrigen. Ferner machte unsere Regierung im Jahre 1859 Frankreich den bestimmten Vorschlag wegen der Schleswig-Holsteinischen Frage (die uns viel weniger anging, als die Annexion Belgiens) dem vereinigten Deutschland gemeinschaftlich den Krieg zu erklären (ein Vorschlag, der freilich, meines Erachtens, von der großen Majorität der Engländer mißbilligt wurde) und im Jahre 1860 drohten wir den Vereinigten Staaten von Nord-America mit sofortigem Kriege, wenn sie nicht die Herren Mason und Slidell freigäben, welche auf offener See auf einem Englischen Handelsschiffe von einem Americanischen Kreuzer gefangen genommen worden waren. Und doch war dieß, nach der Ansicht der Kron-Juristen, nur ein juristischer Form-Fehler, denn das Americanische Kriegsschiff hatte ein Recht dazu, das Englische Packet-Boot in einen Americanischen Hafen zu

9*

führen und dort hätte man jene Diplomaten kraft des Gesetzes verhaften können. Ja im Jahre 1870 ging unsere Regierung abermals eine unausführbare Verpflichtung sowol mit Frankreich als mit Preußen ein, nach welcher England allein für die Vertheidigung Belgiens eintreten wollte, wenn es von einem jener Länder oder sogar von allen Beiden zugleich angegriffen würde.

Durch das Zeugniß Französischer Autoritäten sogar, wie z. B. durch Stoffel, Benedetti, Graf Gasparin ist es zur Evidenz festgestellt, daß das Deutsche Volk und namentlich auch Bismarck auf's Höchste bemüht waren den Krieg zu vermeiden. Graf Gasparin sagt hierüber: „Man merke wohl darauf, daß Herr v. Bismarck, dieser geschworene Feind Frankreichs, grade der Deutsche zu sein scheint, der am meisten Mäßigung gegen Frankreich an den Tag legt", und Jules Favre sagt von Bismarck: „in großen, wie in kleinen Dingen habe ich ihn stets grade und pünktlich gefunden." Ferner meint Benedetti: „Weder der König, noch Graf Bismarck denken daran, wenn ich aus unzähligen Anzeichen schließen darf, unser Gebiet anzugreifen, oder sich zu diesem Zweck mit anderen Mächten zu verbünden." Auch fügt er hinzu, daß die Deutschen keine Vorbereitungen träfen, die auf den Krieg hindeuteten. Ich weiß es aus einer glaubwürdigen Quelle, daß Fürst Bismarck eines Tages, nach dem Diner, von einigen hervorragenden Persönlichkeiten dazu gedrängt wurde, die gute Gelegenheit des Luxemburger Streites dazu zu benutzen um den unvermeidlichen Kampf mit Frankreich durch Waffengewalt zu einer Zeit zu erledigen, wo die Deutschen mit Zündnadeln bewaffnet, die Französische Armee hingegen schlecht ausgerüstet und noch weniger gut organisirt war. Die Herren sagten ihm: ein Krieg müsse doch früher oder später zwischen Frankreich und Deutschland ausbrechen, da jenes Rache für Sadowa haben wolle; worauf Bismarck erwiderte: „Sie mögen wol Recht haben, aber wenn das früher oder später doch Statt finden muß, so bin ich mehr für den späteren Termin und verzichte gerne auf die unzweifelhaften Vortheile, deren wir uns jetzt erfreuen, um das Blutvergießen wenn nicht zu vermeiden, so doch hinauszuschieben. Denken Sie doch daran, daß die Franzosen sich seit mehr als einem halben Jahrhundert danach sehnen, Rache für Waterloo an England zu nehmen und daß dennoch der Frieden zwischen beiden Ländern nicht gebrochen werden; und wer kann es wissen, ob nicht ein Krieg zwischen Frankreich und irgend einer anderen Macht — der Tod des Kaisers Napoleon — eine innere Revolution, oder der humanisirende Einfluß des Wohlstandes und des internationalen Verkehrs den Französisch-Deutschen Krieg noch in die weite Ferne rücken kann?" — In der That berichtet uns Jules Favre, daß Bismarck mit seinem Rücktritt gedroht habe, wenn der Friede nicht erhalten bliebe.

In Bezug auf den Benedetti'schen Vertrag sagen die Gegner von Bismarck, daß er verpflichtet gewesen wäre diesen Vorschlag, als er von Frankreich gemacht worden, sofort zur allgemeinen Kenntniß zu bringen. Doch bemerkt hiezu Max Müller mit Recht, daß der Britische Gesandte am Russischen Hofe, Sir Hamilton Seymour, gleichfalls das Raub-Project des Kaisers Nicolaus gegen die Türkei, den kranken Mann, an dem England sich betheiligen sollte, erst nach der Kriegs-Erklärung bekannt machte, was ein fast genaues Analogon zu dem Bismarck'schen Verhalten abgiebt.

Die Franzosen behaupten, daß das Aequivalent, das sich Bismarck im Benedetti'schen Vertrage ausbedungen habe, die Garantie der Preußischen Eroberungen gewesen sei. Doch war ihm der bloße Gedanke an eine solche, völlig überflüssige Garantie so widerlich, daß er Benedetti dieselbe aus dem Vertrage streichen ließ, was man an dem Facsimile sehen kann. Es blieb also nicht einmal ein scheinbares Aequivalent übrig.

Hätte Bismarck auch nur in unbestimmten Worten Frankreich zu dem Unternehmen ermuthigt, so wäre dieses gegen Belgien vorgegangen und bei der Vertrags-Garantie wäre ein Krieg zwischen England und Frankreich ausgebrochen. Dann hätte Preußen, wenn es ebenso gewissenlos wie Frankreich wäre, seine der Französischen Regierung gegebenen mündlichen Versprechungen in Abrede stellen und Frankreich, um Belgien zu vertheidigen, den Krieg erklären können, wobei Rußland und England seine Verbündeten gewesen wären; und hätte König Wilhelm nicht den Prinzen Leopold bewogen, von seiner Spanischen Kron-Candidatur zurückzutreten, so hätte Deutschland 300,000 Mann Spanische Truppen im Kampfe gegen den unverschämten Französischen

Dictator an seiner Seite gehabt, dem sich selbst die Spanischen Gegner des Prinzen Leopold nicht gefügt haben würden.

Jules Favre sagt: „Ich wollte zeigen, daß Frankreich nur bis zum Mißgeschick von Sedan der angreifende Theil gewesen sei, von dem Augenblick an aber nur sein Gebiet vertheidige."

Während Cavour die theilweise Vereinigung Italiens um den Preis von zwei Italienischen Provinzen mit Hülfe Frankreichs bewerkstelligt hat, hat Bismarck ohne fremde Unterstützung und ohne einen Zoll Deutschen Bodens zu opfern einen noch größeren Theil von Deutschland vorläufig geeinigt und noch zwei Deutsche Provinzen, die bisher Französisch waren, hinzugefügt.*)

Da meine Briefe und Brochüre lange vor dem Ende des Krieges herausgegeben werden, so wünsche ich hier noch einige auf denselben bezügliche Punkte zu besprechen; erstens nämlich die von den Deutschen beim Brande von Bazeilles verübten Grausamkeiten und zweitens die lügenhafte Darstellung dieser und anderer Begebenheiten. Und zwar bemerke ich hier gleich zu Anfang, daß selbst wenn jene Schlacht durch alle die Schrecken gekennzeichnet würde, welche der Herzog von Fitzjames und Andere mit so stark aufgetragenen Farben gezeichnet haben, die Franzosen doch die letzten sind, die ein Recht zur Klage haben, da sie damit anfingen die offene Stadt Saarbrücken zu bombardiren und da jene angeblichen Scheußlichkeiten in der Hitze einer großen Schlacht Statt fanden. Hören wir also zuerst den Grafen Gasparin. „Handelt es sich um Grausamkeiten, so dürfte sich Jedermann darüber entrüsten; nur wir nicht. Zu St. Jean d'Acre hat Napoleon zwei Tausend Türkische Gefangene, die ihm beschwerlich wurden, erschießen lassen und fand (Französische) Soldaten die ihm dieses Geschäft besorgten, und in ganz Europa ließ er Leute mir Nichts Dir Nichts erschießen. Unsere republicanischen Armeen schleppten in der Vendée die Guillotine mit sich. In Algier haben

*) Wer Preußen immer eine unersättliche Ländergier und Liebe zum Kriege vorwirft, sollte daran denken, daß der König von Preußen freiwillig auf Neufchatel verzichtet hat, wozu Graf Gasparin sagt: „Friedrich Wilhelm IV. war ein so großer Freund des Friedens, daß er die schwere Beleidigung Schwarzenbergs in Olmütz einsteckte, daß er die Kaiserkrone ausgeschlagen und Preußen vor Oestreich hat zurückweichen lassen."

wir Gefangene erschossen, Dattelbäume umgehauen, Korngruben abgebrannt, und die Bevölkerung dem Hungertode preisgegeben. Nichts schien uns rechtmäßiger und natürlicher. Im Kriege von 1870 haben wir diejenigen erschießen lassen, welche zurückwichen; und als nach unterzeichneter Capitulation eine Artillerie-Wache, die soeben übergebene Citadelle mit dem Feinde in die Luft sprengte, nannten unsere Zeitungen diese Handlungsweise die Heldenthat von Laon. Ferner haben die Turcos, die sich schon 1859 aufs Traurigste im Italienischen Kriege ausgezeichnet hatten, dieselbe Grausamkeit im Kriege gegen die Deutschen an den Tag gelegt. Und eben ihre Verwendung als wilde Truppen war es, welche unsere Zeitungen um die Wette bejubelten .... Man rühmte ihre Wildheit, man wünschte sich Glück, zu dem Schrecken, den ihre Grausamkeit unter dem Feinde verbreiten würde. Und sie haben wirklich Köpfe abgeschnitten, man hat bei ihnen abgehauene Finger gefunden; zwar ist das unserer Sache nicht eben förderlich gewesen, aber wir haben doch ein Verbrechen mehr auf dem Gewissen. Ich, für mein Theil, kann die Mitrailleusen ebensowenig in Schutz nehmen, als die Turcos.... Derartige Mittel scheinen mir nicht mehr zu den legitimen Verfahrungsweisen zu gehören.... Und damit sind wir noch nicht am Ende angelangt, wir werden noch Petroleum-Spritzen und Spreng-Kugeln bekommen. Wenn die Chemie ins Feld rückt, so wird sie uns schon mit einer Stick-Bombe versehen, oder irgend eine wunderbare Methode ausfindig machen ein ganzes Armee-Corps in der Ferne zu zerstören, ohne daß man sich auch nur zu schlagen braucht.... Herr Russell, der berühmte Times-Correspondent, hat während der ganzen Kriegszeit keinen einzigen betrunkenen Deutschen Soldaten gesehen. Er erklärt, soviel er wisse, sei keine Gewaltthätigkeit gegen die Civil-Bevölkerung verübt worden. In jeder Stadt Deutschlands haben sich Hilfs-Comité's zum Besten unserer Gefangenen gebildet."*) Monod erzählt den Verfall von Bazeilles folgendermaßen:

*) Sismondi berichtet, daß Ludwig XIV. zuerst die verruchte Methode angewandt hat Städte zu bombardiren.... nicht befestigte Plätze, sondern Privathäuser, nicht Soldaten, sondern eine friedliche Civil-Bevölkerung anzugreifen und somit viele Tausend Verbrechen, von denen jedes einzelne scheußlich ist, in ein großes öffentliches Verbrechen zusammenzufassen, in ein ungeheures Unglück zu verwandeln, welches er, nach seinem Grundsatze, daß er selbst der Staat sei, nur als eine Kriegskatastrophe ansah.

„Der größte Theil des Dorfes war durch die Granaten zerstört; viele Häuser wurden in Brand gesteckt, um die Soldaten, die sich in ihnen verschanzt hatten, daraus zu verjagen und der Rest wurde verbrannt, weil die Einwohner sich in den Kellern versteckt hielten und von dort aus, nach Beendigung der Schlacht, von hinten, auf die Baiern schossen. Eilf von jenen wurden erschossen; einige Unglückliche erstickten, ob während des Kampfes, oder später läßt sich nicht bestimmen; aber die phantastische Erzählung, nach welcher 1700 Einwohner einem schrecklichen Tode geweiht und mit Bajonnett-Stößen in die Flammen gejagt worden, entbehrt einer jeden Begründung." Diese Aussage des Herrn Monod, der ein glaubwürdiger Zeuge, zweiter Director einer höheren Bildungs-Anstalt, und ein ausgezeichneter, wahrheitsliebender Menschenfreund ist, der während des Krieges als freiwilliger Krankenpfleger fungirt hat, stimmt ganz mit den Aussagen anderer unparteiischen Zeugen überein und mit dem, was ich selbst, einige Tage nach der Schlacht an Ort und Stelle ermittelt habe. Wenn in Bazeilles wirklich so viele Menschen getödtet worden sind, warum veröffentlichen denn die Franzosen keine Todtenlisten darüber? Ich selbst hatte das Vergnügen viele Einwohner von Bazeilles zu sprechen und darunter befanden sich wol gar Manche, welche die phantasiereiche Feder des Herzogs von Fitzjames getödtet hat. Sie erinnern mich an die Pariser Carricatur auf den General Ducrot, „genannt der Ueberlister des Todes, der munter in seinem Grabe zecht."

Die Unmöglichkeit, die Franzosen, trotz der Aussagen französischer Zeugen, davon zu überzeugen, daß die Berichte über die bei Bazeilles und anderweitig begangenen Scheußlichkeiten erlogen sind, erinnert mich an eine Anecdote die O'Connell einst im Hause der Gemeinen erzählte: „Ich hatte einmal einen des Mordes angeklagten Menschen zu vertheidigen und brachte bei der Gelegenheit nur einen Entlastungszeugen vor, der aber in jedem anderen Lande genügt hätte, meinen Clienten freizusprechen. Es war nämlich der angeblich Ermordete selbst. Trotzdem wurde mein Client aber verurtheilt!"

Genau so verhält es sich mit der Geschichte von Bazeilles; die Franzosen pflegen nämlich ihre thatsächlichen Behauptungen aus ihrer Phantasie und ihre Beweisgründe aus dem Gedächtniß zu schöpfen. So behaupten sie, daß die Deutschen die Massen-Plünderung systematisch betrieben hätten. Wäre dieß nun wirklich wahr, so sagt Graf Gasparin mit Recht: „Man spricht vom Plündern! Was haben aber unsere republicanischen Armeen gethan, als sie den Schatz von Bern wegschleppten, wo sie Alles durchsuchten und selbst das Silberzeug von Privatleuten mitnahmen? Was that General Bonaparte, als er Venedig ranzonirte und Italien und Spanien ihrer kostbaren Kunstgegenstände beraubte? Haben unsere Officiere sich damals nicht schöne Sammlungen angelegt? Und was kann man zur Kasbah von Algier und zum Sommer-Palast des Kaisers von China sagen? .... Noch eine Art die Sache anzusehen: Wir haben die Unklugheit begangen mit unseren Reichthümern während der Weltausstellung zu prunken; die „Barbaren des Nordens" sind dadurch auf den Gedanken eines ungeheuren Raubes gekommen und ihr ganzes Volk hat sich auf denselben geworfen. ... Sonderbare Speculation! Wenn wirklich ein Jeder der Barbaren des Nordens am Ende des Feldzugs gegen Frankreich seine Rechnung nach Soll und Haben gemacht hat, so zweifle ich doch sehr, daß Viele von ihnen dabei einen Vortheil werden herausgefunden haben. Was sie sich genommen haben werden, wird ihr Unterhalt und bisweilen ihre Wohnung gewesen sein; und außerdem kamen ihre Nahrungsmittel zum großen Theil aus Deutschland und sehr häufig mußten sie auf schmutziger Erde, im strömenden Regen, oder auf dem Schnee hausen. Gegenüber diesem doch recht geringen Vortheile des Plünderns könnten diese Industriellen und Ackerbauer doch wol das Feiern ihrer Fabriken, das Brachliegen ihrer Felder in Rechnung bringen. Daß einzelne Fälle von Plünderung vorgekommen sind, ist wol möglich; ein organisirtes, allgemeines Plündern ist nicht vorgekommen."

Selbst Ernest Feydeau, der maßloseste aller Feinde Deutschlands, kann nicht umhin widerwillig einzugestehen: „In Kurhessen und besonders in Fulda sind unsere verwundeten Gefangenen mit einer Zärtlichkeit und Aufmerksamkeit gehegt und gepflegt worden, die sie kaum in Frankreich erfahren haben würden"; und Monod sagt: „Unglücklicherweise waren die Bauern von Beauce lange nicht so viel werth wie die der Ardennen. Entsittlicht und selbstsüchtig, waren sie nicht im Stande sich ein Opfer zu Gunsten unserer Soldaten oder Verwundeten aufzuerlegen, während Furcht und Interesse sie häufig zu Verbündeten der Deutschen machten. Zwar zeigten sich Einige von ihnen, nach dem für uns siegreichen Gefecht bei Coulmiers, ebenso wild, als sie vorher erbärmlich gewesen und wurden dadurch denen furchtbar, vor denen sie des Abends zuvor sich gebeugt hatten. In Ducques z. B. hatten wir Mühe zwei Baierische Verwundete zu retten, welche das Volk steinigen wollte, und in St. Leonard zog ein Bauer an dem zerbrochenen Beine eines Deutschen herum und wagte es mir, grinsend, zu sagen: „Nun ja! es amüsirt mich ihm Schmerzen zu verursachen!" ... „Unnütz grausame Handlungen der Deutschen waren, wenigstens in der Gegend, wo ich mich aufhielt, selten. ... Einer unserer Collegen vom Sanitäts-Corps in Hagenau hat mir im Anfange des August erzählt, daß ein Turco, nach der Schlacht von Wörth, einem Deutschen Arzt, der ihn behandelt hatte, die Kehle zerschnitten habe. ... Andere Turcos erzählten ohne Scham von Diebstählen, die sie an Verwundeten begangen hätten. ... Einer unserer Verwundeten, ein übrigens sanfter und offenherziger Junge erzählte mir, daß er in einer Scheune einen verwundeten Baierischen Officier getroffen habe und fügte mit einer schrecklichen Ruhe hinzu: „Wenn ich gewußt hätte, daß er eine so schöne Uhr mit Kette besäße, so hätte ich ihm mein Bajonett schön in den Leib gejagt". ... „Die Mehrzahl der Ober- und Assistenz-Aerzte hatten sich in dem Garnisonsleben Faulheit und Fahrlässigkeit in bedauerlichster Weise angewöhnt. Nach der Schlacht vom 18. August haben wir welche gesehen, die die Verwundeten, unbesorgt, auf der Erde, auf offener Straße liegen ließen, während sie sich ruhig ihr Essen in einer Scheune bereiteten. Als wir hierüber Bemerkungen machten, erhielten wir von Einem derselben zur Antwort: „Unsere Amputationen haben wir beendigt; das Uebrige geht uns Nichts an." ... „Diese Unbilden verletzten unsern Nationalstolz um so mehr, als die Deutschen uns fast immer sehr rücksichtsvoll behandelten und uns jede erwünschte Erleichterung für den Unterhalt unserer Ambulanz darboten. Wir passirten ihre Vorposten ohne Schwierigkeit, während wir beständig bei den Französischen Vorposten arretirt wurden. Ein Mal wurden sogar zwei Mitglieder unserer Ambulanz, obgleich ihre Papiere in Ordnung waren, bei Majenne von einem

Hauptmann der Mobilgarde verhaftet, ins Gefängniß geworfen, daselbst vier Tage lang, an welchen es stark fror, in einem ungeheizten Zimmer, in dem sich nicht einmal eine Streu zum Schlafen befand, detinirt, als Spione mit dem Tode durch Erschießen bedroht, und endlich, ohne irgend welche Aufklärungen frei gelassen." Die Franzosen haben das sogenannte Feu Grégeois erfunden, von dem sie sich der eitlen Einbildung hingaben, daß man damit die Preußische Armee verbrennen könne. In der Zeitung „Le Combat" (Nummer vom 30. November) sagt Felix Pyat in Bezug hierauf: „Was will man mit dem Kriegsrecht? Was verlangt man von dem Völker-Recht? .... Als ob die Preußen Menschen wären! als ob der Krieg ein Recht hätte! Er kennt weder Treue, noch Gesetz, wie Bismarck .... Der Feind will den Krieg, er will ihn absolut, er tödtet, raubt, vergewaltigt und brennt in systematischer Weise. Alle Mittel sind also gut! Sammeln wir daher Geld für die Brander!" und der Siècle fügte hinzu: „Ehe wir Menschen sind, sind wir Franzosen!" Dagegen ist der Figaro gemäßigter; er sagt nämlich: „Seien wir damit zufrieden ein Preußisches Regiment zu verbrennen; diese Erfahrung wird genügen!" Am 17. August schrieb der Figaro: „Muth! Franzosen! Wenn Ihr keine Chassepots mehr habt, so habt Ihr noch Messer, und wenn diese letzte Waffe Euch fehlt, so bleibt Euch noch der Arsenik!" Einige Tage später sagt dieselbe Zeitung: „Unsere Pflicht gebietet uns nur die verwundeten Feinde an den Rand der Straße in Reihen hinzulegen, damit die Pferde nicht über ihre Körper laufen. ... Wenn der Feind so schwer verwundet ist, daß man ihn nicht transportiren kann, so ist es eine Handlung der brüderlichen Liebe, ihm eine Kugel durch den Kopf zu jagen." Zur selben Zeit bringt der Charivari als komisches Bild einen Zuaven, der einem Preußischen Gefangenen beide Augen aussticht, mit der Unterschrift: „Das Eine für Waterloo, das Andere für Sadowa!" Man vergleiche mit dieser barbarischen Grausamkeit der Franzosen was M. Sarcey gesagt hat: „Während die Preußen ihre Todten und Verwundeten mit bewundernswerther Schnelligkeit fortschafften, verwandten wir eine unendliche Zeit darauf und waren stets genöthigt, jene um Erlaubniß zu bitten dieses Geschäft zu Ende zu führen. Sie verfehlten nie uns mit einem leichten Grade von

Geringschätzung zu erwidern: „Eure Todten haben wir begraben und wegen Eurer Verwundeten könnt Ihr unbesorgt sein; denn wir haben sie aufgenommen und sie werden bei uns, wie die Unsrigen, eben so gut behandelt, als sie es bei Euch wären.“ Es konnte nichts Kränkenderes für unsere Eigenliebe geben, als diese kalte Ironie. Und das Schlimmste an der Sache war, daß sie Recht hatten.“ Das Paris Journal sagte in einem wüthenden Artikel im Monat August von den barbarischen Preußen: „Sie haben uns Alles gestohlen, selbst unsere Verwundeten.“ La Presse dagegen behauptete ein Mal von den Deutschen: „Sie sind nicht nur unsere Sieger, sondern unsere Vorbilder.“ Und Monod sagt von den Franzosen: „Und trotzdem haben wir selbstverleugnende Herzen, edle Seelen gefunden. Aber daneben bei der großen Mehrheit, welche Dürre des Herzens, welche Gemeinheit der Gesinnung; ja bei Einigen welche Boshaftigkeit!

Der Americanische Diplomat, dessen in der Times enthaltenen Brief ich schon citirt habe, sagt: „Die Deutschen eignen sich auf dem Marsche nicht einmal einen Apfel vom Baum an“ und ich habe es selbst in der Times erzählt, daß die Deutschen in Remilly den Einwohnern nicht einmal ihr Federvieh wegnahmen. Wenn die Deutsche Armee sich Kleiderschränke, Commoden und andere große Möbel zugeeignet hätte, so hätten der Herzog von Manchester, Herr Hunn, die Herren Parlamentsmitglieder Auberon Herbert, Sir Charles Dilke, Cartwright, Mundella, so wie die Herrn Russell, Maclaine, Woods, Sutherland Edwards, Forbes, ich selbst und eine Menge Anderer, die für die Deutschen sehr günstig lautende Urtheile veröffentlicht haben, nicht umhin gekonnt diese Thatsache zu beobachten und hätten dann in hohem Grade unredlich gehandelt, wenn sie ein derartiges Verfahren nicht öffentlich gerügt hätten. Aber außerdem fällt diese Anklage schon durch ihre eigene Abgeschmacktheit in sich zusammen. Denn erstens waren die meisten den Franzosen gehörigen Werthgegenstände, ehe die Deutschen an einen Ort kamen, fortgeschafft, oder versteckt, und keiner der Leute, die in ihren Heimwesen zurückblieben oder dieselben der Obhut ihrer Dienerschaft überließen, hat, so viel ich weiß, es je behauptet, daß ihm Möbel, Uhren oder Silberzeug genommen worden wäre. Ferner erzählen uns die Franzosen,

Monod und Hauptmann Jeannerod, daß die Franctireurs und nicht nur die Französischen Soldaten, sondern auch die Officiere sowol die Civil-Bevölkerung, als auch sich selbst unter einander ausgeplündert hätten. Außerdem gab es eine große Anzahl Leute, die dem Deutschen Heere mit Lebensmitteln und anderen Gegenständen nachzogen. Um also die auf allgemeine Plünderung lautende Anklage gegen die Deutschen zu begründen, muß man erst die entwendeten Gegenstände, mit Werth- und Zahl-Angabe nachweisen und dann beweisen daß sie nicht von der Französischen Armee, den Franctireurs, oder den Nachzüglern, sondern von den Deutschen Truppen gestohlen worden seien. Jedermann, der in Frankreich gereist ist, weiß, daß man in den wenig zahlreichen, verfallenen Schlössern, die dort noch existiren, kaum etwas Anderes, als einige altmodische, wurmstichige Möbel vorfindet, die kaum von Jemandem als Geschenk angenommen werden würden, wenn sich daran die Verpflichtung knüpfte, sie zu transportiren und daß die Wohnungen der mittleren und unteren Stände aufs Elendste, meist mit gebeitzten Tannenholz-Möbeln versehen sind; es ist daher wahrscheinlich, daß der größte Theil der fehlenden Möbel als Feuerungs-Material verbraucht worden ist, was nicht zu vermeiden war. Gesetzt aber ein Deutscher Soldat hätte sich einen Kleiderschrank angeeignet, so hätte er ihn ebensowenig während des Feldzuges brauchen können, wie jener Engländer den weißen Elephanten, der ihm von einem Indischen Potentaten geschenkt worden und den er nicht verkaufen durfte. Der Soldat konnte den Schrank doch nicht auf dem Rücken forttragen, der schon mit dem Tornister und allem Möglichen beschwert war; Transportfuhrwerk konnte er für denselben auch nicht haben und ihn ebensowenig per Eisenbahn versenden, da die Ortschaften oft weit von einer Eisenbahn-Station entfernt, die Züge mit Soldaten und Kriegs-Vorräthen überlastet waren und es ihm außerdem wol schwerlich von seinen Vorgesetzten, die an dem Raube keinen Theil haben konnten, gestattet worden wäre. Hätte der Soldat nun wirklich, durch ein Wunder, alle diese Schwierigkeiten überwunden, so würden doch die Transportkosten eines gewöhnlichen Kleiderschranks, ganz abgesehen von der Wahrscheinlichkeit, daß er unterwegs großen Gefahren ausgesetzt sei, bedeutend mehr als sein Werth betragen haben. Auch werden die Frachtbücher der Eisenbahnen es wol beweisen, daß überhaupt in der Zeit gar keine Möbel von Frankreich nach Deutschland transportirt worden sind.

Ferner hat man (namentlich Ernest Feydeau) viel davon gesprochen, daß Silber-Geschirr und silberne Uhren entwendet worden seien. Dieses können nun zum Theil Dinge gewesen sein, die früher, in den Napoleonischen Kriegen, den Deutschen geraubt und jetzt von den Nachkommen der früheren Besitzer zurückgenommen worden sind, oder sie können von den Franzosen selbst verborgen oder fortgeschleppt worden sein. Auch ist wol der größte Theil des sogenannten Silbers, wenn es überhaupt gestohlen worden, nur eine Metall-Legirung (Christofle oder Ruolz) und mithin von sehr geringem Werth gewesen und sind die Uhren, die man meist in Französischen Häusern findet, gleichfalls nicht die Transport-Kosten werth. Wenn aber wirklich die Deutschen so sehr zum Rauben und Plündern neigen, woher kommt es denn, daß man davon Nichts im Dänischen oder Oestreichischen Kriege gehört hat? Und warum haben sie dann nicht Paris geplündert, das ganz in ihrer Gewalt war und das eine reichere Beute abgegeben hätte, als die sämmtlichen übrigen in Frankreich vorhandenen Behausungen? Ich lasse hier einen an mich gerichteten Brief von dem Parlamentsmitgliede, Herrn Auberon Herbert, dem Bruder eines unserer hervorragendsten Pairs, des Lord Carnarvon, folgen. Mr. Herbert ist das Eine der beiden Mitglieder des Parlaments, die eingestandenermaßen Republicaner sind, und daher sympathisirt er in politischer Beziehung mehr mit dem republicanischen Frankreich, als mit dem monarchischen Deutschland. Und dennoch schreibt er mir unter dem 9. August 1872:

Verehrter Herr!

Wie Sie wissen gehörte ich zu denen, welche die von Deutschland bei Beendigung des Krieges befolgte Politik bedauert haben und der Ansicht huldigen, daß die Annexion von Elsaß und Lothringen nicht nur ein Unglück für Europa sei, sondern auch Deutscherseits ein Aufgeben großer moralischer Principien (interests) involvire, welche, wenn sie auch von den Diplomaten außer Acht gelassen werden, doch in Zukunft sich als viel werthvoller erweisen werden, als der materielle Vortheil, auf den im jetzigen Augenblick alle Augen gerichtet sind. Trotz dieser Ansichten, die mein Urtheil nicht zu Gunsten Deutschlands voreinnehmen, füge auch ich gerne mein Zeugniß in Bezug auf das Benehmen und die Haltung der Deutschen Soldaten in Frankreich den Aussagen vieler anderer Zeugen hinzu. Ich zögere nicht es auszusprechen, daß die Berichte über die Disciplin, die Enthaltsamkeit und die soldatischen und bürgerlichen Eigenschaften der Deutschen Soldaten, die in England mit so großem Interesse gelesen worden, aufs Vollständigste durch die Thatsachen gerechtfertigt sind. Ich habe Nichts von den Ereignissen gesehen, die sich in der letzten Periode des Krieges in der Gegend von Orléans zugetragen haben und kann daher Nichts über dieselben aussagen, aber was die Belagerer von Metz und Paris, die Kämpfer von Sedan betrifft, so kann ich es getrost aussprechen, daß ihr Betragen viel mehr das von Soldaten, die zu Friedenszeiten in ihrem Vaterlande stehen, war, als das einer erobernden Armee, die sich in den Widerwärtigkeiten eines wirklichen Krieges befindet. Ich habe sie zu verschiedenen Zeiten und in den verschiedensten Situationen beobachtet, und sie stets ruhig gehalten, ihrem Beruf nachgehen sehen, ohne irgend welche Neigung die Bevölkerung, unter der sie sich befanden, zu beleidigen oder zu kränken. Ich war verschiedentlich beim Vortrabe, sowie beim Nachtrabe der Deutschen Heere, als auch in Gegenden, die nur theilweise von ihnen besetzt waren, aber mit Ausnahme eines Baierischen Cavalleristen, der betrunken war, habe ich keinen Exceß begehen sehen. Ich habe sie in Lagen gesehen, wo ihr Wille absolut herrschte und bin durch verlassene Dörfer gekommen, zu Zeiten, wo Gefechte in einer Entfernung von ein Paar Englischen Meilen Statt fanden und sich also jede Gelegenheit zum Plündern darbot; aber so oft ich auch ihre unwilligen Wirthe aufs Sorgfältigste über das Betragen der einquartirten Soldaten ausgefragt habe, bin ich immer zu dem Schluß gekommen, daß diese Leute bei ihren Handlungen das Bewußtsein hatten gute Bürger zu sein.

Ich habe nur noch hinzuzufügen, daß obzwar Deutschland, wie wir alle, Vieles zu lernen und zu verlernen hat, obgleich ich der Hand, welche es in dieser und anderen Bewegungen leitet, nicht traue und sie nicht liebe, ich es doch offen als meine Ueberzeugung eingestehen muß, daß kein anderes Volk sich so unverdorben und schlicht gezeigt haben würde, wie das Deutsche in dieser schweren Prüfung.

Stets der Ihrige
Auberon Herbert.

Ueber die sogenannte ruhmvolle Vertheidigung von Paris möchte ich noch einige Worte sagen und citire dabei folgende Stelle aus dem vortrefflichen Buche des Baron Stoffel. „Man glaube nur ja Nichts von dem was die Mitglieder jener verabscheuenswerthen „Genossenschaft zur gegenseitigen Bewunderung" sagen, welche uns hintergeht, und seit mehr als 30 Jahren entsittlicht. Sie mißbrauchen unsere Leichtgläubigkeit und National-Eitelkeit, um uns die Vertheidigung von Paris als etwas Erhabenes darzustellen. Aber haltet doch mit Eurem Urtheil zurück; denn ich will Euch Angaben machen, welche es beweisen, daß das Ober-Commando aus der Vertheidigung von Paris eine Episode gemacht hat, in der sich die Komik und Tragik um den Vorrang stritten und wo die Unfähigkeit Dimensionen annahm, daß sie an's Verbrechen streifte. Und überdieß habt Ihr, die Ihr es liebt, wenn Ihr Euch über eine Thatsache Rechenschaft ablegt, sie der Einzelnheiten zu berauben und nur ihr Resultat ins Auge zu fassen, Euch nie die Frage vorgelegt, welche Dienste schließlich der Widerstand von Paris der nationalen Vertheidigung geleistet hat? Welche Antwort wird die Geschichte geben, die mit Euren Großsprechereien und Lügen bald fertig werden wird? Sie wird sich kurz fassen und sagen, daß Paris im Jahre 1870 eine feindliche Armee von 240,000 Mann fünf Monate lang festgehalten (immobilisé) hat. Das hätte auch Metz wol fertig bekommen, wenn die Stadt auf fünf Monate verproviantirt gewesen wäre. Ehrlich gesprochen, ist das ein Resultat, dessen wir uns zu rühmen haben? Ist das ein Resultat, auf das eine Stadt wie Paris mit seinen zwei Millionen Einwohnern, seiner waffenfähigen Mannschaft und seinen großartigen Hilfsquellen aller Art stolz sein darf? Hätte Paris 5 bis 600,000 Feinde festgehalten, so hätte man sagen können, daß es sich auf der Höhe seiner Aufgabe befunden habe....." Hier genügt es hinzuzufügen, daß als Trochu 42,000 Freiwillige aus der Mitte von 360,000 National-Garden und einer Bevölkerung von zwei Millionen aufrief, sich nur 12,000 meldeten, während in Berlin allein, wie man mir sagt, sich mehr als die doppelte Zahl freiwillig zum Kriegsdienst und zwar für die Dauer des ganzen Krieges stellte.

Die Franzosen stellen gerne die Behauptung auf, daß sie der Uebermacht erlegen sind; aber Graf Gasparin erzählt uns, daß der Kriegsminister, Graf Palikao, die Zahl der unter den Waffen stehenden Franzosen auf mindestens 1,200,000 Mann angegeben hat; und der Bericht des Generals Martin de Pallières beweist es, daß sich nach der Belagerung von Paris, nicht 40,000 Mann Soldaten und 40,000 Mobilgarden, wie Herr von Freycinet behauptet, in den Provinzen vorfanden, sondern 900,000 Mann, die allerdings auf verschiedene Weise ausgehoben worden, 400,000 Chassepots, 100,000 umgearbeitete gezogene Gewehre, 900,000 Percussions-Flinten (Vorderlader) und 2000 gezogene Kanonen.

Major von Blume sagt: „Wir sehen, wie die Deutschen, welche im Anfang bei Forbach und Mars la Tour mit Schwierigkeit gleich starke feindliche Truppenkörper schlugen, vier Monate später, unter dem Prinzen Friedrich Carl, vor Orléans, bei einem Verhältniß von noch nicht zwei zu drei siegen, darauf noch später, unter derselben Führung, bei le Mans Chanzy's Streitkräfte mit der halben Mannschaft über den Haufen werfen und endlich, unter Werder, Bourbaki's Angriffe mit einem Viertel seiner Kriegsstärke entscheidend zurückschlagen.“ Ebenso meint Graf Gasparin: „Die an Zahl geringeren Deutschen haben unseren Angriff bei Mars la Tour ausgehalten“ und der Americanische Diplomat spricht es in der Times aus: „Als Bazaine bei Vionville den Versuch machte mit 150,000 Mann durchzubrechen, leistete ihm ein einziges Preußisches Corps von 30,000 Mann bis 3 Uhr erfolgreichen Widerstand; dann erst war ein zweites Preußisches Corps heraufgezogen, das in Gemeinschaft mit dem ersten $1\frac{1}{2}$ Englische Meilen vorging und so Bazaine abschnitt.“ Da thatsächlich die Franzosen die Oestreicher nur mit Schwierigkeit besiegt haben, während die Deutschen das gründlich thaten, so war es wahrscheinlich, daß die Deutschen bessere Soldaten seien, als die Franzosen, noch ehe sie sich als solche ausgewiesen hatten; und hierauf begründete ich hauptsächlich meine Hoffnung, daß sie siegen würden.

Noch ein Punkt, den ich sonst schon besprochen habe, verdient einige weitere Bemerkungen, nämlich die erzwungene Abtretung von Elsaß und Lothringen. Außer den Argumenten, die ich bereits zu Gunsten des von den Deutschen eingeschlagenen Verfahrens angeführt habe, welches auch von einem Englischen Richter sehr gelobt worden, verweise ich auf den Artikel der Times, der dem Marquis de Noailles zur Antwort dient. In demselben macht sie darauf aufmerksam, daß England, nach der Anerkennung der Unabhängigkeit der Vereinigten Staaten von Nord-America, eine sehr beträchtliche Anzahl treu gebliebener Colonisten aufgeben mußte. Ebenso verweist Mr. Rathbone Grey auf die Hundert-Tausende aller Nationen, welche entweder durch die Hoffnung ihre Lage zu verbessern, oder durch Armuth alljährlich zur Auswanderung bewogen werden, sowie auf die große Anzahl von Individuen, welche um eines öffentlichen Interesses willen expropriirt werden und die vielen Wohlsituirten, die freiwillig außer Landes leben. Auch können ja diejenigen Elsäßer und Lothringer, welche Franzosen bleiben wollen, sich ihre Nationalität grade ebenso bewahren wie es Garibaldi und viele andere Bürger von Savoyen und Nizza gethan haben, als ihr Vaterland durch eine gefälschte Volksabstimmung mit Frankreich vereint wurde. Ferner würde Frankreich, wenn sich Elsaß und Lothringen vor dem Deutschen Kriege gegen dasselbe empört hätte, diese beiden Provinzen mit Gewalt unterjocht haben, selbst wenn kein einziger Einwohner geneigt gewesen wäre Franzose zu bleiben, wie es ja die Americanischen Nordstaaten mit den Südstaaten gemacht haben. Auch wird man, meines Erachtens, es bald erleben, daß nur eine unbedeutende Minderheit der Elsäßer es vorziehen wird Franzosen zu bleiben.

Während der Friedens-Unterhandlungen zu Wien im Jahre 1814 äußerte sich der Englische Bevollmächtigte Lord Castlereagh folgendermaßen: „Ich bin stets sehr geneigt auf die Politik zurückzukommen, die Pitt im Jahre 1805 sehr am Herzen lag, nämlich Preußen dazu zu bringen, sich auf dem linken Rheinufer mehr vorzuschieben, so daß es in militairischer Beziehung mehr Berührung mit Frankreich hätte „und der Herzog von Wellington schrieb am 17. October 1814 „alle linksrheinischen Gebiete sollten einer Macht und zwar Preußen angehören."

Graf Gasparin sagt: „Victor Hugo erläßt eine Adresse an die Deutschen, in welcher er einen jeden Gedanken an Eroberung als ein Verbrechen bezeichnet, und vergißt dabei ganz sein eigenes Buch „Der Rhein", in welchem auf jeder Seite die Eroberung desselben als Grenze gefordert wird."

Der vorgebliche Grundsatz, daß Frankreich kein Gebiet verlieren könne, welches es vor der Revolution besessen, ist von den Großmächten nie anerkannt worden, da Frankreich Landau und Sarrelouis abtreten mußte, das ebenso, wie Elsaß, seinem alten Besitzthum angehörte.

Wenn die Feinde Deutschlands von der Kriegsentschädigung erklärt haben, daß Frankreich sie nicht bezahlen könne, so beweist die eben stattgehabte Zeichnung zur letzten Französischen Anleihe im Betrage von mehr als 44 Milliarden*), nachdem schon vorher die erste Staats-Anleihe und die Pariser Stadt-Anleihe so stark überzeichnet worden, daß die Franzosen mit Leichtigkeit eine weit größere Summe hätten bezahlen können. Auch erzählt uns Chateaubriand: „M. d'Ivernois hat eine ungefähre Berechnung der Hilfsquellen aufgestellt, welche die Einnahmen aus anderen Ländern dem Schatz des Kaiserreichs während der blühenden Periode von 1806 bis 1810 (in vier Jahren) eröffnet haben und kommt dabei auf 4,700 Millionen." Hätte man nun die Summe zusammengerechnet, welche Frankreich aus Deutschland erpreßt und den Schaden, den Napoleon allein diesem Lande zugefügt hat, dazu addirt; das Ganze bis auf den heutigen Tag mit Zinses-Zinsen berechnet und die Kriegskosten, sowie die Pensionen für die Invaliden und Familien der Getödteten und in Folge des Feldzugs Verstorbenen dazu gerechnet; und den Franzosen eine Geldstrafe von einer Milliarde dafür auferlegt, daß sie muthwillig den Krieg erklärt haben, so hätten die Deutschen mit Recht eine viel größere Entschädigungs-Summe verlangen können. Ja! hätte man Ansprüche auf den Ersatz des indirecten Schadens erhoben, wie es die Americaner in der Alabama-Frage thun, so hätte die Entschädigungs-Summe mehr betragen, als die ganze Französische National-Schuld vor dem Kriege. Bei Gelegenheit der Requisition, haben die Deutschen, was die Franzosen in Deutschland nie gethan, regelrechte Quittungen über den Betrag aller Gegenstände ausgestellt, welche sie nach ihrer Ansicht requiriren mußten, und haben dieselben ehrlich bezahlt.

Die letzte Französische Anleihe zeichnete sich jedoch durch

*) Von diesen wurden nämlich mehr als 24 Milliarden von Franzosen gezeichnet.

10*

einige unwürdige Kniffe aus. Von Ausländern nämlich, die nicht in Frankreich leben, wurde nicht dasselbe Angeld verlangt, wie von Franzosen. Hierdurch nämlich wollte M. Goulard, wie einst Israel die ausländischen Egypter, namentlich die Deutschen ausbeuten, von denen man fürchtete, daß sie sich nicht bei der Anleihe betheiligen würden; allein die Procedur ergab grade ein umgekehrtes Resultat; die Spinne wurde in ihren eigenen Maschen gefangen; denn am 29. Juli war die Prämie der Anleihe an der Pariser Börse auf 4 bis 5 Francs in die Höhe getrieben und ein einziges Berliner Haus war im Stande gewesen 220,000,000 Francs Renten zu zeichnen, d. h. also bei Weitem den größten Theil der Anleihe, ohne irgend ein erhebliches Angeld zu zahlen. Berliner Speculanten allein werden ungefähr 40,000,000 Francs an der Anleihe verdienen und die Französischen Zeichner sind außer sich vor Wuth, daß sie durch das unehrliche, den ausländischen Zeichnern bewilligte Vorrecht übervortheilt worden sind.

Als Erwiderung an diejenigen, welche behaupten, daß die von Deutschland Frankreich auferlegten Friedensbedingungen, wider Erwarten, ungebührlich streng sind, will ich hier nur anführen was Prévost Paradol in „La France Nouvelle en 1868" (das neue Frankreich im Jahre 1868) ausgeführt hat: „Wollen wir einen Augenblick annehmen, daß Preußen gesiegt hätte. Man braucht es dann wol nicht hervorzuheben, daß dieß das Grab der Größe Frankreichs sein würde. Frankreich würde dadurch zwar nicht vernichtet sein. .... Der Neid der Sieger unter sich, oder der Neid der neutralen Mächte gegen den einzigen Sieger würde ohne Zweifel es bewirken, daß wir machtlos und ehrlos inmitten unseres Verderbens weiter existiren könnten. Ein Friedensvertrag, der unsere Land- und See-Truppen auf das zur Aufrechterhaltung der Ordnung im Innern und zum Schutz unseres Handels unumgänglich nothwendige Minimum beschränkt, wahrscheinliche in Verzicht auf die Reste unserer Colonien und auf Algier, eine Grenzberichtigung zu Gunsten Preußens, als trauriges Vorspiel zu beträchtlicheren Verlusten, das würden einstweilen, wenn man die Sache im mildesten Lichte betrachtet, die unmittelbaren Folgen unseres Unglücks sein. .... Es ist möglich, daß man uns nicht sofort Elsaß und Lothringen nimmt, aber was uns unwiederbringlich genommen würde, sind die Mittel uns dieser Zerstückelung an dem Tage zu widersetzen, wo unser triumphirender Nebenbuhler dieselbe für ausführbar und seinen Interessen dienlich hält und dieser Tag würde nicht lange auf sich warten lassen. . . . ." Hieraus ersieht man, daß die Friedensbedingungen, welche Prévost Paradol im Falle einer Französischen Niederlage als milde bezeichnet, viel strenger sind, als die wirklich gestellten.

Was würden die Franzosen dazu gesagt haben, wenn die Deutschen dem Beispiele Napoleons gefolgt wären, welcher Preußen zu einem Vertrags-Artikel zwang, von dem Graf Gasparin sagt: „Der scheußlichste Artikel setzte fest, daß die mit der Französischen Armee vereinigten Deutschen Truppen-Contingente gezwungen sein sollten, gegen andere Deutsche zu kämpfen."?

Die Frage, ob der Krieg vom Kaiser oder von dem Französischen Volke gewünscht worden, ist ein beständiger Zankapfel zwischen den Imperialisten und Republicanern gewesen, von denen ein Jeder ausschließlich dem Andern die Schuld in die Schuhe schieben wollte. Unparteiische Beobachter hingegen sind darüber einig, daß beide Theile gleich viel Schuld daran haben und daß fast das ganze Volk mit Ungestüm nach dem Kriege unter der Voraussetzung verlangte, daß man bestimmt den Rhein annectiren werde. In Bezug auf die abgeschmackte Behauptung, daß die Deutschen den Krieg heraufbeschwören wollten, um Elsaß zu erobern hat de Forcade in der Revue des Deux Mondes sich dahin ausgesprochen: „Der Gedanke Elsaß und Lothringen wiederzunehmen und Holland zu annectiren hat in den Augen der Deutschen immer nur für ein Hirngespinnst einiger Deutscher Geschichts-Professoren gegolten", und Graf Gasparin sagt darüber: „Das ausgesprengte Gerücht, daß Herr v. Bismarck daran gedacht habe Holland zu annectiren, ist durchaus unerwiesen." Und in der Revue des Deux Mondes (Band 88. S. 739) fragt Charles de Mazade: „Warum ist der Krieg so plötzlich volksthümlich geworden? Warum hat er das ganze Land mit sich fortgerissen?" .... M. de Girardin schildert in La Liberté den Abmarsch der Französischen Truppen folgendermaßen: „Die Wartesäle der Eisenbahnen sind überfüllt von einem enthusiastischen Publicum. Alle die verschiedenen Truppen-Gattungen, Infanterie, Cavallerie, Train und Artillerie werden gleichmäßig gut empfangen, aber man muß es eingestehn, daß der glänzendste

Empfang den Zuaven und Turcos zu Theil wird, denn diese sind von einer Schrecken erregenden Begeisterung, von einem niederschmetternden Feuer erfüllt. „Ja!“ sagen sie, „die Preußen haben die Africanische Menagerie sehen wollen! Nun gut! sie sollen sie sehen!“ Sie sind in der That fürchterlich anzusehen, halb-nackt, mit rothem Kopfschmuck, das Auge von Patriotismus und Wein flammend! Arme Landwehr! Zwölfhundert Zuaven kommen auf den Bahnhof, auf den Waggons sitzend und tanzen einen wilden Cancan, wobei sie aus voller Kehle brüllen.“ In seiner Antwort an den Gesetzgebenden Körper entblödet sich Napoleon nicht zu sagen: „Ein Krieg ist gerechtfertigt, wenn er unter der Zustimmung des Landes unternommen wird. Ich kann behaupten, daß es das ganze Volk ist, welches in seiner unwiderstehlichen Begeisterung mir meine Entschlüsse dictirt hat.“ Keiner von diesen Sätzen wurde zur Zeit von irgend einem Franzosen bestritten (wenn also z. B. sämmtliche Franzosen darin übereinstimmen, Belgien zu erobern, so wäre das ein gerechtfertigter Krieg); und der Erzbischof von Paris erklärte gradezu den Krieg gegen Deutschland für gerechtfertigt, und ertheilte dem Unternehmen seinen Segen. Ich habe es schon in einem früheren Kapitel nachgewiesen, daß die Provinzen eben so eifrig für den Krieg waren, wie Paris; aber wäre das auch im Anfang anders gewesen, so würden schließlich die Provinzen, da „Paris Frankreich ist“ doch Alles gut geheißen habe, was dieses verlangt. Schon Heinrich Heine sagt: „Paris bekümmerte sich eben so viel um die Meinung der Provinz, wie der Kopf sich daran kehrt, was die Beine denken.“

Niemand braucht darüber zu erstaunen, daß die Franzosen 1870 ohne alle Veranlassung Deutschland den Krieg erklärten, denn das haben sie schon früher unzählige Male gethan. So erzählt uns Sumner: „Aus dem merkwürdigen Briefwechsel der Pfalzgräfin, einer Herzogin von Orléans, erfahren wir, daß einer der Kriege Ludwigs XIV. mit Holland durch den Minister de Lyonne herbeigeführt wurde, damit er einer Persönlichkeit im Auslande etwas zu thun gebe, die ihn auf seine Frau eifersüchtig gemacht hatte. In seiner gesprächigen Weise erzählt uns der excentrische Saint Simon zwei Mal, wie Louvois, als ihm Ludwig XIV. in Bezug auf die Maaße eines Fensters des Versailler Schloßes Unrecht gegeben hatte, aus Furcht, daß alle seine Dienste „wegen ein Paar Zoll Fensterbreite" (seine Worte) vergessen werden könnten, und um sich sein Portefeuille zu sichern, einen Krieg hervorrief, damit er sich dem Könige nothwendig erhalte. Die verzehrenden Flammen in der Pfalz bezeugten die Dauer seiner Macht. Der Krieg wurde allgemein, ruinirte aber, nach dem Chronisten, Frankreich, ohne seine Grenzen auszudehnen.

Ferner sagt der Americanische Senator Sumner: „Aber die Frechheit wird geradezu lächerlich, wenn man bedenkt, daß Prinz Leopold dem Kaiser der Franzosen näher als dem Könige von Preußen verwandt ist, und zwar durch drei verschiedene Heirathen, die nicht bis in's zwölfte Jahrhundert zurückdatiren. Der Fall liegt so. Des Prinzen Leopold Großvater war mit der Tochter Joachim Murat's, Königs von Neapel verheirathet, des Schwagers Napoleons I.; seine Mutter war die Tochter von Stephanie de Beauharnais, der Adoptivtochter Napoleons I. Prinz Leopold ist also von Vaters Seite ein Urgroßenkel Murats und von Mutters Seite ein Enkel von Stephanie de Beauharnais, der Tante des jetzigen Kaisers. Hierzu kommt noch eine verwandtschaftliche Beziehung, indem Leopolds Vater-Schwester mit Joachim Napoleon Marquis von Pepoli, einem Enkel Murats, verheirathet ist."

Girardin schrieb am 20. Juli 1870 in der Liberté: „Die größere Tragweite der Chassepots hat einen der bestimmenden Gründe für die Kriegs-Erklärung abgegeben."

Der Französische Gesandte in Washington, Prévost Paradol sagte im Jahre 1868 in La France nouvelle: „Wollen wir doch das Betragen Preußens nachahmen und, wenn wir einmal Sieger sind, das Nationalitäts-Prinzip in freier Weise anwenden. Wir können, auf die Gefahr hin, England zu mißfallen, ohne seine Zustimmung in Bezug auf Belgien fertig werden (wenn uns unter allen Umständen diese Zustimmung nach dem Siege verweigert würde) und ebenso könnten wir die Uebereinstimmung in dem, was die Rheinprovinzen betrifft, entbehren... Es würde doch, im Falle des Gelingens, nothwendig erscheinen, Preußen gegenüber dieses famose Nationalitäts-Princip bei Seite zu setzen und einfach zum Eroberungs-Recht zurückzukehren."....
In seinem Artikel „die Englische Allianz" sagt M. Duvergier de

Hauranne: „Im Grunde hat Herr von Bismarck den Frieden gewünscht.“ Am 1. August 1866, unmittelbar nach der Schlacht von Sadowa meint M. de Forcade in der halbmonatlichen Rundschau der Revue des Deux Mondes: „Daß die einzige Grenze (der Rhein nämlich), auf welcher wir, nach Friedrich, nicht durch natürliche Vormauern bis zum Ersticken eingeengt werden, durch die Masse eines ungeheuern Staates uns verschlossen worden, ist eine unserer nationalen Existenz und der natürlichen Constitution Frankreichs so widersprechende Thatsache, daß es unmöglich für Französische Herzen ist, nicht dadurch niedergedrückt zu werden.“ England muß jedoch, wie Greg richtig bemerkt, es ertragen, von allen Seiten durch das Meer bis zum Ersticken eingeengt zu werden. Nach der Aussage des Herzogs von Grammont bediente sich Thiers am 15. August folgender Worte, welche beweisen, daß er principiell nicht gegen den Krieg war, wie er uns glauben machen will: „Meine Herren! ich kann es Ihnen heute eingestehen, daß als ich vor einigen Tagen Sie bat, sich die Sache zu überlegen, es etwas gab, was ich Ihnen nicht sagte, weil ich es nicht sagen konnte, nämlich daß Frankreich nicht kriegsbereit war“. In der Revue des Deux Mondes (Band 88. S. 739) sagt M. de Mazade: „Von diesem Augenblicke an hat die Diplomatie Nichts mehr zu thun. Das Kriegsfieber bemächtigt sich aller Geister, die ganze Nation empfindet den electrischen Schlag und vergißt ihre Streitigkeiten, um sich nur diesem einen Gedanken hinzugeben und mit gleicher Begeisterung in diesen großen Kampf zu begeben.... Warum ist der Krieg so plötzlich populair geworden? Warum hat er das ganze Land mit sich fortgerissen?“ Und Graf Gasparin meint: „Je gewissenloser sich der Preußische Ehrgeiz zeigte, um so mehr war es sein Haupt-Interesse, Niemanden anzugreifen. An dem Tage, wo er die Initiative in einem Kriege gegen Frankreich ergriffen hätte, hätte er einfach Folgendes verloren: den Süden, seine eigene Landwehr, die moralische Unterstützung von Europa.... Fassen wir das Gesagte zusammen, so hat man von beiden Seiten intriguirt, aber der Krieg ist nur von der einen erklärt worden. Und leider, es schmerzt mich es zu sagen, hat man von unserer Seite Europa leichtfertig in die blutigsten Greuel gestürzt.... Man gesteht es jetzt ein, daß man den Krieg gewollt hat. Das Gleichgewicht Europas war in Frage gestellt, man hat also einen Gleichgewichts-Krieg angefangen ... Preußen ist zu groß und Frankreich ist nicht groß genug, daher beginnen wir einen Krieg, um das Erstere zu verkleineren und das Letztere zu vergrößern.“ Und Jules Favre sagt den Franzosen: „Ihr habt diesen Krieg herbeigeführt; Ihr habt die Strafe verdient.“

Bei Gelegenheit der Kriegs-Erklärung sagte Emanuel Arago im gesetzgebenden Körper: „Hierin wird Ihnen die civilisirte Welt Unrecht geben“ und Girault behauptete: „Wir wollen nicht in einen dynastischen Angriffskrieg ziehen“.... Ebenso de Choiseuil: „Wir können unmöglich auf diesen Grund hin den Krieg erklären“ und Jules Favre: „Wir haben keinen zu rechtfertigenden Beweggrund für den Krieg.“

Es giebt nicht zwei Franzosen, die einerlei Meinung sind in Bezug auf die Argumente oder Thatsachen, welche sie gegen die Deutschen anführen, die sie thörichterweise stets als Preußen bezeichnen. Sie verfahren dabei ganz einfach nach dem Grundsatz: Man verläumde nur immer zu, es bleibt stets etwas kleben; oder: wer Recht behalten will und hat nur eine Lunge, behält's gewiß. Wenn man also einem Franzosen Rede stehen will, so kann man ihm nur die Argumente oder Thatsachen eines andern Franzosen anführen, und zwar verurtheilen ihre tüchtigsten Leute, wie z. B. der Graf Gasparin, ihr Vaterland in den stärksten Ausdrücken. Die Schlußfolgerungen der meisten Franzosen sind so inconsequent, wie die der bekannten Irländerin, welche einen Steinkrug, den sie zerbrochen hatte, bezahlen sollte und die zuerst behauptete: der Krug wäre schon zerbrochen gewesen, als sie ihn bekommen; darauf: er wäre ganz gewesen, als sie ihn zurückgegeben; und schließlich: daß sie ihn sich überhaupt nie geliehen habe.

Als einen Beweis dafür, wie laxe Grundsätze über die Wahrhaftigkeit selbst bei achtungswerthen Franzosen vorkommen, führe ich Folgendes aus Patenôtre an: „Aber Gambetta hat uns nicht die volle Wahrheit gesagt. Ohne Zweifel hat eine Regierung stets die Pflicht, ihrem Volke die Wahrheit zu sagen, wie traurig sie auch sein möge; aber muß sie, in einem Augenblick, wo die Seele des Volkes durch so harte Schläge aufs Tiefste erschüttert ist, die ganze Wahrheit, ohne Vorbereitung, in brutaler Weise aussprechen? Hatte Gambetta es nicht selbst nöthig, um den Kampf fortsetzen zu können, seine Besorgnisse zu betäuben, man verzeihe mir den Ausdruck, sich einen Hoffnungsrausch anzulegen? Er mußte es wol, um nicht unter der erdrückenden Last der Vertheidigung zu erliegen. Heißt das lügen? Ich sage nein, was sagen Sie dazu?"

Noch ein Beispiel von der eingewurzelten, überlegten Verdrehung der Wahrheit seitens eines Schriftstellers der Revue des Deux Mondes, welche gewöhnlich für die glaubwürdigste Französische Zeitschrift gehalten wird, bietet der folgende Auszug aus einem von M. Fustel de Coulanges im Januar 1871 veröffentlichten Artikel: „Man wirft dem gesetzgebenden Körper der Wahrheit gemäß vor, daß er die Kriegs-Erklärung gegen Preußen mit Enthusiasmus aufgenommen habe, aber man muß wohl bedenken, was diese Abstimmung bedeutete. Die Versammlung, die sie vornahm, war bestimmt eine der friedliebendsten in Europa (?) sie stimmte nur für den Krieg auf das Versprechen hin, daß dieser Krieg eine allgemeine Entwaffnung (!) herbeiführen werde. Sie sehnte sich nicht nach dem linken Rheinufer, sondern nach der Reduction der stehenden Heere und nach der fast vollständigen Unterdrückung des Krieges (!) in der Zukunft. Genau besehen geschah die Abstimmung also zu Gunsten des Friedens (!!) . . . Man hat nicht das Recht zu sagen, daß ihre heimliche Absicht die Eroberung des linken Rheinufers gewesen sei, denn gerade damals verpflichtete sie sich gegen England durch einen Vertrag, selbst im allerglücklichsten Falle sich nicht einen Zoll Deutschen Gebiets anzueignen!!! (Auch dieses ist absolut unwahr.) Weder das Französische Volk noch seine Regierung hat an Eroberungen gedacht. Unsere Generation hatte einen Abscheu vor dem Kriege; sie hat Friedensligen gegründet und sich in den schönen Traum des ewigen Friedens eingewiegt." —

Dagegen sagt Paradol in La France nouvelle: „Je mehr man darüber nachdenkt, desto mehr kommt man zu dem Schluß, daß weder die Friedensliebe, noch die Philosophie, noch die Menschlichkeit oder der feste Wille der Regierungen einen Zusammenstoß zwischen dem sich vergrößernden Preußen und dem in seine alten Grenzen eingeschlossenen und aller Hoffnung beraubten Frankreich wird verhindern können. Dieser relative Verlust ist für unsern politischen und militärischen Stolz eine zu harte Probe."

Der „Observer" sagt am 21. Juli 1872 bei Besprechung des Keratry'schen Buchs: „Im Anfange des November versuchte weder die Pariser noch die Provinzial-Regierung ernstlich Frieden zu schließen. Sowol Jules Favre, als Gambetta spielten ein falsches Spiel. Sie wollten einen einmonatlichen Waffenstillstand haben, nicht um auf Friedensunterhandlungen einzugehen, sondern um sich die Mittel zur Weiterführung des Krieges zu verschaffen. Sie wollten Zeit gewinnen, um Paris wieder vollständig zu verproviantiren. Gambetta gestand in seinen Depeschen an die Collegen dieses Motiv offen ein. Ein derartiger Waffenstillstand würde, wie er sagte, selbst wenn er nur 14 Tage dauerte, vortheilhaft sein, eine Art Vorbereitung für die höchsten kriegerischen Anstrengungen." — Victor Hugo, Felix Pyat und Andere haben die Ermordung des Königs von Preußen und Bismarck's anempfohlen.

Graf Gasparin erzählt uns, daß Frankreich zur Zeit, wo Oesterreich ihm Venedig abtrat, durch Drohungen es versuchte, Italien Preußen abspenstig zu machen — aber Ricasoli erwiederte: Italien werde sein Wort halten und seinem Verbündeten die Treue nicht brechen.

Mommsen erinnert uns daran, daß bei Gelegenheit des Baus des Mont-Cenis-Tunnels Frankreich die abgeschmackte, schändliche Bedingung verschlug, daß er ausschließlich zu Gunsten Frankreichs erbaut werden solle. Was die Gotthard-Bahn betrifft, so sagte Frankreich vor dem Kriege über den zwischen Deutschland und der Schweiz abgeschlossenen Vertrag: „Und wird Frankreich Nichts zu dieser Verhandlung zu sagen haben?" Nach dem Kriege hat Frankreich mit ohnmächtiger Unverschämtheit gesagt: „ohne unsere Unglücksfälle wäre diese Bahn nie zu Stande gekommen."

Bazaine erklärte in seiner an die Soldaten von Metz gerichteten Proclamation, daß 4 Millionen Franzosen unter den Waffen ständen, wogegen de Freycinet von 80,000 spricht (doch ein zu auffälliger Unterschied!) Bazaine fügte hinzu: hinter ihm liege die Champagne und hinter der die Argonne, während die Geographen bisher annahmen, daß die Argonne vor der Champagne käme. Von „unserem glorreichen“ Bazaine sagt Patenôtre: „Bazaine hat sich in Mexico ein solches Actenbündel von schmählichen Handlungen angelegt, daß es ausreicht, um Jedem, der es durchblättert hat, den Gedanken zu benehmen, daß B. ein ehrenhafter Mensch sei ... Trotz seiner Antecedentien glauben wir aber doch nicht, daß man ihn unter die Verräther zählen kann.“

Ich will es jetzt in Kürze versuchen, einen Blick in die Zukunft zu thun mit Bezug auf die wichtige Frage, ob die Franzosen wohl bei erster Gelegenheit suchen werden, Rache zu nehmen. Aus verschiedenen Gründen meine ich, daß gute Aussicht auf einen längeren Frieden vorhanden ist. Denn erstens ist nichts sicherer, als die vollständige Niederwerfung und Demoralisation des französischen Volks und seiner Armee, und dennoch haben die Franzosen Nichts aus der bittern und heilsamen Lehre, die ihnen der Krieg ertheilt hat, gelernt; denn Feydeau sagt: „Mit dem größten Kummer sehe ich es, daß wir durch das Unglück nicht gebessert, nicht klüger geworden sind.“ Und wenn sie überhaupt je dazu kommen, ihre Fehler einzusehen, so würde doch ein Menschenalter dazu gehören, Frankreich zu reformiren und es auf die Höhe zu bringen, auf der sich Deutschland befindet, während mittlerweile das letztere Land sich um ein Menschenalter weiter entwickelt haben wird. Hierüber sagt Stoffel: „Mit Preußen verglichen, ist Frankreich mehr als fünfzig Jahre, sowol was allgemeine Bildung, als was seine Institutionen betrifft, zurück, während es demselben um zwei Jahrhunderte in Bezug auf Erschlaffung, materielle Genußsucht und gesellschaftliche Auflösung voraus ist.“

Frankreich befindet sich, seiner politischen Lage nach, in einem fehlerhaften Cirkel, in einem Labyrinth, aus welchem es, wie es scheint, nicht herauskommen kann. Nach Thiers die Sündfluth! Um den Zustand von Frankreich den Deutschen so klar zu machen, daß sie sich ihre heimischen Verhältnisse danach zurechtlegen könnten, müßte man annehmen, daß im vorigen Jahrhundert eine Revolution in Preußen stattgefunden hätte, welche die sämmtlichen Institutionen des Landes umgestoßen, alle Religion vernichtet hätte. Aller Grundbesitz wäre unter die Bauern vertheilt worden und ein Krieg wäre ausgebrochen, in welchem ein polnischer General aus Posen, den ich Sobiesky nennen will, siegreich gewesen wäre und sich den Titel eines Kaisers der Preußen angemaßt hätte. Nun thun sich die Deutschen viel auf die Größe ihres despotischen Kaisers zu Gute, der mittlerweile seinen Namen germanisirt hat und sich von Sobiesk nennt. Hierauf wird das angestammte Fürstenhaus 1815 wieder auf den Thron gesetzt und durch eine Revolution im Jahre 1830 abermals entthront und z. B. der Vater des Prinzen Friedrich Karl durch das Volk von Berlin zum König ausgerufen. Im Jahre 1848 findet eine Revolution Statt; der Pöbel fordert einen Deutschen Literaten, der Royalist und Mitglied des Parlaments ist, auf, eine Regierungsform zu wählen, und nachdem dieser sich volle fünf Minuten besonnen hat, entscheidet er sich in uneigennützigster Weise für die Republik, an deren Spitze er sich selbst stellt. Darauf wird der Neffe des Kaisers von Sobiesk, der sich das Vertrauen des Preußischen Volkes nur dadurch erworben hatte, daß er in Begleitung eines Industrieritters und eines zahmen Adlers und mit einem Terzerol und einem Stockdegen bewaffnet, einen Revolutionsversuch an der Seeküste gemacht hatte, zum Präsidenten gewählt und wirft sich später zum Kaiser von Preußen auf. Er führt Krieg gegen Rußland, um sich noch ein Stückchen Polen anzueignen und wird von dieser Macht besiegt. Hierauf findet wiederum eine Revolution Statt — die Republik wird ausgerufen — eine Regierung von Juristen und Literaten setzt sich selbst ein — Berlin wird eingenommen — die Preußen werden gezwungen, Posen abzutreten — darauf findet eine Communisten-Revolution Statt und ein großer Theil von Berlin geht in Flammen auf. Nun wird ein durch und durch nationaler Deutscher Literat und Staatsmann von einer neu erwählten Vertretung zum Dictator gemacht. Dieser war früher einmal Premier-Minister des Vaters des Prinzen Friedrich Karl und führt, da er die Feindseligkeiten nicht fortsetzen kann, einen Zolltarif-Krieg mit der ganzen Welt. Dabei ist das Preußische Volk in fünf hartnäckige Parteien gespalten: die servilen Anhänger des abgesetzten Kaisers von Sobiesk, die legitimistischen Parteigenossen des Königs Wilhelm, die Partei des Prinzen Friedrich Karl, welcher die constitutionelle Monarchie repräsentirt, die Partei der gemäßigten Republikaner aller Schattirungen, die sich untereinander mehr hassen, als sie die Monarchie verabscheuen und schließlich die rothen Republikaner, welche eifrig darnach streben, Berlin in einen Aschenhaufen zu verwandeln und die Preußische Civilisation gänzlich zu zerstören. Glücklicherweise giebt es aber in Deutschland, wie in England, nur zwei Parteien, die beide der Krone und ihrem Vaterlande treu sind: die Conservativ-Liberalen und die Liberal-Conservativen, die sich nur in den Methoden und der Schnelligkeit, mit der sie den Fortschritt und die Reformen erstreben, unterscheiden und lieber eine Reform aufschieben, als einen Bürgerkrieg heraufbeschwören. Da giebt es keine imperialistischen oder orleanistischen Prätendenten, nur wenige gemäßigte Republikaner und die rothen Republikaner haben gar keine Bedeutung. Der angestammte Monarch dagegen, eine durch und durch edle Natur, will nur regieren und nicht herrschen. — Nach einem mehrjährigen Aufenthalt in Berlin sagt Stoffel: „Man muß es anerkennen, daß dieses intelligente, wachsame, von seiner Sendung so überzeugte Preußische Volk gleichzeitig das best-unterrichtete und -disciplinirte ist; daß es voll Lebenskraft, Energie und Vaterlandsliebe, noch nicht durch das Bedürfniß nach materiellen Genüssen verderben, sich einen innigen Glauben und die Hochachtung für alle achtbaren Classen bewahrt hat. Welch ein betäubender Gegensatz! Frankreich hat über Alles gelacht und die ehrwürdigsten Dinge werden dort nicht mehr geachtet; die Tugend, die Familie, die Vaterlandsliebe, die Ehre, die Religion werden dort einem frivolen und zweifelsüchtigen Geschlecht als Gegenstände des Spottes vorgeführt. Die Theater sind daselbst zu Schulen der Gemeinheit und Niederträchtigkeit geworden .... In Preußen .... werden sie ein Land sehen, das durch starke, gesunde und sittliche Einrichtungen vortrefflich verwaltet wird, in welchem die höheren Gesellschaftsschichten sich ihres Ranges würdig zeigen und sich den ihnen gebührenden Einfluß dadurch bewahren, daß sie zugleich die aufgeklärteren sind und das Beispiel der Opferfreudigkeit geben, indem sie sich unermüdlich dem Staatsdienste widmen;“ ein Land, in welchem jedes Ding an seinem richtigen Platze ist und die vollkommenste Ordnung in allen Organen des Gesellschaftskörpers herrscht .... Gerade in Frankreich findet man am häufigsten heruntergekommene Individuen, scheelsüchtige und irregeleitete Geister, von denen jeder sich seinen Weg zu bahnen sucht und ihn nicht findet.“

Der frühere Abgeordnete und Mitglied des Staatsraths

Graf Gasparin, dieser liebenswürdige und schätzenswerthe Schriftsteller, dessen vor Kurzem erfolgten Tod Europa beweint, von dessen Werken einige neue Auflagen erlebt haben, theilt uns mit, daß die Revue des Deux Mondes ihm die Aufnahme eines Artikels verweigert hat, ganz wie sie es mit einem von mir verfaßten Briefe gethan, den ich ihr als Antwort auf einen sehr ungerechten und beleidigenden Artikel gegen England, der den Titel L'Alliance Anglaise führte, zugeschickt hatte. Er sagt ferner: „Im Augenblick, wo die Kriegs-Erklärung abging, schrieb ich an das Journal des Débats, um diese verbrecherische Thorheit zu kennzeichnen; aber die Redaction verweigerte meinem Schriftstück die Aufnahme.“ In rührender Sprache drückt er sich über die Lage seines Vaterlandes folgendermaßen aus: „Ich lebe seit langer Zeit in der Zurückgezogenheit, fern von den Geschäften der Politik und mische mich in keiner Weise in die praktische Politik meines Vaterlandes. . . . . Ich liebe mein Vaterland innig. Dort habe ich die Erinnerungen meiner Kindheit, meine Familie, meine Interessen. Wenn man die Vaterlandsliebe am Schmerze messen wollte, so scheue ich den Vergleich mit Niemandem. Mein Schmerz hat weder bei Wörth, noch bei Sedan angefangen. Er ist älter, als unser jetziges Unglück; ich fühlte es, wie er unter Louis Philippe, zu gleicher Zeit mit unserer parlamentarischen Corruption entstand. Riesig im Jahre 1848, hat er sich 1851 und während dieser ganzen Zeit des sittlichen Verfalls, den man das Kaiserreich nennt, verschlimmert. Dieser wahnsinnige Krieg hat ihn aufs Höchste gesteigert. Mein Schmerz rührt weit weniger von den Unglücksfällen des Tages her, als von dem inneren Uebel, das uns heimsucht. Ich empfinde ihn über die Vergangenheit, wo der Ursprung unserer Niederlagen zu finden ist; ich empfinde ihn für die Zukunft, in welcher der Schrecken des Socialismus gährt. Es schmerzt mich zu sehen, wie mein Land eine Ungerechtigkeit begeht, wie die Charaktere entarten, die Ueberzeugungen verschwinden, wie das Böse unvergleichliche Fortschritte macht, wie die Freiheit, der Fortschritt, die Glückseligkeit, die Sittlichkeit in allen ihren Formen preisgegeben werden und vielleicht verloren gehen; das quält mich, das zerreißt mir das Herz.“

M. Littré sagt im Temps: „Frankreich gehört nicht mehr zu den Großmächten Europas. Eine der offenbaren Folgen der

Niederlagen, die wir erlitten, ist die, daß wir unseren Rang eingebüßt haben..... Seit dem Vertrage von Versailles (1872) ist Frankreich von dem Range einer Großmacht herabgesunken".... Ebenso schreibt er am 15. Aug. d. J. „Es ist unnütz uns über diesen Punkt zu täuschen. Wir sind von der Stellung herabgestürzt, die wir einst einnahmen und wir haben unseren Fall verdient." In Bezug auf den jetzigen Zustand Frankreichs sagt die Times vom 4. Juli d. J.: „Kein Franzose, der ehrlich auf die Vergangenheit zurückblicken kann, wird es wagen zu behaupten, daß er frei von Schuld an derselben sei. Ist er Legitimist, so hat er sich von jedem persönlichen Antheil an der Politik, von dem Einfluß den ihm seine Stellung gab, deßhalb losgesagt, weil er die Vorrechte einer kleinen Anzahl Menschen der freien Entwickelung Frankreichs vorgezogen hat. Als Bonapartist hat er das militärische Uebergewicht seines Vaterlandes zu seinem ersten Glaubens-Artikel gemacht, und somit täglich die Leidenschaft groß ziehen helfen, welche die erste Ursache des Sturzes desselben geworden ist. Als Orléanist hat er die Napoleonische Legende mit einem Eifer gepflegt, welcher dem des Bonapartisten wenig nachgiebt, und die Idee einer constitutionellen Regierung in Frankreich mit einem System feiler Intriguen mit einem pedantischen Formalismus und einem Geiste verquickt, der eifersüchtig auf die Freiheiten des Volkes blickte. Als Republikaner hat er den Namen der Republik als ein Synonym für Gewaltthätigkeit und Gesetzlosigkeit jeder Art nicht nur in den Augen jedes Franzosen, sondern in denen der ganzen Welt verunglimpft.... Die Tageslitteratur ist in dieselben Parteien zersplittert, von denen eine jede sich noch weniger Zwang anthut, als die entsprechenden Volksvertreter in Versailles!.... Giebt es denn gar Keinen, fragen wir, der an sein Vaterland denken und sich selbst vergessen kann? Müssen sich denn Alle kleinlichen Eifersüchteleien, der Nebenbuhlerschaft, der Tücke, dem hämischen Haß und der Ungerechtigkeit hingeben?.... In der National-Versammlung begab sich M. Rouher in diesem Stadium der Debatte auf die Tribüne und sofort erfolgte eine fürchterliche Scene. Mörder! — Verräther! — Schamloser! waren Ausrufe die man hin und wieder aus einem beständigen wilden Geheul heraus unterscheiden könnte, das dem wilder Thiere glich, die über ihrem Fressen brüllen. — M. Thiers sagte darauf zu Rouher: „Wenn Frankreich seine Freiheit verloren hat, so bin ich nicht daran schuld, aber es ist Jemand hier, der dafür verantwortlich ist. . . . . Sie wägen gar nicht die Schwere der Anschuldigung ab, die Sie gegen sich selbst vorbringen. Sie rühmen sich dessen Frankreich mehr Schaden zugefügt zu haben (durch den Handels-Vertrag mit England), als Sie in Wirklichkeit gethan haben.“ Hätte man wol Kleinheit der Seele deutlicher an den Tag legen können? Und wenn der beste Mann Frankreichs sich so weit erniedrigen könnte, was hat man da noch zu hoffen? . . . . . Als M. de Remusat nun den Vertrag mit Deutschland vorlas, rief eine Stimme von der Linken aus: „Hören Sie M. Rouher!“ worauf der Corsische Abgeordnete Abbatucci erwiderte: „Hören Sie M. Jules Favre!“ . . . . Aber abgesehen von diesem unentwirrbaren Chaos, an dem die Französische Nation leidet, leuchtet die Unwahrscheinlichkeit ein, daß die Franzosen je in Zukunft im Stande sein werden, Elsaß und Lothringen den Deutschen zu entreißen. Denn wenn jene von diesen im eigenen Lande bei einer Uebermacht von 4 zu 1 geschlagen worden sind, wo sie noch dazu den Vortheil der Chassepots und Mitrailleusen hatten, so werden sie wol kaum, nachdem diese Provinzen mit ihren 1½ Millionen Einwohnern, worunter die besten Französischen Soldaten, von Deutschland annectirt und 5 Milliarden Kriegs-Entschädigung bezahlt worden, das fertig bekommen; denn die Chancen für Frankreich haben sich um 3 Millionen Menschen und 10 Milliarden Francs ungünstiger gestaltet, als früher, wie ja auch bei einer Wahl eine Stimme die auf den Gegen-Candidaten übergeht, dessen Stimmenzahl um zwei vermehrt. Meines Erachtens wird Frankreich nicht eher Elsaß wieder erobern, als Spanien England Gibraltar entreißen, oder als die Seine rückwärts vom Meere nach Paris fließen wird.

Auch leuchtet es ein, daß der Gallische Hahn, der sich seit der Revolution unrechtmäßigerweise Namen und Gefieder des Adlers angeeignet hat, eben so wenig wie irgend ein anderer Renommist, die Erneuerung des Kampfes versuchen wird, da er bisher, in neueren Zeiten, nie von einem einzigen Gegner, der noch dazu nur aus einem Theile der Deutschen Nation (da Oestreich fehlte) besteht, vollständig besiegt worden ist. Der Kriegs-Correspondent der Times hat es ausgesprochen: „Wir werden zu dem Schluß gezwungen, zu dem

11

die Französischen Bauern schon längst gekommen sind, daß die Französischen Soldaten nicht kämpfen wollen. Man kann es sehen, wie ein Paar Uhlanen mit 20 bis 30 Französichen Soldaten, wie mit einer Heerde Schafe, daherreiten. Man hat es durchaus nicht zu fürchten, daß sie davon laufen werden, sondern die armen Uhlanen könnten sie gar nicht los werden, selbst wenn sie es wünschten. Auf ihren Morgenritten finden sie sich plötzlich von diesen Franzosen in freundschaftlicher Weise umringt, welche sich ihnen krampfhaft anschließen, um von ihnen gegen ihre Führer geschützt zu werden, die sie zum Kämpfen zwingen, und wünschen sich gar kein anderes Schicksal, als nach Deutschland geschickt zu werden.“ Gabriel Monod sagt: „Im Vergleich zu den Französischen Soldaten waren die Deutschen Männer, welche gegen Kinder kämpften. . . . Unsere Soldaten haben mit einer zuweilen zu demüthigen Bescheidenheit die Ueberlegenheit ihrer Feinde anerkannt. Wie häufig bin ich über die Bewunderung erstaunt gewesen, die sie für das stattliche Aussehen und selbst für den Muth der Deutschen Armee an den Tag legten. „Wie Achtung gebietend erscheinen sie mit ihren Helmen“ pflegten sie zu sagen. „Sie sind kühner, als wir“ diesen Ausspruch habe ich mehr als einmal von Französischen Soldaten thun hören.“ Theilweise rührt der Erfolg der Deutschen und die größere Kraft ihrer Soldaten daher, daß sie ein Biertrinkendes Volk sind. Bei einer Versammlung, der Esquires beiwohnte, rief einmal ein Redner aus: „Das Bier kämpfte bei Waterloo gegen den Wein. Drei Mal erhob sich der Wein, roth vor Wuth, von Enthusiasmus und Tollkühnheit schäumend gegen jenen Berg, auf welchem die Söhne des Biers, unbeweglich, wie eine Mauer standen. Sie kennen die Geschichte. Das Bier blieb Sieger und so lange dieser Unterschied der Getränke dauert, giebt er, meines Erachtens, Deutschland einen großen Vortheil.“ Und Graf Gasparin meint: „Es bleibt gewiß, daß diese Menschen uns überlegen sind.“ Von den Francetireurs sagt Monod: „Die Majorität derselben schlug sich nie; an Schlachttagen sah man die Francetireurs auf allen Heerstraßen herumirren, um ihre Cameraden natürlich dort aufzusuchen, wo kein Kanonen-Donner war. Einige Corps derselben hatten sich aus wirklichen Banditen rekrutirt, die den Bauern fürchterlich waren, da diese von ihnen geplündert, geschlagen und nicht vertheidigt wurden" .... Georges Sand freilich spricht in der Revue des Deux Mondes folgende abgeschmackte Lüge aus: „Unsere zurückkehrenden verwundeten oder kranken Soldaten erzählen uns, daß der Preuße selbst nicht kräftig ist und ihnen keine Furcht einflößt. — Wenn man sich unbewaffnet auf ihn stürzt, so läßt er sich, selbst wenn er bewaffnet ist, gefangen nehmen! Daher könnte die Saturday Review ihre philosophischen Lehren für sich behalten" und Edgar Quinet renommirt: „Entfernt Euch von hier, Ihr Barbaren! — Entfernt Euch aus diesem freien Lande, oder vielmehr wir wollen machen, daß Ihr nie wieder herauskommt." Kurz diese furchtbaren Franctireurs, welche keinen einzigen Deutschen wieder aus Frankreich herauslassen sollten, rufen mir die Anecdote von dem Manne ins Gedächtniß, der sich ein zu Verkauf stehendes Pferd ansehen wollte und den schlauen Pferdeknecht ersuchte ihm für ein Goldstück die geheimen Fehler desselben mitzutheilen. Dieser ging darauf ein und nannte als ersten Fehler den, daß das Pferd, wenn man es ins Feld laufen lasse, sehr schwer einzufangen sei. Als nun der Herr ihm erwiderte: daraus mache er sich Nichts, denn er sei ein Freund von lebhaften Pferden und sich nach dem zweiten Fehler erkundigte, erhielt er zur Antwort: „Und wenn man es endlich gefangen hat, so ist es zu Nichts zu gebrauchen!" So verhält es sich auch mit den Franctireurs, die zwar großmäulig sind, aber Nichts leisten.

Außerdem hoffe ich, daß abgesehen von der Unausführbarkeit des Unternehmens vernünftige Rathschläge schließlich bei den Franzosen die Oberhand gewinnen werden, von denen ich hier die edlen, menschenfreundlichen Worte des vortrefflichen Jules Patenôtre anführe: „Ob das Elsaß diesen Lockungen Deutschlands Widerstand leisten wird, ist zu bezweifeln. Wenn ich auch zugebe, daß es im innersten Herzen das Bild Frankreichs liebevoll aufbewahrt, wird dieses zärtliche Andenken so innig sein, daß es sich darum den Wechselfällen eines Krieges aussetzt, dessen Opfer es unter allen Umständen werden muß? Ich fürchte sehr, die Elsaßer werden es wie die Sabinerinnen machen und schließlich, freiwillig oder gezwungen, das Wort für ihre Räuber ergreifen. Aber auch wir selbst werden wol vor der Schwierigkeit der Aufgabe zurückschrecken. Wenn wir sehen zu welchem Preise sich Elsaß und Lothringen

11*

ihre Befreiung erkaufen müßten, wenn wir daran denken, daß wir um sie Preußen wieder zu nehmen, unsererseits abermals Straßburg bombardiren müßten, wird unser Rachegelüste sich legen und wir werden, wie die wirkliche Mutter im Urtheile des Salomo ausrufen: „Mögen jene das Kind lieber behalten, als es uns verstümmelt wiedergeben!“ Der bekannte Arles Dufour, ein Mann, welcher sich großer Achtung erfreut, hat einem der größten Fabrikanten im Elsaß, welcher ihn darüber um Rath fragte, ob er seine Fabrik nach Frankreich verlegen solle, folgendermaßen geantwortet: „Theurer Freund! Versuchen Sie es, uns zu vergessen! In wenigen Jahren werden Sie sich mit Ihrer neuen Lage ausgesöhnt haben. Wir sind ein unglückliches, verlorenes Volk, dessen Zukunft in Dunkel gehüllt ist. Bleiben Sie, wo Sie sind. Sie werden unter Ihrer neuen Herrschaft glücklicher sein, als Sie es unter Ihrer alten gewesen oder sein würden.“

Ein Mitarbeiter des Figaro, der jetzt (1872) in Elsaß und Lothringen reist, erzählt einige interessante Einzelheiten über die Gesinnungen der abgetretenen Provinzen. Nach seinen Erfahrungen scheinen die Bauern in einigen Theilen des Landes gar nicht gegen den Wechsel ihrer Lage eingenommen zu sein. In Wörth z. B. hatten die Deutschen alle die Wohnungen wieder aufbauen lassen, die in der furchtbaren, vor zwei Jahren dort durchkämpften Schlacht zerstört worden waren, und in Folge dessen beklagen sich die Dorfbewohner nicht über ihre neue Herrschaft, und außerdem werden sie jetzt von Leuten regiert, die ihre Sprache reden.*) An vielen Orten fand der Correspondent den Patriotismus für Frankreich fast gänzlich durch die Thaten der Commune vernichtet. In seinem letzten Briefe erzählt M. Alfred d'Aunay die folgende Anekdote, die für beide Völker, die Preußen sowol, wie die Franzosen, höchst charakteristisch ist: „Ich befinde mich jetzt auf der Ebene von Merlebach,“ schreibt er, „wo ich vor zwei Jahren

*) Die Deutschredende Bevölkerung des Elsaß beträgt 1,035,102 Einwohner, die Französischredende nur 30,000 und nur [illegible] der Deutsch-Elsässer versteht überhaupt Französisch. Diese kleine Zahl ist um so auffälliger, als die Franzosen zwei Jahrhunderte hindurch unaufhörlich bemüht gewesen sind, die Deutsche Sprache daselbst auszurotten. Und nach einem Bericht des Französischen Unterrichtsministers aus dem Jahre 1845 konnten in 76 Gemeinden des Departements der Meurthe in Lothringen von 46,500 Einwohnern nur 6870 Französisch sprechen.

das schmuckste und lustigste Feldlager der Welt erblickte. Unsere Soldaten hatten im vollen Vertrauen auf den glücklichen Ausgang des Krieges die steinernen Säulen, welche die Grenze beider Länder bezeichneten, heruntergerissen und zu ihren Backöfen verwandt. Vierzehn Tage später kamen die Preußen ins Land und stellten die Säulen aufs Sorgfältigste wieder an ihre Stellen. Ich finde sie jetzt noch hier; sie tragen die Spuren unserer Bivakfeuer an sich. Beweist dies nicht, daß unsere Sieger zu der Zeit nicht daran dachten, Lothringen zu erobern oder gar zu annectiren?"

Hier will ich mich über die jetzt wol schon beseitigten Zweifel auslassen, welche die Deutschen eine Zeit lang darüber hegten, ob die große Masse ihrer Englischen Brüder der Deutschen Sache während des Verlaufs des ganzen Krieges zugethan waren, wie jene es wol mit Recht erwarten konnten. Zwar glaube ich schon reichliche Beweise für die ernsten Sympathien Englands für Deutschland in früheren Kapiteln angeführt zu haben, aber um dieselben zu verstärken, will ich hier einige Franzosen über diesen Gegenstand sprechen lassen. Vorher mache ich jedoch auf die Ansicht Napoleons aufmerksam, daß beim Kriege die sittliche Macht zur physischen sich wie 3 zu 1 verhält, sowie auf die von Capefigue, welcher behauptet, die Englische Presse habe Napoleon eben soviel Schaden zugefügt, als die Europäischen Heere. Ich meine daher, daß die moralische Unterstützung von England, wie sie durch die einflußreichsten Organe der öffentlichen Meinung zu ihrem Ausdruck gelangte, von größerem Werthe für Deutschland war, als 100,000 Mann Hilfstruppen es gewesen wären und glaube, daß es wesentlich ein Verdienst der Englischen Regierung und Presse ist, daß Oesterreich, Italien und Dänemark nicht für Frankreich Partei ergriffen. Die Chronik im 89. Bande der Revue des Deux Mondes sagt hierüber: „Der König Wilhelm hat, wie wir wohl wissen, triumphirende Bulletins nach Berlin geschickt, welche die Englischen Zeitungen sich beeilt haben, gefälligst wiederzugeben. . . . Herr von Bismarck kann seinen guten Freunden, den Engländern, schön versichern, daß er keine übeln Absichten gegen Holland hege. . . . Selbst die Englischen Zeitungen, die zu sehr darauf aus sind, sich zum Echo des Berliner Cabinets zu machen (Ch. de Mazade). . . . Wir haben die größte Gewißheit, daß selbst die Times es nicht wagt, über uns zu lachen. . .

Es ist nicht sehr lange her, daß das Londoner City-Blatt, die Times, das nicht gerade Frankreich freundlich gesinnt ist, sondern uns seit drei Monaten mit bitterster Strenge verfolgt hat.... Das City-Organ, der leidenschaftlichste Gönner der Preußischen Erfolge.... Die Times, die in unverschämtester Weise unserem Unglück Beifall zollt (Vitet).... In L'année terrible sagt Victor Hugo vom Englischen Premier-Minister: „Dieser, Namens Gladstone, bedankt sich bei Deinen Henkern.“... In l'Alliance Anglaise sagt Duvergier de Hauranne: „Es bleibt stets wahr, daß England sich über unsere ersten Niederlagen gefreut hat.... Auch waren, sobald das Tuilerien-Cabinet den Krieg erklärt hatte, die Sympathien Englands auf Seite Preußens.... Von einem Tage zum andern war England fast zum Feinde Frankreichs geworden. ... Oesterreich antwortete in wohlwollendster Weise auf Jules Favre's Rundschreiben.... Nach einigen vergeblichen Versuchen dem Bunde der Neutralen einen anderen, Frankreich günstigeren Character zu geben, mußte Oesterreich seinerseits dem Drucke Englands nachgeben.... Der gute Wille Italiens mußte wirkungslos bleiben und, wie der von Oesterreich, an der Kälte und dem Uebelwollen Englands scheitern.... Endlich erblicken wir an der Spitze dieses Einverständnisses unsern früheren Bundesgenossen, England, welcher, statt uns die Hand zu reichen, sich zur Seele einer wirklichen Neutralitäts-Verschwörung macht, die uns verderblicher war, als alle unsere Unglücksfälle.... Das äußerste Uebelwollen Englands ließ sich eigentlich schon im Anfange des Krieges blicken.... Das Cabinet von London antwortete dem Agenten Frankreichs stets ausweichend, oft hochmüthig, bisweilen verletzend.... Der Minister der Königin, Lord Granville, überließ sich im Gegentheil kalten Gegenanschuldigungen gegen Frankreich. Er ging in seiner Härte sogar so weit zu sagen, daß die Gründe, die Herr Thiers anführe... ihm nicht neu seien.... Diese aus Bitterkeit gegen Frankreich und Demuth gegen Deutschland zusammengesetzte Sprache war nicht geeignet, unsern Gesandten zu ermuthigen.... Konnte das Cabinet von London nicht wenigstens der Regierung der nationalen Vertheidigung ein Unterpfand seiner Sympathien dadurch geben, daß es dieselbe anerkannte?... Selbst Italien, obgleich zum Bunde der Neutralen gehörig, hatte nicht gezögert, vom ersten Tage an die neue Regierung anzuerkennen. Wenn England ebenso gehandelt hätte, hätte es, ohne Gefahr, Frankreich einen bedeutenden Dienst leisten können.... Lord Granville erwiederte: es stehe im Widerspruch mit den Präcedenzfällen, so zu handeln.... Seit dem 1. Oktober hatte der Delegirte der auswärtigen Angelegenheiten Herrn Nigra einen vollständigen militärischen Allianz-Entwurf zwischen den beiden Ländern vorgelegt, welcher festsetzte, daß König Victor Emanuel 60,000 Mann uns zur Disposition stelle. Der Italienische Gesandte hatte diesen Vorschlag nicht zurückgewiesen.... Auch dieses Mal trug der Einfluß Englands den Sieg über den Unsrigen davon.... Mögen die Engländer es sich wohl merken, daß wir uns nicht können zermalmen lassen, nur um das Vergnügen zu haben, uns ihre Undankbarkeit zu verdienen.... Besser wäre es, sich ganz einem einzigen Gedanken, dem der Rache hinzugeben und wieder in den Besitz unseres Guts zu gelangen. Lieber als zu Grunde gehen, wollen wir, wenn es nöthig ist, uns zu Mitschuldigen des Russischen Ehrgeizes machen."...

Aus Jules Favre's Buch „Le Gouvernement de la Défense nationale" führe ich das folgende, auf denselben Gegenstand Bezügliche an: „Der Englische Gesandte konnte es nicht in Abrede stellen, daß die öffentliche Meinung Englands uns sehr feindlich gesinnt sei.... Ich habe es Thiers damals nicht verbergen, daß ich mich, befangen durch die Kälte des Britischen Cabinets, meinen lebenslänglichen politischen Lieblings-Ideen überlassen habe, nämlich denen einer innigen Verbindung der drei Mächte, die das Centrum und den Süden von Europa inne haben.... M. Thiers sagte zu Lord Granville: „Die bloße Unthätigkeit Englands war schon die größte Parteilichkeit für Preußen." „Nach dem, was die Agenten des Kaiserreichs Lord Granville gesagt hätten, hätte Frankreich den Krieg gewünscht" (Thiers und Jules Favre). „Beide Mächte (England und Rußland), deren Auftreten für eine wirksame Einmischung unentbehrlich war... neigten auf Preußens Seite und riethen uns officiell zur Resignation und zu Gebiets-Abtretungen" (Jules Favre). M. Girard sagt in der Revue des Deux Mondes vom Februar 1871: „Die Preußen haben Recht, sagte die Times, und das erste Mittel das Elsaß wieder zu germanisiren, besteht darin, die Französische Sprache als ein fremdes Element aus demselben zu verbannen."

M. St. Blerzy sagt in einem „Die Unglücksfälle eines glücklichen Volks" (Englands) betitelten Artikel: „Es wäre unnütz es sich zu verbergen, daß die Wünsche des Englischen Volks im Anfange des Krieges von 1870 den Preußen günstig waren.... Dennoch scheint es sicher zu sein, daß die Englischen Fabriken Frankreich nur eine sehr kleine Anzahl Gewehre geliefert haben und daß sie vielleicht deren noch mehr durch die Vermittelung anderer neutraler Länder an Deutschland geliefert haben. Dagegen haben uns die Vereinigten Staaten ungeheure Massen von Kriegswaffen geliefert." Der Herzog von Gramont spricht in seinem Werke „La France et la Prusse" „von der Times, die schon seit einiger Zeit für Preußen erkauft war." Ebenso sagt Michelet in „Le Peuple": „Was soll man sagen, wenn diese Nachahmung Englands nicht nur sonderbar, sondern feindlich ist? Wenn man sein Vorbild gerade bei denen suchen geht, welche die Natur einem zu Gegnern, die sie einem zum symmetrischen Gegensatz geschaffen hat? Wenn man eine Lebens-Verjüngung von dem verlangt, was die Verneinung des eigenen Lebens ist? Wenn Frankreich sich z. B. daran machte, seine Geschichte, seine Natur umzukehren und das zu copiren, was man das Gegen-Frankreich nennen kann, nämlich England.... Das industrielle Problem complicirt sich für Frankreich sehr durch seine äußere Lage, die einigermaßen durch das einmüthige Uebelwollen von ganz Europa eingeengt wird.... Das große Frankreich..., das gerne den Industriellen hat glauben wollen, welches sich auf ihre Versprechungen hin unbeweglich gehalten, aus Wohlwollen für sie den Rhein nicht wiedergenommen hat, hat heute ein Recht dazu, ihre Leichtgläubigkeit zu beklagen — verständiger als sie hatte es stets geglaubt, daß die Engländer Engländer blieben.... Ganz ebenso muß sich eine Volksseele einen Centralpunkt ihrer Organisation bilden, sie muß sich an einem Orte niederlassen, um sich daselbst zu sammeln und sich mit einer bestimmten Natur in Einklang zu setzen, wie es z. B. die sieben Hügel für das kleine Rom, oder wie es das Meer, der Rhein und die Alpen für unser Frankreich sind."

Ich hoffe die Deutschen nicht zu verletzen, wenn ich mir hier mit aller Hochachtung eine Bemerkung darüber erlaube, was mir, vielleicht irrthümlicher Weise, als ein großer aber nicht unverbesserlicher Fehler ihrer Regierung zu sein scheint, nämlich daß sie den General von Moltke nicht zum Feldmarschall und Fürsten von Sedan, mit einem Jahres-Einkommen von etwa 700,000 Thalern gemacht hat; denn indem sie ihm volle Anerkennung zollen, ehren die Deutschen sich nur selbst. Moltke's Dienstleistungen sind doch ohne Zweifel bedeutender, als die Blüchers, der Feldmarschall geworden und ebenso groß, wie die irgend eines anderen Menschen, der jemals diesen Rang in irgend einem Lande eingenommen hat. Wenn er nun diese wohlverdiente Auszeichnung nicht erhält, die Französische Generale stets für viel weniger hervorragende Dienste bekommen, so werden die Franzosen das als einen Beweis dafür anführen, daß die Deutschen stillschweigend zugeben, sie hätten keine Feldherren, die Französischen Marschällen gleich kämen und daß der letzte Feldzug nur durch Zufall und Uebermacht siegreich beendigt worden sei. Die Franzosen haben ihren siegreichen Generalen stets von ausländischen Schlachtfeldern entlehnte Titel gegeben, noch im Jahre 1859 wurde Mac Mahon zum Herzog von Magenta und nach dem Krimkriege Pelissier zum Herzog von Malakoff gemacht. Freilich haben die Engländer Marlborough nicht, wie sie es mit demselben Recht hätten thun können, den Herzogstitel von Blenheim, oder Wellington den von Waterloo oder Toulouse oder Paris verliehen, wol aber haben wir in neuerer Zeit Sir J. Williams zum Baron von Kars und General Napier zum Lord Napier of Magdala, in Abyssinien, ernannt. Meines Erachtens sollten die Franzosen stets mit ihrer eigenen Münze heimgezahlt werden; denn sie schreiben ja jede edle und nachsichtige Handlungsweise der Furcht oder Dummheit zu. Wenn z. B. die Deutsche Armee in ihrer Großmuth auf ihr Recht verzichtete, einen feierlichen Durchzug durch Paris zu halten, was sie hätte thun können und nach meiner Meinung hätte thun sollen, so wird ihr das schlecht gedankt; denn ein Mensch, wie Ernest Feydeau, spricht von „der eigenthümlichen Hartnäckigkeit, mit welcher die Deutschen darauf bestanden haben, eine Art Triumphzug in Paris zu feiern. Wenn dieser Einzug schmachvoll und kläglich ausgefallen ist, so liegt das daran, daß sie überhaupt Nichts Großartiges und Würdiges leisten können." Hierauf empfiehlt er den Franzosen einen boshaften Raubangriff, nach Art der Bartholomäusnacht, meuchlings gegen Deutschland zu unternehmen, sobald sie sich wieder einmal für vollständig bereit halten, indem er sagte:

„Ob das in zehn oder zwanzig Jahren geschieht — es wird vielleicht so viel Zeit dazu gehören, um mit so vielen Dingen fertig zu werden — aber was sind zwanzig Jahre im Leben eines Volkes? Nun wohl! Dann wird man gar nicht nöthig haben einen Vorwand zu suchen, oder gar sich den Luxus einer Kriegs-Erklärung zu gestatten — dann wird es Zeit für uns sein, wenn wir der Verbündeten sicher sind, die wir uns bis dahin zu schaffen gewußt haben, unsere Leute zu sammeln, und einfach, ruhig, ohne vorher den Feind zu warnen, über die Grenze zu setzen. — Für das Uebrige wird Gott sorgen!"

M. de Mazade meint in der Revue des Deux Mondes: „Man sieht es nicht recht ein, welche Art Ruhm die Chefs des Preußischen Generalstabes darin gesucht haben, diesen erschlichenen zweideutigen und beschränkten Einzug abzuhalten, was sie Schmeichelhaftes in dieser ziemlich armseligen Besetzung einer Allee der Stadt gefunden haben.... Diese Eroberer verstehen es weder kühn bis an's Ende, noch großmüthig gegen den Besiegten zu sein." Das nächste Mal sollten doch die Deutschen den Franzosen den Gefallen thun, „kühn bis an's Ende" zu sein. Das Franzosen-freundliche Blatt, die Independence Belge, sah sich genöthigt, zuzugeben: „Heute geht es aus den Thatsachen hervor, daß die Preußischen Kriegsberichte stets die Wahrheit und Nichts als die Wahrheit gesagt haben." Trotzdem und obgleich Preußen hauptsächlich deßhalb in einen Krieg mit Frankreich verwickelt war, weil es dieser Macht nicht zur Annexion Belgiens behülflich sein wollte, blieb dieses Belgische Blatt stets den Deutschen feindlich gesinnt, so daß der Kladderadatsch, die bekannte Redensart parodirend, sagen konnte: „L'ingratitude est l'Independence — (Belge) — du coeur." (Die Undankbarkeit ist die (Belgische) Unabhängigkeit des Herzens.)

Alle Welt hat sich über die lächerlichen Irrthümer der Französischen Zeitungen amusirt. So läßt der „Public" die Franzosen den Rhein bei Forbach überschreiten, welches viele Meilen von ihm entfernt liegt, und das Journal de Macon, dessen Redacteur wol zu viel von dem bekannten Wein jener Gegend genossen hatte, behauptete, Berlin sei von der Französischen Flotte in Brand geschossen worden! — Das Paris Journal vom 22. August 1870 macht aus den Preußischen Uhlanen ritterliche Seeräuber, die sich auf eigene Kosten equipirt hätten, und das Journal des villes et des campagnes verlegt den Jahde-Busen an die Ostsee. Jules Janin sagt in seinem 1870 erschienenen Buche: „Die Nachbarn berauben, heißt ihnen die Mittel nehmen, uns zu schaden. Ich verbinde mit dem Worte „Politik“ den Begriff, daß man suchen muß, Andere zu überlisten.“

Nichts würde den Franzosen fataler sein, als wenn man dem General Moltke den Rang eines Feldmarschalls und den Titel eines Fürsten von Sedan verliehe; aber Nichts würde ihnen auch heilsamer sein, als sie mit ihrer eigenen Münze heimzuzahlen. Ferner sollte man Bestimmungen treffen, nach welchen der Titel und die Besitzthümer auf die entferntesten Erben des Generals Moltke übergingen, und wenn diese ausgestorben wären, selbst auf irgend einen Adoptiv-Sohn des letzten Trägers dieser Würde, so daß der Titel immer in Glanz und Ehren bestehen bliebe und dem Deutschen Volk den unvergleichlich herrlichen und beispiellosen Sieg von Sedan als Triumph vaterländischer Tapferkeit über die Franzosen in lebendiger Erinnerung erhalte.*) Auch wünschte ich, daß kleinere, von den andern Schlachtfeldern hergenommene Titel anderen hervorragenden Generalen, die daselbst gesiegt haben, ertheilt würden. Einige derselben scheinen manche der großen Eigenschaften Moltkes zu besitzen und die weniger tüchtigen derselben stehen doch noch immer weit über den besten Französischen Generalen. Auch sollte nach meiner Meinung die Hauptstraße in Berlin statt „Unter den Linden“ Sedanstraße genannt werden, wie überhaupt alle Deutschen Städte ihrer Hauptstraße diesen Namen nach Analogie des Pariser Boulevard Sebastopol geben sollten. Ebenso könnten andere Straßen Berlins und der größeren Städte nach den hauptsächlichsten Siegen der Deutschen umgetauft werden und für die Kehler Brücke schlage ich den Namen Sedan-Brücke vor, wie wir eine Waterloo-Brücke besitzen. Erbeutete Kanonen und Standarten sollte man in Berlin und anderen Städten Deutschlands zu Trophäen benutzen und einen Triumphbogen in Marmor oder Granit, ähnlich dem Arc de Triomphe de l'Etoile, als Haupt-Eingangspforte der Stadt Berlin erbauen. Wenn man all dergleichen unterläßt, werden die Franzosen behaupten, daß „die

*) Es freut mich zu hören, daß die Deutschen den Jahrestag der Schlacht von Sedan jährlich zu feiern gedenken, wie die Americaner den Jahrestag ihrer Unabhängkeits-Erklärung festlich begehen.

Deutschen nichts Großartiges oder Würdiges zu leisten vermögen" oder daß sie sich davor fürchten, Frankreich werde im nächsten Kriege, wo es, falls nicht von Seiten der Vorsehung oder der Menschen Verrath im Spiele ist, nothwendigerweise siegen muß, exemplarische Genugthuung dafür nehmen, daß Deutschland sich unterstanden hat, ebenso zu handeln, wie sonst Frankreich.

Das Paris Journal vom 20. August 1870 sagt: „Was den Soldaten betrifft, so begreift dieser die Ereignisse gar nicht und sagt dazu beständig: Wir sind verrathen. Was will man mehr? Für den Französischen Soldaten ist Nicht-siegen gleichbedeutend mit Verrathen-sein. Das Pays Roumain vom 21. August schreibt: „Die Niederlage Frankreichs ... wird nach Rache schreien als ein ungeheurer Fehler in der allgemeinen Logik der Dinge, als eine Schändung des Schicksals! (prostitution du sort.) Ein trauriger und bemitleidenswerther Triumph! Wer weiß, ob nicht Preußen selbst ihn beweinen wird, ob es nicht Lust haben wird, wieder von sich zu geben, was es verschlungen hat ... Weh! wenn Frankreich unterläge, wenn dieser Mord begangen würde, wenn das Unmögliche wirklich würde, wenn dieser blutige Gassenbubenstreich der Vorsehung sich vollzöge ... Es würde die erschreckte Menschheit die ewige Gerechtigkeit anklagen und in das Reich des Zweifels und der Verneinung zurückstürzen ... Dann wird das zerrissene, vernichtete Frankreich sich als ein furchtbarer Richter wieder erheben, vor der verblendeten Gottheit im Purpurkleide erscheinen und ähnlich wie der besiegte Cäsar, der mit seinem letzten Athemzuge Verwünschungen ausstieß, mit seinen rauchenden Eingeweiden das Antlitz des Himmels geißeln. ..." Einen gotteslästerlichern Schwulst kann man sich doch nicht vorstellen.

Mit einer gewissen Schüchternheit erlaube ich mir hier die Fehler anzudeuten, welche Deutschland, meines Erachtens, bei Festsetzung der Friedensbedingungen begangen hat. Erstens hätte es darauf bestehen müssen, daß in Zukunft keine Turcos oder sonstige Wilde in einem Europäischen Kriege verwandt werden dürften. Bei dieser Gelegenheit hat sich abermals die übertriebene Großmuth der Deutschen gezeigt; denn sie hätten beim Ausbruch des Krieges ein Corps anderer Wilden, z. B. aus Marocco, in Sold nehmen können, welche nur gegen die Turcos zu verwenden gewesen wären, und, nach meiner Ansicht, hätten sie dies sogar thun müssen. — Ferner hätte Deutschland die Bestimmung treffen müssen, daß keine Nation Mitrailleusen, Feu Grégois oder andere Höllenmaschinen anwenden dürfe, wenn dieselben nicht vorher durch eine internationale Commission, in der eine jede Großmacht durch ein Mitglied vertreten sein müßte, gebilligt worden sind. Auch hier wiederum haben wir ein glänzendes Zeugniß für die Großmuth der Deutschen in dem Umstande, daß sie keine einzige der zahlreichen von ihnen erbeuteten Mitrailleusen gegen die Franzosen gebraucht haben. Die dritte zu treffende Bestimmung wäre gewesen, daß Handelsschiffe der kriegführenden Parteien nicht gekapert werden dürften, und die vierte, daß die Waffenausfuhr in den beiden Mächten feindlich gesinnten Ländern verboten sei, wenn Frankreich und Deutschland sich nicht im Kriege befinden. Ferner meine ich, daß die Deutschen eine Volksabstimmung in Savoyen, Nizza und Flandern zu einer Bedingung des Friedens hätten machen sollen, damit der Bevölkerung dieser Provinzen die Gelegenheit geboten würde, ihre Nationalität zu wechseln, wenn sie es wünschten.

In Savoyen hätte man das Volk befragen müssen, ob sie wieder Italiener werden, Franzosen bleiben, oder Schweizer werden wollten, und ich glaube, daß eine überwältigende Majorität sich für diesen letzten Fall entschieden haben würde, da es offenbar eben so sehr in ihrem Interesse liegt, wie in dem der Schweiz, die ohne Savoyen vor Frankreich nicht sicher ist.

Von Nizza wird Niemand, der es kennt, bezweifeln, daß es mit Italien wieder vereinigt zu werden wünscht. Während des Krieges wurde auch eine dahin abzielende Revolution nur mit Mühe verhindert.

Im Französischen Flandern mußte man dem Volk die Frage vorlegen, ob es Französisch bleiben, oder sich mit dem Belgischen Flandern vereinigen möchte. Sogar Renan meint in der Revue des Deux Mondes vom September 1871: „Das Flämische Gebiet ist mehr Germanisch, als Französisch."

Ich bin sehr gegen Volksabstimmungen, welche zu dem Zweck vorgenommen werden, um etwas schon vorher Beschlossenes zu bestätigen und welche Leute leiten, die von dem Resultat Vortheil ziehen, wie dieß bei Nizza und Savoyen der Fall war. Wenn sie aber von streng gerechten und wahrheitsliebenden Männern, die noch dazu kein directes Interesse an ihrem Ausgang haben, wie die Deutschen, die sie jetzt besetzt halten, womöglich mit Zuziehung eines Engländers, als noch weniger interessirtem Zeugen, in jedem Wahllocal, geleitet würden, so würden sie eben so ehrlich ausfallen, wie die Wahl Napoleons zum Präsidenten, als Cavaignac am Ruder war. Und wenn, wie ich gern annehme, Savoyen Schweizerisch, Nizza Italienisch und Flandern Belgisch würde, so würde die Angriffskraft Frankreichs in sichere Schranken gebannt sein und wenn es einmal einen Krieg anfangen wollte, um seine alten Gebiete wieder zu bekommen, so würde Italien, die Schweiz und Belgien durch Interesse und Dankbarkeit verpflichtet sein, in Gemeinschaft mit Deutschland, die Französischen Angriffe zurückzuweisen.

Diese Unterlassungen sind, wie ich fürchte, jetzt nicht mehr gut zu machen, wenn man sie nicht gegen Concessionen in Bezug auf die Grenz-Regulirung, die Bezahlung der Kriegs-Entschädigung oder die Räumung der besetzten Französischen Provinzen eintauschen wollte. Auch wird wol die Deutsche Regierung ausreichende Gründe dafür anführen können, daß diese Bestimmungen nicht getroffen werden; ja, wenn man sie auch einfach übersehen hat, so ist das natürlich und die Unterlassung durch die Drangsale eines Riesenkampfes, in dem es sich um Tod und Leben handelte, zu entschuldigen.

Meiner Meinung nach, der ich in einem Briefe an die Times im September 1870 Ausdruck gegeben habe, hätten die Deutschen grade in dem Moment, ehe Frankreich den Krieg erklärte, ihre ganze Flotte zur See schicken und die Schiffe entweder einzeln, oder in Geschwadern über alle Meere vertheilen müssen. Ein jedes derselben hätte dann eine Deutsche Alabama abgegeben. Und wenn man bedenkt welchen Schaden das gleichnamige Schiff der Südstaaten dem Handel der Nordstaaten zugefügt hat, wie es denselben, ohne Unterstützung, fast von allen Meeren vertrieben hat, so kann man sich vorstellen, welche Wirkung die ganze Deutsche Flotte hervorgebracht haben würde. Zwar billige ich den hochherzigen Vorschlag der Deutschen sehr, nach welchem Handelsschiffe beider kriegführenden Völker nicht gekapert werden sollten, da aber die Franzosen nicht auf denselben eingingen, so war es eine bis zur Abenteuerlichkeit getriebene Großmuth der Deutschen den ihrem

Handel zugefügten Nachtheil nicht in gleicher Weise die Franzosen entgelten zu lassen. Ich bezweifle es keinen Augenblick, daß die Franzosen, im Falle eines Krieges zwischen Frankreich und England, uns denselben Vorschlag machen würden, die gegenseitigen Handelsmarinen unbelästigt zu lassen, da wir ihnen zur See überlegen sind und daß sie, falls wir ihn ausschlügen, die Entrüstung der civilisirten Welt über unsere Barbarei wachgerufen hätten. Im vorliegenden Falle aber, wo sie eine mächtigere Flotte als die Deutschen hatten, verfuhren sie nach ihrem beliebten Grundsatze, sich unter allen Umständen einen Vortheil zu wahren und verwarfen unbedenklich den erleuchteten Vorschlag der Deutschen. Schon Voltaire hechelt diese Schwäche seiner Landsleute unter vielen anderen in folgenden witzigen Versen durch:

Umsonst ist der Engländer Müh',
Sie bekämpfen vergeblich Eu'r Loos.
Euch die Auster! Die Schaale für sie!
Die Früchte des Feld's für Euch blos,
Und Hülsen und Stroh blos für sie!

Uebrigens ist es sehr angenehm aus einem Artikel Michel Chevaliers in der Revue des Deux Mondes zu ersehen, daß diese egoistische, barbarische Politik der Franzosen ihnen keinen Nutzen gebracht hat. „Der Marine-Minister . . . . . hat geglaubt dadurch den Feinden Schaden zu thun . . . . er hat aber dadurch nur die Handelsflotte zu Gunsten der Neutralen gelähmt . . . er wird es schon erfahren, ob nicht diese Weigerung Frankreichs zur Folge gehabt hat, daß der Handel unserer Hafenplätze es vorzieht, so viel wie möglich seine Waaren unter fremder, namentlich Englischer Flagge zum großen Nachtheil unserer eigenen, die dadurch degradirt wird, zu befördern“. . . .

Hätten die Deutschen ihre Handels-Dampfer militairisch ausgerüstet und mit Eisenpanzern versehen, wie die Americanischen Südstaaten es gethan, und ihre Marine um so viel verstärkt, so ist es sehr wahrscheinlich, daß sie die Französische Flotte besiegt und vielleicht sogar gefangen genommen hätten. Denn die Engländer haben die Franzosen und Spanier bei Cap St. Vincent, als jene nur halb so stark an Kanonen und Mannschaft, wie diese waren, geschlagen und das Deutsch-feindliche Dänische Dagbladet berichtet, daß sich in der ganzen Französischen Flotte nur ein Schiff befand (der noch dazu nicht See-bereite

Rochambeau), das im Stande gewesen wäre den Kampf mit einigen Deutschen Schiffen aufzunehmen; sowie daß der Französische Admiral keine Karten der Dänischen Küste bei sich hatte und sich auf der Mehrzahl seiner Schiffe zu wenig, auf einigen gar keine Kohlen befanden. Jedenfalls bot sich selbst nach der Kriegs-Erklärung und Eröffnung der Blokade seitens Frankreichs der Deutschen Flotte mehrfache Gelegenheit aufs hohe Meer zu gelangen; wenn sich nun einige der unbedeutenderen Kriegsschiffe Nachts zugleich mit einer Anzahl Handelsschiffe hinaus begeben hätten, so wären sie von der Französischen Flotte verfolgt worden und es hätten einige der Besseren, wenn sie verschiedene Richtungen eingeschlagen hätten, das offene Meer erreichen können. Dann hätten einige Kriegsschiffe, außer dem Schaden, den sie dem Französischen Handel überall zugefügt hätten, noch Truppen in Algier landen können, welches Land zum Aufstande gegen die Französische Herrschaft bereit war, und dasselbe Manöver wäre in Nizza wirksam gewesen, welche frisch annectirte Italienische Provinz bekanntlich nur mit Mühe von einer Revolution zurückgehalten wurde. Auch hätte in diesem Falle Garibaldi wol, statt für Frankreich Partei zu ergreifen, gerne die Wieder-Vereinigung seines Geburtslandes mit Italien unterstützt.

Ebenso leuchtet es ein, daß wenn die Französische Flotte gezwungen gewesen wäre sich zu vertheilen, um die Deutschen einzelnen oder zu kleinen Geschwadern vereinigten Kreuzer zu verfolgen, sie hin und wieder mit einem überlegenen Geschwader hätte zusammenstoßen können, das sie besiegt oder gefangen genommen haben würde — in diesem Falle hätte sie die Blokade nicht fortführen und die Deutsche Handelsmarine, wenn sie theilweise kriegerisch ausgerüstet worden wäre, ohne große Gefahr in See gehen können. Außerdem giebt es kaum eine Französische Colonie, welche ein Deutsches mit Truppen bemanntes Geschwader nicht hätte nehmen können und die Deutsche Flotte würde einen großen Theil der Waffen und Kriegsvorräthe, die von den Vereinigten Staaten und England nach Frankreich ausgeführt werden, confiscirt haben. Freilich hätten sie, in Folge eines thörichten Vertrags den Ersteren dieselben bezahlen müssen.

Auch meine ich, daß die Deutschen bei der Einnahme von Paris alle Deutschen Fahnen und kriegerischen Trophäen den Franzosen hätten abnehmen müssen, mit denen diese so gerne prunken und die sie zu einer Zeit genommen hatten, als Frankreich, das in der Revolution sämmtliches Grundeigenthum des Adels und der Geistlichkeit confiscirt hatte, nicht gegen ein geeinigtes patriotisches Deutschland kämpfte, sondern gegen vereinzelte Deutsche Fürsten, mit deren dynastischen Interessen das Volk nicht sympathisirte,*) und die in Frankreich eine Restauration des ancien regime erstrebten. Hierdurch wäre auch das Grundeigenthum wieder in die Hände seiner alten Besitzer gelangt und grade dieser Unterschied des damaligen und jetzigen Krieges, in welchem sich der Bauernstand in seinem Besitzstande sicher fühlte, erklärt uns ihre jetzige Unlust zu kämpfen.

Ferner hätte Deutschland die Stärke der Französischen Land- und Seemacht beschränken müssen, was Paradol schon vorher angenommen und was Napoleon Preußen gegenüber ausgeführt hatte. Auf diese Weise hätte auch Deutschland eine entsprechende Verminderung seiner eigenen Heeresmacht vornehmen, dadurch den Frieden Europas auf sicherere Grundlagen stellen und Hunderttausende in beiden Ländern den Beschäftigungen des Friedens wieder geben können, wodurch auch die Steuerlast in beiden Ländern bedeutend erleichtert worden wäre; denn wir in England haben ein Drittheil unserer Steuern den uns aufgezwungenen Napoleonischen Kriegen zu verdanken. Und ich brauche wol kaum die uns verbrüderte große Deutsche Nation darauf aufmerksam zu machen, daß in unseren Tagen bloße Siege der physischen Gewalt nicht ausreichen, sondern daß man sich auch des sittlichen Beifalls der civilisirten Welt erfreuen muß.

Statt meiner eigenen weniger interessanten Beobachtungen mögen hier merkwürdige Worte Monods und des Grafen Gasparin über das Benehmen der Deutschen Armee während des Französischen Krieges folgen. Der Erstere sagt: „Die Achtung, welche die Deutschen den Frauen zollen ist der merkwürdigste Zug, den ich in diesem Feldzuge beobachtet habe, denn das ist eine nationale Eigenschaft und eine Quelle der Kraft der Gemanischen Rasse ... Was die Kinder betrifft, so waren sie vom ersten Tage an mit den Deutschen befreundet. Wenn es in einem Hause Nichts zu

*) Der von Preußen abgesetzte Herzog von Nassau hat mit Entrüstung das Anerbieten der Franzosen, sich von ihnen wieder einsetzen zu lassen zurückgewiesen und Frankreich hat von keinem einzigen Deutschen Hülfe erhalten.

essen gab und man sich darüber namentlich wegen der Kinder beklagte, so wurde bestimmt die ganze Familie mit Nahrungsmitteln versehen. Mit der Liebe zur Familie war bei den meisten Deutschen Soldaten die Vaterlandsliebe und eine religiöse Gesinnung verbunden. . . . . Wir haben bei allen Deutschen, die wir zu pflegen bekamen, eine warme Dankbarkeit für die Pflege und eine unerhörte Geduld im Ertragen von Leiden angetroffen. Bei den Mitgliedern der Deutschen Ambulanzen haben wir gewöhnlich mehr als ein bloß rücksichtsvolles Benehmen, fast brüderliche Gesinnungen gefunden. Sie waren stets bereit uns mit ihrer ganzen Kraft beizustehen und ihre Hingabe machte keinen Unterschied zwischen den Soldaten der beiden Nationen . . . . Es war ein herzzerreißender Anblick die frisch ausgehobenen Mobilgardisten, betrunken und liederliche Lieder singend, durch die Straßen unserer Städte ziehen zu sehen. Selbst die Redlichkeit fehlte oft diesen rohen Menschen. Unsere Bauern können davon sprechen, ob der Französische Soldat das Eigenthum seines Landsmanns mehr achtet, als der Deutsche das seines Feindes. Die Unwissenheit hebt bei jenem fast das Bewußtsein des Bösen auf."

Graf Gasparin drückt sich mit beredter und unparteiischer Kühnheit folgendermaßen aus: „Die sittliche Ueberlegenheit hat uns besiegt . . . Unsere Eitelkeit hat uns ruinirt . . . Es bleibt gewiß, daß diese Menschen tüchtiger sind, als wir. Alle Deutsche, aus den verschiedensten Klassen der Gesellschaft, sind marschirt, haben sich geschlagen, haben gehorcht, sind ohne Murren gestorben, um mitzuwirken an dem ungeheuren Werke, ohne auch nur einen Augenblick glänzen zu wollen. Ihr sittliches Verhalten war tadelfrei; Trunkenheit und Liederlichkeit kamen nicht vor. Die Frauen und jungen Mädchen hatten sie durchaus nicht zu fürchten; und wir waren doch das eroberte Land. Nimmt man hinzu die Bildung, das würdige Auftreten, den Sinn für die Familie, die Treue, die Zartheit der Empfindungen, die Herzensgröße, die uns nur zu häufig fehlen; ferner die Wahrheitsliebe, dieser wirkliche Adel der menschlichen Seele; vergleicht man mit unseren systematischen Lügen, die Aufrichtigkeit, Einfachheit, ja noch mehr, die Nüchternheit der Deutschen Depeschen; zieht man die Entschiedenheit, die Selbstbeherrschung, die man beim geringsten Unterofficier, wie beim General antraf, in Betracht, so muß man gestehen, daß hier eine männliche Erziehung vorliegt, wie sie Gott dem Menschen durch die Bibel zu Theil werden läßt ... Wenn es sich um die Finanzen handelt, welche Ordnung, welche Mäßigkeit in den Ausgaben! Man frage nur nach dem Gehalt des Herrn von Bismarck, nach der Civilliste des Königs ... Bei den Deutschen ist es nicht vorgekommen, daß man den Soldaten Schuhe mit Papiersohlen geliefert hat. Ihr Intendantur hat sich niemals etwas zu Schulden kommen lassen ... Es sind durchaus keine Unterschleife vorgekommen. ... Die Minister, von Herrn von Bismarck an, haben ihre bescheidenen Stellen, ihren kleinen ererbten Besitz und ihre mäßigen Gehälter zu Hause wieder eingenommen. Die Beamten, die Professoren haben ihre Beschäftigungen wieder aufgenommen, als ob sie sich gar nicht in Frankreich geschlagen hätten. Man findet in ihrer Armee nicht diese außerordentlichen Beförderungen, diese glänzenden Titel, welche wir in ähnlichen Fällen so verschwenderisch vertheilen. Man giebt ihren siegreichen Feldherrn nicht Titel nach unseren Städten und Provinzen und wir haben während des Krieges mehr Orden der Ehrenlegion vertheilt als die Deutschen eiserne Kreuze verliehen haben. .... Hier noch eine Einzelheit! Während der Belagerung von Paris tanzten die Vertheidiger desselben unanständige Tänze vor den Thoren angesichts der Deutschen Heere und am Morgen nach der Räumung von Paris zeigten unsere Theaterzettel die erneute Aufführung von Frou Frou an." Alphonse Karr, der, wie einst Balaam, auszog die Deutschen zu verfluchen, wurde durch unwiderlegliche Thatsachen gezwungen sie zu segnen. Er sagt: „Ich habe in allen den Städten, Dörfern, Weilern, die ich durchstöbert habe, herumgefragt — überall erhielt ich dieselbe Antwort: die Preußen beleidigen die Frauen nicht, sie geben sich nicht einmal mit ihnen ab." Dagegen sagt M. Michelet, wo er von den verruchten Vergewaltigungen Deutscher Frauen während der Napoleonischen Kriege spricht, „sie empfingen die Huldigungen der Söhne Frankreichs."

Die Angriffe der Franzosen und ihrer Parteigenossen werden in allen Ländern von der gebildeten Welt gelesen und verstanden, während die viel tüchtigeren Arbeiten der Deutschen zu Gunsten ihrer nationalen Sache, außerhalb Deutschlands nur Wenigen verständlich und der überwiegenden Mehrheit ebenso verschlossen sind, als ob sie in der Chinesischen oder Sanskrit-Sprache ge-

12*

schrieben wären. Deshalb hoffe ich, daß ein tüchtiger Deutscher Schriftsteller, deren es so viele giebt, den Kampf mit den litterarischen Feinden seines Volkes aufnehmen und ihnen dadurch ein moralisches Sedan bereiten wird, daß er zu dem Französischen und Englischen Publikum in ihren eigenen Sprachen redet. Mittlerweile bringe ich diesen unvollkommenen Beitrag zu der litterarischen Fehde dar und weiß, daß trotz der geringen Verdienste meiner eigenen schriftstellerischen Thätigkeit, die Auszüge, die ich aus den Werken verschiedener bedeutender ausländischer Schriftsteller zu Gunsten Deutschlands gesammelt habe, einen so herrlichen Lorbeerkranz bilden, wie er kaum schöner gedacht werden kann. Ich rechne es mir daher als einen großen Vorzug und eine Ehre an, dieselben der Deutschen Armee, Presse und Nation als ein schwaches Zeichen meiner Hochachtung und Dankbarkeit überweisen zu dürfen.

Durch sein edles Verhalten im Französischen Kriege hat das Deutsche Volk alle die Verpflichtungen abgetragen, welche ganz Europa England für den großen und von Erfolg gekrönten Antheil schuldete, den dieses an der Befreiung Europas von der Tyrannei des ersten Napoleon gehabt, der uns viele Tausend Menschenleben und mehrere Hundert Millionen £ St. zu einer Zeit gekostet hat, wo wir in sicherer Isolirung hätten zu Hause bleiben können. Jetzt aber ist es an uns, Deutschland dankbar zu sein; denn dieser eine Feldzug hat der Welt mehr Nutzen gebracht, als alle seit der Französischen Revolution bis zur Schlacht von Waterloo geführten Kriege. Wir Engländer haben uns nie in einen brudermörderischen Krieg mit den Deutschen eingelassen und ich bitte Gott, daß wir uns überhaupt nie anders auf einem Schlachtfelde zusammenfinden mögen, als Schulter an Schulter mit unseren tapfern, ehrenwerthen Deutschen Brüdern. Ich hoffe noch den Tag zu erleben, wo alle in Europa lebenden Deutschen thatsächlich zu einem großen Ganzen vereint sein werden, wie sie es meiner Meinung nach in ihren Empfindungen schon jetzt sind, so daß ihr Deutsches Vaterland mächtig genug sein möge, wenn nöthig der vereinten Kraft von Rußland und Frankreich Widerstand zu leisten. Und wenn man z. B. die Luxemburger jetzt um ihre Ansicht befragt, bin ich überzeugt, daß sie von ihrer jetzigen Lage in der Sprache des herzoglich Rohanschen Mottos sagen würden: „Deutsch kann ich nicht sein, Französisch will ich nicht sein, ich bin ein Luxemburger." (Allemand ne puis — Français ne daigne — Luxembourgeois suis.)

Ich hoffe, daß Deutschland mit ruhiger, ausdauernder Energie die Englische Methode der prüfenden, allmählichen praktischen Reform einschlagen und die blutigen, krampfartigen Französischen Revolutions-Experimente vermeiden wird. Ich wünsche, daß das Deutsche Volk so geleitet werden möge, daß es aus Vernunft und Neigung festhalte an Allem, was an seiner bestehenden Verfassung Gutes ist, während es doch beständig weiter arbeite an der endlosen Kette menschlichen Fortschritts, und daß es nicht, wie die Franzosen, alle Verbindung mit seiner ruhmreichen und glücklichen Vergangenheit abbreche und hilflos, wie ein Wrack, auf dem stürmischen, wechselnden Ocean der Zeit dahintreibe.

Auf zwei Punkte möchte ich noch ehrerbietigst die Aufmerksamkeit der Deutschen lenken: erstens nämlich auf den beklagenswerthen Gesundheitszustand ihrer großen Städte, namentlich Berlins, das im letzten Vierteljahre eine Sterblichkeit von ungefähr 30 pro Mille aufzuweisen hat, während sie in London nur 20 pro Mille beträgt; selbstverständlich muß sich in Berlin eine entsprechend hohe Morbilität vorfinden und die Sterblichkeitsziffer ließe sich durch einen mäßigen, jedenfalls unvermeidlichen Kostenaufwand auf die Hälfte d. h. auf 15 pro Mille reduciren.

Zweitens ist der Sold und die übrige Stellung des gemeinen Soldaten keineswegs eine angemessene; ein Mangel, der sich freilich in allen Heeren Europas vorfindet, nicht aber in dem der Vereinigten Staaten von Nord-America. Wir haben in England den Sold der Gemeinen etwa um 20 pCt. erhöht und man rechnet ihn jetzt mit allen Nebeneinnahmen zu 11 Sgr. 8 Pfg. per Woche; aber selbst das ist ungenügend, denn die Preise und Löhne haben sich seit der Einführung dieses Satzes mehr als verdoppelt und da der Sold damals nicht zu hoch gegriffen war, ist er jetzt zu gering. Das Parlamentsmitglied, Mr. Brassey, hat uns in einer interessanten Rede, die er im vorigen Jahre im Hause der Gemeinen hielt, mitgetheilt, daß sein Vater, der größte aller Eisenbahn-Unternehmer, es für zu kostspielig erklärte, billige Französische Arbeiter zu einem Tagelohn von 16 Sgr. beim Bau Französischer Eisenbahnen zu beschäftigen, sondern es vorzog, Englischen Arbeitern den dreifachen Preis zu bezahlen; und da die Deutschen Soldaten keinen andern nachstehen, so sollten sie gut bezahlt und in den Stand gesetzt werden, ihre Familien während eines Feldzugs vor Noth zu schützen, anstatt daß sie jetzt zwar selbst wohlgenährt sind, aber stets befürchten müssen, daß ihre Familien darben.

Zum Schlusse bitte ich, daß ein jeder Deutsche, der mein Buch liest, glauben möge, daß ich ihm im Geiste herzlich die Hand drücke, daß meine besten Wünsche und wärmsten Sympathien auf Seiten seines großen Vaterlandes sind und daß, wenn ich durch Aufopferung meines halben Vermögens den Sieg desselben hätte bewirken können, ich dasselbe sofort mit Freuden dafür hingegeben hätte.

Ich schließe hiermit mein erstes, in Deutscher Sprache geschriebenes Buch, das sich hauptsächlich auf den Deutsch-Französischen Krieg, seine Ursachen, Folgen und Wirkungen und auf die Meinung anderer Völker über denselben bezieht. In einem zweiten Werke beabsichtige ich auf Ernst Feydeau's und anderer Schriftsteller Angriffe auf Deutschland und Ledru Rollins Ausfälle gegen England einzugehen. Ich werde dabei eine Parallele zwischen Deutschland und England ziehen, die sich in so vielen Beziehungen ähneln, stammverwandt sind und beide an Frankreich einen unversöhnlichen Gegner haben. Ich werde mich dabei unter Anderem über die Litteratur, Wissenschaft, Malerei, Bildhauerkunst, Architektur, Musik, Kleidung und Sitten der Franzosen auslassen und ihnen sogar ihren Ruf der Originalität in der Kochkunst streitig machen. Diesen zweiten Theil will ich mit einer Skizze der Kriegs-Geschichte Frankreichs schließen, welcher die beispiellose Grausamkeit und Treulosigkeit der Franzosen nachweisen soll, die sogar in der Ueberzahl häufiger besiegt worden, als siegreich gewesen sind, außer wo sie von einem Italiener, dem Korsen Napoleon Bonaparte, geführt worden. Einige Einwohner einer Italienischen Stadt, die von Französischen Truppen unter Bonaparte geplündert worden war, schrieben an die Wände von Napoleons Hauptquartier: „Gli Francesi son tutti ladri" (die Franzosen sind alle Diebe). Hierzu sagte ein witziger Kopf „Non tutti, mai bona parte (Buonaparte) (Nicht alle, aber zum großen Theil). Von einem Deutschen Gelehrten rührt das folgende Lateinische Anagramm auf den Namen Napoleon Bonaparte her: „Bona rapta leno pone." —

Der Leser dieses Buches wird wohl den Unterschied des Styls

in dem Theile desselben, der bis zum Ende meiner Briefe über den Krieg geht und in dem des Ergänzungskapitels nebst dem Anhange wahrnehmen. Den ersteren habe ich mit Muße und fließend geschrieben, als ich direct vom Kriegsschauplatze heimkehrte, und mein ganzes Material gesichtet vor mir hatte, während der letztere im Hause der Gemeinen unter häufigen Störungen verfaßt wurde, ohne daß ich die nöthigen Hülfsmittel zur Hand hatte. Mitten in einem Satze erklang oft die Abstimmungsglocke; ich hatte ungefähr 220 Mal mich an Abstimmungen zu betheiligen, hatte meine eigenen Reden vorzubereiten, durchzusehen und andere Geschäfte abzumachen, wodurch natürlich mein Gedankengang beständig unterbrochen wurde. Außerdem kam mir immer neues Material zu, dessen Sichtung und Zusammenfassung stets schwerer wurde. Gar Manches, was ich aufgenommen hatte, wurde durch andere Citate verdrängt, welche noch besser waren, und die man nicht einfach hinzufügen konnte, ohne das Buch so wenig genießbar zu machen, wie ein vorzügliches Mittagessen nach einem reichlichen, spät eingenommenen Mittelfrühstück.

Außerdem war ich entschlossen, in keinem Falle meine eignen Ansichten aufzunehmen, wo ähnliche schon von andern, namentlich Französischen Schriftstellern ausgedrückt worden waren, und es kam oft vor, daß ich nach Entwickelung meiner eigenen Gedanken dieselben durch ähnliche Bemerkungen anderer Schriftsteller ersetzen mußte; ja ich würde mich sehr gefreut haben, wenn es möglich gewesen wäre, alles von mir Herrührende zu unterdrücken und nur fremde Citate zu geben; das konnte aber nicht geschehen, wenn ich ein zusammenhängendes, verständliches und lesbares Buch herstellen wollte.

In einem seiner witzigen Briefe entschuldigt sich Voltaire über die Länge desselben damit, daß er nicht Zeit gehabt habe, einen kurzen zu schreiben. Ich habe nun in der Hoffnung, der Sache Deutschlands einigermaßen nützen zu können, mir die Zeit genommen, in ungefähr 250 Seiten zusammenzufassen, was sonst mehr als 1000 gefüllt haben würde; und wirklich enthält mein Buch, in seiner gegenwärtigen Gestalt mehr Worte, als auf 1000 Seiten der Englischen Ausgabe des Französischen Buchs: „Acht Monate im Dienst oder Tagebuch eines jungen Officiers der Chanzy'schen Armee" stehen, aus dem ich einige interessante Auszüge mitgetheilt habe und theilt eine unendlich größere Anzahl von Thatsachen mit.

Freilich wird die Deutsche Zeitungspresse so trefflich redigirt, daß ein unbekannter Ausländer, wie ich, höchstens vorübergehend die Aufmerksamkeit auf sich zu lenken hoffen kann, wenn sein Werk nicht schon bei der Geburt zu Grunde geht. Werden doch selbst die bedeutendsten Reden eines Gladstone oder Bismarck von heute schon morgen von ebenso vortrefflichen verdrängt und wird doch die Times oder irgend ein großes Deutsches Blatt schon am Abend des Tages, wo es erschien, durch die Abendblätter begraben und zählt beim Erscheinen seiner eigenen nächsten Nummer bereits zu den Todten. Wenn also so viel gewandtere Federn, deren Besitzer kaum ihren genaueren Freunden dem Namen nach bekannt sind, nur theilweise und ephemer die Aufmerksamkeit auf sich zu lenken im Stande sind, so bin ich weder erstaunt noch unzufrieden darüber, wenn mein relativ schwaches Werk nicht einmal einen Succès d'estime davon trägt. Aber in einer Beziehung stehe ich hinter Niemanden zurück, nämlich in meiner Hochachtung für das große Deutsche Volk und in meinen aufrichtigen Wünschen für sein Glück und seine Wohlfahrt und ich hoffe, daß wenn die Franzosen es je wieder versuchen sollten, die Deutschen Zouaviter in modo zu behandeln, diese ihnen stets, wie im Jahre 1870, mit dem fortiter in re entgegentreten mögen.

Anmerkung. Ich habe, wie man sieht, die Briefe von Mr. Russel, Mr. Forbes und anderen Correspondenten der Times, Daily News, des Telegraph, Scotsman, der Kölnischen Zeitung, des New York Herald und anderer Zeitungen nur sparsam citirt, da ich der Ansicht bin, daß sie schon hinreichend in Europa bekannt und zum großen Theile auch in besonderen Abdrücken wieder veröffentlicht worden sind.

Sollte irgend Jemand von denen, welchen mein Buch zugeschickt wird, aus demselben Vergnügen oder Nutzen gezogen haben, so würde es mich sehr freuen, wenn er eine beliebige, ihm passend scheinende Summe Geldes meinem Verleger, der Buchhandlung von Asher & Co. in Berlin, für einen Sinclair-Unterstützungsfond zum Besten der Wittwen und Waisen Deutscher Soldaten übersenden wollte.

Anhang.

Aus einem Leitartikel der Times.

Frankreich kann nicht fallen. Frankreich kann nicht getheilt werden. Frankreich kann nicht den übeln Wechselfällen unterliegen, die man z. B. an großen Handels-Republiken und alten Aristokratien erlebt hat. Aber Alles dieses beruht mehr auf dem Französischen Bewußtsein, als auf Thatsachen, und wenn Frankreich jenes Bewußtsein zuerst zum Grunde eines gewaltthätigen Angriffs, dann zu dem eines selbstmörderischen Eigensinns macht, so erweist es sich als so fanatisch, daß es nur durch Schläge belehrt, nur durch Gewalt gezwungen werden kann. Trotz der besten Absichten können wir Engländer die Stärke Frankreichs nicht richtig beurtheilen. Wir kennen nicht einmal seine Reserven, oder wie viel Kraft noch auf dem Lande und in den bevölkerten Städten steckt. Noch weniger können wir uns anmaßen, sein verborgenes Feuer und seine innerlichsten Entschlüsse zu beurtheilen. Frankreich ist zwar nicht unverwundbar, aber möglicherweise ist es unzerstörbar. Es kann sein, daß es ein gefeites Leben führt und daß der Zauber sich über sein ganzes Gebiet erstreckt. Wir wären fast geneigt dies zu glauben, stände dem nicht die fatale Thatsache entgegen, daß Frankreich immer nach Erweiterung seines Gebiets trachtet und daher gar keine feste Grenze besitzt. Aber das Alles sind ja Gedanken und Empfindungen, die über den Horizont des öffentlichen Rechts hinaus liegen. In diesen Dingen ist Frankreich sich selbst das Gesetz und muß das auch bleiben. Man darf es nicht dadurch beleidigen, daß man ihm sagt, es sei wie andere Völker. Aber, wenn wir das nicht thun, so könnten wir uns auch nicht unterfangen, in seinen Handel mit seinem furchtbaren Gegner einzugreifen. Nur der Krieg kann solche Ansprüche endgültig schlichten. Frankreich erblickt vielleicht die Stimme des Himmels in den entsetzlichen Resultaten seines Verhaltens, und unterwirft sich mit mehr Anstand dem Donnerkeil, als der Stimme ruhiger Vernunft und Nächstenliebe. Es hat an die Gewalt appellirt und beharrt bei dieser Appellation mit, in dieser Beziehung, nicht zu leugnender

Consequenz. Vielleicht wird am Ende dieser furchtbaren Unglücksfälle es doch noch einem Englischen Staatsmanne vergönnt werden, Frankreich zu sagen, was ihm noch zu thun und zu dulden übrig bleibt. Im jetzigen Augenblicke können sich wol weder Frankreich, noch Deutschland, noch England eine deutliche Vorstellung davon machen.

Die Deutschen in Frankreich.

An den Redacteur der Times.

Mein Herr! Uns ist ein in der Pall Mall Gazette erschienener, vom 13. September datirter Artikel mit dem Titel „Das Betragen der Deutschen Truppen in Frankreich" von den Preußischen Behörden mit dem Ersuchen zugestellt worden, eine Aussage auf Ehre und Gewissen darüber zu machen, ob die in jenem Artikel behaupteten Frevel an Frauen und Eigenthum wirklich von den Preußen begangen worden sind. Unsere Ehre gebietet es uns, der Wahrheit gemäß, auf dieses Ersuchen zu antworten. Wir wünschen dabei durchaus unparteiisch zu sein. Einer oder der Andere von uns ist bei Forbach, Spicheren, Wörth, Gravelotte, Douzy, Bazeilles, Balan, Carignan, Courcelles und Sedan gewesen und jetzt befinden wir uns vor Metz. Wir führen diese Namen nur an, um zu beweisen, daß wir doch ein gut Stück des Krieges selbst mit angesehen haben und fühlen uns nun verpflichtet, den Behauptungen des Autors in der Pall Mall Gazette auf's Unbedingteste zu widersprechen. Wir haben überall Mangel, Leiden und Elend jeder Art gefunden, aber uns ist kein einziger Fall von persönlicher Vergewaltigung der Bauern, von an Frauen verübtem Frevel, oder von Beraubung eines Pachthofes, es sei denn etwa um einige Hühner oder etwas Obst, zu Gesicht oder zu Ohren gekommen. Unter all den Schrecken, die um uns her vorgegangen sind, pflegen wir uns, wenn wir zusammen sind, von der Freundlichkeit, Nachsicht und merkwürdigen Ehrlichkeit zu unterhalten, mit der die Preußen, in Anbetracht aller Verhältnisse, gegen die Einwohner und das Eigenthum der von ihnen durchzogenen Städte und Gebiete verfahren sind. Auf einen Punkt in dem besagten Artikel hat man namentlich unsere Aufmerksamkeit gelenkt, nämlich auf den, daß eine Anzahl Preußischer Officiere einem Beamten der „Englischen Gesellschaft zur Unterstützung der Kranken und Verwundeten" gegenüber damit geprahlt hätten, daß sie Französischen Frauen Gewalt angethan hätten." Wir wissen nicht, was unehrenhafter wäre, daß Preußische Officiere mit einer solchen That prahlen, oder daß ein Engländer eine solche Prahlerei ruhig mit anhöre; jedenfalls ruht die Verantwortlichkeit für diese Erzählung bei jenem Schriftsteller. Wir unsererseits fühlen uns, als Engländer von Ehre, die man hierüber um eine Aussage ersucht hat, verpflichtet zu erklären, diese ganze Erzählung als im vollsten Widerspruch mit Allem stehend, was wir gehört und gesehen haben und als eine dem Nationalhaß entstammende Verläumdung zu bezeichnen. Dieses bescheinigen wir, der Wahrheit gemäß, mit unserer Namensunterschrift.

Vor Metz, 23. Septbr. 1871.

N. A. Woods. M. G. Maclaine. Arthur B. Leech und Ernest Hart.
(Correspondenten des Scotsman und der Times.) (Beamten des Hilfsvereins für die Verwundeten.)

Aus einem Leitartikel der Times.

Der Marquis de Noailles beruft sich auf unsere Gefühle, als Engländer. „Würde irgend ein Engländer," fragt er, „der des Namens werth ist, nicht etwa Tausende, nein, ich sage nur einen seiner Landsleute aufgeben, um sich selbst, sein Leben und seine Freiheit zu retten?" Die Antwort liegt auf der Hand. Wir hatten in unseren Nord-Americanischen Provinzen im vorigen Jahrhundert viele tausend Landsleute, die nicht nur unsere nächsten Blutsverwandten, sondern sogar ihrem Mutterlande in so hohem Grade ergeben waren, wie es die Elsaßer und Lothringer kaum mehr sein können. In jenen Provinzen brach eine Revolution aus, die uns damals kaum weniger verhaßt war, als das Preußische Joch heutzutage dem echtesten Franzosen erscheint. Was ereignete sich nun? Wir kämpften und unsere loyalen Brüder in den Colonien kämpften. England geizte mit keinem Opfer für eine Sache, die es als Angelegenheit seines eigenen Volks betrachtete. Aber es ereigneten sich unwiederbringliche Niederlagen und mit ihnen die Ueberzeugung, daß weitere Anstrengungen unnütz wären. Und wir beugten uns vor der Nothwendigkeit und schlossen Frieden, obwol der einzige Wechselfall, den wir unseren heldenmüthigen Colonisten bieten konnten, in der Auswanderung oder der Unterwerfung unter die verabscheuten Rebellen bestand. Wir schlossen Frieden; und die Welt ging weiter, als ob kein unerträgliches Unrecht geschehen sei; und die Trauer jener im Stich gelassenen Colonisten ist jetzt vergessen; ja sogar die Trennung der Provinzen vom Mutterlande wird jetzt als ein zu beiderseitigem Vortheil Statt gehabtes Ereigniß anerkannt.

Wir hätten alle Ursache dankbar zu sein, wenn wir hoffen könnten, daß die Völker anfangen so zart über den Grundsatz „Einer für Alle und Alle für Einen" zu fühlen, daß sie die Zerstückelung und den Tod für fast identisch ansehen. Es ist sehr schön, wenn ein jedes Glied einer Gemeinde sich ganz und gar eins mit derselben fühlt. Aber die Wirkung dieses Gefühls sollte darin bestehen, daß man den Krieg und die Eroberung mißbilligt und nicht in der Hoffnung, den Folgen einer Niederlage zu entgehen. Die Franzosen hatten kein Mitgefühl mit den Italienern, als der Kaiser Savoyen und Nizza für immer mit dem Französischen Gebiete vereinigt erklärte. Sie empfanden keine Scrupel, als der Minister des Kaisers es aussprach, daß Italien nie nach Rom gehen solle, d. h. daß die Römer nie die fremde Zuaven-Garnison los werden sollten, welche ihre Knechtung verewigte. Wären die Italiener der Macht Frankreichs gewachsen gewesen, so hätte Herrn Rouher's Erklärung sicherlich einen casus belli abgegeben. Aber die Italiener zogen die materiellen, unüberwindlichen Schwierigkeiten in Betracht. Sie knirschten vor Wuth, blieben aber still und warteten es ab. Aber in ihrer Unterwerfung unter die grausame Nothwendigkeit lag Nichts, was man als einen Flecken auf ihrer Ehre betrachten konnte. Als eine einfache Frage der praktischen Logik ließe sich die Sache sehr einfach lösen. Wenn die Franzosen Nichts mehr thun können, als fechten und sterben, so thun sie sicherlich besser daran, den Kampf aufzugeben und am Leben zu bleiben. Unser Correspondent „Un Français" wirft die Frage auf, ob seine Landsleute das Andenken derjenigen verfluchen, welche im Jahre 1814 es vorzogen, Frankreich durch den Frieden zu retten, als es aus einem falschen Ehrgefühl zu Grunde gehen zu lassen. Die Frage ist wirklich sehr zutreffend, u. s. w.

Aus der Times.

What I saw of the War at the Battles of Speichern, Gorze and Gravelotte. By the Hon. C. Allanson Winn*). William Blackwood and Sons. 1870.

Die gute Aufführung der Deutschen in den besetzten Gebieten bezeugt Herr Winn auf's Nachdrücklichste, wie es ein jeder gethan hat, der im Anfange des Krieges bei ihnen war. Er selbst bemerkt mit Recht, bei

*) Herr Winn ist der Sohn von Lord Headley.

Gelegenheit eines einzelnen entgegengesetzten Falles, daß die Ausnahme eben die Regel beweise. So wurde z. B. das Betragen eines Officiers, der unter dem Vorwande, es sei Kriegszeit, den Versuch machte, sich Cognac zum eigenen Gebrauch, ohne Bezahlung, zu verschaffen, einmüthig von einer umherstehenden Gruppe Soldaten gerügt und diese brachten thatsächlich das Geld für eine fortgeschleppte Flasche unter sich auf. Doch konnte man, selbst damals, wenn auch selten, es beobachten, wie Grausamkeit Grausamkeit erzeugt. Herr Winn erzählt eine grause Geschichte, wie ein Bauer, den man bei der Zerstückelung der Leiche eines ermordeten Uhlanen abfaßte, von den Beilen der Deutschen Pioniere — doch wol lebendig — geviertheilt wurde.

Herren Winn's Buch ist, wie wir sagten, lebhaft und angenehm geschrieben; seine Kriegs-Scenen sind in einfacher, oft in eindringlicher Sprache geschildert. Wir sind ihm darum nicht gram, daß er bisweilen fast abstoßend genau in der Beschreibung von Wunden ist; denn Schriften über den Krieg sollen einem auch lebenswahre Vorstellungen von seinen Schrecken beibringen. Aber wir wünschten, er hätte uns mit einigen seiner Sentimentalitäten verschont, die er für absolut nothwendig zu halten scheint. Wenn er einen Menschen in einer dramatischen Situation todt hinfallen sieht, oder wenn er sich an der Seite eines Sterbenden befindet, so giebt er uns bestimmt irgend eine Betrachtung über die Empfindungen seiner Mutter, Frau oder Tochter, je nach seinem Alter; oder Reflexionen über das Entschweben seiner Seele zu höheren Regionen, die nicht gerade auf Neuheit Anspruch erheben können. Und wenn wir ihn wegen seines Freimuths loben, so müssen wir als sichersten Beweis desselben, die Offenherzigkeit anführen, mit der er Anecdoten von sich selbst erzählt, welche die meisten Menschen sicherlich für sich behalten hätten. Als er einmal mit fouragiren ging, gerieth er in einen kleinen Gemüse-Garten, der unberührt geblieben war, obwol die Truppen rings umher schwärmten. Herr Winn füllte sich nun den Beutel, den er aus seinem wollenen Hemde und Leibgurt gemacht und wurde, als er mit seiner Beute heimkehrte, von der Wache, die den Garten zu beaufsichtigen hatte, abgefaßt und zu einem Officier geführt. Als er eine einzige Zwiebel als Resultat seines Raubzuges verwies, ließ man ihn gehen und als er diese Beute triumphirend dem Oberst und den Officieren des 33. Regiments vorwies, „sahen diese sehr ernst drein.“ Die Geschichte spricht sehr zu Gunsten der Deutschen.

Aus einem Leitartikel der Times.

Es ist schwer zu begreifen, welcher praktische Zweck durch die fortgesetzten Demonstrationen zu Gunsten der Französischen Republik erreicht werden soll. Man hat deren noch zwei veranstaltet; eine am Sonnabend in der St. James' Halle und eine unter freiem Himmel am Sonntag Nachmittag in Hyde Park, welche sich zu einer Anzahl kleinerer Versammlungen gestaltete, von denen jede ihren eigenen Präsidenten und ihren eigenen Redner hatte. Die erst erwähnte Versammlung war bestrebt, sich einen gewissen Schein von Unparteilichkeit und Mäßigung zu bewahren und suchte die Namen einiger Führer der liberalen Partei in und außerhalb des Parlaments mit ihren Verhandlungen und Bestrebungen in Verbindung zu bringen. Die zweite fand unter Auspicien der „internationalen Demokraten von London" Statt; die Theilnehmer an derselben trugen rothe republicanische Banner; die Führer ließen sich von Lictoren mit Fasces in den Händen begleiten; ihre Resolutionen wurden im Namen der Londoner Republicaner eingebracht und erklärten unter Anderem, daß die Republik die einzige Regierungsform ist, durch welche dem Volk Freiheit und Gerechtigkeit gesichert werden kann. Hieraus ist ersichtlich, daß die Versammlungen zwei Sectionen der demokratischen Partei darstellen, die sich, so viel wir wissen, wol noch gegenseitig bekämpfen mögen. Auch haben wir durchaus Nichts dagegen, daß eine jede derselben so viele Versammlungen abhält, als ihr gefällt, so lange sie sich darauf beschränkt sich mit inneren Angelegenheiten zu beschäftigen. Aber können sie sich nicht einen anderen Vorwurf für ihre Invectiven, als gerade unsere auswärtige Politik in Bezug auf den Krieg wählen? Man mag zwar meinen, daß derartige Versammlungen nicht hinreichend wichtig sind, um davon Notiz zu nehmen und jedenfalls keine Befürchtungen zu erregen brauchen; und was die gewöhnlichen Angelegenheiten betrifft, stimmen wir vollständig mit dieser Ansicht überein. Fürsprecher, wie die Herren Bradlaugh und Beesley, werden wol kaum eine Sache fördern und Herr Odger ist, wie es scheint, zu einem eitlen, viel Lärm machenden Vertreter der Arbeiter geworden. Aber die auswärtigen Angelegenheiten sind ein Gegenstand, dessen Haupt-Interessenten außer Stande sind, sich ein richtiges Urtheil über den Werth und die Bedeutung der Redner zu bilden. Außerhalb Englands wird die Welt von den Versammlungen am Sonnabend und Sonntag nur erfahren, daß große Demonstrationen zu Gunsten Frankreichs gegen Preußen Statt gefunden haben und daß die demokratische Partei in England von der Regierung nicht nur verlangt hat, die in Paris herrschenden Leute als eine Regierung anzuerkennen, sondern auch sich mit denselben zu verbinden, um Frankreich vor einer „Zerstückelung" d. h. dem Verlust eines Theils seines Gebiets sicher zu stellen. Daß die Redner und Versammlungen große Aehnlichkeit mit denjenigen haben, die vor 18 Monaten in den Vorstädten von Paris Statt gefunden, läßt sich zwar Franzosen aus einander setzen, diese aber werden deßhalb nicht weniger von ihnen halten, da bei ihnen ja gerade die Partei, welche durch jene Versammlungen in Belleville vertreten wurde, jetzt in Paris und den größten Städten Frankreichs die Oberhand hat.

Wir müssen daher bekennen, daß wir wegen der Wirkung jener Versammlungen wirklich Furcht haben, obwol wir sehr wohl wissen, daß ihre Agitation bei uns zu Hause völlig wirkungslos ist. Bei uns zu Lande würde der Popanz eines Preußischen Angriffs wol nur auf die allerunwissendste Classe der Bevölkerung eine Wirkung ausüben. Nur ein kleiner Theil der Arbeiter folgt überhaupt den Rednern der St. James' Hall und von Hyde Park und selbst bei denen, welche hingehen, um der Französischen Republik ein Hoch zu bringen, ist die Ueberzeugung davon, daß der Krieg von Seiten Frankreichs durchaus nicht zu entschuldigen war, so stark, daß die Redner dazu gezwungen sind, einzugestehen, daß die Deutschen, so lange das Kaiserthum bestand, im Recht waren. Auch wissen wir sehr wohl, daß alle diese Versammlungen gar keinen Einfluß auf die öffentliche Meinung Englands oder auf die Handlungen seiner Regierung ausüben werden u. s. w.

Aus einem Leitartikel der Times.

Wenn die Franzosen sich einbildeten, daß Preußen, weil es ihnen bessere Bedingungen, als bald nach Sedan anbot, durch die levée en masse, oder den imposanten Anblick von Paris, oder die Loire- und Rhone-Armeen, sowie die Vogesen-Franctireurs eingeschüchtert wäre, so könnten sie einen neuen Boden gewinnen und selbst eine Geld-Entschädigung verweigern. Auch berichtet man schon, daß in Paris der Ruf ertönt: „Keinen Fuß breit Landes, keinen Stein unserer Festungen und keinen Franc aus unserer Tasche!" Das würde aber den Krieg verewigen oder ihm wenigstens so lange Dauer geben heißen, bis ganz Frankreich dem

Eroberer zu Füßen läge. Der Ton der Französischen Presse, oder wenigstens eines Theils derselben, ist darauf berechnet, die National-Eitelkeit anzufachen und den Frieden zu erschweren. Wenn wir sehen, wie ein Minister-Präsident, fast mit Trompetenschall, große Siege verkünden läßt, von denen der geschlagene Feind offenbar keine Ahnung hat, so können wir uns nicht darüber wundern, wenn eine Zeitung sagt: „Mögen die Preußen unbelästigt abziehen; dann wollen wir von ihnen keinen Schaden-Ersatz verlangen." Schwülstiger kann man wohl nicht auftreten u. s. w.

Die Französischen Gefangenen in Deutschland.

(Aus der Times.)

Wir werden um Veröffentlichung des folgenden Briefes ersucht, der an den Gouverneur der Festung Glogau gerichtet worden ist:

Glogau, den 11. December.

Herr Oberst!

Zu meinem Leidwesen habe ich einen Artikel in der Times gelesen, dessen Verfasser behauptet, daß die gefangenen Französischen Soldaten in Deutschland Hungers sterben, und daß denjenigen, welche krank werden, die nothwendige Pflege nicht zu Theil wird. Diese Thatsachen sind vollständig unrichtig und als loyaler Feind halte ich darauf durch die folgenden Zeilen denen Gerechtigkeit wiederfahren zu lassen, denen sie gebührt und die Wahrheit auszusprechen, indem ich die Thatsachen berichtige.

Ich bin seit der Capitulation von Metz Kriegs-Gefangener in Glogau. Auf meinen Spaziergängen gehe ich häufig in das verschanzte Lager, das unseren Soldaten als Casernen dient, theils um sie zur Geduld zu ermahnen, theils um mich von ihrer Lage zu überzeugen und mich gleichzeitig nach ihren Bedürfnissen zu erkundigen. Ich lasse nun hier das Resultat meiner Unterredungen folgen.

„Wir befinden uns so so, weder gut, noch schlecht, haben mir die Soldaten gesagt, was in ihrem Munde soviel heißt als: eher gut, wie schlecht; die Nahrung ist ausreichend; unsere Baracken sind geheizt; wir haben Strohsäcke und Decken; man vertheilt Mäntel, Hosen und Westen an uns, wobei man die Bedürftigsten unter uns zuerst berücksichtigt; es fehlt uns nur an Taback, da wir kein Geld haben uns welchen zu kaufen." Später habe ich in Erfahrung gebracht, daß man ihnen auch Taback ausgetheilt hat, und daß einige Preußische Officiere, welche die Oberaufsicht über die Gefangenen zu führen hatten, ihren Compagnien eine bestimmte Summe Geldes gegeben hatten, damit die Leute sich den Genuß des Rauchens verschaffen könnten. Unseren Soldaten fehlt also jetzt Nichts als ein regelmäßiger Sold, um ihre Lage dadurch erträglich zu machen, daß sie sich manche Annehmlichkeiten verschaffen können, die sie zur Zeit nicht haben.

Geht man nun zu der Frage nach den Krankheiten über, von denen unsere Gefangenen befallen sind und die eine so große Sterblichkeit unter denselben hervorrufen. Um die Ursachen derselben zu ermitteln, habe ich die Unter-Officiere, Gefreiten und Gemeinen meines Regiments, welche sich, wie ich selbst, etwa sechs Wochen in Glogau befinden, zusammenrufen lassen und alle haben mir auf meine Anfrage einstimmig Folgendes gesagt: „Die Entbehrungen, die schlechte Nahrung, der fast beständige Regen, die Kälte, der Straßenkoth, in welchem wir während der letzten zwei Monate der Belagerung von Metz geschlafen haben, und die Strapazen, die wir auf unseren Märschen nach Deutschland haben ertragen müssen, das Alles zusammen mit den Seelenqualen, hat unter uns perniciöse Fieber erzeugt, welche in Verbindung mit dem Zustande von Erschöpfung, in dem wir uns bei unserer hiesigen Ankunft befanden, uns tagtäglich Todesopfer abfordern." Sie hatten in ihrer Behauptung entschieden Recht, denn es ist auffallend, daß alle, die wir an ihre letzte Ruhestätte begleiten, der Armee von Metz angehören.

Trotz alledem beruht eine in dem Times-Artikel angeführte Thatsache auf Wahrheit; was nämlich von der Beseldung der Officiere gesagt wird. Es steht fest, daß kein Officier in einem Lande, wo man 8 bis 10 Thaler für Wohnung und 15 bis 20 Thaler für Beköstigung monatlich zahlen muß, mit einem Gehalt von 12 Thalern auskommen kann, namentlich in der jetzigen Jahreszeit, wo es kalt ist. Man muß sich Kohlen und Holz, sowie Oel und Lichte kaufen, um die traurigen Winterabende zu Hause zubringen zu können. Auch verbrauchen sich die Kleidungsstücke und müssen neu ersetzt werden, so daß ein Officier, der nur auf den kleinen ihm von der Preußischen Regierung bewilligten Sold angewiesen ist, völlig außer Stande ist, auch nur seine dringendsten Bedürfnisse zu befriedigen.

Dies war es, Herr Oberst! was ich durch Wahrheits- und Gerechtigkeits-Liebe verpflichtet war über die Art der Behandlung der Französischen Gefangenen auszusagen. Ich füge noch hinzu, daß Sie selbst in jedem Falle, wo die Reglements und Befehle des Gouverneurs der Provinz dem nicht entgegenstanden, eifrig bemüht gewesen sind, sich uns unter allen Umständen freundlich zu erweisen.

Genehmigen Sie, Herr Oberst! die Versicherung meiner ausgezeichneten Hochachtung.

R. de Montvert, Hauptmann im 9. Dragoner-Regiment,
Kriegs-Gefangener in Glogau.

Nachschrift. Ich stelle es Ihnen vollständig frei sich dieses Briefs bei jeder Gelegenheit, wenn es Ihnen zweckmäßig scheint, zu bedienen, und freue mich, wenn mein Zeugniß im Stande ist, Sie vor versuchten Verläumdungen zu schützen.

Mr. Carlyle und die deutschen Soldaten.

Der Special-Correspondent der Daily News beim Hauptquartier des Kronprinzen von Sachsen, schreibt am 7ten von Ville Evrart:

„Thomas Carlyle auf Vorposten! Der „Weise von Chelsea," wie die Berichterstatter ihn zu nennen lieben, unter den Belagerern von Paris! Ja! in Wahrheit, obgleich nicht in persona mit seinem schottischen Plaid, aber doch durch ein Schreiben vertreten, dessen Autorschaft nicht bezweifelt werden kann, selbst wenn man seine Handschrift nicht kennte. In den Deutschen Heeren finden sich Viele, die sowol die Feder als das Schwert zu führen verstehen. Einer dieser in beiden Sätteln gerechten Leute von der vor Paris liegenden Sächsischen Armee hatte ein von ihm verfaßtes Büchlein nach Chelsea geschickt und als ich gestern durch das Dorf ritt, in welchem Herr Waldmüller einquartirt ist, brachte er mir Mr. Carlyle's Antwortschreiben, welches ich mit Erlaubniß des Empfängers hiermit veröffentliche:

5, Cheyne Row, Chelsea,
27. Decbr. 1870.

Mein Herr!

Vor drei Tagen erhielt ich aus Dresden ein hübsches, blaues Büchlein, „die tausendjährige Eiche" betitelt, das ich, besonders da es Ihre freundliche, von „vor Paris" datirte Zuschrift enthielt, mit großem Interesse gelesen habe. Es ist an sich ein wirklich schönes Büchlein, mit großer Kunst zusammengestellt und zeigt den Verfasser als einen zartfühlenden, poetischen, talentvollen Menschen-Bruder, der in der Kunst zu schreiben, um nicht von höheren Dingen zu reden, wohl erfahren ist. Nirgends habe ich eine geistreichere Verarbeitung der lichten und menschlichen Momente einer Alterthums-Studie zu einem künstlerischen Lebensbilde gefunden, als in diesem Elsaß und seiner „tausendjährigen Eiche." Daß Jemand, der solch ein Werk liefern kann, mir jetzt von „Le Vert Galant," mitten aus einem großen und schrecklichen Welt-Ereigniß schreibt, einem Ereigniß, das in eben so hohem Grade wohlthätig, als schrecklich ist und auf das ganz Europa mit verhaltenem Athem blickt, ist wiederum ein Umstand, der mein Interesse an dem gütigen Geschenk ungemein erhöht. Und ich habe Recht mir das Büchlein als ein Andenken an das sorgfältig aufzuheben, was der ganzen Welt für die nächsten tausend Jahre denkwürdig sein wird. Ich möchte Ihnen gerne eine Andeutung meiner Gefühle für Sie zukommen lassen, der Sie zu gleicher Zeit der Verfasser eines solchen Buches und der Kämpfer und Mitarbeiter in einer solchen Welt sind; und suche dies in irgend einer Weise zu Stande zu bringen. Ach! meine Wünsche können Ihnen und Ihren tapferen Kameraden, die den Stürmen des Krieges und des Winters muthig die Stirne bieten, nur wenig nützen. Aber sollten diese Zeilen Ihnen je zu Händen kommen, mögen dieselben Sie versichern, daß ich Sie in meinem Herzen preise (und Sie sogar gewissermaßen, wenn ich ein Deutscher und jung wäre, beneiden könnte) und daß Niemand in Deutschland, oder außerhalb desselben, ein größerer Bewunderer des unbesiegbaren Heldenmuthes ist, den Sie und Ihre Kameraden an den Tag legen, und denselben ruhmreichere Erfolge wünscht und prophezeit, als ich. Es ist meine Ueberzeugung, daß ein guter Geist Sie leitet, daß der Himmel selbst Ihre Thaten billigt und daß schließlich der Sieg Ihnen sicher ist. Empfangen sie den Segen eines Greises! Fahren Sie fort, sich wie Männer zu halten! Und seien Sie der Ueberzeugung daß, in dem Falle, der gute Ausgang über den Wechselfällen des Zufalls erhaben ist! Möge Gott mit Ihnen und Ihren tapfern Waffenbrüdern sein!

In Treue Ihr

T. Carlyle."

Aus dem Morning-Advertiser.

Eine gut und deutlich ausgesprochene Auffassung der Lage, wie die Deutschen sie betrachten, befindet sich in der gestrigen Times. Sie rührt

13*

von Frau Salis Schwabe*) her, die, so viel wir wissen, die Gattin eines der ersten, in England ansäßigen, Deutschen Kaufleute ist. Der Artikel lautet: „Ich würde es für ein entsetzliches Verbrechen halten, wenn irgend ein Deutscher Staatsmann Straßburg und die Vogesen-Kette an Frankreich zurückgeben wollte, welche durch den Ausgang eines unprovocirten Angriffskrieges in die Gewalt der Deutschen Armeen gefallen sind. Ich meine es würde ein sehr übles, sowol für Europa, als für Frankreich selbst schädliches Beispiel abgeben, wenn man zugäbe, daß kein noch so unprovocirter und sträflicher Krieg jemals mit einem Französischen Gebietsverlust endigen könnte. Eine bedeutende Verkleinerung seines Gebiets ist gerade die geeignete Strafe, welche ein unparteiischer Richter Frankreich für das große Verbrechen auferlegen würde, das es aus Vergrößerungslust begangen hat."

Die Verfasserin fährt dann fort: „sie könne sich nicht vorstellen, was der König von Preußen wol auf eine etwa folgendermaßen lautende Appellation der Badenser antworten könne: — Als Frankreich Ihnen den Krieg erklärte, haben wir, das kleine Baden, das am Meisten einer Französischen Invasion ausgesetzt war, ohne zu zögern, in loyalster Weise unsere Verpflichtung anerkannt uns an der Vertheidigung des gemeinsamen Vaterlandes zu betheiligen. Für Frankreich war damals kein Preis zu hoch, den es uns Süd-Deutschen nicht gezahlt hätte, wenn wir Sie im Stiche ließen. Wir haben uns aber nicht nur mit Ihnen verbündet, sondern wir haben unsere Soldaten unter Ihren Befehl gestellt; wir haben Sie als unseren Oberbefehlshaber anerkannt und haben freudig und tapfer die uns von Ihnen angewiesene Aufgabe ausgeführt. Wollen Sie uns jetzt dafür der Willkür jenes unruhigen, streitsüchtigen Volkes Preis geben? Wollen Sie ihm die Mittel in Händen lassen, wieder unsere friedfertigen, unbefestigten Städte abzubrennen? Wollen Sie uns der Gnade der Franctireurs überliefern, damit sie ihre heimlichen Versuche erneuern können, unseren Schwarzwald anzuzünden? Sollen wir stets in der Furcht leben, daß irgend eine Französischer General seine Turcos auf unsere friedliche Heimath loslasse? Sollen wir stets von Französischen Kanonenboten auf unserem Rhein bedroht sein?" Auf einen solchen Anruf giebt es nur eine Antwort, die ein ehrlicher Mann, an Bismarck's Stelle, ertheilen kann; und die lautet: „Wir erkennen Eure Ansprüche an und mit Gottes Hilfe

*) Der Brief soll von dem Lord-Richter James, Mitglied des Appellationsgerichts, herrühren.

wollen wir gemeinsam das Euch schützende Bollwerk der Vogesen behalten, das wir gemeinsam genommen haben und unter dessen Schutz Ihr und die Eurigen friedlich und gesichert leben möget, ohne durch die Furcht einer Französischen Invasion stets gestört zu werden."

Correspondenz der Pall Mall Gazette.

Die Nemesis der Lüge.

An den Redacteur der Pall Mall Gazette.

Mein Herr! Ich sehe mich veranlaßt, Ihnen eine kurze Nachschrift zu meinem langen Briefe vom Freitag zu schicken, weil ich überzeugt bin, daß die falschen Sympathieen für Frankreich, von denen ich neulich sprach, wenigstens in der Art und Weise wie sie auftreten, in hohem Grade unheilvoll und irrig sind. Sie ermuthigen nämlich die Selbsttäuschungen der Franzosen und bekräftigen sie in ihrem Eigensinn. Gerade die Autoren der Quarterly Review, der Contemporary Review und des Spectator gehören thatsächlich zu den schlimmsten Feinden Frankreichs, die dasselbe blindlings in sein Verderben führen.

Ich meine es kann auch nicht der geringste Zweifel bei einem unbefangenen Beobachter, der die wirkliche Lage der Dinge kennt, darüber obwalten, daß Frankreich in diesem Kriege gründlich und unrettbar geschlagen ist; daß die Verlängerung des Widerstandes nur noch mehr Blutvergießen und noch größere Leiden zur Folge haben muß; daß die unausgehobenen Rekruten, die jetzt aus dem ganzen Lande zu ihren Fahnen eilen, nur Schafen zu vergleichen sind, die man mit verbundenen Augen unnütz zur Schlachtbank führt; daß es also klug und unvermeidlich ist, Frieden unter den besten Bedingungen zu schließen, die man von der Gnade des Eroberers erhalten kann, den die neutralen Mächte zur Mäßigung bewegen werden und dessen letzte Forderungen, wie man hört, nicht übertrieben sind. Auch läßt es sich, wie ich glaube, eben so wenig leugnen, daß die wenigen Franzosen, die in der Lage sind, den Thatsachen ehrlich in's Gesicht zu sehen und dieß auch thun, in ihrem Innern, ohne Vorbehalt, zu diesem Schluß gekommen sind. Auch läßt sich als ziemlich gewiß annehmen, daß wenn Frankreich, als ein Ganzes genommen, überhaupt die Wahrheit wüßte, oder auch nur eine annähernde Kenntniß der wirklichen Ereignisse des Feldzuges besäße, wenn man ihm mitgetheilt hätte, daß alle seine Armeen in ehrlichem Kampfe, aus natürlichen Gründen, von einem überlegenen Gegner völlig geschlagen, daß seine großen Festungen alle gefallen seien oder im Begriffe wären zu fallen; daß 90,000 Mann seiner besten Truppen auf einmal capitulirt hätten, daß also thatsächlich das Spiel verloren sei; daß, sage ich, die Franzosen dann sich, für jetzt wenigstens, in das Unvermeidliche fügen und dazu herbeilassen würden, sofort Frieden zu schließen. Aber Alles dieß ist ihnen unbekannt; man hat sie darüber in der tiefsten Unwissenheit erhalten; die Thatsachen sind ihnen von Anfang an absichtlich vorenthalten oder gefälscht dargestellt worden. Und in dieser Beziehung waren die Fälschungen des Kaiserreichs Kleinigkeiten im Vergleich zu den schamlosen Lügen der Behörden der Republik. Die provisorische Regierung — Männer, wie Jules Favre und Gambetta — bedecken sich täglich dadurch mit Schmach, daß sie die schlimmsten Lügen beider Napoleons überbieten, daß sie Schlachten verkünden, die nie geschlagen worden, Siege erfinden, die nie Statt fanden, Hoffnungen erwecken, die sie selbst nicht hegen, Aussichten eröffnen, von denen sie wissen, daß sie völlig grundlos sind. Mit gutem Vorbedacht machen sie es ihren Landsleuten unmöglich, sich ein Urtheil über die Nothwendigkeit und Wünschenswürdigkeit des Friedens zu bilden und stürzen sie durch ganz beispiellose Lügen, Schmeicheleien und Verlockungen in ihr größtes Verderben. Auf ihnen und ihresgleichen ruht also die ganze Verantwortlichkeit für die Fortsetzung des Krieges und alle furchtbaren Folgen derselben. Man spricht von ihrem Heldenmuth, ihrer Entschlossenheit, ihren großartigen Anstrengungen, das Land zu patriotischen Opfern und Wagnissen anzuspornen. Wollen wir doch wenigstens in einem so äußerst kritischen Moment, wie der gegenwärtige, die Dinge beim rechten Namen nennen. Mag immerhin Heldenmuth dazu gehören, für sein Vaterland zu sterben; mag Größe darin zu finden sein, daß man einen besudelten Oelzweig zurückweist; mag auch, zu Zeiten, die Vaterlandsliebe sich darin zeigen, daß man einen verzweifelten Kampf, ohne Hoffnung, aussicht; so kann es doch nie großartig, heldenmüthig oder patriotisch genannt werden, wenn man ein Volk, das einem traut und das von Niemandem sonst die Wahrheit erfahren kann, belügt, um es dazu zu bereden, sich in unendlicher Menge niedermetzeln zu lassen. Es ist dies einfach ein Verbrechen der gemeinsten Art und mindestens eben so feig, als unehrlich. Man wagt es nämlich nicht, Frankreich die Wahrheit zu sagen und den nothwendigen Frieden zu schließen, gerade weil man es bisher belogen hat. Wer es jetzt wagte, die Wahrheit zu sagen, würde wol in Stücke zerrissen werden.

Minister, welche die Bedingungen des Siegers annehmen, müßten sich entschließen, sich brandmarken zu lassen und für alle Zeiten unmöglich zu werden. Und unter allen diesen großmäuligen „Patrioten“ findet sich nicht Einer, der sich in dieser Weise zur Rettung seines Vaterlandes aufopfern will.

Selbst bis zum letzten Augenblick durchzieht diese selbe Atmosphäre der Lüge und Selbsttäuschung, oder der unheilbaren Versuche, Andere zu hintergehen, ihre ganze Sprechweise. Der rührende Aufruf Arlès Dufour's an England, damit dieses einschreite und Frankreich errette, verräth nicht die geringste Spur eines Bewußtseins, daß Frankreich in jedem Augenblicke sich durch ein einziges Wort retten kann, und zwar durch ein völlig angemessenes. Die letzten Rundschreiben der provisorischen Regierung gezeichnet „Chaudordy“, erklären es, daß es Frankreich zu einer Macht zweiten Ranges machen und etwas anrathen hieße, was kein Land, das auf seine Ehre hielte, thun könne, wenn auch nur das kleinste Stückchen Französischen Gebietes abgetreten werden sollte. England aber hat die Jonischen Inseln ohne irgend welchen Zwang aufgegeben. Italien hat schon auf einen sehr leichten Druck hin Nizza und Savoyen und zwar an Frankreich abgetreten. Frankreich selbst hat diesen Krieg unternommen, um ein sehr großes Stück Deutschen Gebiets sich anzueignen und trotz alledem entblödet es sich nicht, solche Einwürfe, wie die Chaudordy'schen vorzubringen. Und Jules Favre's letzte, vor drei Tagen gesprochenen Worte sind ein hysterischer Ausruf, daß Preußen „mit kaltem Blut darauf ausgeht, Frankreich zu vernichten und mit dem Tode zu bestrafen;“ aber daß Frankreich lieber Alles ertragen will, als nachgeben und „in seinem Unglück so groß bleiben will, daß u. s. w.“ Kann Herr Favre es denn nicht begreifen, daß er gar kein Recht hat im Namen Frankreichs zu sprechen oder die Menge seiner Leiden und Opfer zu bestimmen, bevor er demselben die Wahrheit gesagt hat?

Nun werden aber gerade alle diese verderblichen Wahnvorstellungen und Täuschungen durch Englische Sympathie-Bezeugungen genährt. Es heißt gerade die Männer unterstützen, die Frankreich in Unkenntniß seiner wirklichen Lage erhalten, die dasselbe erst schmählich hintergehen und dann in seinem Namen frech sprechen und handeln, die es veranlassen, auf fremde Einmischung zu rechnen und die ihm einreden, daß es Preußen ist, das durchaus Paris bombardiren will und nicht Paris und die Regierung, die darauf bestehen, bombardirt zu werden. Wollen wir doch Frankreich sofort die einfache Wahrheit sagen, daß die gestellten Bedingungen, wenn auch unpolitisch, doch keineswegs übertrieben oder unbillig sind; daß es nicht umhin kann, sich ihnen zu unterwerfen; und daß es, wenn Frankreich immer noch unverbesserlich bleibt, von demselben doch viel klüger gehandelt wäre, den Kampf dann wieder von Neuem anzufangen, wenn es wieder erstarkt ist, als ihn jetzt fortzusetzen, wo es am Boden liegt. Meiner Ansicht nach hat England (oder wenigstens die Englische Regierung) sich einen schweren Fehler darin zu Schulden kommen lassen, daß es nicht von Anfang an den Angriff als ein unverantwortliches Verbrechen auf's Entschiedenste verdammt hat. Möge es jetzt nicht einen ähnlichen Fehler begehen, indem es sich scheut, es Frankreich auszusprechen, daß dieses seine Strafe reichlich verdient habe und nicht umhin könne, sich derselben zu unterwerfen. Wir haben zwar nicht den männlichen Muth gehabt, Frankreich, als es mächtig und angriffslustig war, zu sagen, daß es im Unrecht wäre; mögen wir aber jetzt wenigstens, wo es blutend und hilflos daliegt, die Menschenfreundlichkeit besitzen, es ihm nicht zu verschweigen, daß es sich noch immer im Unrecht befindet. W. R. Greg.

Aus dem an die Times gerichteten Schreiben eines Americanischen Diplomaten, in dem man Mr. Washburne, Mr. Bancroft oder den General Sheridan vermuthet.

„Zum Schlusse dieses Briefes komme ich auf einen Punkt, den ich mit der größten Aufmerksamkeit beobachtet und geprüft habe, nämlich das Benehmen dieser Truppen in den Gegenden, die sie durchziehen. Ich kenne das gewöhnliche Verhalten der Truppen der Americanischen Nordstaaten im Süden und das der Franzosen in den von ihnen in den Kriegen des ersten Kaiserreichs eingenommenen Ländern sehr wohl und bin über das vorzügliche Benehmen der Deutschen erstaunt gewesen. Ich habe jetzt vier Tage in ihrer Mitte zugebracht und zwar in den Städten Vic-sur-Aisne, Crépy, Senlis und Beaumont. Auf den Märschen ziehen sie ruhig die Straßen entlang, ohne sich auch nur einen Apfel von den Bäumen zu nehmen. Da sie gewöhnlich in den Dörfern und Städten einquartirt werden, so werden sie daselbst bei dem Bürgermeister vorher angesagt, damit dieser für eine bestimmte Zahl Officiere, Soldaten und Pferde Unterkommen verschaffe. Die Mannschaften sollen mit den nothwendigen Nahrungsmitteln und die Pferde mit festgesetzten Rationen versehen werden. Die Truppen haben es nur mit der Stadtobrigkeit dabei zu thun und diese erhält von ihnen, nach ihrem Abgange eine Quittung, worauf die Regierung dem Ort die Umkosten für das zu ersetzen hat, was der Ortsvorstand zu vertheilen gehabt hat. Sonstige Ansprüche haben die Truppen kein Recht zu erheben. Meist ist ein Officier in einem und demselben Hause mit Soldaten einquartirt, namentlich wenn ihre Anzahl beträchtlicher ist. Nun befinden sich die Truppen in der Lage von Reisenden. Sie können sich in den Läden Sachen nach Belieben kaufen, aber die strenge Disciplin hindert sie daran sich irgend etwas gewaltsam zu nehmen, irgend Jemanden, sei es nun Mann oder Weib zu beleidigen, oder sich Rechtsverletzungen zu erlauben; und diese Disciplin wird durch die anständige und gebildete Selbstachtung, sowie durch die Mäßigkeit im Charakter dieser Leute, die ich bereits erwähnt habe, sehr unterstützt. Die Läden der Goldschmiede, wie aller anderen Gewerbetreibenden können ohne Gefahr, wie zu Friedenszeiten, geöffnet werden. Nur in die Tabaksläden stürzt Alles und diese werden bald ausverkauft. Ich habe sie wiederholt zu Zeiten beobachtet, wo sie dicht von Leuten besetzt waren, die dringend wünschten bedient zu werden und sich mit den Besitzern nur durch Zeichen und Geld verständigen konnten; und habe es nie gesehen, daß man sich Cigarren genommen hätte, ohne sie zu bezahlen. Und doch glaube ich, daß es bei jedem anderen Volke selbst, in Friedenszeiten, vorkommen würde, daß bei einem solchen Gedränge von Leuten, die rasch bedient sein wollen, etwas Waare von den Tischen der Tabakshändler unbezahlt verschwände. Sie bezahlen Alles in Silbergeld und ist der Werth des Thalers durch Befehl, gerechter Weise, auf 3 Francs 15 Sous festgesetzt worden. Hin und wieder kommen kleine Häkeleien über das Wechseln vor, da die Parteien sich nicht verstehen und hinter dem Ladentische oft mit verwirrender Zungengeläufigkeit gesprochen wird. In fünf bis sechs Läden, in denen ich Erkundigungen eingezogen habe (nachdem Alles vorüber und sämmtliche Waare ausverkauft war), hat man mir das Betragen der plötzlich hereinströmenden Kunden gelobt. In dreien jedoch behauptete man, daß einige Cigarren von ein Paar Leuten ohne Bezahlung entnommen worden wären. Doch bin ich überzeugt, daß der Verkäufer hieran selbst Schuld war, da er bei einem solchen Gedränge entweder das ungewohnte Geld nicht nehmen wollte, oder sich über das zurückzugebende nicht verständigen konnte. In Vic beklagten sich die Soldaten bei dem General, in meinem Beisein, daß ein Laden ihnen Nichts verkaufen wolle. „Man sage dem Besitzer, er möge sie ehrlich bedienen, widrigenfalls er sich nicht darüber beklagen könne, wenn man ihm Waaren ohne Bezahlung wegnehme" lautete die Antwort, die bei dem Verhältnisse von Siegern und Besiegten nicht unbillig war. Auch habe ich mich viel unter den Gruppen auf den Straßen bewegt und mit den Ortsvorständen der verschiedenen Städte unterhalten, welche sämmtlich das vorzügliche Betragen der Truppen bezeugten. Keiner von ihnen wußte etwas davon, daß ein Frauenzimmer beleidigt oder irgend eine Rechtsverletzung begangen worden sei. Mehrere erzählten mir, daß auf die Tische gesetzter Branntwein entweder gar nicht angerührt, oder kaum genossen worden sei. Zwar erzählte ein Mann, daß ein Anderer ihm gesagt habe, ein Spiegel sei zerschlagen worden; als ich ihm aber vorstellte, daß eine Klage bei einem Officier den Schaden wieder gut machen würde, schien er keine Lust zu haben darauf einzugehen. In einem anderen Falle kam ein Mann in ein Wirthshaus, in dem ich speiste und beklagte sich, seine Wirthschafterin habe ihm erzählt, daß seine sechs Mann Einquartierung, obwol sie mit Nahrung und Betten versehen worden, mit Gewalt in ein verschlossenes Zimmer eingedrungen wäre, einen Kleiderschrank erbrochen und ihm Wäsche gestohlen hätten. Auch hätten sie gedroht ihn zu erschießen, wenn er nach Hause käme. Ein anwesender Officier, der Französisch verstand, stand sogleich auf und untersuchte den Fall. Er lag so: der Besitzer hatte den Soldaten nur trockenes Brod zu essen und Matratzen ohne Laken als Nachtlager geben lassen. Als sie nach den Laken gefragt, hatte die Wirthschafterin ihnen gesagt, sie befänden sich in ihres Herrn Zimmer; worauf sie sofort die Thüre aufstießen und sich die Laken holten, mit denen sie ihren Betten zudeckten. Die Drohung den Herrn zu erschießen hatte darin bestanden, daß sie ihre Waffen auf den Tisch abgelegt hatten: was die Wirthschafterin (eine halbverrückte Person, wie meine Hotel-Wirthin mir später erzählte) so aufgefaßt hatte, als ob sie für ihren Herrn bestimmt wären.

So lautet mein, auf Beobachtung und zahlreiche Erkundigungen, die ich vier Tage lang in vier verschiedenen Städten des besetzten Frankreichs eingezogen habe, gestütztes Zeugniß. Ich nehme an, daß das Benehmen der übrigen Corps an anderen Orten wesentlich das gleiche gewesen sein müsse, da das System, die Disciplin und die National-Eigenthümlichkeiten die selben sind. Und zwar besteht dieses Corps hauptsächlich aus Preußen, welche die Pariser Zeitungen gewöhnlich als den schlimmsten Theil der gesammten Deutschen Armee in Bezug auf Brutalität gegen das Volk bezeichnet haben.

Die Befehle, nach denen sie handeln, lauten dahin: in keiner Weise das unbewaffnete Volk, das sie nicht angreift, zu schädigen; wenn dagegen in den Dörfern oder Städten, wo sie Halt machen und vertrauensvoll aus einandergehen, auf sie geschossen wird, so sollen sie dieselben, als warnendes Beispiel für Andere, niederbrennen. Ihre Vorsichtsmaßregeln an Vorposten u. dgl. sind so beschaffen, daß sie nicht überrascht werden können. Beim Einzug in eine Stadt ist das Erste, daß der Ortsvorstand eine Proclamation zu erlassen hat, die die Ablieferung aller Gewehre und Waffen in die Mairie in einer bestimmten Frist fordert. Nach diesem Termin halten Patrouillen Haussuchung ab und Jedermann, der Waffen verborgen hat, kann erschossen werden. Glücklicherweise ist kein solcher Fall innerhalb der vier Tage, die ich erlebt habe, vorgekommen. Häuser, welche vom Maire mit Einquartierung belegt werden und von den flüchtigen Besitzern verlassen sind, werden natürlich erbrochen und der Maire läßt die Soldaten auf Kosten der Abwesenden in gehöriger Weise verpflegen." —

Rathbone Greg äußert sich folgendermaßen: „Frankreich wird nicht mehr im Stande sein den Habicht, den Pfau und die Kropftaube von Europa zu spielen und die Eitelkeit seiner thörichten Bürger mit solchen Redensarten zu nähren, wie die folgende: Wenn Frankreich zufrieden ist, ist Europa ruhig. Welches sind nun aber, politisch betrachtet, die drei großen Fehler des Französischen Charakters, welche ihn gefährlich und für die Politik untüchtig machen? Es sind diese: Das Recht von Paris seinen Willen Frankreich zu dictiren; das Recht Frankreichs der ganzen Welt Vorschriften zu machen und das Recht eines jeden einzelnen Franzosen seinen Willen dem ganzen Volk aufzuoctroyiren .... Frankreich ist eine Art Diamant unter den Steinen. Die Franzosen sind das edelste Porcellan, das aus dem Menschenthon geformt ist; die anderen Völker sind nur gewöhnliche Thonwaaren. Jene haben eine Art angeborene Anwartschaft zur höchsten Gewalt und Führerschaft, welche klar zu Tage liegt.

Sie ragen hervor an der Spitze der Civilisation. Ihre Ueberlegenheit springt in die Augen. Ihre Soldaten sind, ihrer Natur nach, unbesiegbar; alle Thatsachen, die dem widersprechen, sind rein zufällig. Wenn sie je unterliegen, so liegt das daran, daß sie an Zahl übertroffen, oder verrathen und verkauft worden sind. Es ist unmöglich, daß sie in ehrlichem Kampfe besiegt werden. Sogar die Sittengesetze, welche für gewöhnliche Menschenkinder gut sind, finden kaum ihre Anwendung auf die Franzosen. Sie sind eine ausnahmsweise bevorzugte und begünstigte, ja fast heilige Rasse. Was Frankreich anderen Völkern zufügen darf, das ist von anderen Völkern an Frankreich verübt eine furchtbare Anmaßung. Frankreich darf in andere Länder einfallen, andere Städte nehmen, andere Hauptstädte belagern, aber wenn andere Staaten, die nur zur Masse der Menschen, zur Canaille gehören, Wiedervergeltung üben, so entrüstet das die Franzosen, 'als ein frevelhaftes, vatermörderisches Unternehmen. Frankreich marschirt nach Berlin, Wien, Moskau; Nichts ist passender, natürlicher, normaler. Aber wenn Rußland, Oestreich, Preußen Paris belagern oder bombardiren, so ist das entsetzlich, verrucht, unbegreiflich, ein Verbrechen, das die gesammte Welt sich überstürzen müßte zu verhindern oder zu rächen. Frankreich hat das Recht Savoyen, Nizza, Baden, Trier, ja sogar Belgien zu rauben und zu annectiren, wenn es kann, aber wenn Deutschland das Elsaß für sich zurückfordert, so legt es eine kirchenschänderische Hand an die Lade des Herrn. —

Auszüge aus „Reisen in Deutschland im Jahre 1816 von Sir George Sinclair, Baronet, Mitglied des Parlaments."*)

Aus der Kathedrale gingen wir in ein Franciscaner-Kloster, das oben auf dem sogenannten Frauenberge liegt. Es wird von einem Pater, der Vorsteher ist, und sechsundzwanzig Mönchen bewohnt, welche sehr arm sind und sehr elend aussehen. Auf ihrem Rückzuge im Jahre 1814 brachen nämlich die Franzosen in dieß Kloster ein und schleppten Alles mit sich fort, was ihnen unter die Hände kam. Messer, Gabeln, selbst Thürschlösser fielen ihrer unersättlichen Habgier zur Beute und da sie dieselbe nicht so reich fanden, wie sie erwartet hatten, so verwundeten sie mehrere Mönche, von denen mir einige die Narben zeigten, welche noch zum Andenken an Französische Feigheit und Barbarei zurückbleiben; denn es ist barbarisch Unschuldigen Schaden zuzufügen und feig Wehrlose zu verletzen. . .

Mein verstorbener Freund Professor Goede (der in Jena war, als

*) Sir George Sinclair ist der Vater des Verfassers dieses Werks. Er erhielt seine Erziehung in Harrow, gleichzeitig mit Lord Byron, der ihn „das Wunder unserer Schulzeit" nannte, studirte später in Göttingen und starb 1868.

die Franzosen einrückten) hat mich versichert, daß sie ihn nicht nur aller Habseligkeiten, die sie brauchen konnten, beraubt, sondern ihm auch alle seine Bücher, Papiere und Manuscripte zum Fenster hinausgeworfen hätten.... Ich habe noch kein einziges Dorf in Deutschland besucht, wo die Franzosen nicht Frevel aller Art verübt hätten.... Am Hofe von Ballenstädt erzählte mir Herr von Salmuth, daß er in einem Gespräche über den Krieg einem in seinem Hause in Bernburg einquartierten Französischen General die Bemerkung machte, es sei doch ein großes Unglück für Deutschland stets der Schauplatz kriegerischer Unternehmungen gewesen zu sein. Gewiß, erwiderte der Gast kühl, aber können Sie mir ein anderes Land nachweisen, das sich eben so sehr für dieselben eignet? ...

Die Herzogin Regentin von Sachsen-Coburg-Meiningen theilt mir mit, daß von dreihundert Soldaten, die sie für den Spanischen Feldzug zu stellen gezwungen war, nur dreizehn zurückgekehrt seien.... Sie hätten auch sehr während des Feldzuges in Tyrol gelitten, wo die Franzosen sie, wie bei jeder anderen Gelegenheit, der größten Hitze des Gefechtes aussetzten.... Der Herzog von Sachsen-Coburg lud mich höchst freundschaftlich ein, einige Tage auf seinem Landsitze zuzubringen.... Hier, wie überall, sprach man von den Franzosen nur mit Abscheu und Verachtung. ... Die Anmaßung der Französischen Soldaten im Glück kommt ihrem niedrigen Servilismus im Unglück gleich, oder wird von letzterem wo möglich noch übertroffen.... Durch Schrecken, Hunger und Strapazen waren sie so sehr herunter gekommen, daß sie selbst für die bemitleidenswerth wurden, denen sie so schweres Unrecht gethan hatten. Sie versuchten es, so oft sie konnten, um nur den Haß, der sich an den Namen eines Franzosen heftete, zu vermeiden, für Italiener zu gelten. „Mein Herr! geben Sie mir doch etwas um Gottes willen; ich bin ein Italiener.“ „Nein! machen Sie daß sie fortkommen, Sie sind Franzose; ich erkenne Sie.“ „Im Namen Gottes, lieber Herr! verrathen Sie mich nicht und geben Sie mir eine Kleinigkeit aus Mitleid, denn ich sterbe vor Hunger.“ Das war die Sprache dieser niedergeschlagenen Kämpen der großen Armee, von denen Hunderte beim Anrücken einiger Kosacken zitternd flohen, welche auf eine solche Bande als gleich unwürdig zu leben und zu sterben herabblickend, ihnen mit ihren Peitschen ein Paar Hiebe versetzten und sie dann mit Verachtung laufen ließen.

Auszug aus „Professor Liais Suprématie Intellectuelle de la France.“ Paris 1872.

„Man hätte den Deutschen anzeigen müssen, daß Paris keine Lebensmittel für die Gefangenen habe und sie auffordern sollen dem dadurch abzuhelfen, daß sie Vorräthe frei in die Stadt hinein ließen widrigenfalls die Deutschen Gefangenen ohne Nahrung bleiben müßten. . . . In der That zieht dieses Abschneiden von Nahrungsmitteln als nothwendige, ganz unvermeidliche Folge die Tödtung der durch den Ort gemachten Kriegs-Gefangenen nach sich. . . . Paris hatte ohne Zweifel das Recht den Deutschen in dieser Stadt befindlichen Gefangenen die Nahrung zu verweigern, welche der Pariser Bevölkerung angehörte, die mit dem Hungertode bedroht war. Das war für Paris eigentlich nicht nur ein Recht, sondern eine Pflicht. . . . Man könnte noch hinzufügen, daß wie ein Schiffbrüchiger sein Dasein dadurch fristet, daß er die Leichen seiner sterbenden Kameraden verzehrt, so auch der Belagerte, dem die Lebensmittel abgeschnitten werden, das Recht habe die gefangenen Feinde, deren er habhaft wird, zu verzehren und daß er gehalten sei sie zu tödten, ohne sich eines Verbrechens schuldig zu machen, denn das Verbrechen fällt einzig dem Belagerer zur Last, welcher, indem er die Lebensmittel abschneidet, diese logisch nothwendige Folge herbeigeführt hat.“

Elsaß und Lothringen.

Einige aus dem Gothaischen Kalender entnommene statistische Angaben werden den Elsaßern und Lothringern beweisen, wie sehr die Wiedervereinigung mit Deutschland ihre materiellen Interessen fördert.

Im Jahre 1864 betrug die Preußische Nationalschuld ungefähr 11 Thlr. 10 Sgr. auf den Kopf der Bevölkerung und die Abgaben beliefen sich auf etwa 6 Thlr.; dagegen waren die betreffenden Zahlen für Frankreich 80 Thlr. und 15 Thlr. 10 Sgr. Nun hat sich aber seit dem Kriege von 1870 die Preußische Nationalschuld vermindert, während die Französische, nach Abzahlung der Kriegsentschädigung, bedeutend größer als die Englische geworden ist. Hierzu kommt noch, daß dieses Mal ungefähr 6 pCt. Zinsen bezahlt werden gegen $4\frac{1}{2}$ pCt. bei den früheren Anleihen, wodurch sich die Abgaben um mindestens 50 pCt. erhöhen werden, während der indirecte Verlust der Franzosen durch das wieder eingeführte Schutzzollsystem sich auf weitere 50 pCt. belaufen wird. Wenn man aber selbst diese letztere Erhöhung nicht in Betracht zieht, so erreichen die Abgaben in Frankreich schon durch jene ersten 50 pCt. eine Höhe von fast 23 Thlr. 20 Sgr. auf den Kopf, was 17 Thlr. 20 Sgr. mehr, als in Deutschland ist; oder in anderen Worten, es hat eine Elsaßer Familie, die aus Vater, Mutter und vier Kindern besteht, seit der Annexion durchschnittlich 106 Thlr. 5 Sgr. Steuern weniger zu zahlen. Und zwar habe ich hierbei noch die relative Lage der Deutschen und Franzosen in Bezug auf die Steuern unterschätzt, da die ganze Steuer-Erhöhung von Frankreich allein, nach Abzug von anderthalb Million seiner gewerbfleißigsten und wohlhabendsten Bürger, zu tragen ist, wogegen die Preußische Steuerlast sich auf ebensoviel mehr Individuen vertheilt. Ferner gehören die Elaßer seit der Annexion einer weit gleichartigeren Nation an, da in Preußen nur ein Individuum von siebzehn nicht Deutsch spricht, wogegen in Frankreich fast die Hälfte der Bevölkerung Flämisch, Provençalisch, Italienisch, Catalonisch, Baskisch oder Bretonisch, kurz Mundarten spricht, welche den Franzosen ganz unverständlich sind. Auch nimmt Preußen, abgesehen von seinen Annexionen, viel rascher zu, als Frankreich; es kommen daselbst jetzt 3623 Einwohner auf die Quadratmeile gegen 4792 in Frankreich. Ebenso hat Preußen im Verhältniß zur Ausdehnung seiner Seeküste einen größeren Seehandel als Frankreich, da im Jahre 1864, wo Frankreich eine doppelt so große Volkszahl wie Preußen und eine mehr als dreifache Seeküste hatte, die Preußische Handelsmarine aus 24,650 Schiffen gegen 64,123 in Frankreich bestand. In Frankreich überstiegen ferner eine lange Reihe von Jahren hindurch die Ausgaben die Einnahmen um ein Bedeutendes, wodurch natürlich die Nationalschuld anwuchs, wogegen sich in Preußen fast stets ein Ueberschuß und eine entsprechende Verminderung der Staatsschuld vorfand. Nimmt man die Französische Schuld, nach Abtragung der Kriegs-Entschädigung, zu 6000 Millionen Thaler an, so macht das bei der jetzigen Bevölkerungszahl ungefähr 173 Thlr. auf den Kopf, so daß eine Familie von sechs Personen etwa für 1040 Thlr. zu haften hat, während der Antheil einer jeden Preußischen Familie an der Nationalschuld nur etwa 68 Thlr. beträgt.

Ferner findet bekanntlich ein großer Theil des Schiffsverkehrs in Französischen Häfen zu Gunsten von Gütern aus der Schweiz und anderen Ländern Statt, während viele Preußische in Holländischen, Belgischen und sonstigen Deutschen Häfen verschifft werden, wodurch der Französische Handel größer, der Deutsche dagegen kleiner erscheint, als er wirklich ist.

Auch sind die Deutschen für den Freihandel, welcher gleichbedeutend ist mit der Wohlfahrt aller Classen und namentlich der Armen; wogegen die Franzosen das Schutzzollsystem wieder eingeführt haben, welches für alle Klassen, und besonders für die Arbeiter, große Verluste mit sich bringt.

Der General Ducrot sagt in seinem an Trochu gerichteten Briefe vom 7. December 1866, der im schwarzen Cabinet eröffnet und auf Befehl Gambetta's unter den geheimen Papieren des Kaiserreichs veröffentlicht worden ist: „Zahlreiche Preußische Agenten prüfen die Gesinnungen der Bevölkerung des Elsaß und üben einen Einfluß auf die Protestanten aus, die in diesen Gegenden zahlreich und viel weniger Französisch gesinnt sind, als man es gemeinhin annimmt. Es sind ja die Söhne und Enkel derselben Leute, welche im Jahre 1815 zahlreiche Deputationen in's feindliche Hauptquartier abschickten, um die Rückkehr des Elsaß in das Deutsche Vaterland zu verlangen."

Die Elsasser und Lothringer werden es auch einsehen, daß der Kriegsdienst zukünftig in Frankreich eine ebenso große Last, wie in Deutschland sein wird und daß sie weit weniger Gefahr laufen den Drangsalen des Krieges in der Deutschen als in der Französischen Armee ausgesetzt zu sein, da die Deutschen ebenso friedliebend, als die Franzosen kriegerisch gesinnt sind. Sollte abermals ein Krieg zwischen Frankreich und Deutschland ausbrechen, so ist es offenbar am vortheilhaftesten, auf Seite der Deutschen zu sein, da sie zahlreicher, gebildeter und in physischer wie moralischer Beziehung stärker sind; auch ist das Elsaß unter dem Schutze der Vogesen von Frankreich aus uneinnehmbar, wogegen es als Theil Frankreichs von der Deutschen Seite her ungedeckt war.

Auszüge aus: Acht Monate im Dienst von Roger de M. (? Montesson.)

„Die Mobilgarde der Seine bestand aus sehr verschiedenen Elementen. Die in gewissen Faubourgs ausgehobenen Bataillone waren wenig besser als Räuberbanden"…. (In Chalons) „konnte man zugleich mit den Liedern eines Zechgelages das wüste Geschrei des Gesindels von Belleville hören, welches das Lager durchstrich, um Tumult und Störungen anzustiften. Bisweilen kam es zum Blutvergießen und dann flohen die Missethäter in die Dunkelheit".... „Die Entrüstung der Bürger-Soldaten über den Gedanken, ihr Vaterland vertheidigen zu müssen, war ein ebenso lächerliches als widriges Schauspiel".... (Bei der Rückkehr der Mobilgarde nach Paris): „Die Entfernung vom Lager bis zur Station in Rheims betrug acht bis neun Lieues; von diesen wurden die vier ersten leicht abgemacht; da gab es Nichts, als Freudengeschrei, lärmende Späße und zotige Lieder, welche unsere Helden schamlos, zusammen mit der Marseillaise und dem Rhin Allemand, sangen.... schließlich zerfiel die lange Colonne in eine ungeordnete Masse, welche Seufzer, Klagen und Verwünschungen ausstieß".... Man konnte keinen Befehl hören und die sich selbst überlassene Menge rang und kämpfte in der Umgebung der Wagen. Bewaffnete Strolche brüllten vor Wuth, stießen mit ihren Füßen gegen die Thüren und bedrohten einen Jeden mit ihren Bajonetten, der sich weigerte ihnen Platz zu machen".... „Die Wahlen (der Officiere der Mobilgarde) fanden gestern Statt. Fast alle die von der Kaiserlichen Regierung ernannten Officiere wurden durch Stimmen-Einigkeit von ihren Untergebenen sofort in ihren Stellungen bestätigt".... „In Brou ging der Major in das Stadthaus, wo ihm der Ortsvorstand mittheilte, daß die Bürger von Brou nicht die Absicht hätten, sich zu vertheidigen.... Als er in einem der Zimmer des Stadthauses Brod im Werthe von 4000 Thlr. versteckt fand, kannte seine Entrüstung keine Grenzen und er überhäufte den Bürgermeister mit den heftigsten Vorwürfen. Offenbar waren diese Vorräthe nicht für uns bestimmt, da man in der Stadt Französische Truppen weder erwartete, noch zu haben wünschte.... In diesem Bezirke (Brou) findet man nicht viel Patriotismus; die Städter benutzen jede Gelegenheit grob zu werden." „Was die Bauern betrifft, so finden diese es sehr vortheilhaft ihr Vieh ins Preußische Lager zu treiben, wo es gut bezahlt wird und wenn sie nicht fürchteten dafür erschossen zu werden, so würden sie das mit dem größten Vergnügen thun".... „In Illiers sahen die Gastwirthe, nachdem sie uns während jener beiden Tage gehörig geprellt hatten, unserem Abzug anscheinend mit großer Befriedigung zu, indem sie darauf rechneten, ihre Gäste binnen Kurzem den Deutschen zu verkaufen.... Einige derselben fingen sogar an uns auszulachen und zu verspotten, was wir aber unbemerkt vorübergehen ließen".... „Oberst de M. versicherte uns, wir brauchten nicht zu fürchten, daß uns ein sofortiger Angriff seitens der Preußen drohe,

14

da diese niemals, niemals nach 11 Uhr Morgens angriffen".... „Diese ganze ungeheure Menschenmasse bewegte sich vorwärts, ein Jeder sich mit seinem Nachbar darüber zankend, daß er entweder zu rasch oder zu langsam marschire; das war die Armee auf dem Marsche".... (Beauce) „Von Bäumen beraubte Felder, garstige Dörfer, selbstsüchtige und habgierige Landleute. Unsere gastfreien Dorfbewohner haben die Stricke von den Brunnen fortgetragen und glotzen uns mit verächtlichen Blicken an, während wir unsere Suppe mit dem Wasser aus den Teichen zubereiten und unser gefrorenes Brod, das so hart wie Eisen ist, dazu essen".... (Balliers) „Die Bewohner dieser Gegend sind traurige Exemplare des Genus Bauer; sie sind naiv selbstsüchtig und feig. Wie ihre Nachbarn in Perche haben sie jeden Gedanken an Ergebenheit an ihr Vaterland abgeschworen. Patriotismus ist ein ihnen unbekanntes Wort. Ein sehr triftiges Raisonnement führt sie dahin, ihren Haß gleichmäßig auf die Preußen und uns zu vertheilen. Wie die Preußen sind auch wir ihnen höchst lästige Eindringlinge, die ihnen ihr Stroh ruiniren und ihr Feuerungsmaterial verbrauchen. Die Bauern haben kein Interesse am Kriege; sie haben ihn nie gewünscht, sondern verabscheuen ihn. Außerdem ist es sehr zweifelhaft, ob die Franzosen, oder die Preußen mehr Recht haben ... Oft ist der Bauer von Beauce so dumm nicht einmal baares Geld nehmen zu wollen ... Umsonst versichert man ihm, daß die Deutschen kommen und alle seine Habe, ohne irgendwelche Bezahlung, mit sich fortschleppen können; er bleibt taub gegen unsere Reden und vergräbt seine Vorräthe in seinem Keller. Er hat sich während der letzten zwei Monate an den Anblick von Menschen gewöhnt, die vor Kälte, Hunger und Strapazen halb umgekommen sind und es rührt ihn nicht mehr" .... „Die Officiere der Linie zeigen große Verachtung für die Mobilgarde, aber sie haben keine Veranlassung stolzer, als wir zu sein ... Ich fürchte Reichshoffen, Sedan und Metz haben die Franzosen die große Kunst etwas zu wagen verlernen lassen" .... (In Le Mans) „haben die Kranken nicht genug Stroh, um sie vor dem Erfrieren, nicht hinreichend viel Suppe, um sie vor dem Verhungern zu schützen.... (La Pingale) Wir beeilten uns unsere Leute unterzubringen und erst nachdem wir eine Stunde lang uns mit den Einwohnern wegen Holz und Stroh herumgezankt hatten, konnten wir an uns selbst denken".... „(In Souligne-sous-Ballon) belagerte ein unruhiger Haufe unsere Thüren und suchte durch Ueberredung, oder mit Gewalt einzudringen.... (Chateau Gontier) Je näher wir dem Süden kommen desto weniger gefällig sind die Landleute und die Pächter-Frauen sind vollkommene Harpyen.... (La Chaleno) Diese Pachthöfe jenseits der Loire sind dumpf und häßlich. Die Leute sind trotzig und stumpf... (Montreuil Bellay) Die Einwohner sind hier im höchsten Grade ungastlich. Einer derselben griff nach der Flinte, um uns nicht in sein Haus zu lassen. (Aux trois Moustiers) Nichts ist in diesem Theil von Frankreich schön.... Die Phantasie kann sich keinen barbarischeren Ort in einer civilisirten Gegend, als Moustiers denken.... Die Einwohner sind bestialisch dumm und verbergen Alles, was sie haben. Man kann sie nicht dazu bewegen uns irgend etwas gegen Bezahlung zu geben.... (Im Schloß des Fürsten de la Tour d'Auvergne) Als ich im Schloße ankam fand ich dasselbe von einer Anzahl Officiere belagert, welche damit drohten die Thüren aufzubrechen. Die Dienerschaft floh vor diesen tapfern Vertheidigern in die Bodenkammern... (Saint Georges bei Poitiers) Es war dunkle Nacht und unsere armen Burschen hatten Nichts zu essen oder zu trinken und keine Schlafstellen.... (Poitiers) Die Einwohner sahen hochmüthig aus und begaben sich kaum aus dem Wege, um uns vorbeiziehen zu lassen.... Im Faubourg de Perteau ließen die Leute uns nicht in ihre Häuser, sondern erklärten, daß diese, sowie ihre Betten nicht für Mobilgarden da seien. Zwei derselben waren im Begriff mich anzugreifen, aber ich zog meine Pistole heraus und drohte ihnen eine Kugel durch den Kopf zu jagen, da ich wohl wußte daß es nicht nöthig sein würde zu so extremen Maßregeln zu greifen... Mirabeau. Die Leute sind hier verdrießlich und die Krämer verschmitzt und schlau, wie an den meisten Orten. (Mavault) Hier sind wir glücklicherweise drei Lieues von dem schrecklichen Loch Loudun... Die Einwohner sehen aus, als gehörten sie einem Geschlecht von Lumpensammlern oder Alchymisten des Mittelalters an.... Dort mußten wir, wie in Perteau mit Gewalt in die Häuser dringen, da diese Wilden unsere Soldaten auf der Straße hätten stehen lassen.... (Chalons) Kein Ort ist bewohnbar, in dem sich eine Anzahl Menschen in übler Lage zusammen befinden. Man wird moralisch und physisch so sehr durch Alles, was man hört und sieht, empört, daß die Seele zu Tode getroffen wird. Man hört

14*

den Namen Gottes nur in Gotteslästerungen aussprechen und das Wort Frau nur in Verbindung mit irgend einem widrigen Beiwort.... (Chalons) Sie wissen mehr von unseren politischen und militairischen Ereignissen, als ich; denn wir bekommen Zeitungen nur sehr selten und nur Wenige von uns sehen sie an."

Aus dem Memoire über die Vertheidigung von Paris von Herrn Viollet-le-Duc, gewesenem Oberst-Lieutenant der Hilfslegion der Ingenieure.

„Damals fing diese geduldete Plünderung an, welche mächtig zur Entsittlichung der Armee beigetragen hat. Da fand jene unnütze, garstige, wilde Zerstörung Statt, welche bis zum letzten Tage der Belagerung anhielt; ein Flecken in dem Bilde eines großen Trauerspiels, das voll von Beispielen des Heldenmuths, des Mitleids und der Resignation ist. Der wüthendste Feind hätte nichts Schlimmeres begehen können. Die Marschbataillone der Nationalgarde und Francitireurs zertrümmerten Alles, Thüren, Fenster, Möbel, wühlten die Gärten in der Hoffnung um, daselbst versteckte Lebensmittel zu finden und plünderten die Keller. Wie viele derartige Häuser habe ich gesehen, die sonst die Freude ihrer Besitzer waren, jetzt vom Feuer geschwärzt, mit eingestürzten Dächern und mit Unrath angefüllt. Was werden die Feinde, welche diese Dörfer bewohnen, von unseren Sitten denken?"

„An den Ecken der Straßen las man täglich die nachdrücklichsten Proclamationen; auf den Boulevards sah man betrunkene Nationalgardisten, welche die Marseillaise oder Mourir pour la patrie sangen. Vom Anfange der Belagerung hätte man die Kneipen schließen und den Wein in Rationen theilen sollen. Wenn ein Francitireur in einem Preußischen Helm, die man in Paris zu kaufen bekam, auf der Straße fuhr, macht die Menge so viel Lärm, als ob die feindliche Armee gefangen genommen wäre. — Haben wir doch einmal den Muth alle diese Schwächen und sittlichen Erbärmlichkeiten zu enthüllen!"

„Ich habe es nie geglaubt", fügt Herr Viollet-le-Duc hinzu, „daß der 4. September Frankreich hätte retten können. Die Banden, welche Paris während der zwei Monate der Communeherrschaft entehrt haben, waren dieselben, welche den gesetzgebenden Körper und das Stadthaus stürmten und hatten einige Tausend Narren, Nichtsthuer und Gassenbuben im Gefolge, welche stets bereit sind Unruhen zu erregen."

„Das Volk von Paris, welches das Stadthaus im Namen Frankreichs, wie es die Zeitungen des folgenden Tages nannten, besetzte, bestand aus dem gemeinsten Janhagel, der von Führern geleitet wurde, wie sie bei solchen Gelegenheiten sich stets von selbst einfinden. Es war eine patriotische Handlungsweise seitens der Regierung der nationalen Vertheidigung die Leitung des Landes zu übernehmen; denn die Mitglieder derselben waren zu intelligent um nicht einzusehen, mit was für Elementen sie es früher oder später zu thun haben würden. Trotz der Lehren der Vergangenheit glaubte man die Bestie zähmen zu können, man kleidete sie daher, fütterte sie, gab ihr Waffen und überhäufte sie mit Schmeicheleien."

„In unseren Städten giebt es barbarische Horden, welche aller Civilisation unvergänglichen Haß zugeschworen haben. Darüber kann man sich keine Illusionen machen, da lassen sich keine Compromisse schließen. Gehören Sie zur Partei der Diebe, oder nicht? So ist die Frage zu stellen; politische, nationale, religiöse Interessen haben damit Nichts zu thun."

„Ein Jeder, welcher mit Mühe den Fäusten der Communards, den betrunkenen Banden von Paris entkommen war und sich in die Mitte der Deutschen, wohl disciplinirten Soldaten versetzt fand, die friedliebend und höflich sind, glaubte aus einem Traum zu erwachen und fing an die fremden Regimenter mit anderen Augen zu betrachten. Die Verrücktheit, die Verbrechen von Paris haben den Haß gegen den äußeren Feind vermindert."

„Wie kann man die schmutzigen Nationalgarden von Paris, ihre von Schnaps umflorten Blicke, ihre freche Haltung, die stets auf ihren Lippen schwebenden Flüche, die Beleidigungen der Officiere durch diese ebenso mißtrauischen, als leichtgläubigen Leute vergessen? Wie kann man es unterlassen sie nicht mit den Deutschen Truppen zu vergleichen, die ihre Vorgesetzten respectvoll begrüßten, gut gekleidet waren, sich ruhig verhielten und sich stets bereit zeigten, still und besonnen jeden Befehl auszuführen? . . . ."

Auszüge aus: Die Deutschen zu Hause und bei uns. (Sept. 1872) von J. Charlonnier, Redacteur des National, Unterpräfect von Montargis, mit einer Vorrede von E. de la Bedollière.

In der Vorrede zieht der Verfasser sehr gegen das Verfahren der Deutschen her, welches etwa 30,000 Elsasser und Lothringer durch die Option heimathlos gemacht hat. Von diesen wären Viele, wie in früheren Jahren, ohnehin ausgewandert und der Verfasser vergißt, daß Ludwig XIV. viel mehr Elsasser und Lothringer hat tödten, als die Deutschen haben auswandern lassen und daß wol selbst damals, trotz der schwierigeren Uebersiedelung, eine weit größere Zahl nach America auswanderte, da noch heute der alte Elsaßer Dialect von einer großen, in der Gegend von Philadelphia lebenden Bevölkerung gesprochen wird.

Ferner sagt er: „Die Verträge von 1815 hatten in Europa einen gesetzlichen Zustand der Dinge geschaffen .... Die wirklichen internationalen Verträge sind zerrissen und es besteht jetzt kein öffentliches Recht mehr in Europa.“ Da es ihm bequem ist, vergißt er, daß Frankreich allein stets die Verträge von 1815 als infam bezeichnet und dieselben durch die Annexion von Savoyen und Nizza und anderweitig verletzt hat.

Weiter läßt er sich über den elenden Zustand der Arbeiter in Berlin aus, die nie bessere Löhne, als jetzt erhalten haben und welche den Arbeitgebern Bedingungen stellen und erzählt uns, daß vor den Thoren Berlins eine ganze Bevölkerung auf einem großen Felde campirt, welches sie besetzt hält und von dem die Polizei sie nicht zu entfernen wagt. Das Straßen-Pflaster sei noch roth von dem in einem neulichen Aufstande vergossenen Blute. Des Verfassers Behauptungen beruhen offenbar hauptsächlich auf seiner eigenen Phantasie. Die Preußische Regierung würde gewiß gerne erfahren, wo dieß große Feld liegt und wann der blutige Tumult Statt gefunden hat, von dem der Verfasser spricht; und die Welt würde auf die Gründe begierig sein, welche den Befehlshaber über eine Million Bajonette dazu bewegen, nicht einmal den Versuch zu machen, diese in des Verfassers Einbildung lebenden Squatters von dem besagten großen Felde zu vertreiben, das doch eine Art Luftschloß sein muß.

Was uns aber Herr Charlonnier erzählt ist ein noch viel lächerlicherer Unsinn als was Herr de la Bedollière sagt. Er berichtet z. B. über Straßburg: „Mehr als die Hälfte der Bevölkerung ist ausgewandert und seit der letzten, in der officiellen Zeitung erschienenen Bekanntmachung hat sich der größte Theil der Familien, die da bleiben wollten, entschlossen dem Preußischen Despotismus, dem Nichts heilig ist, zu entfliehen. Man kann ohne Uebertreibung (!!) sagen, daß am 1. October neun Zehntel der Straßburger Bevölkerung die Stadt verlassen haben. Nun will ich aber mit Herrn Charlonnier eine Wette um ein Tausend £ St. darauf eingehen, daß diese Behauptung falsch ist, denn es haben, wie ich höre, überhaupt nur 50,000 Elsasser und Lothringer ihr Vaterland verlassen und er behauptet 90,000 seien aus Straßburg ausgewandert und nur 10,000 zurückgeblieben. Ja diese 10,000 seien auch nur da geblieben, weil für sie die Auswanderung materiell unmöglich war und verkündeten ihre Gesinnungen dadurch laut, daß sie en masse für die Französische Nationalität optiren, so daß die Deutschgesinnten und Gleichgiltigen zusammengenommen zu einem sehr kleinen Theil jenes Zehntels der Bevölkerung, das nach dem 1. October noch übrig bleibt, zusammenschrumpft. Dieß stimmt aber durchaus nicht zu den bereits angeführten Briefen des General Ducrot und des Herrn d'Aunay.

Weiter erzählt uns Herr Charlonnier von einem liebenswürdigen Straßburger Kinde von fünf bis sechs Jahren (merkwürdigerweise ist ein Jeder der Deutschland haßt hübsch, gescheit und einnehmend, wogegen jeder Deutschgesinnte dumm, häßlich und unangenehm ist), daß so frühreif war ihm sagen zu können: „Wir gehen nächste Woche nach Remiremont, wo Vater eine Fabrik gründen wird." Der Leser, der diese Geschichte glaubt, wird wol Lust bekommen eine Reise nach Straßburg zu unternehmen, um dieses Wunderkind, sowie den blinden Bettler, der trotz der despotischen Preußen die Marseillaise singt, und dem Jedermann (Deutsche und Deutschgesinnte eingeschlossen) ein Almosen giebt, worunter sich, wie uns Herr Charlonnier erzählt, ein Goldstück befand.

„Gewöhnlich liefert der Canton Belfort jährlich 40 bis 45 junge Soldaten im Mittel; in diesem Jahr hat die Zahl der Inscribirten mehr als 950 betragen." Ich kenne das procentige Verhältniß der jährlich Conscribirten zur Bevölkerung nicht, aber ich weiß bestimmt, daß mehr als einer von 20 jungen Leuten des betreffenden Jahrgangs genommen wird und vermuthlich wird das Verhältniß wol 1 zu 4 bis 5 sein. Folglich hat die Zahl der Freiwilligen vier bis fünf Mal so viel betragen, als überhaupt junge Leute der Altersklasse vorhanden waren. Jedermann weiß wie sehr die Französischen Conscribirten dem Kriegsdienste abgeneigt sind, was am besten aus den hohen Preisen erhellt, die für Substituten bezahlt werden; es wird daher wol kaum Jemand glauben, daß diese 906 überzähligen Leute sich ohne Entschädigung zum Kriegsdienste melden, während doch ein jeder von ihnen sich eine bedeutende Summe Geldes hätte verschaffen können, wenn er sich, nach der Französischen Sitte, als Stellvertreter verkauft hätte.

Herr Charlonnier erzählt uns ferner, daß die Deutschen ihre Kanonen bald an eine, bald an die andere Stelle der Befestigungen aufpflanzen, daß es aber immer dieselben Kanonen sind, deren Zahl man durch den Ortswechsel zehn Mal so groß erscheinen läßt, als sie wirklich ist. Es könnte aber doch nur ein Idiot annehmen, daß selbst das liebenswürdige, sechsjährige Straßburger Kind sich durch ein solches Manöuvre würde täuschen lassen. Wenn aber die Deutschen nur ein Zehntel der nöthigen Geschütze haben, was ist dann aus denen geworden, die sie den Franzosen abgenommen, von denen zu schweigen, die sie selbst hingebracht haben? Oder haben die Franzosen etwa Straßburg auch nur mit einem Zehntel der nothwendigen Kanonen vertheidigt? Der Verfasser erzählt, die Preußen hätten ein und dasselbe Regiment fünf bis sechs Mal in dieselbe Stadt einziehen lassen, um dadurch zahlreicher zu erscheinen. Diese Taktik hat nichts Neues, es ist immer derselbe Geist der Einschüchterung. Wenn es also einem Französischen Schriftsteller paßt, behauptet er die Deutschen hätten so wenig Truppen gehabt, daß sie dieselben wie die Soldaten, die auf dem Französischen Theater aufziehen, benutzen mußten, wogegen er zu andern Zeiten ihre Zahl zu so vielen Millionen angiebt, daß eine derartige List durchaus unnütz erscheint.

„Die Deutsche Regierung hat meiner Prosa die ausgezeichnete Ehre erzeigt, sie als gefährlich für ihre Ruhe zu betrachten und der Minister des Innern hat dem Druck nachgegeben und mich gebeten, meine Schrift nicht weiter erscheinen zu lassen.“ Wie muß der arme Bismarck vor der zornigen Feder des Herrn Charlonnier gezittert haben! Da ist es freilich kein Wunder, daß er krank geworden ist und sich hat nach Varzin zurückziehen müssen! Und wie hochherzig ist es von dem Französischen Minister des Innern, auf die demüthigen Bitten der Deutschen Regierung einzugehen, und seinen Einfluß auf Herrn Charlonnier geltend zu machen, der sich das gütigst hat gefallen lassen.

„Die Treulosigkeit und Brutalität der Preußen zeigte sich überall in derselben Weise. Ihre Beamten sind meist in der Heimath übel berüchtigt.“ „Der Artikel 2 des Frankfurter Vertrages ist“ nach dem

Verfasser „aus dem Vertrage von 1860 in Bezug auf die Einverleibung Savoyens und Nizzas in Frankreich abgeschrieben. Aber die Savoyer, welche sich ihre Italienische Nationalität wahren wollten, waren nur der Formalität unterworfen, sich in Italien einen gesetzlichen Wohnsitz zu wählen, wo sie von da ab die persönlichen Abgaben zu zahlen hatten, aber sie waren keineswegs gehalten, dort wirklich zu wohnen" und er behauptet die Deutschen hätten kein Recht, darauf zu bestehen, daß die, welche für Frankreich optirt hätten, auch wirklich dorthin übersiedelten. Aber Garibaldis Familie hielt sich doch für verpflichtet, das Land zu verlassen und ich bezweifle es sehr, ob nicht auch die Französische Regierung auf der Uebersiedelung als auf einer Bedingung bestanden hat, die der Option Gültigkeit verschaffte. Jedenfalls leuchtet es ein, daß die Franzosen darauf hätten bestehen können, daß es offenbar im Sinne des Vertrages ist, welcher über die Wohnsitzfrage nichts Ausdrückliches bestimmt. Natürlich hätten, wenn man auf dieser Bedingung nicht bestanden hätte, selbst viele wirklich Deutschgesinnte Elsasser und Lothringer für Frankreich optirt, um den persönlichen Abgaben und dem Militairdienst in beiden Ländern zu entgehen. Wären sie dann hin und wieder an ihren vorgeblichen Französischen Wohnort gegangen, wo sie hätten angeben können, daß sie zwar im Herzen Franzosen, durch die Gewalt der Umstände aber Deutsche seien, so hätten die Franzosen den wirklichen Sachverhalt gar nicht ermitteln können und wären auch den Deutschen dabei nicht behülflich gewesen, aus Furcht, daß die betreffenden Leute zum Dienste in der Deutschen Armee gezwungen werden könnten.

Thörichterweise giebt Herr Charlonnier zu, daß die Annexion der Industrie des Elsaß unvergleichliche Vortheile bringen und neue Absatzwege eröffnen wird. Die Elsasser und Lothringer werden wohl daran thun, diese richtige Behauptung zu erwägen; denn es ist richtig sich vom Feinde belehren zu lassen. Von der angeblichen Anhänglichkeit der Elsasser an Frankreich sagt der Verfasser, sie sei nicht eine Frage des Patriotismus und der Ergebenheit gegen Frankreich, sondern vielleicht noch mehr Sache des Temperaments, denn der Preuße sei seiner Natur nach dem Elsasser antipathisch.

Ferner soll ein Bett in Berlin stets ein Kasten sein „der weder mit Matratzen noch Polstern, noch Laken, noch Decken versehen ist".... „Ich habe dort zwischen einer Serviette von mittlerer Größe und einem Taschentuch geschlafen." Bei dem Feste zu Ehren der Kaiser von Rußland und Oestreich in Berlin sei die Zahl der zertretenen Gliedmaßen, der blaugeschlagenen Augen und der zerbrochenen Arme unzählbar gewesen. Als bei der Revue ein Deutscher Kürrassier von sechs Reihen Cavallerie niedergeritten worden sei, habe der Kaiser Wilhelm sich nur nach seinem Pferde erkundigt und seine Freude darüber kund gegeben, daß es unverletzt geblieben. Dann hören wir, daß in München eine Zeitung existirte, die in Baiern noch keine 500 Abonnenten zähle und deren Redacteur einen fast fürstlichen Luxus treibe. Wer das fehlende Geld bezahlt, wird man wol in Berlin wissen.

In Bezug auf die Option sollen die Deutschen, aus Furcht vor der Elsasser Liga, sich zu der ungerechtesten Verletzung der Verträge haben hinreißen lassen. Die Beamten ließen die Leute, welche Franzosen bleiben wollten, bis zu acht Stunden lang warten, dann sei ein Gendarme gekommen und habe ihnen angezeigt, es würden nur 15 Optionen an dem Tage angenommen werden und bisweilen seien gar keine angenommen worden. In Mühlhausen sei das Options-Bureau nur 3½ Stunden auf und ein einziger Beamter wäre damit beschäftigt gewesen, seine Arbeit so langsam als möglich abzumachen, um die Leute zu ermüden. Einem Bauern, der Möbel und einem Andern, der ein Haus besaß, sei mitgetheilt worden, daß alles Beides für den Fall ihrer Option für Frankreich confiscirt werden würde. Ferner sei nach der Elsaßer Correspondenz, einer im Deutschen Interesse redigirten Zeitung, die Zahl der für Frankreich geschehenen Optionen 164,633 gewesen; aber hierbei unterläßt es der Verfasser zu constatiren, daß weniger, als 50,000 factisch das Land verlassen haben, und der Rest seine Meinung geändert hat, weil die Auswanderung sich als zu nachtheilig erwies. Ohne eine Spur von Beweisen findet sich dann die Behauptung, daß jede Option 4 Individuen repräsentire und somit die Summe der Individuen 658,532 betrage. Offenbar ist dieß ganz falsch; denn die große Masse der für Frankreich Optirenden waren notorisch junge Leute die durch die Drohungen und Lügen der Elsasser Liga abgeschreckt worden waren, welche ausgestreut hatte, sie müßten sofort alle auf lange Zeit in der Deutschen Armee dienen, während sie nur theilweise und auf kurze Zeit dieses in Frankreich zu thun brauchten; der Deutsche Gemeine sei schlechter bezahlt, gekleidet und ernährt, als der Französische und werde beständig von seinen Officieren geschlagen. Ueberdieß fange für Deutschland eine Aera der Eroberungen an, die Tausenden von Soldaten das Leben kosten werde, auch würden sie, wenn sie nicht für Frankreich stimmten, bei der in kurzer Zeit als sicher in Aussicht gestellten Wieder-Eroberung des Elsaß schwer bestraft und als Deserteure behandelt werden. Uebrigens sind, ohne Zweifel, sehr viele von denen, die für Frankreich optirt haben, Französischer Herkunft, wenn gleich im Elsaß ansäßig und darunter viele unverheirathete oder an geborne Franzosen verheirathete Frauenzimmer. Ich vermuthe, daß die ursprünglichen Optionen sich auf nicht mehr als 330,000 Individuen oder auf ein Fünftel der Elsasser und Lothringer Bevölkerung beziehen, wogegen die bona fide Optirenden, die das Land verlassen haben, noch nicht 50,000 oder etwa $\frac{1}{30}$ betragen. Vielleicht sind auch unter den 164,633 von der Elsasser Correspondenz aufgeführten Individuen Weiber und Kinder mit eingeschlossen. Unser Autor behauptet ferner, daß sehr viele Elsasser in den Grenzstädten für Frankreich optirt haben, namentlich in Belfort, wo zu Ende des September täglich 1500 Optionen Statt fanden und darauf hin veranschlagt er die Totalsumme der Optionen auf eine Million oder fast zwei Drittel der Bevölkerung!! Diese Behauptung ist offenbar ganz lächerlich und steht völlig in Widerspruch mit der Angabe des Special-Correspondenten der Times, der nach Untersuchung dieser Angelegenheit an Ort und Stelle keine merkliche Verminderung der Bevölkerung wahrgenommen hat. Auch glaube ich nicht, daß die Deutschen den Elsassern überhaupt gestattet haben, die Option in Frankreich vorzunehmen, sondern daß sie nur im Elsaß selbst hat Statt finden dürfen. Als ich ein Knabe, waren des Baron Münchhausens Abenteuer, ein Werk des Deutschen Schriftstellers Grimm, eine Lieblingslectüre von mir, welches Buch eine Persiflage der Lügen eines damaligen, wie ich glaube, Französischen Reisenden ist. Namentlich erfreute mich die bekannte Geschichte von den in einem Posthorn eingefrorenen und wieder aufgethauten Melodien. Nach den Französischen Enten über den Krieg sind aber die alten Münchhauseniaden ein wahres Kinderspiel.

Weiter heißt es, daß die Elsasser Advocaten die Richter in den Tribunalen gar nicht wieder grüßen und bekanntlich sehen sich die Deutschen genöthigt, aus den Französischen Clubs auszutreten, wogegen sie sich nie einer so gemeinen Unhöflichkeit schuldig gemacht haben. Ferner fragt unser Autor: „Wie ist das Verwaltungs-, Richter-, ja selbst Militair-Personal in Elsaß-Lothringen beschaffen? Man hat daselbst compromittirte und übelberüchtigte Leute zusammengebracht, die aus Furcht vor härteren Strafen die verhaßten Functionen von Kerkermeistern übernommen haben“. . . . „Die annectirten Provinzen sind das Botany Bay der Preußischen Beamten geworden.“ Sicherlich wird irgend ein Beamter den Versuch machen bei einem Französischen Gericht einen Proceß wegen Verläumdung gegen den Verfasser anhängig zu machen. Weiter erzählt er, daß auf junge Leute, die Französische Lieder singen (wol gar irgend eine Arie aus einer Auberschen Oper?), von Deutschen Patrioten ohne Weiteres geschossen werde und daß der Deutsche Consul in Paris Leuten, die einen Paß nach dem Elsaß verlangen, einen auf Deutschland lautenden zu nehmen empfiehlt, worauf ihnen dann, bei der Ankunft im Elsaß, mitgetheilt wird, der Aufenthalt sei ihnen überall in Deutschland, aber nur nicht im Elsaß gestattet!

Liste einiger der hauptsächlichsten Niederlagen der Franzosen seit dem Jahre 1119 n. Chr. mit Angabe der Nationalität der Sieger.

1. Brenneville (Engldr.) i. J. 1119
2. Lincoln (do.) „ „ 1217
3. Gisors (do.) „ „ 1198
4. Zagrab (Ungarn) „ „ 1293
5. Courtray (Flamländer) „ „ 1298
6. Auberoche (Engländer) „ „ 1345
7. Cressy (do.) „ „ 1346
8. La Roche Durieux (do.) „ „ 1347
9. Poitiers (do.) „ „ 1356
10. Auray (do.) „ „ 1364
11. Agincourt (do.) „ „ 1415
12. Crevant (do.) „ „ 1423
13. Verneuil (do.) „ „ 1429
14. Herrings (do.) „ „ 1429
15. Granson (Schweizer) „ „ 1476
16. Morat (do.) „ „ 1476
17. Nancy (do.) „ „ 1476
18. Seminara (Spanier) „ „ 1503
19. Cerignola (do.) „ „ 1503
20. Novara (Schweizer) „ „ 1513
21. Guinegate (Engländer) „ „ 1513
22. Bicocca (Deutsche) „ „ 1522
23. Pavia (do.) „ „ 1525
24. Marciano (Florentiner) „ „ 1554
25. St. Quentin (Engldr.) „ „ 1557
26. Calais (von den Engländern genommen) „ „ 1558
27. Gravelines (Engländer) „ „ 1558
28. Carpi (Deutsche) i. J. 1701
29. Chiari (do.) „ „ 1701
30. Donauwerth (Engldr.) „ „ 1709
31. Gibraltar (do.) „ „ 1709
32. Blenheim (do.) „ „ 1704
33. Tirlemont (do.) „ „ 1705
34. Ramilies (do.) „ „ 1706
35. Turin (Deutsche) „ „ 1706
36. Oudenarde (Engldr.) „ „ 1708
37. Malplaquet (do.) „ „ 1709
38. Almenara (Deutsche) „ „ 1710
39. Saragossa (do.) „ „ 1710
40. Arlenx (Engländer) „ „ 1711
41. Bouchain (do.) „ „ 1711
42. Dettingen (do.) „ „ 1743
43. Roßbach (Deutsche) „ „ 1757
44. Creveldt (do.) „ „ 1758
45. Minden (do.) „ „ 1759
46. Quebec (Engländer) „ „ 1759
47. Wandewasch (do.) „ „ 1760
48. Warburg (Deutsche) „ „ 1760
49. Quievrain (do.) „ „ 1792
50. Neerwinden (do.) „ „ 1793
51. St. Amand (do.) „ „ 1793
52. Valenciennes (do.) „ „ 1793
53. Lincelles (Engländer) „ „ 1793
54. Pirmasens (Deutsche) „ „ 1793
55. Cambray (do.) „ „ 1794

56. Troisville (Deutsche) i. J. 1794
57. Espierres (do.) . . 1794
58. Nymwegen (do.) . . 1794
59. Seesieg v. Howe (Engl.). . 1794
60. Seesieg v. Bridport (do.). . 1795
61. Sieg von Hawk in der Quiberon Bai (Engldr.). . 1795
62. Mannheim (Deutsche) . . 1795
63. Cap. St. Vincent (Engl.). . 1797
64. Castlebar (do.) . . 1798
65. Ballinamuck (do.) . . 1798
66. Nil (do.) . . 1798
67. Stockach (Deutsche) . . 1799
68. Verona (do.) . . 1799
69. Magnano (do.) . . 1799
70. Cassano (Russen) . . 1799
71. Adda (do.) . . 1799
72. Acre (Engländer) . . 1799
73. Zürich (Russen) . . 1799
74. Trebbia (do.) . . 1799
75. Novi (do.) . . 1799
76. Zupper (Engländer) . . 1799
77. Alexandria (do.) . . 1801
78. Trafalgar (do.) . . 1805
79. Maida (do.) . . 1806
80. Baylen (Spanier) . . 1808
81. Vimiera (Engländer) . . 1808
82. Corunna (do.) . . 1809
83. Oporto (do.) . . 1809
84. Aspern und Eßlingen (Deutsche) . . 1809
85. Talavera (Engländer) . . 1809
86. Busaco (do.) . . 1810
87. Barrossa (do.) . . 1811
88. Fuentes d'Onoro (do.) . . 1811
89. Albuera (do.) . . 1811
90. Ciudad Rodrigo (do.) . . 1812
91. Badajoz (do.) . . 1812
92. Llerena (do.) . . 1812
93. Salamanca (do.) . . 1812
94. Witebsk (Russen) . . 1812
95. Krasnoi (do.) . . 1812
96. Beresina (do.) . . 1812
97. Castelli (Engländer) . . 1813
98. Vittoria (do.) . . 1813
99. Pyrenäen (Engländer i. J. 1813
100. Katzbach (Deutsche) . . 1813
101. St. Sebastian (Engl.) . . 1813
102. Dennewitz (Schweden). . 1813
103. Dresden (Deutsche) . . 1813
104. Möckern (do.) April . . 1813
105. Möckern (do.) Octbr. . . 1813
106. Leipzig (do.) . . 1813
107. St. Jean de Luz (Engl.). . 1813
108. Passage of the Neve (Engländer) . . 1813
109. St. Dizier (do.) . . 1814
110. Brienne (do.) . . 1814
111. Bar sur Aube (do.) . . 1814
112. Orthez (do.) . . 1814
113. Laon (Deutsche) . . 1814
114. Tarbes (Engländer) . . 1814
115. Fère Champenoise (do.). . 1814
116. Paris (Montmartre) (Engländer) . . 1814
117. Schlacht an den Barrieren (Engländer) . . 1814
118. Toulouse (do.) . . 1814
119. Tolentino (do.) . . 1815
120. Ligny (do.) . . 1815
121. Quatre Bras (do.) . . 1815
122. Waterloo (do.) . . 1815
123. Puebla (Mexicaner) . . 1862
124. Orizaba (do.) . . 1862
125. Taku Festung (Chinsn.). . 1862
126. Wörth (Deutsche) . . 1870
127. Weißenburg (do.) . . 1870
128. Spicheren (do.)
129. Forbach (do.)
130. Courcelles.
131. Mars la Tour.
132. Gravelotte.
133. Gorze.
134. Rezonville.
135. Beaumont.
136. Carignan.
137. Sedan.
138. Artenay.
139. St. Privat.
140. Le Bourget.

141. Dreux.
142. Ladon.
143. Amiens.
144. Beaune-la-Rolande.
145. Orgères und Patay.
146. Pougny und Loigny.
147. Chevilly und Chilleurs.
148. Cercottes und de Gidy.
149. Orléans.
150. Beaugency.
151. Ufer des Loir (bei Mans.)
152. Nuits.
153. La Hallue.
154. Montoire und de la Chartre.
155. Longpré.
156. Vendôme.
157. Bapaume.
158. Rocroi.
159. Le Mans.
160. Villersexel.
161. La Lisanne bei Belfort.
162. St. Quentin.

Liste Französischer Siege aus Haydon's Datenlexicon seit dem Jahre 1000 n. Chr. mit Angabe der besiegten Völker.

1. Bouvines (Deutsche) i. J. 1214
2. Taillebourg (Engldr.) „ „ 1242
3. Benevent (Italiener) „ „ 1266
4 Roslecque (Flamldr.) „ „ 1382
5. Patay (Engländer „ „ 1424
6 Formegin (do.) „ „ 1450
7. Castillon (do.) „ „ 1453
8. Tornova (Italiener) „ „ 1495
9. Seminara (Spanier) „ „ 1495
10. Aquadello (Venet.) „ „ 1509
11. Ravenna (do.) „ „ 1512
12. Marignano(Schweizer) „ „ 1515
13. Ceresuola (Deutsche) „ „ 1544
14. Fontaine - Francaise (Spanier) „ „ 1595
15. Arras (do.) „ „ 1640
16. Rocroy (do.) „ „ 1643
17. Nördlingen (do.) „ „ 1644
18. Ensisheim (Deutsche) „ „ 1674
19. Mülhausen (do.) „ „ 1674
20. Saltzbach (do.) „ „ 1675
21. Türkheim (do.) „ „ 1675
22. Fleurus (do.) „ „ 1690
23. Enghien (Engländer) „ „ 1692
24. Landen (do.) „ „ 1693
25. Marsaglia (?) „ „ 1693
26. Santa Vittoria (?) „ „ 1701
27. Friedlingen (Deutsche) „ „ 1702
28. Hochstädt (Deutsche) i. J. 1703
29. Almanza (do.) „ „ 1707
30. Villa Viciosa (Spanier) „ „ 1710
31. Denain (Deutsche) „ „ 1712
32. Freiburg (do.) „ „ 1713
33. Fontenoy (Engländer) „ „ 1745
34. Bergen (Deutsche) „ „ 1759
35. Campen (Russen) „ „ 1760
36. Johannisberg(Deutsche) „ „ 1762
37. Menin (do.) „ „ 1792
38. Valmy (do.) „ „ 1792
39. Jémappes (do.) „ „ 1792
40. Dünkirchen (Engldr.) „ „ 1793
41. Wattignies (Deutsche) „ „ 1793
42. Toulon (Engländer) „ „ 1793
43. Tourcoing (Deutsche) „ „ 1794
44. Charleroi (do.) „ „ 1794
45. Bois-le-duc (Engldr.) „ „ 1794
46. Boxtel (do.) „ „ 1794
47. Nymwegen (do.) „ „ 1794
48. Loano (Deutsche) „ „ 1795
49. Montenotte (do.) „ „ 1796
50. Mondovi (do.) „ „ 1796
51. Lodi (do.) „ „ 1796
52. Altenkirchen (do.) „ „ 1796
53. Roveredo (do.) „ „ 1796
54. Bassano (do.) „ „ 1796
55. Biberach (do.) „ „ 1796

56. Lonato und Castiglione (Deutsche) i. J. 1796
57. Neresheim (do.) „ „ 1796
58. Arcola (do.) „ „ 1796
59. Rivoli (do.) „ „ 1797
60. Tagliamento (do.) „ „ 1797
61. Pyramiden (Egypter) „ „ 1798
62. El Arisch (Türken) „ „ 1799
63. Abukir (do.) „ „ 1799
64. Bergen (Deutsche) „ „ 1799
65. Alessandria (do.) „ „ 1799
66. Zürich (Russen) „ „ 1799
67. Heliopolis (Türken) „ „ 1802
68. Engen (Deutsche) „ „ 1802
69. Moßkirch (do.) „ „ 1802
70. Biberach (do.) „ „ 1802
71. Montebello (do.) „ „ 1802
72. Marengo (do.) „ „ 1802
73. Hochstädt (do.) „ „ 1802
74. Hohenlinden (do.) „ „ 1802
75. Mincio (do.) „ „ 1802
76. Elchingen (do.) „ „ 1805
77. Ulm (do.) „ „ 1805
78. Austerlitz (do.) „ „ 1805
79. Saalfeld (do.) „ „ 1806
80. Auerstädt (do.) „ „ 1806
81. Jena (do.) „ „ 1806
82. Mohrungen (Russen) „ „ 1807
83. Friedland (do.) „ „ 1807
84. Medina de rio seco (Sp.) i. J. 1808
85. Tudela (do.) „ „ 1808
86. Eckmühl (Deutsche) „ „ 1809
87. Ebersberg (do.) „ „ 1809
88. Wagram (do.) „ „ 1809
89. Ocana (Spanier) „ „ 1811
90. Badajoz (do) „ „ 1812
91. Mohilew (Russen) „ „ 1812
92. Moskwa (do.) „ „ 1812
93. Lützen Deutsche „ „ 1813
94. Hanau (do.) „ „ 1813
95. La Rothière (do.) „ „ 1814
96. Mincio (do.) „ „ 1814
97. Champ Aubert (do.) „ „ 1814
98. Montmirail (do.) „ „ 1814
99. Vauchamp (do.) „ „ 1814
100. Borodino (Russen) „ „ 1812
101. Fontainebleau (Dtsche.) „ „ 1814
102. Montereau (do.) „ „ 1814
103. Alma (Russen) „ „ 1854
104. Inkerman (do.) „ „ 1854
105. Malakoff (do.) „ „ 1854
106. Montebello (Deutsche) „ „ 1859
107. Palestro (do.) „ „ 1859
108. Magenta (do.) „ „ 1859
109. Malagnano (do.) „ „ 1859
110. Solferino (do.) „ „ 1859
111. Orizaba (Mexicaner) „ „ 1862

Aus den vorstehenden Listen ersieht man, daß die Franzosen seit dem Jahre 1000 n. Chr. 162 bemerkenswerthe Niederlagen erlitten und 111 Siege gewonnen haben. Sie haben die verschiedenen Deutschen Stämme 67 Mal geschlagen und sind von ihnen 68 Mal geschlagen worden. Andererseits sollte man nicht vergessen, daß die Deutschen bis zum Jahre 1870 in eine Anzahl verschiedener, sich oft feindlich gesinnter Reiche getheilt waren, daß viele der Französischen Siege über die Deutschen mit Hülfe großer Deutscher Truppen-Contingente aus den abhängigen Deutschen Staaten gewonnen worden und daß, wenn der Deutschredende Theil von Frankreich, nämlich Elsaß und Lothringen, zu Deutschland gehört hätte, viele Deutsche Niederlagen sich in bedeutende Siege verwandelt haben würden. Auch wurde mehr als die Hälfte der Französischen Siege von Feldherrn gewonnen, die nicht Französischer Herkunft waren, wie

z. B. von dem Marschall von Sachsen, einem Deutschen, und Napoleon Bonaparte, einem Italiener. —

Die Schlacht von Agincourt wurde von den Engländern gewonnen, obwohl die Franzosen 150,000 Mann oder, wie ein Französischer Schriftsteller Monstrelet sagt, 6 mal so viel als die Engländer, nach Berichten Englischer Chronisten, sogar 30 mal so viel Truppen hatten. In der Schlacht von Crecy schlug Eduard III. mit 8500 Mann mehr als 60,000 Franzosen. Im Verlauf der Kriege mit England wurde Paris nicht nur genommen, sondern 18 Jahre lang von Englischen Armeen gehalten. Ein Englischer König wurde als König von Frankreich in Rheims gekrönt, und so vollständig war die Erschöpfung des Landes, daß ein Englisches Korps von weniger als 10,000 Mann direkt durch das Herz Frankreichs von Calais nach Bayonne marschirte, ohne auf irgend welchen Widerstand zu stoßen.

Bei Poitiers schlugen 8000 Engländer 40,000 Franzosen, und im Walde von Wynendale wurden im Jahre 1708, 22,000 Franzosen von 6000 Engländern geschlagen. Thatsächlich sind in fast jeder Schlacht mit den Engländern die Franzosen sehr überlegen an Zahl gewesen und doch wurden sie fast immer geschlagen.

Am Ende des August schreibt About im Soir: „Wir müssen ernsthaft daran denken, erstens die Preußischen Truppen, dann Preußen selbst zu vernichten. Nach Berlin! dem Nest der Barbaren und des Feudalismus! Von den Heerstraßen, die dorthin führen, müssen wir die durch Baden, Würtemberg und Baiern wählen. Das sind drei kleine Staaten, welche uns ihr Dasein verdanken, da wir sie aus eigener Initiative geschaffen haben. Jetzt sind diese jammervollen Geschöpfe, welche den Staub von unserm Schuhwerk mit ihren Bärten abwischen würden, um Geld von uns zu bekommen, die Kriegs-Sclaven Preußens. Ihr werdet uns unsere Verluste mit Zinsen zurückzahlen, ihr schmutzigen Schurken! Frankreich kann sich nur durch die Ausrottung alles dieses Deutschen Ungeziefers retten. In einem Jahrhundert müssen wir an unserer östlichen Grenze ein zerstückeltes und umgestürztes Deutschland haben."

Aus einem Briefe Carlyle's an die Times.

Ich begrüße den Aufschwung des Deutschen Volkes, welches durch Geschichte, geographische Lage, Bildung und friedlichen Charakter von allen Völkern des Festlandes Europa am wenigsten gefährlich ist. . . . . Der Streit des alten Louis mit dem Haupt Deutschlands war damals diesem letzten Kampf eines jüngeren Louis nicht unähnlich: „Verdammtes Deutschland du bist in letzterer Zeit in der Welt vorwärts gekommen und ich nicht!“ . . . . Genau wage ich es gar nicht die Verdienste seiner allerchristlichsten Majestät Franz I. anzugeben, als er sich mit Sultan Soliman verband d. h. den höllischen, brüllenden Löwen von einem Türken (der damals auf der Höhe seines Blutdurstes und Fanatismus stand und noch nicht, wie jetzt, ein lästiges, träges Caput mortuum geworden war) auf die Christenheit und das Deutsche Reich losließ. Es will mir scheinen, als ob heutzutage Niemand sich von der Größe des Verbrechens des allerchristlichsten Königs eine richtige Vorstellung machen kann. Es quälte und peinigte die christlichen Nationen zwei Jahrhunderte lang mit unaufhörlichem Schrecken. . . . „Richelieu hat dort den Protestantismus beschützt.“ Ja wohl und dabei verfolgte er beständig seine eigenen Hugenotten, bombardirte sein La Rochelle und ließ in Deutschland den dreißigjährigen Krieg wüthen. . . . Von Belleisle und Ludwigs XV. edlem Plane Deutschland in vier kleine Königreiche zu zerlegen rede ich gar nicht; denn dieß brachte Frankreich selbst einen schönen Lohn, den Verlust von America und Indien, Schmach und Niederlage in der ganzen Welt, schließlich die Französische Revolution, durch welche das vom Unglück heimgesuchte Frankreich in das grenzenlose Chaos geworfen wurde, in dem es sich noch planlos herumtreibt. . . . Kein Volk hat je einen so schlechten Nachbar gehabt, wie Deutschland an Frankreich seit 400 Jahren; schlecht in jeder Beziehung, frech, raubsüchtig, unersättlich, unversöhnlich, stets zum Angriffe bereit. Und jetzt giebt es in der ganzen Geschichte keinen frechen, ungerechten Nachbar, der so vollständig und schmählich im Nu niedergeschmettert worden wäre, wie Frankreich von Deutschland. Dieses hat nach vier Jahrhunderten voll Ungerechtigkeit und meist auch voll Unglück, welches es diesem Nachbar zu verdanken hat, schließlich das große Glück gehabt seinen Feind gründlich herunter gebracht zu haben und es wäre, nach meiner klaren Ueberzeugung, ein thörichtes Volk, wenn es nicht die günstige Gelegenheit dazu benutzte zwischen sich und einem solchen Nachbar eine sichere Grenz-Schutz-Mauer zu errichten. Ich kenne weder ein natürliches, noch göttliches Recht, wonach Frankreich allein von allen Erdenwesen von der Verpflichtung befreit wäre einen Theil seines Raubes zurückzuerstatten, wenn der ursprüngliche Besitzer, dem er gewaltsam entrissen worden, Gelegenheit hat ihn zurückzunehmen. . . . Turenne war,

15

wie ich glaube, wesentlich nach Herkunft und Temperament ein Deutscher... Straßburg wurde in der Zeit des tiefsten Friedens durch Bestechung und Verrath gewonnen. Ebensowenig ist Metz oder eins der Bisthümer durch Kriegsgewalt, sondern nur durch die Macht betrügerischen Schachers an Frankreich gekommen. König Heinrich II. nämlich bekam diese Orte im Jahre 1552 gewissermaßen als Unterpfand, als sich die Protestanten in ihrer äußersten Noth an ihn wandten. Heinrich zog mit Entfaltung aller militärischen Pracht daselbst ein, „nur um die Freiheit der Deutschen zu vertheidigen; deß sei Gott Zeuge!"; that aber Nichts für den Protestantismus oder die Deutsche Freiheit (welche in diesem Falle sich selbst rasch zu helfen wußte), sondern weigerte sich vielmehr, wie ein unverschämter, wucherischer Pfandleiher, die Orte zurückzugeben, da er alte, ihm ganz unzweifelhafte Rechte auf dieselben habe. . . . Der letzte Französische Angriff auf Deutschland war ausnehmend schmachvoll, ebenso schmachvoll war auch die Ausführung desselben. Frankreichs Ehre kann nur durch bittere Reue und den ernsten Entschluß, so etwas nie wieder zu thun, im Gegentheil sich von nun an stets entgegengesetzt zu betragen gerettet werden. . . . Zur Zeit muß ich sagen gewinnt Frankreich ein immer tolleres, elenderes, tadelnswertheres, bemitleidenswertheres und selbst verächtlicheres Aussehen. Es will die Thatsachen nicht sehen, die handgreiflich vorliegen und die Strafen die es verdient hat. . . . Ich weiß gar nicht, wo sich jemals ein Volk so mit Schmach bedeckt hat. . . . Frankreich sollte wirklich wissen, daß Lügen keine Zuflucht bieten, sondern nur zu den Pforten des ewigen Todes führen und Jedermann verboten sind! . . . Es ging ihm, wie es blutdürstigen Charlatanen im Kampfe mit einer Macedonischen Phalanx gehen muß, und jetzt liegt Frankreich niedergestreckt, machtlos, ein garstiges Wrack da und legt vor Göttern und Menschen Zeugniß davon ab, welche Fäulniß, Anarchie und Gemeinheit in ihm verborgen war.... Die Menge bewußter Lügen, die das officielle und nicht officielle Frankreich in letzterer Zeit, namentlich seit dem Juli von sich gegeben hat, ist erstaunlich und fürchterlich. . . . Die Franzosen glauben offenbar, daß eine neue himmlische Weisheit aus Frankreich auf alle anderen umnachteten Völker ausstrahlt; daß es der neue Zionsberg des Weltalls sei; daß all das traurige, schmutzige, halbverrückte und zum großen Theil höllische Zeug, welches die Französischen Literaten uns seit fünfzig Jahren vorgepredigt haben, ein wirkliches neues Evangelium sei, das allen Menschenkindern reichen Segen bringt.... Frankreich hat sich jetzt seit 81 Jahren vergeblich abgemüht, auf diesem Gebiete für sich oder die Welt etwas zu leisten; es hat Nichts zu Stande gebracht, oder weniger als Nichts, um es arithmethisch auszudrücken Null mit Minusgrößen. Seine Propheten weissagen eitles Zeug; sein Volk wankt im Dunklen und ist sehr in die Irre gewandert. Sie haben es auf dem Wege der Täuschung und Selbsttäuschung weit gebracht; sie sind der stärksten Verblendung anheimgefallen, um mit der Schrift zu sprechen, bis ihnen zuletzt Lügen als eitel Wahrheit erscheinen. Und jetzt in der höchsten, kritischsten Noth scheinen sie nur zur Selbsttäuschung und zur scheinbar heldenmüthigen Prahlerei greifen zu können. Dieses halten sie wenigstens für heldenmüthig und sich selbst für den Christus unter den Völkern, für ein unschuldiges, gottähnliches Volk, das für die Sünden aller Völker leidet und die Absicht hat uns alle zu erlösen; hoffen wir, daß mit diesem „Christus unter den Völkern" die Sache ihren Höhepunkt erreicht haben möge. Möchten sie doch eine Untersuchung darüber anstellen, ob es nicht auch in unserer Zeit ebenso leicht einen „Cartouche unter den Völkern" wie einen Christus geben könnte. . . . Vor hundert Jahren lebte in England der Wunsch und einmal wurde sogar seine Verwirklichung angestrebt, Elsaß und Lothringen von Frankreich loszureißen. Lord Carteret, der später Lord Granville hieß (aber in keinem Sinne ein Vorfahr des jetzigen Trägers dieses Namens war), den Einige mit einziger Ausnahme von Lord Chatham, für den weisesten Minister des Auswärtigen halten, den wir je besessen und namentlich der Einzige war, der überhaupt Deutsch sprach und die Deutschen Angelegenheiten verstand, steuerte auf dieses Ziel mit großem Eifer los und hatte sogar gute Aussicht, es zu erreichen, hätte nur unser lieber alter Herzog von Newcastle ihn nicht durch seine Intriguen darum und sogar um seine Stelle gebracht. . . . Das anarchische Frankreich erhielt zum ersten Male hier eine ernste Lection (ein furchtbares Drasticum für das kranke Frankreich!) und es wird gut sein wenn es sich dieselbe ehrlich zu Herzen nimmt. Wenn es das nicht kann, so wird sich die Sache wiederholen; denn Frankreich muß klug werden. . . . Dänemark, die so rührende Niobe, die gewaltsam ihrer beiden Kinder beraubt worden (beiläufig gesagt waren die Kinder gestohlen und wurden von der Niobe sehr schlecht gepflegt) ist auch fast gewesen und wird, sobald man Kenntniß von der Sachlage hat, völlig gewesen sein.*) Bismarck ist, wie ich ihn verstehe, kein Mann der

*) Dänemark ist nicht blos gegen Schleswig-Holstein ungerecht und tyrannisch verfahren und hat die darauf bezüglichen Verträge gebrochen; sondern wird auch von den Isländern gehaßt, die viel lieber unter Englischer,

Napoleonischen Ideen, sondern von viel höheren, zeigt keine „unbesiegbare Ländergier" und wird auch nicht „von gemeinem Ehrgeiz" verzehrt u. dgl. m. Er hat weit höhere Ziele und scheint mir factisch mit großer Befähigung, Geduld und Erfolg einen den Deutschen und allen andern Völker wohlthätigen Zweck zu erstreben. Mir erscheint der Umstand, daß das edle, geduldige, tiefe, fromme, gediegene Deutschland zu einer Nation zusammengeschweißt und an Stelle des prahlerischen, eiteln, sich geberdenden, unruhigen, zanksüchtigen und überempfindlichen Frankreichs auf dem Europäischen Festlande herrschen wird als die hoffnungsvollste Thatsache, die sich während meiner Lebenszeit ereignet hat.

Thomas Carlyle.

Das Vorhergehende ist eine Zusammenstellung der besten Stellen aus unseres berühmten Carlyle trefflichen, in der Times erschienenen Briefen über den Krieg, welche einen mächtigen Einfluß auf die öffentliche Meinung Englands und anderer Länder ausgeübt haben. Es giebt in ganz Frankreich keinen einzigen Schriftsteller, der im Stande wäre es mit Carlyle aufzunehmen, der für sich allein fähig und bereit ist alle Angriffe auf die Sache Deutschlands abzuwehren. Nach den zahlreichen, in diesem Buche angeführten Beweisen für die warme Sympathie, welche Deutschland in den intelligentesten und einflußreichsten Classen Englands gefunden hat werden Deutsche wol kaum mehr daran zweifeln, daß sie sich im Irrthum befanden, als sie annahmen, daß wir uns sehr lau gegen ihre Sache verhalten haben, die ja factisch unsere eigene war. Ich mache noch auf die große Verbreitung der Times aufmerksam, die es mit sich bringt, daß ihre Artikel hundert mal mehr Leser finden, als die in irgend einem Buche niedergelegten.

Zu pag. 145. In einer Besprechung der vom Englischen Artillerie-Hauptmann F. C. U. Charles veranstalteten, autorisirten Uebersetzung des Preußischen Generalstabswerks über den Deutsch-Französischen Krieg sagt die Times vom 22. October 1872: Das System der Stellvertreter nahm eine so große Ausdehnung an, daß sich im Jahre 1869 42,000 Mann aus einem Gesammt-Contingent von 75,000 derselben bedienten, um den Kriegsdienst zu vermeiden. Nur ein Theil eines jeden Jahres-Contingents wurde wirklich zum regelmäßigen, andauernden

---

Deutscher oder Holländischer Herrschaft ständen, da ihr Vaterland sich unter der Dänischen Regierung durchaus nicht entwickelt, sondern in völligem Stillstande verharrt.

Soldaten-Dienst verwandt; die übrigen Conscribirten dienten nur, Alles in Allem, fünf Monate, welche sich auf die Jahre vertheilten, blieben aber die ganze Zeit über zur Disposition des Kriegsministers.... Der innere Zustand der Französischen Armee hatte viele ernste Mängel. Das Gesetz über die wiederholten Anwerbungen, Exemtionen und Dotationen hatte einen nachtheiligen Einfluß auf den Französischen Soldaten und die früher unbekannten langen Urlaube dienten dazu, die militairische Disciplin zu lockern, so daß der Soldat selbst nach der Meinung seiner eigenen Landsleute im Jahre 1870 nicht das war, was er in der Krimm und Italien gewesen war. Die Unterofficiere scheinen degenerirt zu sein; die Tüchtigsten unter ihnen hatten eine lohnendere Beschäftigung im bürgerlichen Leben gesucht. Dem Officierscorps fehlte es an einer gleichartigen Zusammensetzung; fast ein Drittel desselben bestand aus früheren Unterofficieren. Nach Moltke waren die besten Officiere im Kriege die älteren Subaltern-Officiere; denn die jüngeren widmeten sich nicht ausschließlich dem Dienst und die vornehmeren hatten nur zu häufig ihre höhere Stellung dem herrschenden Günstlingssystem zu verdanken, das sich selbst auf Leute von üblem Ruf erstreckte.... Das Chassepot war zu der Zeit, trotz aller seiner Mängel die beßte Infanterie-Waffe in Europa und es waren 1,037,555 Stück davon vorräthig, so daß, wenn man 30,000 Stück, mit denen die Marine bewaffnet war, abzieht, mehr als drei mal so viel als die Feldarmee brauchte, übrig blieben. Außerdem konnten die Kleingewehrfabriken monatlich 30,000 Stück liefern. Das Feldgeschütz war seit der Zeit nicht verbessert worden, seit dem Frankreich zuerst unter allen Nationen im Kriege gezogene Kanonen angewendet hatte. Aber der Unterschied in der Brauchbarkeit desselben und des Preußischen Feldgeschützes war sehr gering, im Vergleich zur Ueberlegenheit des Chassepot-Gewehrs über das Zündnadel-Gewehr. Im Anfange des Krieges besaßen die Franzosen nicht weniger, als 3,216 Stück gezogene Feldkanonen, 581 gezogene Berg-Kanonen und 190 Mitrailleusen, zusammen fast 4000 Geschütze. Sie hatten 3,175 Kanonenwagen, 7,435 Munitionskarren, so daß hinreichendes Material modernster Construction für 500 Batterien zu sechs Kanonen vorhanden war; außerdem war alles Material für 360 glatte Batterien da.... Denn in Preußen erinnerte man sich sehr wohl, daß die Kaiserliche Armee, im Jahre 1859, obgleich sie blos 100,000 Mann zählte, in der Zeit zwischen dem Siege von Magenta und der Schlacht von Solferino durchschnittlich noch keine volle Meile täglich machte.... Die Berechnung der Truppenstärke des vereinigten

Deutschlands ging sogar über den Effectiv-Bestand im Anfange des Krieges hinaus, denn Moltke erzählt uns, daß Deutschland, nämlich der Norddeutsche Bund, Baiern, Würtemberg und Baden 462,300 Mann Infanterie, 56,800 Mann Cavallerie, zusammen 519,000 Mann und 1,584 Kanonen als Feldarmee besaß, wobei freilich die Effectiv-Stärke, mit Einschluß der Nicht-Combattanten, im August 1,183,389 Mann betrug, die alle mehr oder weniger kriegsgebildet waren ....

Auszug aus dem Buch des General Hazan.

In Bezug auf die Candidatur des Prinzen Leopold erzählt der Americanische General Hazan in seinem Buche über den Deutsch-Französischen Krieg: Fürst Bismarck habe behauptet, daß Prinz Leopold den Kaiser der Franzosen schon vor einem Jahre von diesem Project Mittheilung gemacht und dieser durchaus keine Mißbilligung desselben ausgesprochen habe, wogegen „der König von Preußen schwere Bedenken darüber gehabt hätte, ob es für Preußen richtig wäre den Plan zu fördern, da Prinz Leopold den Französischen Ideen zu sehr zugethan und gegen Preußen sei. Er war ein Blutsverwandter des Kaisers — sein Vater hatte für den Kaiser den Plan zu dem unglücklichen Unternehmen von Straßburg entworfen und war stets der Busenfreund Napoleons gewesen und er, nicht der Sohn, war es gewesen, der diese Spanische Thron-Affaire einfädelte".... „Als der König glaubte der Krieg sei erklärt, fuhr er mit den Händen an den Kopf und sagte: „Muß ich, in meinem Lebensalter, noch ein Mal in den Krieg ziehen und Thränen rollten ihm die Wangen hinab."

Zu pag. 149. Dieser selbe Girardin, der mit solchem Jubel die in Aussicht stehenden Grausamkeiten der Turcos begrüßte und solche Zuversicht zu dem Erfolge des Französischen Angriffs- und Eroberungs-Kriegs hatte, war gemein und thöricht genug in der Liberté vom 9. October zu Kreuze zu kriechen und eine schwulstige, jesuitische Adresse an den König von Preußen in Vorschlag zu bringen, welche von 37,200 Französischen Gemeinden und 500,000 Mitgliedern städtischer Behörden unterschrieben werden sollte. Sie flehte den König an die Annexion von Elsaß und Lothringen zu unterlassen und lautete in ihrem ersten Passus folgendermaßen: „Majestät! Die Siege Ew. Majestät und Höchst-Ihrer

Armee vor und nach der Capitulation von Sedan sind der gerechte Triumph der Bildung über die Unwissenheit, der guten Verwaltung über die schlechte. Sie sind ein Verdammungsurtheil der besiegten Regierung, aber sie bedeuten nicht den Fall des Landes, das sie überlebt." Der Köder, den er nun auswirft, lautet: „Ew. Majestät können Europa das erhabene und seltene Schauspiel eines Eroberers geben, der seinen Sieg nicht mißbraucht und sich versichert halten, daß die Besiegten von heute am folgenden Tage Ihre Bundesgenossen sein werden." Damit aber waren die Deutschen nicht zu fangen; sie hielten es für grob den Franzosen ein neues Beispiel übertriebener Großmuth an Stelle ihres eigenen steten Verhaltens zu geben, zumal es vollkommen sicher war, daß Frankreich, sobald es sich von seiner Niederlage erholt hätten, aus Rache für Sedan einen neuen Krieg beginnen würde. Und was das angebotene Bündniß betrifft, so kennen die Deutschen den Werth eines solchen Versprechens zu genau; denn Napoleon pflegte seine Bundesgenossen schlechter, als seine Feinde zu behandeln; er behielt alle Vortheile für sich und ließ ihnen alle Nachtheile, griff sie sogar, wenn es ihm paßte, an und plünderte sie. Die Deutschen kennen aber die Lafontainesche Fabel von dem Fuchs und der Krähe und lassen sich weder durch Drohungen, noch Schmeicheleien von der Geltendmachung ihrer Rechte abbringen. In einer früheren Schrift hat Girardin einmal gesagt: „Entweder Köln Französisch, oder Straßburg Deutsch!"

Patenôtre sagt: Auf diese Weise bekundet ein bedeutender Theil des Englischen Volks seinen Wunsch Frankreich zu unterstützen und beansprucht in seinen Versammlungen, seinen Willen dem Ministerium aufzudrängen. Die Massen kümmern sich nicht sehr um die Hindernisse. Möge kommen was wolle! Eine solche wagehalsige Politik aber wie sie leider das Kaiserreich trieb, kann einer Regierung nicht passen, welche die Interessen einer ganzen Nation zu vertreten hat; Herr Gladstone hat sich gut gehalten und er hatte, haben wir den Muth es anzuerkennen, vom Englischen Standpunkt, aus Recht. Es ist keine Kleinigkeit auf einmal die Finanzen, den Ruf, ja die Existenz eines ganzen Volks aufs Spiel zu setzen, um die Fehler eines Nachbarvolks gut zu machen. Ein Minister darf nie vergessen, daß an dem Tage, wo er eine Kriegs-Erklärung unterzeichnet, er zugleich das Todesurtheil von 100,000 Bürgern fällt. Die kleinsten Triumphe kosten so viel. Wenn das Englische Cabinet für uns Partei ergriffen hätte, so hätte Rußland seine neutrale Haltung aufgegeben und sich in den Streit gemischt; Europa hätte dann in Flammen gestanden. Ob dabei Frankreich gerettet worden wäre, ist fraglich.

Auszüge aus der Revue des Deux Mondes.

In Metz und Verdun bringt man es zur Capitulation durch die garstigsten Lügen. Wir haben die Wirksamkeit dieser gewerbmäßigen Betrüger selbst hier gesehen und sehen dieselben alle Tage.... Band 90. Seite 588. Niemals ist die tödtliche Waffe der falschen Nachricht von gefährlicheren Händen gehandhabt worden. Im Jahre 1793 haben die Vorfahren der Leute, welche uns heute belagern, in der Umgegend von Mainz, an unsere Generale Nummern eines Moniteurs der Französischen Republik gelangen lassen, welche expreß für ihren Fall angefertigt waren.... Bismarck. Wer kann diese Mischung von Geschmeidigkeit und Hochmuth, diesen bis zur Fuchsschwänzerei gehenden Skeptiker bei den Mächten, deren Größe er noch nicht genau ermessen hat, diesen gemeinen Frechling und Aufschneider im Triumphe schildern? Er ist von unbezwinglicher Verstocktheit, von unerbitterlicher Anmaßung, eisiger Ironie, ein wahrer Mephistopheles bei Hofe, der sich je nach den Umständen, mit völliger Gleichgültigkeit, der Wahrheit oder der Lüge bedient, fast immer lügend und nur bisweilen, um seine Umgebung desto besser zu betrügen, selbst die Wahrheit sagend. Er bedient sich, um seiner Sache zu dienen einer berechnet maßlosen Sprache und treibt mit gewandter Dialektik seine Schlußfolgerungen auf die Spitze, unternimmt es z. B. Herrn Thiers zu beweisen, daß Niemand mehr als er den Waffenstillstand wünsche, da er für ihn nur die Bedingung stellt, daß Paris darauf eingehe, zu verhungern. Alles dieß kleidet sich bei ihm in die Hülle witzigster Einfälle und einer liebenswürdigen Vertraulichkeit, außer wenn bisweilen die Discussion ihn in die Enge treibt, seine Treulosigkeit ihm Verlegenheit bereitet und schließlich mit einer Art barbarischer Freude, die nur zu lange verhaltene Verblendung der Macht und Unverschämtheit des Erfolges herausplatzen.... E. Caro.

Napoleon stellte immer die Deutschen und sonstigen fremden Truppen (die er in seinen Heeren selbst gegen ihre eigenen Landsleute zu kämpfen zwang) an die gefährlichsten Positionen hin und behielt die

Franzosen, namentlich die Kaiserliche Garde in der Reserve, wodurch diese den größten Antheil am Ruhm und die geringste Zahl an Verwundeten und Todten hatten.

Das Paris Journal hat den Grafen Bismarck mit folgenden Titeln bombardirt: „Fälscher, Verführer, Länderräuber, menschenmörderischer Tyrann, Kronendieb, Coloß auf thönernen Füßen, Zwerg in den Stiefeln eines Riesen, Henker mit blutigen Händen, lächerlicher und verfluchter, schrecklicher und ohnmächtiger Mensch.“ ...

Daß die Deutschen aus Patriotismus und nicht aus Ruhmsucht, wie die Franzosen, in den Kampf gingen ist aus der folgenden merkwürdigen Stelle im Favre'schen Buche ersichtlich: „Sie haben“ sagte ich zu Bismarck „in den Augen der Welt einen Kriegsruhm gewonnen, der den Ehrgeizigsten befriedigen könnte.“ „Sprechen Sie mir nicht davon,“ erwiederte der Graf, indem er mich unterbrach, „das hat bei uns nicht den Werth, wie bei Ihnen, und wird nicht in Anschlag gebracht, da unser Volk sehr wenig davon hält.“

Auszug aus der North-American Review vom April 1872 über die Deutsche Mission des Grafen Benedetti.

Am 20. October 1871 veröffentlichte Bismarck im Reichsanzeiger einen Theil der Correspondenz zwischen Benedetti und Rouher, welchen die Deutschen Truppen im Rouherschen Hause in Cerçay aufgefunden hatten. Derselbe lautet: „Herr Minister! Bei meiner Ankunft in Berlin habe ich das Telegramm vorgefunden, welches den Text der geheimen Convention enthält, die Sie mir befohlen haben der Preußischen Regierung vorzulegen. Ew. Excellenz können versichert sein, daß ich kein Mittel unversucht lassen werde, die Annahme dieser Convention eifrig zu betreiben, auf welchen Widerstand ich dabei auch mit Bestimmtheit stoßen mag. . . . In Anbetracht des Temperaments des Preußischen Premier-Ministers und von dem Wunsche beseelt so vorsichtig wie möglich zu Werke zu gehen, hielt ich es für gerathen, nicht in dem Augenblicke dabei zu sein, wo er es sich ganz klar gemacht hatte, daß wir den Rhein mit Einschluß von Mainz für uns verlangen.... Die von Herrn Chancy aus Paris an Benedetti überbrachten Instructionen lauteten: „Erstens müssen Sie die Grenzen von 1814 und die Annexion von Belgien zu gleicher Zeit in Vorschlag bringen. Sie müssen also einen formellen Vertrag fordern, durch welchen Landau, Saarlouis, Saarbrücken und das Herzogthum Luxemburg uns herausgegeben wird, und die Annexion Belgiens durch den Abschluß eines geheimen Schutz- und Trutz-Bündnisses erstreben. Sollte zweitens diese Basis kein gutes Resultat versprechen, so werden Sie auf Saarlouis, Saarbrücken und selbst auf Landau verzichten, welches im Grunde doch nur ein verfallenes Nest ist, dessen Besetzung vielleicht das Deutsche Nationalgefühl zu sehr gegen uns aufreizen könnte. In diesem Falle würde sich die offenkundige Uebereinkunft auf das Herzogthum Luxemburg beschränken und der geheime Vertrag auf die Wiedervereinigung Belgiens mit Frankreich. Im Falle drittens eine deutliche, nicht mißzuverstehende Bezugnahme auf die Einverleibung Belgiens unannehmbar erscheinen sollte, bevollmächtige ich Sie einer Clausel Ihre Zustimmung zu geben, durch welche Antwerpen, um die Intervention Englands zu verhindern, zu einer freien Stadt gemacht wird. In keinem Falle aber dürfen Sie die Vereinigung Antwerpens mit Holland oder die Einverleibung Mastrichts in Preußen zugestehen. Sollte Herr von Bismarck darnach fragen, welcher Vortheil ihm aus einem derartigen Vertrage erwüchse, so ist die einfache Antwort darauf, daß er sich dadurch einen mächtigen Bundesgenossen sichere, und seine aus neuester Zeit stammenden unendlichen Erwerbungen consolidire, daß man von ihm ja nur verlange, der Cession eines Gebietes zuzustimmen, das ihm nicht gehöre und daß er durchaus kein Opfer bringe, welches sich mit seinen Erwerbungen vergleichen lasse. Um die Sache zusammenzufassen, so ist das Minimum was wir verlangen ein öffentlicher Vertrag, der uns Luxemburg überläßt und ein geheimes Schutz- und Trutz-Bündniß, das uns die Gelegenheit bietet, Belgien zur rechten Zeit zu annectiren; in welchem Preußen sich verpflichtet uns, wenn nöthig, mit Waffengewalt in der Ausführung dieses Planes zu unterstützen." ....

Aus des Americanischen Senators Charles Sumners Buch.

Seitdem der Herr von Frauenstein der freien Stadt Frankfurt deßhalb den Krieg erklärte, weil eine junge Dame mit seinem Onkel nicht hatte tanzen wollen, ist eine abgeschmacktere Kriegserklärung, als diese, welche Frankreich an Deutschland ergehen ließ, weil der König von Preußen den Französischen Gesandten zum dritten Male in derselben Angelegenheit nicht sprechen wollte und diese Weigerung durch den Telegraphen bekannt machte, nicht vorgekommen.... Mit welchem Rechte durfte Frankreich sich in die Wahl Spaniens einmischen? Wenn das Letztere so thöricht war sich einen Fremden zum König zu nehmen und einen Deutschen zum ersten Spanier zu machen, welches Recht hatte irgend eine andere Macht, den Willen Spaniens zu beschränken? Wenn man die Frage stellt, so ist die Antwort schon gegeben. Von einer schweren Beleidigung der Spanischen Unabhängigkeit ausgehend, welche das Spanien früherer Zeiten geahndet haben würde, ging man zu einer Gewaltthätigkeit gegen Deutschland über, indem man einen unbedeutenden Fürsten jenes Landes daran verhindern wollte, jener Aufforderung nachzukommen.

Franz Newman sagt im Fraser's Magazine: „Die Annahme, daß im Jahre 1900 die Bevölkerung des Europäischen Rußland 120 Millionen betragen werde ist durchaus nicht übertrieben.... Wenn Deutschland und Oesterreich noch einmal vereinigt und alle Oesterreichischen Besitzungen mit Deutschland verbunden würden, was etwa eine Masse von 80 Millionen abgeben würde, so würde das eben nur ausreichen, um ein sicheres Gegengewicht gegen Rußland zu bilden.... Wenn Deutschland wirklich in der Freiheit zusammenhielte ... so würde es für die Schweiz sehr vortheilhaft sein, sich mit demselben zu vereinigen.... Ein geeinigtes, freies Deutschland würde für die Schweiz eine große Anziehungskraft haben. Wenn Deutschland Frankreich vollständig besiegt hat, so kann es dieses vielleicht dazu zwingen, das vor Kurzem dem König von Italien abgenommene Savoyen herauszugeben und dasselbe mit der Schweiz zu vereinigen, welche ohne jenes keine geschützte Grenze hat.... Wenn Holland keine anderen Besitzungen hätte, als sein eigentliches kleines Gebiet, so wäre es das Natürlichste und Beste, wenn es gleichfalls eine Stelle im Bunde mit Deutschland einnähme." ...

Ein Correspondent der Daily News hat im Januar 1871 uns erzählt, daß er in Boulogne sur mer gesehen hat, wie Soldaten sich vor dem Stadthause daselbst ansammelten, um eine von Gambetta unterzeichnete Bekanntmachung zu lesen. In derselben gab der Dictator eine Menge Gründe an, um zu beweisen „daß die Deutschen Kugeln nicht zu fürchten und daß die durch das dreieckige Bajonett des Feindes verursachten Verwundungen nur wie Nadelstiche seien. Außerdem manövrirten die Deutschen in so dichten Massen, daß ein Angriff leicht sei, weil man mit Bestimmtheit mit dem Bajonett einen Feind treffen müsse.... Die Mobilen lasen zwar das sonderbare Schriftstück von Anfang bis zu Ende durch, schienen mir aber durchaus nicht von der Wahrheit desselben überzeugt." ...

Victor Hugo sagt: „Wälzet Felsen hinunter, thürmt das Pflaster auf, verwandelt Eure Pflugschaaren in Beile, die Furchen Eurer Felder in Gräben, kämpfet mit Allem was Euch unter die Hände fällt, nehmt die Steine von Eurer heilgen Erde und steinigt die Länderräuber mit den Gebeinen unseres mütterlichen Frankreich! Mögen die Straßen der Städte den Feind verzehren, mögen die Fenster sich wüthend öffnen, die Dächer ihre Ziegel herabschleudern, die Gräber aufschreien!... Fallt sie hier an, donnert sie dort nieder, wühlt den Boden auf.... Franctireurs benutzt den Schatten und die Dämmerung, kriecht wie Schlangen in den Schluchten umher, schleicht heimlich umher, windet Euch im Staube, legt an, zielt gut und rottet sie aus!" Trotz aller dieser donnernden Proclamationen sorgten Gambetta, Victor Hugo und die übrigen Französischen Litteraten sehr für ihre eigene Sicherheit und gaben bessere Lehren als Beispiele. Feydeau sagt von Gambetta und anderen Wortführern des bis aufs Aeußerste zu leistenden Widerstands, daß „sie in ihren warmen Behausungen bleiben, wenn die Kanone donnert."

In Hamburg ließen sich die Franzosen nicht nur Kriegs-Contributionen bis zur Höhe von 300 Millionen Francs bezahlen, sondern brachen auch in die Kirchen ein, um sie als Magazine und Pferdeställe zu benutzen. Dennoch beklagte man sich in Orléans im Jahre 1870, als die Deutschen, welche die Kirchen in Ehren hielten und sie nicht einmal als Hospitäler für die Verwundeten benutzten, der Stadt eine Contribution von 2 Millionen Francs auferlegten.

Gabriel Monod läßt in seinem Buche den Deutschen zwar in vielen Punkten Gerechtigkeit widerfahren, bringt aber häufig schwere Beschuldigungen vor, daß sie im Großen geplündert hätten. Wenn diese Anschuldigungen unbestimmt sind und keine Namen angegeben werden, ist es unmöglich den Urheber dieser bösartigen, schändlichen Verleumdungen zu bestrafen, aber die folgende bestimmte Anklage fordert doch die sofortige

Einleitung eines Processes bei einem Französischen Gerichtshof. Sollten die Französischen Richter und Geschworenen in dieser Angelegenheit nicht gerecht verfahren, so würde die öffentliche Meinung von Europa sie verurtheilen: „Im Schlosse eines unserer Freunde zu Taley haben die Generalstabsoffiziere des Großherzogs von Mecklenburg, edle Grafen und Barone, aus einem Saale, zu dem nur sie Zutritt hatten, ein elfenbeinernes Papiermesser, ein mathematisches Besteck und ein Kästchen mit fünf Francs gestohlen!"

In Bezug auf diese abgeschmackte Anschuldigung habe ich vom auswärtigen Ministerium des Großherzogs von Mecklenburg auf meine Anfrage folgende Erwiderung erhalten: „Seine Königliche Hoheit ist durch eine solche Anschuldigung um so mehr überrascht, als man sich im besten Einvernehmen von dem Besitzer des Schlosses getrennt und seinerseits irgendwelche Reclamation überhaupt gar nicht Statt gefunden hat. . . . Ich habe wol kaum nöthig hinzuzufügen, wie abgeschmackt und lächerlich der bloße Gedanke ist, daß Generalstabsofficiere dem Besitzer ein Papiermesser, ein Besteck und ein Kästchen mit fünf Francs stehlen konnten!"

Aus dem Buche des Grafen Gasparin.

„Von dem Augenblicke an, wo der Krieg nicht Sache des Soldaten bleibt, wo ein Jeder tödtet wie und wann er kann, wo der Mord dem regelmäßigen Kampfe zu Hilfe kommt, muß man der Civilisation Lebewohl sagen. Die Gerechtigkeit und Menschlichkeit verschwinden; man giebt das Völkerrecht auf; da der Feind für den fremden Soldaten überall ist, behandelt auch dieser Jedermann als Feind. . . . Man versuche es doch den Leuten begreiflich zu machen, daß man Gefangene nicht tödten, auf Parlamentaire nicht schießen, Ambulanzen nicht angreifen, nach der Uebergabe einer Stadt oder eines Dorfes keinen Mord verüben soll. . . .

Setzen wir uns an die Stelle des Feindes. . . . Der Parteigänger schießt auf ihn und wirft dann seine Flinte fort; wenn es nun, eine Viertel Stunde später, dem uniformirten Soldaten geglückt ist, den Mörder zu fassen, sieht er einen Bauern, die Hände in der Tasche, oder einen harmlosen Bürger vor sich stehen. Soll man nun von dem Soldaten, dessen Kamerad soeben gefallen ist, welcher weiß, daß der Tod überall auf ihn lauert, verlangen, daß er den Großmüthigen spiele? . . . . Man wird es bei keiner Armee, die Unsrige eingeschlossen, erreichen, daß sie

Leute, die auf sie geschossen haben, ohne Soldaten zu sein, als Kriegsgefangene behandelt. Summarische Hinrichtungen werden überall das Uebel zu unterdrücken suchen.... Man nehme an, die Republik sei bei uns proclamirt worden, wo wir im besten Siegen waren, anstatt in Mitten unserer Niederlagen, glaubt man denn, daß sie unserer Armee den Schmerz bereitet haben würde, plötzlich Kehrt zu machen? Diese Republik hätte, wie die erste, den Krieg fortgesetzt und den Rhein genommen. In Frankreich geht Nichts über den Erfolg; man könnte sagen in Frankreich verzeiht man Alles, mit Ausnahme des Mißgeschicks.... Es wäre ungerecht, am König Wilhelm nicht Züge anzuerkennen, welche den Ehrenmann, den frommen Familienvater, den seiner Verantwortlichkeit bewußten Souverain kennzeichnen. Sicherlich verdient dieser greise König welcher mit seiner Person in Frankreich, wie bei Sedan für seine Sache eingestanden ist, der seine glänzendsten Triumphe feiert, ohne sich einem armseligen Ruhm hinzugeben, der dem Kronprinzen, nach der Schlacht von Wörth, eine Decoration zweiter Classe giebt, der, nach der Capitulation von Sedan, von Herzen und ohne alle Ziererei Bismarck allen Ruhm für die Politik, Roon den für die Organisation der Armee und Moltke den für die Oberleitung des Feldzugs läßt, etwas Anderes, als Vorwürfe. Vergessen wir auch nicht die schleunigst erlassenen Befehle, um die Civilbevölkerung von Straßburg fortziehen zu lassen und das Verbot, Metz zu bombardiren.

Die stete, unverschämte Lügenhaftigkeit der Französischen Kriegsberichte des Jahres 1870 wird durch das treffliche Buch „Thaten und Phrasen" deutlich nachgewiesen, welches auf der einen Seite den Deutschen Bericht der Ereignisse jedes einzelnen Tages enthält, der mit jener gewissenhaften Wahrheitsliebe verfaßt ist, welcher selbst die feindlich gesinnte Independance Belge zu dem Zugeständniß zwang: „die Preußischen Berichte hätten stets die Wahrheit gesagt" und auf der anderen Seite die maßlosen Lügen, welche die Franzosen verbreitet haben. Auch wird die ritterliche Wahrheitsliebe der Deutschen auf's Schlagendste durch die Thatsache erwiesen, daß Graf Moltke vor der Veröffentlichung seines Buchs über den Krieg die Probe-Bogen desselben dem Marschall Mac Mahon zugestellt hat, damit dieser einen etwa unabsichtlich darin vorkommenden Irrthum berichtige. Nie hat wol ein Französischer General, vor diesem Kriege oder seit demselben, in ähnlicher Weise höflich und gerecht gehandelt.

Die von Rückzügen begleiteten Siege und renommirenden Berichte über die Französischen Heldenthaten, trotz der angeblichen (aber unwahren) überwältigenden Ueberlegenheit der Deutschen, die ich bereits angeführt habe, erinnern mich an die bekannte 4. Scene des 2. Actes von Shakspeare's Heinrich IV., wo Prinz Heinrich Europa und Falstaff Frankreich vorstellen könnte, die ich darum hersetze.

Falstaff. An die Hundert (nämlich Deutsche) gegen uns armselige Viere!

Prinz Heinrich. Was sagst Du, Freund? an die Hundert?

Falstaff. Ich will ein Schuft sein, wenn ich nicht ein Paar Stunden lang mit einem Dutzend von ihnen Handgemein gewesen bin. Ich bin durch ein Wunder davon gekommen. Ich habe acht Stöße durch das Wams gekriegt, viere durch die Beinkleider, mein Schild ist durch und durch gehauen, mein Degen zerhackt wie eine Handsäge.... Hol die Pest alle Memmen!.... Ich habe zweien die Freude versalzen; zweien, das weiß ich, habe ich ihr Theil gegeben; zwei Schelmen in steifleinenen Kleidern....... So lag ich und so führte ich meine Klinge. Nun dringen vier Schelme in Steifleinen auf mich ein, —

Prinz Heinrich. Was viere? Eben jetzt sagtest Du ja nur zwei.

Falstaff. Viere, Heinz, ich sage viere.... Diese viere kamen alle in einer Reihe und thaten zusammen einen Ausfall auf mich. Ich machte nicht viele Umstände, sondern fing ihre sieben Spitzen mit meinem Schilde auf — so.

Prinz Heinrich. Sieben? So eben waren ihrer ja nur vier.

Falstaff. Sieben, bei diesem Degengriff, oder ich will ein Schelm sein.... Hörst Du auch, Heinz?..... Diese neun in Steifleinen, wovon ich Dir sagte.

Prinz Heinrich. Also wieder zwei mehr.

Falstaff. Da ich sie in der Mitte auseinander gesprengt hatte —... so fingen sie an zu weichen. Ich war aber dicht hinter ihnen drein, mit Hand und Fuß, und wie der Wind gab ich sieben von den eilfen ihr Theil.

Prinz Heinrich. O entsetzlich! Eilf steifleinene Kerle aus zweien!

Falstaff. Wie ich dabei war, führte der Teufel drei abscheuliche Spitzbuben in hellgrünen Röcken her, die mich von hinten anfielen; — denn es war so dunkel, daß man nicht die Hand vor Augen sehen konnte.

Prinz Heinrich. Diese Lügen sind wie der Vater, der sie erzeugt, groß und breit wie Berge, offenbar, handgreiflich. Ei, Du grützköpfiger Wanst! Du vernagelter Tropf! Du verwetterter, schmutziger fettiger Talgklumpen. —

Falstaff. Nun, bist Du toll? bist Du toll? Was wahr ist, ist doch wahr.

Prinz Heinrich. Ei, wie konntest Du die Kerle in hellgrünen Röcken erkennen, wenn es so dunkel war, daß man die Hand nicht vor Augen sehen konnte? Komm, gieb uns Deine Gründe an: wie erklärst Du das? ....

Falstaff. Was? mit Gewalt? Nimmermehr! ....

Prinz Heinrich. Wir zweie sahen Euch viere über viere herfallen; ihr bandet sie und machtet Euch ihres Gutes Meister. — Nun merkt auf, wie eine ganz simple Geschichte Euch zu nichte macht. — Wir zwei fielen hierauf Euch viere an und trotzten Euch, mit einem Worte, die Beute ab und haben sie, ja und können sie Euch hier im Hause zeigen; und Ihr, Falstaff, schlepptet Euren Wanst so hurtig davon, mit so behender Geschicklichkeit und brülltet um Gnade, und lieft und brülltet in Einem fort, wie ich je ein Bullenkalb habe brüllen hören. Was bist Du für ein Sünder, Deinen Degen zu zerhacken, wie Du gethan hast und dann zu sagen, es sei im Gefecht geschehen? Welchen Kniff, welchen Vorwand, welchen Schlupfwinkel kannst Du nun aussinnen, um Dich vor dieser offenbaren Schande zu verbergen? —

Einige Anecdoten in Bezug auf den Krieg und seine Folgen, die mir Herr Professor Chair aus Genf mitgetheilt und gestattet hat sie mit seinem Namen zu veröffentlichen.

„Herr Alphonse de Candolle ... Bei der Rückkehr aus der Krimm wünschten die Officiere der Französischen Armee Nichts sehnlicher, als mit der Englichen Armee Händel zu bekommen. Meine Erinnerungen rufen mir nicht eine einzige wohlwollende Aeußerung für die Verbündeten in's Gedächtniß zurück, mit denen man soeben alle Gefahren getheilt hatte.“ ... „Ich habe gestern einen Brief aus Mühlhausen gelesen, der mir mittheilt, daß manche der Elsaßer, die für die Französische Nationalität gestimmt haben, schon nach Hause zurückkehren; enttäuscht über die Französische Gastfreundschaft und etwas beschämt über den falschen Schritt, den sie gethan, benutzen sie die Abendzüge, um unerkannt in ihre alte Heimath zu gelangen. . . . Als der Schweizer Bund genöthigt war für die Vertheidigung seiner Westgrenze Sorge zu tragen, kündigte eine Französische Zeitung an, daß er soeben den Oberbefehl seiner Truppen dem Großherzog von Baden anvertraut habe; es handelte sich aber um den General Herzog aus Baden im Aargau."

„Während des Aufenthalts der Frau v. R. in den Hospitälern von Toul, Verdun und Nancy traf sie daselbst Französische Damen, die sich unter der Deckung des rothen Kreuzes dahin begeben hatten, sich aber sehr wenig um die Verwundeten bekümmerten, sondern stets selbst bewaffnet d. h. in großer Toilette erschienen und beständig Angriffe auf die Preußischen Officiere mit Liebesblicken machten. . . . Herr Thiers hat die Schweiz mit Krieg bedroht, wenn sie nicht darauf einginge, ihren Handelsvertrag zu Gunsten Frankreichs abzuändern. — Was die Ehrenhaftigkeit betrifft, so haben wir unter unseren Augen Familien aus Bourguignon, in der Umgegend von Macon, gehabt, deren Häupter dieselben erst auf Schweizer Boden in Sicherheit brachten und dann ihre wohlgefüllten Keller mit der Flagge der Genfer Convention schützten, indem sie die Häuser zum Schein in Hospitäler von zwölf Betten verwandelten. . . . Die größte Gefahr der wir durch die Gnade Gottes und den Krieg entronnen sind ist folgende. Die ganz katholische Regierung von Wallis hatte die über den Simplon führende, sogenannte Italienische Eisenbahn, einer ganz Französischen Gesellschaft überlassen, deren Director ein Abenteurer aus dem Geschlecht der Lavallette war, welcher durch einen Handstreich den Simplon in 24 Stunden den Französischen Truppen ausgeliefert haben würde. Glücklicherweise war die Gesellschaft insolvent und wurde durch den Fall Napoleons ihrer letzten financiellen Stütze beraubt. Man hat ihr aber, obwol sie keiner einzigen ihrer Verpflichtungen nachgekommen ist, dennoch nicht das Recht auf die Ausführung der Eisenbahnlinie genommen. . . . Heute gestehen es selbst alle Franzosen ein, daß sie, wenn der Krieg nicht diesen Ausgang genommen hätte, die Hand an Genf gelegt haben würden. . . . Ich muß Ihnen schon einige scheußliche Einzelnheiten in Bezug auf die Selbstsucht, Sinnlichkeit, Pflichtvergessenheit und Gleichgiltigkeit, welche sich die Officiere von Clinchamp's Armee bei ihrem Einzuge in die Schweiz gegen ihre Soldaten haben zu Schulden kommen lassen, mitgetheilt haben. Die Gleichgiltigkeit schien sogar die Generale ergriffen zu haben. . . . Ich kann Ihnen auch versichern, daß was in Frankreich gegen die Engländer gedruckt wird nur ein kleiner Theil von dem ist, was diese Undankbaren denken und aussprechen. . . . Im Uebrigen hat die den Franzosen eigene Undankbarkeit und Frivolität sie schon zu wenig wohlwollenden Handlungen und zu noch übelwollenderen Worten geführt. Ihre officielle Sprache ist wol noch liebevoll, aber ein großer Theil der Französischen Presse gebärdet sich schon wieder in ihrer alten böswilligen, ja selbst beleidigenden Weise. Die Verwaltungsmaßregeln stimmen damit überein; Vertragsartikel werden in vielen Punkten verletzt; Genugthuungen erfolgen langsam oder gar nicht; die Pässe sind wieder eingeführt, ganz ungesetzliche Zollchicanen, Beamten-Grobheit sind häufig. Die Französische Gesellschaft hat es fertig gekriegt den Schweizer protestantischen Familien ihren Aufenthalt im Bade Evrau unerträglich zu machen."

Nach der Times weist der Bericht der Deutschen Hilfsvereine zum Besten der Verwundeten 509,837 Nummern von kranken und verwundeten Soldaten, die unterstützt worden sind, auf. Von diesen waren etwa 60,000 Franzosen. Die Gesammt-Einnahmen des Central-Comités betrugen 2,735,671 £ St., wovon Deutschland allein 1,541,101 £ St. aufgebracht hatte. Der Rest war hauptsächlich von in fremden Ländern lebenden Deutschen zusammengebracht; da die Engländer, Belgier, Holländer und andere Nationen zu den Sammlungen beisteuerten, welche für die Verwundeten beider Länder sorgten. Diese großartigen Zeichnungen betragen ungefähr das Doppelte von dem, was die viel reicheren Engländer während des Krimmkrieges für ihren patriotischen Fond zusammengebracht haben und findet eine derartige Freigebigkeit zu keiner Zeit und in keinem Lande ihres Gleichen. Obgleich nun die Franzosen 800 Millionen £ St. auf ihre Anleihe gezeichnet haben, so glaube ich doch nicht, daß sie den zehnten Theil der Deutschen Beiträge, im Verhältniß zu ihrem Wohlstande, zum Besten ihrer Verwundeten aufgebracht haben. — Der Kriegs-Correspondent des Franzosenfreundlichen Scotsman sagt, er habe die ihm in Deutschland erzählten Geschichten von der Aufführung der Französischen Officiere der Bourbakischen Armee, auf ihrem Rückzuge in die Schweiz, bezweifelt, sei aber gezwungen worden sie zu glauben, als sie ihm von Schweizern mitgetheilt wurden, die zum größten Theil den Franzosen günstig gesinnt sind. Sein Bericht lautet: „Fußkrank, erfroren, ausgehungert, abgerissen, schmutzig und fürchterlich elend muß jene Armee, nach der mir zugegangenen Beschreibung gewesen sein, aber sie wurde von den Schweizern aufs Wärmste bewillkommt und aufs Freundlichste aufgenommen. Dennoch hörte ich von allen Seiten, von Officieren und

Soldaten, wie von Civilisten dieselben scandalösen Geschichten über die Französischen Officiere. Sie haben angeblich in den Hotels gegessen und getrunken, gespielt und gelärmt, ohne die geringste Sorge und Theilnahme für ihre Leute an den Tag zu legen. Während die ganze Schweizer Bevölkerung darin wetteiferte, die Noth dieser unglücklichen Soldaten zu erleichtern und für ihre Wunden und Fußschäden etwas zu thun, waren die Officiere die Einzigen, die sich nicht um sie kümmerten und gleichgiltig gegen ihr Wohl und Weh zu sein schienen." Nun besteht aber, wie mir ein Bekannter aus der Schweiz schreibt, der Dank der Franzosen hierfür darin, daß sie in ihren Zeitungen beständig auf die Schweizer schimpfen und ihnen, wie sie es schon sonst, zu Napoleons Zeiten, thaten, mit der Annexion zu drohen, sobald sie in dem zukünftigen Rachekrieg gegen Deutschland die Oberhand gewinnen. Trotz vorhandener Verträge legen die Franzosen den Schweizern allerhand belästigende Einschränkungen bei der Zollabfertigung und dem Paßwesen auf und noch vor kurzem drohte Thiers bekanntlich der Schweiz mit einem Kriege, wenn sie nicht zu ihrem eigenen Nachtheil und dem ausschließlichen Vortheil Frankreichs auf Aenderungen des Handelsvertrages eingingen. Auch soll General Clinchamp eine Vollmacht von Gambetta in der Tasche gehabt haben, nach welcher er das Gebiet der Schweiz verletzen konnte, wie die Franzosen es schon häufig früher gethan haben. Ebenso haben sie im vergangenen Sommer im Bade Evian die Schweizer aus ihrer Gesellschaft ausgeschlossen.

Der Times-Correspondent berichtet ferner: „Weder war die protestantische Geistlichkeit, noch die öffentlichen Schullehrer sehr anti-Deutsch gesinnt. Ihr Gehalt ist viel besser, als unter dem alten Französischen Regiment. Zwar wird auch die katholische Geistlichkeit jetzt besser bezahlt, aber bei ihr ist die halb religiöse, halb nationale Gesinnung so stark, daß sie dem Einfluß der Furcht oder Hoffnung Widerstand leistet." Hieraus geht hervor, daß die Bigotterie und der übergroße Einfluß der katholischen Geistlichkeit, die es nicht gerne sieht, daß ihre Landsleute einem protestantischen Reiche einverleibt werden, welches mit Italien befreundet und gegen die weltliche Macht des Papstes ist, von großer Bedeutung für die nicht zahlreichen Optionen zu Gunsten Frankreichs ist. „Ich kann nicht sagen, daß ich viele Zeichen einer allgemeinen Trauer, oder gar Trostlosigkeit erblicke, von der einige Französischen Zeitungen so

16*

viel Aufhebens machen. ... Es giebt dort keine äußeren Zeichen von Streit, oder Leiden, oder volksthümlicher Entrüstung, oder gar Armuth. Ich habe mich vergebens nach Damen in National-Trauer, die mit dreifarbigen Rosetten geschmückt wären, umgesehen."

Die Bevölkerung des Elsaß betrug im Jahre 1867: 1,597,179 Köpfe und davon waren 252,400 Französischer Herkunft. Da nun aber blos 168,000 überhaupt für Frankreich optirt haben, von denen 50,000 wirklich fortgegangen sind, so beweist das, daß kaum irgend welche Deutsch-Elsaßer sich für Frankreich erklärt und selbst manche Franzosen es vorgezogen haben, Deutsch zu werden. Diese Vorliebe vieler Franzosen für Deutschland geht auch daraus hervor, daß 267,000 Franzosen und Wallonen daselbst leben.

Die Bevölkerung des Deutschen Reichs beträgt mehr als 40 Millionen. Sollte aber wieder ein Angriffskrieg von Frankreich unternommen werden, so würde Oesterreich unfehlbar auf Seiten Deutschlands sein, falls dieses seiner Unterstützung bedürfte, wodurch die Bevölkerung der Frankreich feindlichen Gebiete auf mehr als 75 Millionen anwachsen würde, während Frankreich, ohne den Elsaß, nur über 36 Millionen zu verfügen hat, wenn man Algier nicht hinzurechnet. Bei Vergleichung der beiden Nationalitäten stellt sich heraus, daß 37 Millionen Deutsche im Deutschen Reich existiren und fast 8 Millionen in Oesterreich und viele Millionen in America, die ihr Vaterland vertheidigen würden, wenn es nothwendig wäre, wogegen es nur 20½ Millionen Franzosen giebt, die Französisch sprechen.

Frevelthaten der Franctireurs.

In Paris hält jetzt ein Kriegsgericht seine Sitzungen über einen „Hauptmann" der Francitreurs der Aube, Namens Gerllot und zehn seiner Leute wegen verschiedener von ihnen begangener Mordthaten und Raubanfälle. Wir entnehmen der Anklage-Acte folgende Einzelheiten:

„Beim Ausbruch des Krieges verließen zwei Groß-Händler in Tabak ihren Geschäftsplatz Nogent-sur-Seine und begaben sich in das

Departement der Marne, um ihre Vorräthe zu verkaufen, die aus ungefähr $1\frac{1}{2}$ Tonnen Tabak und 3000 Cigarren bestanden. Bei ihrer Ankunft in Sezanne wurden sie von Franctireurs in dem Hotel, wo sie abgestiegen waren, gefangen genommen und ihre Güter von dem Zoll-Einnehmer confiscirt, der den Convoy nach Troyes schicken ließ. Ein Hauptmann der Franctireurs, der Gefangene Geollot, übernahm die Bedeckung desselben; aber unterwegs plünderte die Begleitung den Convoy und verkaufte einen Theil davon. Wie sie in die Nähe von Troyes kamen, erfuhren sie, daß die Stadt von Preußen besetzt sei; worauf sie Colas, einen der Kaufleute seiner ganzen Habe, bis auf die Kleider, die er an hatte, beraubten. Colas ging nun nach Sezanne, in sein Hotel zurück. Am folgenden Tage den 15. November, brachen Geollot, sein Lieutenant Desert und etwa zehn Franctireurs in das Hotel ein und confiscirten das übrige Vermögen des Colas, ergriffen ihn und steckten ihn in das Gefängniß. Blavier behandelten sie genau ebenso. Diese beiden unglücklichen Handelsleute wurde fünf Tage lang im Gefängniß gehalten, darauf nach Nogent-sur-Seine gebracht und schließlich, nach einer abermaligen Gefängnißhaft von sieben Tagen, auf Befehl des Procurators der Republik freigelassen und mit einem Passe versehen. Beide kehrten hierauf nach Sezanne zurück und begaben sich in ihr altes Hotel daselbst. Bald nach ihrer Ankunft fielen Geollot und seine Franctireurs wieder über sie her. Zuerst weigerte sich der Hotelwirth, mit einem ihm alle Ehre machenden Muth sie herauszugeben, schließlich aber wurde er zum Nachgeben gezwungen. Geollot führte hierauf seinen beiden Gefangenen nach dem Stadthause und theilte ihnen dort mit, sie sollten erschossen werden. Sie wurden nun nach Conflans geschleppt und unterwegs in brutaler Weise geschlagen und mit Füßen getreten, wobei noch die Schrecken der Reise dadurch vermehrt wurden, daß sie hörten wie ihre Wächter schon vor der Zeit ihre Kleidungsstücke unter sich vertheilten. Schließlich wurden sie in einen Wald gebracht und trafen beim Eintreten in denselben mit einem anderen Schub Franctireurs zusammen, die soeben sechs Personen, worunter eine Frau, niedergemetzelt hatten. Einer dieser tapfern Patrioten erzählte, sie hätten einen Mann mit der Frau, nach Art der Republicanischen Hochzeiten des scheußlichen Carrier, in die Seine geworfen. Als der Mann aus dem Wasser den Zweig eines Baumes, welcher am Ufer wuchs, ergriffen habe, habe einer der Franctireurs ihm die Hand mit dem Bajonett durchspießt, damit er losließe und so wäre das Paar ertrunken. Bald darauf erreichte Colas und

Blavier den Ort, an dem soeben sechs Personen niedergemacht worden waren. Der „Lieutenant" Desert, der die Truppe befehligte, ließ seine Leute in einer Entfernung von vier Schritt von seinen Opfern aufziehen und forderte letztere auf, ihre Papiere herauszugeben; dann fragte er sie, ob sie noch irgend etwas an ihre Familien zu bestellen hätten, da sie jetzt sterben müßten. Colas und Blavier stürzten sich auf die Knie und flehten kläglich um ihr Leben, worauf Desert unter der Bedingung einging, daß sie ihm ihr in Romilly deponirtes Geld aushändigten und sich verpflichteten nie wieder dorthin zurückzukehren.

Aber (fügt die Anklage-Acte in ihrer eigenthümlichen Redeweise hinzu) die Sache lag ganz anders in dem Falle einer Deutschen Hausirer-Familie, welche die Franctireurs in der Nähe von Sezanne aufgriffen und darauf nach Villeneuve brachten. Diese Familie bestand aus drei Männern, im Alter von 50 bis 60, zwei Jünglingen von 15 bis 20 und einer Frau von etwa 45 Jahren. Diese reisten in zwei dreispännigen Wagen, die mit allerlei Kleidungsstücken, Meubeln, Waffen, Französischen und Preußischen Uniformen angefüllt waren. Die Franctireurs fingen damit an Alles zu plündern, was ihre Gefangenen besaßen; dann brachten sie dieselben ins Stadtgefängniß von Villeneuve und versuchten es die Pferde und Wagen zu verkaufen. Der Maire aber, an dem mehr als an seinem Collegen in Conflans gewesen zu sein scheint, betheuerte, daß er die Sturmglocke läuten und die ganze Stadt in Bewegung setzen werde, wenn so etwas in seinem Jurisdictions-Bezirk versucht würde. Hierauf verkauften die Franctireurs ihren Raub außerhalb des Gebiets dieser Gemeinde und brachten ihre Gefangenen zu Fuße nach Conflans. Hier wollte der Maire sie nicht in die Mairie einsperren lassen, wonach einer der Franctireurs damit drohte, sie in seinem eigenen Hause gefangen zu halten und da gab dieses Muster von einem Maire abermals nach. Er übergab nämlich die Gefangenen der Obhut des Feldhüters, mit der Weisung, sie um 4 Uhr des Morgens entwischen zu lassen, da er fürchtete, sie könnten ermordet werden. Mittlerweile kam ein anderer Haufe Franctireurs unter dem Commando von Geollet um zwei Uhr Morgens in Conflans an. Um vier Uhr Morgens brachten diese die Gefangenen heraus, banden sie und führten sie in eine benachbarte Waldhütte, die dicht an den Ufern der Seine stand. Dieser elende Schuppen wird „das Hotel zur Nacht-Eule" genannt. Als sie daselbst ankamen war es ganz dunkel und die Franctireurs machten sich ein Feuer an, um sich daran zu erwärmen, bis es hell genug wurde, um ihre Gefangenen zu tödten.

Acht Leute wurden für die Mord-Arbeit bestimmt, welche bei Tagesanbruch die durch empörende Grausamkeit ausgezeichnete Hinrichtung vorzubereiten anfingen. Einer der Greise nämlich wurde mit der Frau zusammengebunden und einer der Mörder Namens Rolland rief ihnen zu, als er sie aus der Hütte zum Tode führte: „Macht Euch doch gemüthlich — warum küßt Ihr Euch nicht?“ In derselben Weise wurden die beiden jungen Leute behandelt; diese Armen wurden an das Ufer des Flusses gebracht und dort nicht erschossen, sondern auf Bajonette gespießt und ins Wasser gestürzt. Der Mann, der mit der Frau zusammengebunden war, war nicht todt, sondern konnte noch nach einem Baum greifen, und Rolland zerschmetterte ihm den Schädel durch einen Schuß, so daß das Paar ertrank. Die Mörder geben vor, daß sie nur auf Befehl Geollot's gehandelt haben, welcher sich für berechtigt hält, Preußische Spione zu tödten. Die an dem Morde Betheiligten geben alle angegebenen Einzelnheiten als wahr zu. Das Urtheil über diesen Fall wird wol erst morgen gefällt werden; ich bin sehr begierieg zu wissen, ob der Gerichtshof hierbei die Annahme „mildernder Umstände“ beantragen wird.

Man muß der Commune darin Gerechtigkeit widerfahren lassen, daß sie nie die von Feydeau und Andern erfundene Verläumdung ausgesprochen oder begünstigt hat, die Deutschen hätten die Commune-Revolution vom 18. März veranlaßt und befördert. Auch hat die Commune, obwol sie über alle Reichthümer von Paris und namentlich über die unermeßlichen Schätze der Bank von Frankreich volle Macht besaß, mit denselben nicht, wie man fürchtete, nach dem Grundsatze „Eigenthum ist Diebstahl“ verfahren, sondern nur diejenigen Summen erhoben, die absolut nöthig waren, und ihren Soldaten nur den mäßigen Sold bezahlt, den ihnen die frühere Regierung gab. Die Regierungsmitglieder der Commune haben sich mit dem mäßigen Gehalt von fünfzehn Francs (4 Thaler) pro Tag begnügt.

Skizzen einiger zeitgenössischer öffentlicher Charaktere, welche die Franzosen irriger Weise für große Staatsmänner halten.

(Aus Mirecourt's Zeitgenossen.)

Thiers.

Thiers ist der Sohn eines Hafenarbeiters von Marseille, dessen Leben durchaus nicht erbaulich gewesen ist.... „Wäre dort, auf der Schwelle meiner Thüre, eine Guillotine für meinen Vater aufgestellt und es genügte, daß ich hinginge, um ihn daran zu hindern sie zu besteigen, so würde ich in meinem Lehnstuhle sitzen bleiben, selbst wenn mein Zimmer zu ebner Erde läge." ... Dieser winzige, schlaue Mirabeau ... bereitete sich auf die Rolle eines parlamentarischen Bosco vor. ... Balzac nannte Herrn Thiers einen berühmten Gandissart und sagte, er hätte einen ganz ausgezeichneten Handlungs-Reisenden abgegeben. ... Er ergreift die Balancir-Stange der Geschichte, um auf dem Seil des Romanes zu tanzen. ... Er vereinigt in einem Typus Harlequin, Polichinell und Pierrot, macht Männerchen und maskirt sich — kurz spielt alle Rollen. Man kann ihn als Danton, Marat, Robespierre, Barras und Bonaparte sehen. Die Guillotine triumphirt, hoch lebe die Guillotine! ... Herr Thiers mußte sich mit dem Vater eines jungen Mädchens schlagen, das er in Aix verführt hatte und zu heirathen verweigerte. ... Ein Deutscher, Namens Schubart, leiht ihm, als sie beide im Elend waren, seine Kleider, theilt mit ihm Alles, Geld und Lebensmittel, bringt ihn auf die Leiter des Glücks, wie er aber diese erreicht hat, will Thiers Nichts mehr von Schubart wissen. Schubart schreibt ihm drei Briefe, welche die Post in Empfang nimmt ohne ihm eine Antwort darauf zu bringen. Im innersten Herzen verwundet, reist er nach Deutschland zu Fuß zurück, um dort Hungers zu sterben. ... Herr Thiers," sagt Cormenin, spricht stets von seiner eigenen Ehrlichkeit, Offenheit, seiner Verachtung der Großen, seiner Liebe zur Juli-Revolution. Wir fragen, was will das sagen? Klein von Gestalt und ohne Anmuth erinnert er an die kleinen Friseure aus dem Süden, welche ihre Kugelseife von Haus zu Haus feilbieten. In seiner Art zu schwatzen hat er etwas vom Gassenbuben. Seine näselnde Stimme zerreißt einem die Ohren. ... Er ist ein Politiker ohne Glauben, spottet über alle Theorien; es giebt für ihn weder Gutes, noch Böses, weder Wahrheit, noch Lüge. Er liebt die Macht, nicht um der Macht selbst willen, sondern um des Wohllebens willen, das sie ihrem Besitzer verschafft. Herr Guizot repräsentirt den Hochmuth, Herr Thiers die Sinnlichkeit der Macht.

Mit Schaufeln und Kesseln, Kohlpfannen und Feuerzangen bewaffnet, machten sich die Bewohner von Aix daran, die schauderhafteste Katzenmusik aufzuführen, die ein Menschenohr je gehört hat ... es war ein wahrer Orkan von Geschrei, Geheul und Gepfeife, in das sich die schrecklichsten Zurufe mischten. Nieder mit dem Verräther Frankreichs, Italiens, Polens! Bis zur Neige mußte Thiers den bittern Becher der Schmach und Beleidigung leeren. Das Geschrei und der Heidenlärm hörten erst auf, als die bewaffnete Macht sich ins Mittel legte. Herr Thiers entkam und begab sich nach Marseille, wo seiner derselbe Empfang wartete und dieselbe Musik aufs Schönste wieder losging. Er durfte sich weder auf den öffentlichen Plätzen, noch in den Straßen, ohne Begleitung von zwei- bis dreihundert Mann Soldaten, zeigen.... Auch in Bugnolles begrüßte ihn die Katzenmusik. Er wagte es gar nicht nach Toulon zu gehen.... Victor Hugo hatte sich zum Echo der Gesinnungen aller anständigen Leute gemacht und ihn mit dem Glüheisen der Schmach gebrandmarkt.... Zu Ende des Banquets in Grandvaux sind alle Theilnehmer an demselben und zwar viehisch betrunken, wie Fuhrleute. Es war ein Bedientengelage, wo man, statt den Scandal zu vermeiden, direct auf die Gemeinheit ausgeht. Schlüpfrige Reden riefen noch schlüpfrigere Gegenreden hervor.... Thiers wird eine Katzenmusik gebracht, als er schon zu Bette liegt.... Er erscheint also am Fenster in dem allereinfachsten Anzuge, reißt die Vorhänge hastig auseinander und zeigt den verdutzten Katzenmusikanten zwischen zwei Lichtern — was das Tageblatt nicht als sein Gesicht bezeichnet hat.... Man hat von der Hartherzigkeit dieses Sohnes des Volks gegen diejenigen Glieder seiner Familie gesprochen, welche arm geblieben sind und wir haben alle an der Ecke der Passage und des Boulevards sonderbare Karten in Empfang genommen, die bei hellem lichtem Tage vertheilt wurden und auf denen zu lesen war: Madame Ripert, Schwester von Herrn Thiers, früherem Minister-Präsidenten, Volksvertreter u. s. w. Table d'hôte zu 2 Francs 50 Centimes.... Alle Bummler gingen zur Schwester des reichen Besitzers der Villa St. Georges speisen.... Alle Zeitungen jener Zeit denuncirten den Minister als Börsenspieler und fügten hinzu, daß weder er, noch sein Schwiegervater, Herr Dosne es sich versagten, den Telegraphen zu benutzen, dessen Geheimnisse sich zufällig in ihren Händen befanden."

Bei Gelegenheit der sehr kleinen Majorität, die Thiers in der eben stattgehabten Abstimmung in Bezug auf den Kerdrelschen Antrag erhalten hat, sagt der Scotsman: „Es ist nicht leicht für Herrn Thiers viel Mitgefühl zu empfinden. Die Ursache der ihm feindseligen Abstimmung ist einer von den Kniffen, durch welche es ihm bisher gelungen ist die Opposition zum Schweigen zu bringen. So oft der Präsident sich in Verlegenheit befand, hat man Gerüchte verbreitet, nach denen die Deutschen die geräumten Departements wieder besetzen würden, wenn man ihn zum Niederlegen seines Amtes zwänge; oder man hat es ausgesprengt, die Armee sei entschlossen kein anderes Staatsoberhaupt, als ihn zu dulden; oder die Municipal- und General-Räthe haben ihm Adressen überreicht, welche das Verhalten derer, die anderer Meinung, als er waren, tadelten und ihn ersuchten auf jede Gefahr hin, am Steuerruder zu bleiben. Das zuletzt erwähnte Verfahren ist, nach den Französischen Gesetzen, entschieden unstatthaft. So oft Municipal- oder General-Räthe Herrn Gambetta Adressen überreicht haben, sind sie sofort verwarnt und ihre Adressen förmlich für null und nichtig erklärt worden. In letzterer Zeit sind aber an den Präsidenten gerichtete Adressen von ihm angenommen und zur Stärke seiner Stellung benutzt worden.

Thiers' Rede verträgt kaum die leichteste Kritik. Sie war sehr schwach, voll von falschem Pathos — von der Art, die Herr Disraeli wiederholt ohne Erfolg im Hause der Gemeinen versucht hat. Auf dieser Seite des Kanals hätte sie Fiasco gemacht; aber in Versailles war sie von Erfolg gekrönt und die Opposition bekam es wieder einmal zu fühlen, daß sie nicht über ein eingebildetes Uebel Klage führt, wenn sie die Einmischung von Herrn Thiers in die Debatten tadelt."

Das ist der Retter Frankreichs, der Washington, der unentbehrliche Dictator, den Leute aller Parteien mit nie enden wollender Schmeichelei verehren!

Guizot.

(Von Mirecourt.)

Guizot verdankt alle seine Erfolge seiner Maske.... Als Roger Collard auf den Posten des General-Directors des Buchhandels erhoben worden, wählte er sich den früheren Professor der Geschichte (Guizot) aus, um das berüchtigte Preßgesetz zu entwerfen, welches sechzehn Jahre später den Ordonnanzen Karls X. zum Muster dienen sollte.... Die plötzliche Rückkehr Napoleons von Elba und die Wiederaufnahme des Kaiserreichs überraschten ihn, als er gerade die würdige Rolle eines königlichen Censors spielte.... Durch diesen Donnerschlag zu Boden geworfen, warf er sich...... dem neuen Minister (Carnot) zu Füßen und dieser behielt ihn provisorisch als Abtheilungs-Director bei. Hier wurde er sechs Wochen geduldet und darauf, eines schönen Tages, ohne bekannte Ursache grade in dem Augenblicke fortgeschickt, als er, im Gefühle der Sicherheit seiner Stellung, im Begriff stand bereitwilligst die Additional-Acte der Constitution des Kaiserreichs zu unterzeichnen.... Cormenin hat mit Recht von Louis Philippe gesagt, „er habe seine Zeit corrumpirt.“ Herr Guizot hat seinem Herrn bei dieser edlen Aufgabe beigestanden.... Teste ging an seiner Schmach zu Grunde.... Hourdegenn und Andere hatten dasselbe Schicksal.... Er dagegen nahm sich gut aus, wenn er sich auf der Tribune in die Brust warf.... Man erinnert sich noch des berühmten, von ihm daselbst gesprochenen Wortes: „Ihre Mißachtung wird nie die Tiefe meiner Verachtung erreichen!“ Man erzählt sich, daß der König, als das zarte Verhältniß des Ministers zu Frau von L..... zu öffentlich geworden, ihn einmal fragte: „Aber warum heirathen Sie dieselbe denn nicht?“ „Majestät“ erwiederte Herr Guizot „vergessen ganz, daß sie im Verdacht steht mit dem Zaren zu correspondiren.“ „Ein Grund mehr“ antwortete Louis Philippe „es zu thun! Dann können wir ihr die Briefe dictiren“..... Herr Guizot hat sich immer für einen sehr schönen Mann gehalten.... Die Oel- und Pastell-Malerei, die Kupferstechkunst, die Kreidezeichnung und die Photographie haben aufs Eifrigste rivalisirt seinen stolzen, hochmüthigen Kopf wiederzugeben, der wie ein Ausrufungszeichen auf einem Knochengerüst aussieht.... In Herrn Guizots Schlafzimmer befinden sich dreißig Portrais von ihm, sein Salon beherbergt deren zwanzig und sein Vorzimmer fünfzehn. Dabei zählen wir die Medaillons und Büsten gar nicht.... Vor allen Theaterstücken liebte Louis Philippe Molière's „eingebildeten Kranken“ am meisten. Herr Guizot sorgte dafür, daß dieses Stück jedesmal gegeben wurde, wenn das Personal der Comédie Française bei Hofe spielte. Niemals verfehlte die Scene mit den Klystieren ihre Wirkung auf den König. Er schlug ein homerisches Gelächter auf und der Minister stimmte mit ein.... Wenn der Königliche Theater-Intendant sich seine Instructionen holte, pflegte der Minister zu sagen: „Geben Sie nur den Kranken, immer wieder den Kranken und vor Allem viele Klystierspritzen!“

Der Ex-Götze Napoleon III.

Das Bild, das Kinglake von Napoleon III. entwirft sieht so aus: „Ein Mensch von nichtssagendem, unbelebtem Gesichtsausdruck und dunkeln Zügen, mit der Haltung und dem Ansehen eines Webers, dessen vielstündige, eintönige, im Hause verrichtete Arbeit ihn niederdrückt, ihm den Körper krümmt und das Auge an den Boden heftet, dieses Auge, dessen Farbe in Augenblicken der Gefahr ins Grünliche spielt; stumpfen Geistes, in dem Gedanken sich nur träge bewegen, bringt er die fleißige Jugendzeit und die ersten Jahre eines besorgten Mannesalters mit Planen zu, in welcher Weise sich Kriegsliste auf die Rechtswissenschaften anwenden lassen. Er besitzt grade genug Kühnheit, um sich auf gefahrvolle Unternehmungen einzulassen, aber nicht die Energie, um sich in denselben gut zu benehmen oder gut aus denselben heraus zu kommen, ja Herr Kinglake deutet es nicht blos an, daß er in Gegenwart des Feindes eine Memme ist." (Times). Im Jahre 1851 sagt de Tocqueville von Louis Napoleon: „Er besitzt eine Eigenschaft, die verderblich für einen andauernden Einfluß auf Männer ist, nämlich eine Vorliebe für den Umgang mit niedrigeren Intelligenzen. Er ist blöde, kann sich nicht leicht unterhalten, nicht gut sprechen und fühlt sich deßhalb unbehaglich in Gesellschaft von talentvollen Leuten. Dieß ist ein Grund warum er Volksvertretungen haßt. Er empfindet Furcht und Abneigung gegen redebegabte Menschen. Er umgiebt sich daher mit Marionetten, die ihm, sobald er sie wird gebrauchen wollen, unter den Händen zerbrechen werden." Im Jahre 1858 sagte Tocqueville von ihm: „Er gehört zu den Leuten, welche die Deutschen subjectiv nennen, deren Blick stets nach innen gerichtet ist, die nur an sich selbst, ihren eigenen Charakter und ihre eigenen Geschicke denken. Zweitens ist er auf tüchtige Menschen eifersüchtig. Er wünscht das zu sein, was man von ihm gesagt hat, nämlich ein Riese und da die Natur ihn nicht wirklich groß geschaffen hat, so versucht er, es relativ dadurch zu werden, daß er sich mit Zwergen umgiebt. Sein dritter Fehler ist das Mißverhältniß zwischen seinen Wünschen und seinen Mitteln. Die ersteren sind ungemein groß. Keine Macht, kein Reichthum, keine Ausgaben würden ihnen Genüge leisten können. Selbst wenn er das Genie und die Unermüdlichkeit seines Onkels hätte, so würde er, wie sein Onkel, an der Maßlosigkeit seiner Unternehmungen zu Grunde gehen. Da er kein Genie, nicht einmal ein Mann von besonderer Begabung, sondern unwissend, unerfinderisch und träge ist, so wird man ihn straucheln und von einem Mißerfolg in den andern fallen sehen. . . . Er ist kein Geschäftsmann, er hat keinen Sinn für Einzelnheiten. Er kann wol Befehle ertheilen, daß gewisse Dinge ausgeführt werden, aber er ist nicht im Stande festzustellen, ob die geeigneten Mittel dazu angewandt worden sind. In der That kennt er diese Mittel gar nicht und traut denen nicht, die sie kennen. Ein Krieg, der alle Fähigkeiten Napoleons und seiner Minister und Generale in Anspruch genommen hätte, soll geführt werden, ohne den Meister, der ihn leiten könnte oder die richtigen Anweisungen, wie er ausgeführt werden soll. Ich fürchte ein großes Unglück." (Was für eine merkwürdige Prophezeiung!)

„Eins der crassesten Beispiele von Undankbarkeit und Ungerechtigkeit, welche die Annalen der Geschichte entehren, bietet das Verhalten Napoleon III. dar, als er das Vermögen der Familie Orléans confisciren ließ. Als er seinen lächerlichen Revolutions-Versuch in Straßburg gemacht hatte, ließ ihn die Regierung Louis Philippes, um ihn von der Wirkung der gewöhnlichen Gesetze zu befreien, durch einen schriftlichen Befehl des Kriegsministers Nachts vom Präfecten nach L'orient bringen, von wo man ihn nach America schickte. Hierauf schrieb Prinz Louis Bonaparte seinem Anwalt: „Trotz meines Wunsches bei meinen Unglücks-Gefährten zu bleiben und ihr Schicksal zu theilen, hat der König in seiner Gnade mich nach America geschickt. Ich weiß des Königs Güte gebührend zu schätzen. . . . Wir sind freilich alle schuldig, aber ich selbst bin der Hauptschuldige. Die Regierung hat mir Großmuth erzeigt. Sie hat geglaubt, daß meine Stellung als Verbannter, meine Verwandtschaft mit dem Kaiser, meine Liebe für Frankreich mildernde Umstände abgeben." Trotz dieser vorgeblichen Zerknirschung unternahm Louis Bonaparte nach einigen Jahren zu Boulogne abermals ein wahnwitziges, undankbares Attentat gegen den Thron seines Wohlthäters, wurde gefangen genommen und anstatt die verdiente Todesstrafe für Hochverrath und diesen zweiten Versuch, sein Vaterland in einen blutigen Bürgerkrieg zu stürzen, zu erleiden, nur eingekerkert. Um nun später seine Werthschätzung der Gnade Louis Philippes an den Tag zu legen, ließ er dessen Vermögen confisciren!!

Des Kaisers Verhältniß zu der verstorbenen Mademoiselle Bellanger ist Jedermann bekannt und daß bei der Gelegenheit einer der ersten Richter Frankreichs sich soweit entehrte, als Unterhändler zu fungiren. Ferner hat Napoleon nach dem Staatsstreich 26,462 Personen gefänglich einziehen lassen, von denen 239 nach Cayenne, 3773 nach Algier und 931 in die Verbannung geschickt wurden.

Eine Probe von der abscheulichen Kriegsverwaltung Gambettas des Führers der fortgeschrittenen Republikanischen Partei, des ehemaligen und zukünftigen Dictators von Frankreich, den Thiers einen wüthenden Tollhäusler genannt hat.

Dem Chemiker Naquet, einem Vertrauten Gambetta's in Tours wurden von Valentin einige Kanonen nach dem System Parrett, welche der Americanischen Regierung gehörten und seit dem Kriege zu verkaufen waren, zum Preise von 75,000 Francs die Batterie angeboten. Der Präsident des Ausschusses für Lieferungs-Verträge, Herr Lecesne theilte Naquet mit, daß er sich geweigert habe, die Kanonen für 35,000 Francs zu kaufen; trotzdem erstand sie Naquet, mit Gambetta's Einwilligung, welcher um das Angebot zu 35,000 Francs wußte, für 75,000 Francs. Hauptmann Gusman geht nun nach America, um die Kanonen zu besichtigen; man bietet ihm dort eine glänzende Wohnung und sucht ihn mit Geld zu bestechen, was er ausschlägt und dabei in Erfahrung bringt, daß die Lieferanten gar Nichts werth sind. Sie behaupteten die Geschütze wären schon eingeschifft, während es noch nicht geschehen war, um Geld von der Französischen Regierung zu bekommen und Gusman mußte im entgegengesetzten Sinne an seine Regierung telegraphiren. Bei diesem Contract verlor die Französische Regierung 2,150,000 Francs an den Kanonen und kleinen Waffen und ihr Verlust hätte sich um 3,000,000 Francs vermehrt, wenn die Enfield-Gewehre geliefert worden wären. Allbekannt ist ferner die Geschichte von den dem Militair gelieferten Schuhwerk, dessen Sohlen aus Papier bestanden. — Von Gambetta sagt die Times: „Ehrlich gesprochen, ist es ungemein schwer in einer Rede Gambettas irgend welche Gedanken aufzufinden. Diese gehören übrigens auch gar nicht zu seinem Erfolge. Es ist unmöglich in Abrede zu stellen, daß er alle specifischen Eigenschaften eines Demagogen besitzt. Kraft, Selbstvertrauen, Mangel an Feinheit, seichte Gedanken, keine Originalität, ein Standpunkt, der weder zu hoch noch zu niedrig für sein Publicum ist, Leidenschaft und Klarheit. Wer diese Eigenschaften in sich vereinigt, der wird überall bei den Massen Erfolge erzielen. Die leicht erregbaren Naturen des südlichen Frankreichs beten ihn gradezu an; erstens weil es ihnen schmeichelt, von einem Manne, der die Geschicke des Landes in seiner Hand gehabt hat, mit „Meine Herren und theuren Mitbürger" angeredet zu werden, und dann, weil es für sie den Reiz der Neuheit hat, überhaupt angeredet zu werden, welches sie von vorne herein geneigt macht, mit dem Redner übereinzustimmen, wer er auch sein mag. Es giebt kein Land, in dem sich die gewöhnliche Volksrednerei besser für politische Zwecke verwerthen läßt, als Frankreich und grade dort sind Volksredner etwas Seltenes. Das ist es, was Herrn Gambetta in den Stand setzt seinen ganzen Einfluß zur Geltung zu bringen. Es fehlt ihm an Concurrenz. Wenn er im politischen Wettrennen, auf das er sich eingelassen, Sieger bleibt, so geschieht das nicht, weil er sich als der beste Renner ausgewiesen, sondern nur weil er keinen Nebenbuhler hat. Er selbst hat gesagt: „Durch die Furcht, mit der Furcht, durch Ausnutzung der Furcht siegt die Reaction immer“...... Im Journal des Débats sagt John Lemoine: „Man kratze nur den Demagogen und man wird auf den Sklaven und Tyrannen stoßen; den Sklaven, weil er nicht sich selbst gehört, sondern blos das Haupt einer Bande ist, die nur eine Melodie, die Marseillaise, zu spielen und nur ein Kleidungsstück, die Jacobinerjacke, zu tragen versteht.... Es ist unmöglich die verabscheuenswerthen Tendenzen seiner Grénobler Rede nicht zu bemerken. Wenn solche Lehren zum Programm der radicalen Partei werden, so haben wir keine andere Aussicht, als den Bürgerkrieg.... Wenn alle die Leute, die dem Kaiserreich den Eid der Treue geschworen haben (nach Gambetta's Vorschlag) von der Candidatenliste gestrichen worden wären, so hätte man Gambetta nicht auf den Bänken der National-Versammlung erblickt.... Herr Gambetta kann sich dazu Glück wünschen, daß er als Imperialist gesprochen und gehandelt hat.“ — Herr von Mirecourt giebt uns folgende Einzelnheiten aus Gambetta's Laufbahn: „O! allgemeines Stimmrecht, wie hochkomisch wärest Du, wenn Du nicht so ungeheuerlich wärest!... Du hast uns mit dem Bürger bedacht, dessen trübselige Geschichte wir eben erzählen wollen! Du bist es, das diesen Pilz hat hervorschießen, diese unglaubliche Warze auf der Nase Frankreichs hat emporsprießen lassen!... Es war einmal ein bettelarmer Advocat, der keine Kundschaft hatte, sondern mit finsterem Blick und zögerndem Schritt die Corridors im Justiz-Palaste maß.... Des Abends ging er in schlechter Stimmung und abgetragener Kleidung fort, um seine Kohlsuppe irgendwo in einer Winkelkneipe zu verzehren.... Plötzlich erschreckt er über seine bedrängte Lage, es fehlt ihm der Muth Entbehrungen zu ertragen und geduldig auf Erfolge zu warten; er klopft an die Thüren der geheimen Gesellschaften und fängt an die der Polizei verdächtigen Locale, die Bierstuben der Internationale fleißig zu besuchen. Hier trinkt er auf das Wohl der theuren Republik unzählige Schoppen, die er nicht immer bezahlt.... Als sein aus Genua stammender Vater es ihm eines Tages abschlägt irgend einer Laune seines Herrn Sohnes Folge zu leisten, droht der junge Herr sich das Auge mit einem Messer, das er in der Hand hält, auszustechen, falls man ihm nicht seinen Willen thue. „Du Ausbund von einem Jungen!“ ruft der Vater.... Der Herr Sohn aber erbittert über den Widerstand des Vaters zögert nicht, sich die Schneide des Messers direct tief in die Augenhöhle zu bohren!“ —

Louis Veuillot sagt: „Die Revolution vom 4. September ist wol die niederträchtigste von allen Revolutionen, die wir durchgemacht. Eine albernere in politischer Beziehung, eine ruchlosere gegen Frankreich, und eine schuldvollere hat es nie gegeben. Keine ist leichter zu Stande gekommen und hat rascher und schmählicher Fiasco gemacht. Was für Folgen, was für Unglücksfälle, welch eine Zukunft hat uns der Tag gebracht! Kämpfe ohne Ruhm, Schicksalsschläge ohne Würde, Verbrechen ohne Reue, Katastrophen endlich, für die es vielleicht kein Rettungsmittel giebt! Alles, außer den Verräthern, den Lumpen und den Narren, scheint Furcht zu empfinden! Das ist aber noch Nichts. Das moralische Unglück ist noch größer und fast grenzenlos zu nennen. Die Seele des Volks bleibt von den unsauberen Schauspielen jener Tage besudelt, die Gerechtigkeit ist ohnmächtig und läßt die öffentliche Moral in cynischster Weise ungerächt. Sie (die Männer des 4. September) verkriechen sich hinter ihre nutzlosen Mauern gegenüber dem äußeren Feind, zeigen sich, um ihre eigene Haut zu retten, feig gegen den inneren und haben fünf Monate damit zugebracht uns zuzurufen, wir möchten doch keine Furcht haben. Sie haben alle guten und bösen Gesinnungen mißbraucht, die ihre eigene Gemeinheit verdecken und ihre Herrschaft der Lüge und Zerstörung verlängern konnten. . . . Wer unerbittlich der Gerechtigkeit verfallen und ebenso unerbittlich aus dem bürgerlichen Leben ausgestoßen werden, deren Namen selbst ausgelöscht, deren Geburtsort dem Boden gleich gemacht werden müßte, das sind die pflichtvergessenen Urheber des 4. September! —

In Bezug auf die übrigen Usurpatoren des 4. September sagt Herr von Mirecourt: „Was die Bürger Picard und Jules Simon betrifft . . . . so sticht der Erste, ein wirklicher demokratischer Epicuräer, nur durch seinen Bauch hervor. Seine Possen auf der Tribüne sind nie nach meinem Geschmack gewesen. Der Andere, ein Sophist dritten Ranges, ein albernes altes Weib in Stiefeln, ein tapferer Voltairianer, der empfindsame Krocodilsthränen weint, daß man vor Lachen umkommen möchte, ist ein völlig geschlechtloser Hermaphrodit, sowol in der Politik, als Religion, vor Allem aber was Begabung betrifft. Ueber den Socialisten Jules Ferry habe ich nur ein paar fatale Worte zu sagen. Es fehlt ihm absolut sowol an physischer als an moralischer Schönheit. . . . Seine Charlatanerie gegenüber den Wählern, seine Marktschreier-Kunststücke an der Wahlurne, seine abgeschmackte Verwaltung während der Belagerung, sein vollständiger Mangel an Geist, Urtheil und Initiative, seine gemeine, matrosenartige Religionsspötterei, alles das schließt ihn aus einer historischen

Gallerie aus. Ich überlasse ihn daher mit seiner krummen Nase, epileptischen Kalbsaugen und bleichem Gesicht, das von beiden Seiten von einem ebenso lächerlichen als unermeßlichen Backenbart besetzt ist, getrost der Karrikatur.

Jules Favre.

In Bezug auf den großsprecherischen Urheber der Phrase, „keinen Zoll unseres Gebiets, keinen Stein von unseren Festungen!“ befinden sich in Lefrançais' Etude sur le mouvement Communaliste (Studie über die Commune-Bewegung) unter der Aufschrift: „Jules Favre, ein Actenbündel, bearbeitet vom Bürger Millière“ einige sehr merkwürdige Nachrichten, von denen das Wesentliche, durch rechsgültige Urkunden erhärtet, folgendermaßen lautet. Im Jahre 1855 ließ Favre eine Tochter als sein eheliches Kind in die Civilstands-Register eintragen, während der Ehemann der Mutter, wie er wohl wußte, in Algier lebte und von ihm unterstützt wurde. Eine zweite Tochter wurde im Jahre 1855 in derselben betrügerischen Weise getauft; wogegen er im Jahre 1845 ein anderes Kind von derselben Mutter als unehelich unter der Angabe eintragen ließ, daß der Vater unbekannt sei und im Jahre 1849 wurde der Frau ein Sohn geboren, den er als sein uneheliches Kind verzeichnete. Im Jahre 1858 erkannte er in einer Urkunde das, im Jahre 1845, als von einem unbekannten Vater herstammend eingetragene Kind als das Seinige an, weil er entdeckt hatte, daß es wahrscheinlich ein Vermögen von Herrn Alphonse D. erben werde. Beim Tode der Dame, mit der er lebte, welche aber in dem Todtenschein als die Ehefrau des Herrn Vernier bezeichnet wird, lud er seine Bekannten zur Beerdigung seiner Frau ein. Er bewog darauf Alphonse D. sein großes Vermögen ganz und gar seinen Verwandten zu entziehen und es den vier Töchtern der Dame, welche wir Madame Jules nennen wollen, zu hinterlassen und als Alphonse D. im Jahre 1859 starb, ließ Favre den gesetzlichen Vater dieser Kinder, von dem er wußte, daß er in Algier lebe, als Bewohner der Rue des Mauvaises Paroles (ein zu diesem Falle sehr passender Name!) vor Gericht citiren. Da dieser natürlich nicht aufzufinden war, so wurde mit Zulassung des Gerichtshofs ein Contumacialverfahren eingeleitet und Favre erhielt nun das ganze Vermögen an Stelle Vernier's. Die Times sagt von ihm: „Als Herr Jules Favre gegen seinen früheren Freund und Gefährten Laluyé, der zur Zeit seiner bitterster Feind war, eine Diffamationsklage einbrachte, wurden so erstaunlich unangenehme Thatsachen, um uns keiner stärkeren Sprache zu bedienen, aus seiner eigenen Vergangenheit, an's Licht gezogen, daß man es, allgemein als sicher annahm, Herr Jules Favre werde sich ins Privatleben zurückziehen. In der That erklärten seine Feinde, daß er sich nie wieder den Blicken des Publikums aussetzen dürfe, und seine Freunde wagten es kaum mehr zu seinen Gunsten zu sagen, als daß man seine Fehler als gesühnt betrachten könne, wenn er sich auch nur zeitweilig zurückziehe, was immerhin als ein förmliches, öffentliches Zeichen von Reue und Buße anzusehen sei. Vor Kurzem erschien er als Rechtsanwalt in einem Gerichtshof und die Geschworenen ersuchten den Richter dringend um ihre Entlassung, da sie, in Folge ihrer unbezwingbaren Abneigung gegen Herrn Favre, es sich selbst nicht zutrauen könnten, ein unparteiisches Urtheil über einen Fall abzugeben, in welchem er fungire. In Folge dessen entließ sie der Richter auch wirklich. Solchen Leuten wurden die Geschicke Frankreichs in der kritischsten Periode seiner Geschichte anvertraut."

Das sind die Bismarcks, Cavours und Gladstones von Frankreich. Das seien Deine Götter, o Israel!

Die Franzosen, die über die Candidatur des Prinzen Leopold so empört waren, scheinen es ganz vergessen zu haben, daß Herr Guizot einst, mit vieler Anmaßung, in der Pairs-Kammer die Erklärung abgegeben hat: „Wir werden unsere Zustimmung nur zur Verheirathung der Königin von Spanien mit einem Bourbonischen Prinzen geben."

Zu Seite 181. Noch ein Punkt, auf den ich die Aufmerksamkeit des großen Deutschen Volkes lenken möchte, ist der, daß seine Feinde und Verläumder behaupten: die Soldaten der Deutschen Armee könnten von ihren Officieren und Unterofficieren, wie die Schuljungen, Prügel bekommen. Sollte dieses wirklich der Fall sein, was ich sehr bezweifle, so ist es ein ebenso herabwürdigendes, als nicht zu rechtfertigendes Verfahren. Nur mit großem Widerstreben weise ich auf irgend welche wirkliche, oder angenommene Fehler in den Gewohnheiten Deutschlands hin, und es geschieht keineswegs aus Englischem Hochmuth, daß ich mir erlaube hier ein Wort drein zu reden; sondern ich weiß sehr wohl, daß wir in militairischen Dingen viel mehr von den Deutschen zu lernen haben, als wir ihnen lehren können; außerdem hat bis vor Kurzem die unser Land entehrende Prügelstrafe auch in der Britischen Armee bestanden. Wir haben jedoch das Militair-Strafrecht in dieser Beziehung abgeändert und kein Soldat kann bei uns mehr geprügelt werden, mit Ausnahme derer, die wegen schwerer Vergehen in eine niedrigere Classe degradirt worden sind, die allerdings noch körperlich gezüchtigt werden können. Ich, für meine Person, würde für die gänzliche Abschaffung der Prügelstrafe sein, außer in dem Falle persönlicher, gegen einen Officier oder Unterofficier verübter Gewalt, wo ich sie der in Frankreich üblichen Todesstrafe vorziehe, und bei Brutalitäen, die gegen Frauen oder Kinder begangen worden sind.

Edmond About läßt ein Mädchen einen Deutschen Soldaten folgendermaßen anreden: „Und wer kann denn vor Leuten Achtung haben, die sich von ihren Unterofficieren auf dem Schloßplatze, wie Ochsen oder Esel, schlagen lassen?" Nun erzählt uns zwar Stoffel ausdrücklich, daß Bestrafungen in der Deutschen Armee viel seltener, als in der Französischen vorkommen, und es ließe sich daher behaupten, daß dieses System eine vortreffliche Wirkung habe. Dennoch würde, selbst wenn sich der Beweis führen ließe, daß nur ein Deutscher Soldat unter Tausend von einem Officier oder Unterofficier geprügelt worden wäre, dieser Umstand genügen, eine ganze Armee zu demoralisiren, wenn die Soldaten nämlich wissen, daß sie ohne ein Kriegsgericht geprügelt werden können. Letzteres war auch in der Englischen Armee stets die nothwendige Vorbedingung bei Anwendung der Prügelstrafe. Vielleicht ist es auch grade das Gefühl für das Entehrende der Sache, welches jeder ehrliebende Mann bei dem bloßen Gedanken an die Möglichkeit von einem heftigen, brutalen, ihm feindlich gesinnten Officier oder Unterofficier geschlagen zu werden empfinden muß, und die Furcht davor, von Fremden deßwegen verspottet und verachtet zu werden, welche den Dienst in der Deutschen Armee, es sei denn zur Vertheidigung des Vaterlandes, Vielen, die sonst die besten Soldaten abgeben würden, so widerwärtig macht, daß sie die Auswanderung in fremde Länder denselben vorziehen. Das sind keine wahren Freunde von Deutschland, welche die Beibehaltung der Prügelstrafe wünschen und Nichts würde den Franzosen so unangenehm sein, als wenn sie nicht mehr auf den einzigen Flecken hinweisen könnten, der jetzt noch den Deutschen Sitten anhaftet. —

17*

Die Franzosen haben, nach ihrem eignen Eingeständniß, keinen Freund in der ganzen Welt.

Herr von Mazade sagt in der Revue des Deux Mondes, Band 88: „Seit dem Anfang des Krieges hat Europa nur sehr zweifelhafte Gefühle für Frankreich gehabt, und als unsre ersten Unglücksfälle eintraten, ist es über die unserm Stolz angethane Beleidigung nicht sehr betrübt gewesen. Offenbar hatte es für uns nicht viel Interesse, und wo es davon eine Ausnahme gab, da war das von Europa dokumentirte Interesse mehr platonischer Natur und beeiferte sich wenig, sich in energischer Weise zu bethätigen."

Graf Gasparin sagt: „Wollen wir uns keine Täuschungen darüber machen, daß die öffentliche Meinung nicht für uns gewesen ist. Man erkundige sich danach, was man vom Anfange des Krieges an in England, Rußland, der Schweiz, Belgien, Holland dachte, und man wird wissen, woran man sich zu halten hat."

Vitet meint: „Daß Europa im Anfang des Krieges unsicher gewesen sei oder vielmehr keine Sympathie für Frankreich an den Tag gelegt habe, ist nur zu offenbar." —

About sagt hierüber: „Europa dachte nur an das von uns begangene Unrecht. . . Niemand erhob seine Stimme, um zu unsern Gunsten lautende Bedingungen zu fordern. . . . Der Kaiser von Deutschland machte mit uns, was er wollte."

Obgleich Frankreich nach Sedan eine Republik wurde und die Vereinigten Staaten so thaten, als ob sie, um mich der Worte Ciceros zu bedienen, die ungerechteste Republik für gerechter als das gerechteste Königreich hielten, so hat doch der Americanische Gesandte in Berlin, Herr Bancroft, einen Brief an den Fürsten Bismarck gerichtet, in welchem er ihm dazu Glück wünscht, was er zur Vergnügung Europas gethan . . . . und daß diese Armee die bedeutendste Rolle in der Weltgeschichte gespielt habe." Und der Präsident der Vereinigten Staaten sah in der Deutschen Nation einen Versuch, einige der besten „Eigenthümlichkeiten der Americanischen Konstitution nachzuahmen." —

Herr de Mazade fügt hinzu: „Wollen wir uns keine Täuschungen machen: wir sind seit sechs Monaten nicht durch die Gunst Europas verwöhnt worden . . . . im Grunde ist es eine traurige Wahrheit, daß wir zur Zeit unserer blutigen Prüfungen von der ganzen Welt verlassen worden sind. Die Vereinigten Staaten wenden sich mit größter Ungenirtheit der in Deutschland aufgehenden Sonne zu."

Herr Lemoine sagt im Journal des Débats vom 12. September 1872: „Wir wünschen nur Thatsachen anzugeben. Gegen eine Strafe zu protestiren, die wir uns selbst zugezogen haben, würde kindisch sein. Wir sind die Besiegten, wir sind die Schwächeren. Mit dem elenden Leichtsinn und der lächerlichen Verblendung, die uns charakterisirt, haben wir immer geglaubt, daß wir um unserer selbst willen geliebt und daß wir immer Andre finden würden, die uns zur Seite stehen, unbekümmert darum, wie thöricht unser Unternehmen sei. ..." Die Franzosen haben immer geglaubt, daß sie besonders von den Irländern geliebt würden, aber Desgrigny sagte zu der Zeit, als die Französische Hilfsarmee den bigotten und tyrannischen Jacob II. in Irland unterstützte von den Irländern: „Sie sind immer bereit, uns aus Antipathie, die sie gegen uns hegen, umzubringen", und der große englische Staatmann Fox sagte im Hause der Gemeinen: „Frankreich ist der natürliche Feind von Groß-Britannien. Unser Vaterland sollte sich nie, unter irgend einer Bedingung, auf eine zu enge Verbindung mit Frankreich einlassen!" — —

Um die Gefühle, welche die Franzosen gegen einander hegen, an den Tag zu legen, führe ich noch an, was eine Zeitung während der Regierung der Kummune aussprach: „Der Krieg gegen den Fremden hat bei uns nie dieselbe Begeisterung erweckt, als der Bürgerkrieg, dieser Kampf gegen Franzosen, unser Herz mit heiliger und warmer Erregung erfüllt hat. —

Schilderung der Franzosen, welche in diesem Jahre Wiesbaden besucht haben.

(Aus der Times.)

Die Franzosen fühlten sich hier früher immer zu Hause und ihren Wirthen sehr überlegen. Sie standen in den besten Beziehungen mit den Croupiers, lachten laut, wenn sie gewannen, fluchten noch lauter, wenn sie verloren, und ließen sich ihr Abendessen mit einer Art Pariser Großthuerei auftragen, die ein Provinziale nie nachahmen konnte. ... Diese Zeiten sind vorüber, Hochdeutsch befindet sich jetzt in der Hausse und die fremden Sprachen haben einen niedrigeren Cours. Das ist Alles die Folge von Sedan. Man hört jetzt in Wiesbaden sehr wenig Französisch sprechen. ... Diesmal bestehen die Franzosen auf ihrer Würde und wollen unter ihren verhaßten Feinden nicht erscheinen. Hier und da sieht man die untersetzte Gestalt eines Lebemanns oder eine goldhaarige Dame mit kleinem Fuß und Diamanten an den Fingern, — die unverkennbar der Demi-monde angehören, aber es sind ihrer wenige und sie haben nicht mehr ihre alte siegreiche Miene an sich. Sie kommen und gehen still und scheinen mehr des Geschäfts, als des Vergnügens halber hier zu sein. Sie verlieren und gewinnen ihr Geld in einer peinlich nervösen, aber äußerlich ruhigen Art und bestellen ihr kleines Abendessen mit leiser Stimme. Die Zeit ihres Ruhmes ist auf immer vorüber; sie erinnern Einen an den Ex-Vizekaiser Rouher auf der Tribüne von Versailles. Sie fühlen, daß sie aufgehört haben, Gegenstand des Neides und der Bewunderung der Welt zu sein und daß ihre Gegenwart mehr geduldet, als erwünscht wird. Obwohl sie höflich behandelt werden, scheint sich Niemand um sie zu kümmern und sie fühlen sich gar nicht in ihrem Elemente. Sie halten in kleinen unzufrieden flüsternden Gruppen zusammen, in welchem wohl kaum viel Gutes über die Deutschen gesprochen wird.

Typisches Portrait der Franzosen.

(Aus dem konservativen Franzosenfreundlichen Globe vom Juli 1872.)

Die Engländer scheinen Englischer Luft zu bedürfen, um ihre Augen richtig zu gebrauchen. Es giebt Leute, die Jahre lang in Tours oder Boulogne gelebt haben und die nicht im Stande gewesen sind, trotz aller ihrer Erfahrungen, sich von der sonderbaren Täuschung zu befreien, daß unsere nächsten Nachbarn durch Witz und Tournure vor allen Völkern der civilisirten Welt hervorragen. Wir kennen eine Dame, die von Calais nach Marseille gereist und unterwegs zu allen Zeiten angegafft worden ist, wie man nur von einem richtigen Franzosen angestarrt werden kann, von den wüthendsten Stößen an den Table d'hôtes und anderweitig zu leiden gehabt hat, wie man sie nur von einer Menge hungriger Franzosen erhalten kann, — und die doch an das Ammenmärchen glaubt, daß diese Herren Muster von Höflichkeit und unsere Landsleute dagegen eine Art Polarbären seien.... Der Franzose ist, was die Figur betrifft, im Ganzen weniger zur Anmuth als vielmehr zur Plumpheit geneigt.... Er ist nicht lebhaft.... Seine Seele ist zu sehr von den Fonds, vom Geschäft und der schrecklichen Politik des flüchtigen Augenblicks eingenommen um viel Platz für den esprit zu haben, dessen zarter Duft vor achtzig

Jahren auf immer in den übeln Ausdünstungen der Guillotine verschwunden ist. Ein witziger Engländer ist ein seltener Vogel, aber ein witziger Franzose ist geradezu ein schwarzer Schwan. Was den Humor betrifft, so erzähle man doch eine gute Geschichte, wie man sie anständigerweise, ohne zu erröthen, erzählen kann, unserm typischen Alphonse und man wird sehen, daß Frankreich und nicht England die eigentliche Bourgeois- und Krämernation ist. Unser typischer Alphonse ist unter zehn Fällen acht mal ein Krämer irgend welcher Art, und hat in neun Fällen die Seele eines Krämers. Er ist bis zur Kinderei sparsam, sieht nicht nur auf Franken, sondern sogar auf Centimen und steckt den übrig bleibenden Zucker in die Tasche. Der Bummler, der untersetzte Lebemann ist nicht der typische Alphonse. Dieser Letztere arbeitet mühsam, um sich seine schaalen Vergnügungen zu verschaffen und mißt seine Befriedigung an denselben an den Sous ab, welche er sich dabei erspart. Und leider ist es nicht Alphonse, der einem bei Tische Platz macht oder sich darüber entschuldigt, daß er einer Dame aufs Kleid getreten hat, sondern unser geschmähter Landsmann, den man trotzdem als Bären bezeichnet. Und giebt es denn wirkliche Munterkeit unter den Kindern, die nicht zu spielen verstehen, den jungen Männern, welche es nur zu gut verstehen, und den jungen Mädchen, die bis zu dem Tage, wo sie verkauft werden ganz unsichtbar und begraben sind, oder den scharfsichtigen Geschäftsfrauen, welche in reiferen Jahren so vorzügliche Handelscompagnons abgeben? . . . .

Wenn es einem auch schwer fällt von einer ganzen Nation zu sagen, sie habe keine Gentlemen mehr aufzuweisen, so muß man doch von den Franzosen behaupten, daß sie in Folge ihrer großen, noch immer vor sich gehenden Revolution vollständig diese Schicht der Gesellschaft eingebüßt haben, welche früher, trotz aller ihrer groben Fehler, es zu Wege gebracht, daß man mit dem Begriff der gebildeten Französischen Gesellschaft die Vorstellungen von Anmuth, Höflichkeit und glänzendem Geist zu identificiren pflegte.

Auch die Times vom 26. Sept. 1872 sagt: „Der intelligente Einfluß, den die Französische Schule auf den Geist unserer Zeit ausüben kann ist unendlich klein; es giebt in Frankreich eigentlich keine denkende Klasse und die Folge davon ist, daß das Volk, welches einst für seine Ideen so berühmt war, jetzt überhaupt gar keine mehr hat. Nichts fällt Einem so sehr auf, wie die vollständige Abwesenheit aller Originalität in den Zeitungen und der Mangel von lesbarer neuerer Litteratur in den

Bibliotheken. Frankreich scheint dazu bestimmt zu sein, als Bleigewicht an dem intellectuellen und religiösen Fortschritt des Zeitalters zu hängen.

Auszüge aus About's Elsaß.

„Es hat ihm (dem Kaiser von Deutschland) gefallen, uns nicht nur unsre Ersparnisse von fünfzig Jahren zu nehmen. . . .“ Da Frankreich mehr als 40 Milliarden für die letzte Anleihe und außerdem noch 60 Milliarden für andre Anleihen und sonstige Unternehmungen gezeichnet hat, so hat Deutschland demselben bestimmt nicht einmal 5 pCt. von seinen fünfzigjährigen Ersparnissen abgenommen. „Eine politische Nothwendigkeit ersten Ranges will, daß der Rhein in seinem ganzen Laufe frei sei. Der Kaiser Wilhelm hätte sich zum Vollstrecker dieses Schicksalsgebotes machen können.“

Seit der Epoche der großen Französischen Revolution hat es kaum einen einzigen Franzosen gegeben, dessen Namen einigermaßen bekannt ist, der es nicht laut verkündet hätte, daß das linke Rheinufer von Rechtswegen und nach einem „Gebot des Schicksals“ Französisch sein müsse und About selbst war einer der lautesten Vertheidiger der Annexion der Rheinprovinz, denn er sagte beim Ausbruch des Krieges, „dieses Land scheint dazu gemacht zu sein, im Nu erobert und confiszirt zu werden.“

About hatte übrigens sonst eine direct entgegengesetzte Meinung von den Deutschen, denn Louis Veuillot erzählt uns: Früher hätte Edmond About die protestantische Regierung Preußens in den Himmel erhoben und er vergleicht seinen Landsmann mit der Ratze, welche unabsichtlich dem Löwen in den Weg lief und von diesem edlen Thiere verschont wurde.

„In diesem Falle, der einen Augenblick wahrscheinlich war, (die Neutralisation des Elsaß) wäre es auf immer mit der alten Einheit Frankreichs vorbei gewesen. Wir wären also gezwungen gewesen, einen dauerhaften und für uns tödtlichen Frieden zu unterzeichnen, wenn Deutschland nicht unsere Provinzen genommen hätte . . . . dieser dauerhafte Friede wäre das Ende unserer Größe gewesen und Frankreich wäre zu einer Macht zweiten Ranges herabgedrückt worden. Glücklicherweise für unsere Ehre hat die Ländergier Preußens seinen politischen Sinn verdunkelt. . . . Sie haben sich die Vogesen als Grenze zugesprochen“ . . . . Ohne Zweifel würden die Franzosen einen solchen Vertrag, wie ihn About andeutet, unterzeichnet haben, da sie so gründlich geschlagen worden, daß sie gezwungen waren, jede Bedingung, die Deutschland ihnen dictirte, zu unterschreiben. Aber alle Erfahrungen der Vergangenheit beweisen, daß sie ihn nicht einen Augenblick länger, als ihre Schwäche sie dazu zwang, gehalten, sondern gesucht haben würden, Rache für Sedan zu nehmen. Im Jahre 1814 hat Europa, wie ich schon bewiesen habe, Frankreich günstigere Friedensbedingungen gestellt, als sie je eine besiegte Nation seit Anfang der Welt erhalten hat. Man ließ ihm außer seinen alten Grenzen einen bedeutenden Theil annectirten Gebietes, nämlich Avignon, das Venaissin u. s. w., ja man gestattete ihm sogar, die Bilder, welche es aus andern Ländern geraubt hatte, zu behalten. Dennoch erhob sich ganz Frankreich in Waffen, als Napoleon im Jahre 1815 von Elba zurückkehrte, und erhielt trotzdem wieder Bedingungen, die es nie irgend einem besiegten Feinde bewilligt haben würde. Dessenungeachtet hat es stets seine Absicht erklärt, die infamen Verträge von 1815 zu zerreißen und fast alle Französischen Schriftsteller haben die Annexion der Rheinprovinz und Belgiens befürwortet.

Wenn die Deutschen so ausnehmend thöricht gewesen wären, aus dem Elsaß ein neutrales Gebiet zu machen, so würden die Fabriken und der Handel dieser Provinzen ungemein durch feindliche Tarife an ihren beiderseitigen Grenzen gelitten haben; sie wären zu einer enormen Ausgabe, um ihr Gebiet zu vertheidigen, gezwungen, durch Bestechungen und Drohungen bald mit Frankreich vereinigt und zu einer Basis von Kriegsunternehmungen gegen Deutschland gemacht worden.

Ferner ist die Vogesenlinie für die Sicherheit Deutschlands so nothwendig, daß es sich für die Deutschen mehr gelohnt haben würde, den doppelten Werth aller im Elsaß gelegenen Besitzungen, deren Eigenthümer Französisch zu werden wünschten, zu bezahlen, als diese Provinzen Frankreich zu überlassen. Auch ist es sonderbar, daß während About behauptet, es sei für Frankreich ein Glück, daß Deutschland das Elsaß, anstatt es zu neutralisiren, annectirt hat, er dennoch dem Eroberer so böse, wie möglich, ist; denn die meisten Menschen sind mit denjenigen zufrieden, die etwas thun, was für sie ein Glück ist.

Obgleich nun About von dem Satze ausgeht, daß die Elsasser Frankreich treu ergeben sind, so giebt er doch, ehe er ihre Begeisterung für sein Vaterland schildert, folgende unbequeme Thatsache zu, wobei er gleichsam eine Dosis moralischer Medizin zu sich nimmt, ehe er sich einem Exceß patriotischer Betrunkenheit hingiebt. „Wenn man hiezu einen gewissen Trotz, eine sichtbare Kälte in den Beziehungen mit den Wälschen, d. h. den Franzosen des Innern nimmt. . . . Maler und Romanschriftsteller, welche in ihren Kompositionen eine lokale Färbung anstrebten und sich wenig um die politische Frage kümmerten, welche ein für alle Mal abgethan zu sein schien, haben aufrichtig an der Existenz eines kleinen Deutschlands, das in unserm Lande seit zwei Jahrhunderten stecke, geglaubt. . . . Vor Kurzem glaubte ich selbst noch, nach einer Erfahrung von mehreren Jahren, daß mancher Kanton unseres theuren Landes durch den Geist der Sprache und der Sitten zu Deutsch geblieben wäre. Die großen Beispiele von kriegerischer Vaterlandsliebe, welche das Französische Elsaß im Anfange dieses Jahrhunderts ausgezeichnet haben, erschienen mir als eine heroische Anomalie, und vielleicht bin ich nicht der Einzige gewesen, der so geurtheilt hat. Thatsächlich erinnere ich mich, daß sie nicht sehr zärtlich gegen uns waren, die wir ihren Dialect nicht sprachen. Haben die großen Herren des Landes, als ich im Jahre 1858 sie besuchte, mich nicht sehr geringschätzend empfangen? Daß ich nicht persönlich ihr neues Stadtgefängniß (und zwar ein Zellengefängniß, wenn ich bitten darf) eingeweiht habe, war ihnen sehr ärgerlich und mehr als Einer hat sich noch jetzt nicht darüber getröstet.“ Nachdem er die Elsasser dadurch beleidigt hat, daß er ihre herrliche Sprache „ein rauhes und schwerfälliges Kauderwälsch“ nennt, fährt er fort:

„Wenn man ihnen (den Franzosen) bewiesen hätte, daß die Mehrzahl der Neuannectirten mit Gleichgültigkeit oder sogar mit Resignation einen Wechsel ihres Vaterlandes annehmen, so würde die Wiedererlangung desselben für sie nur eine Sache der Leidenschaft oder des Interesses sein“. . . . Mit andern Worten, ob Jene Franzosen zu sein wünschen oder nicht, so ist die „große Nation“, wie sie sich selbst nennt, entschlossen, sie wieder zu annectiren. About geht hin, um eine Frage zu studiren, über die er durch Vorurtheile verblendet war, und erzählt uns dann: „Fast während eines ganzen Monats habe ich keine einzige Zeitung gelesen!“ und fügt wörtlich hinzu: „wenn das nicht buchstäblich wahr ist, so erlaube ich Herrn v. Bismarck, mein bescheidenes Haus in Zabern wie ein Haus von St. Cloud zu behandeln.“ —

Wenn irgend Jemand existirt, der das glauben kann, daß About fast einen ganzen Monat lang, während seines Aufenthalts im Elsaß, keine einzige Zeitung gelesen hat, so würde der am Besten daran thun, mein Buch sofort zuzuschlagen, da ich daran verzweifle, ihn von irgend einem

Schlusse zu überzeugen, den ich aus den Thatsachen, oder der Erfahrung ziehen könnte. — Hierauf schildert About das Elend, das die Elsasser Auswandrer auf ihrer Reise nach Frankreich erduldet haben. — Wenn aber die Franzosen so freigebig, patriotisch und theilnehmend sind, wie er behauptet, und im Stande sind, 43 Milliarden für eine Anleihe zu zeichnen, warum können sie denn nicht reichliche Mittel für diese Flüchtlinge zusammen bringen? und warum sind die Auswandrer gezwungen, sich durch „herzzerreißende Bekenntnisse" auf den Eisenbahnen zu entehren und um freie Reise zu betteln? In Bezug auf diese angeblich fanatisch Französischen Elsasser erzählt er aus der Zeit, wo die vier Ulanen Besitz von Zabern ergriffen, Folgendes: „Die Gesichter, welche sich in der Straße um diese vier Leute drängten, drückten mehr Erstaunen und Neugierde, als Schmerz und Zorn aus." Vor seiner Ankunft in seinem eignen Hause sagte er: „Ich weiß im Voraus, daß ich meine kleine Besitzung bis auf die Keller in gutem Zustande finden werde.... Wir sind nicht in diesem gemeinen Sinne des Wortes unglücklich," aber hierauf folgt ein niederschmetternder Angriff auf die Deutschen, von dem ich zugebe, daß ich ihn nicht zurückweisen kann, und der geht dahin, daß sie ihn — und das glaube ich, ist wirklich der Fall, einiger seiner Luftschlösser beraubt haben. „Ich bedaure die Dinge, die ich hier besessen habe, noch viel weniger, als die, von denen ich geträumt habe.... was ich vor allen Dingen bedaure, ist ein großer Saal oder vielmehr eine Halle.... Diese Halle existirt schon seit Jahren nur in meiner Phantasie.... was mich aber zur Verzweiflung bringt, ist, daß die Annexion von Elsaß mich dazu verdammt, nie wieder an dieselbe zu denken." (!!!)

Ja, es ist wahr, — obwohl die übrigen Anschuldigungen der Plünderung und Zerstörung von Häusern Mythen sind, — daß die Deutschen ohne Zweifel die Spinngewebe aus About's Gehirn, welche sich in Gestalt dieser Phantasie darin befanden, ausgekehrt haben; aber es bleiben noch genug übrig.

Nun folgt eine Schilderung der Bewohner von Zabern, die im Ganzen solche Muster von Patriotismus, Selbstverleugnung und allen anderen Tugenden sind, daß ich, als ich heute About's Buch las (von dem ich bemerke, daß die zweite vom Jahre 1873 datirte Ausgabe mir vorliegt, während ich dies am 2. Dezember 1872 schreibe) stark in Versuchung kam, sofort mich in dies Paradies der Tugend zu begeben, um vor meinem Tode noch einen Blick in dasselbe werfen zu können. Von der ersten

Person freilich, die Erwähnung findet, wird behauptet: „Ich habe einen Gymnasialprofessor auf den Büreaus Schnaps verkaufen sehen, um, wie alle Welt, zu handeln" — und da hat denn der allgemein verbreitete Verkauf von Spirituosen, den alle Klassen, selbst Gymnasialprofessoren betreiben, meinen Glauben an die Tugend der Zaberner etwas erschüttert. Obwohl aus About's wahrheitsliebender und unparteiischer Erzählung hervorgeht, daß die Deutschgesinnten Elsasser die dümmsten, unsittlichsten, lasterhaftesten und häßlichsten Menschen der Welt sind, während die Französischgesinnten alle gescheut tugendhaft und schön sind, so konnte ich doch nicht annehmen, daß diese allgemeine Liebhaberei für den Schnapsverkauf den Deutschen eigen sei; denn die Teutonen sind Freunde vom Bier, und deshalb müssen wir den Schluß ziehen, daß der Professor und die zahlreichen andern Liqueurverkäufer wol Franzosenfreunde sind.

Jetzt kommen wir zu einem Originalstückchen, von dem ich glaube, daß es die „Eingebornen" (von Elsaß), wie wir in England sagen, „in Erstaunen versetzen wird." „Das Volks-Idiom, das man im Elsaß spricht, ähnelt dem in Berlin gesprochenen Deutsch etwa so, wie das Provenzalische der Sprache Tasses." — Obwohl nun About, nach seinem eignen Geständniß, bekanntlich kaum ein Wort Deutsch versteht und eines Dolmetschers bedurfte, als er vor dem Deutschen Richter in Straßburg erschien, so wundert man sich doch über diese grobe Unwissenheit seinerseits. Ich habe in der Provence Jahre lang gelebt und verstehe Italienisch wahrscheinlich viel besser, als Herr About Deutsch versteht, dennoch war mir das Italienische von geringem Nutzen, als ich den Versuch machte das Provenzalische zu verstehen, welches ohne Zweifel eine viel schönere Sprache, als die Französische ist. Denn jenes hat nur theilweise Aehnlichkeit mit dem Provenzalischen, welches letztere sich von dem Französischen ungefähr so unterscheidet, wie das Holländische vom Deutschen. Ein Deutscher hat jedoch nicht die geringste Schwierigkeit, sich im Elsaß zu verständigen; die Zeitungen dieser Provinz sind in reinem Deutsch geschrieben und der Dialect des Landes ist durchaus kein Kauderwelsch, sondern fast das alte Deutsch aus den Zeiten Ludwigs XIV., welches in Folge der gewaltsamen Vereinigung von Elsaß unter jenem Tyrannen sich unverändert erhalten hat; und Mommsen erzählt uns, daß die Nachkommen der zahlreichen Flüchtlinge, die damals lieber aus dem Elsaß auswanderten, als sich dem unerträglichen Joch Frankreichs fügten, noch in Philadelphia das Deutsch des 17. Jahrhunderts sprechen.

Ferner erzählt uns About, daß ein Deutscher Soldat — wahrscheinlich einer von denen, welche About's Lustschloß zerstört haben — zu einem Elsasser Dienstmädchen gesagt habe: „Zerlumpte Bettler wenden ihre Köpfe ab, wenn wir an ihnen vorüber ziehen; selbst die Hunde sehen uns nicht an!" —

Wenn Herr Cook, welcher bekanntlich große Touristenzüge durch die Welt führt, um ihnen die Merkwürdigkeiten derselben zu zeigen, hiervon hört, so werden meine Landsleute in Massen ihm zuströmen, um diese wunderbaren Bettler, die von den Deutschen nicht einmal Almosen annehmen wollen und die klugen und patriotischen Hunde, welche ihre Verachtung für die Deutsche Race an den Tag legen, zu sehen.

„Die katholischen Elsasser sehen schon ihre Kirche zerstört und ihre Priester ausgehungert" — Wenn sie das sehen, so leiden sie an einer optischen Täuschung, denn die katholischen Priester erhalten ein viel größeres Gehalt von den Deutschen als von den Franzosen, und der Preis der Nahrungsmittel ist jetzt niedriger, da die Abgaben viel geringer sind, wie Herr About selbst später zugiebt.

Nun kommen einige wunderbare Behauptungen über die Gleichgültigkeit der Elsasser gegen die pekuniären Vortheile der Wiedervereinigung mit Deutschland, welche mich, was ihre Wahrscheinlichkeit betrifft, an die Americanische Geschichte von der großen Seeschlage erinnern:

„Trotz der verhältnißmäßigen Billigkeit der Erzeugnisse und Importartikel des Zollvereins verabscheuen sie dieselben." — Natürlich ziehen sie Lyoner Bier dem Bairischen vor, Regietabak dem Americanischen, schwachen Rothwein dem Johannisberger, Runkelrübenzucker dem von Westindien eingeführten und Cichorien dem Mokkakaffee. — Ferner betrug das Schulgeld, das der Einzelne unter dem Französischen Regime zu zahlen hatte, 45 Francs, während es unter der Deutschen Herrschaft nur 15 Francs betragen sollte, aber selbstverständlich verursachte diese Kunde Niemandem Befriedigung. „Sie waren, wie wir, als Schuldner von ungefähr 250 Francs pro Kopf geboren, und die Annexion hat sie davon befreit." Trotzdem sind die Elsasser damit nicht zufrieden, sondern ziehen es vor, schwere Schulden zu haben. Und warum auch nicht? denn die Deutschen haben wirklich den Eisenbahntarif von Zabern nach Straßburg für das Billet erster Klasse von 4 Francs 20 Centimes auf 5 Francs erhöht, eine Preissteigerung, welche nach meinem Dafürhalten geringer ist, als die der meisten Französischen Eisenbahnen und hauptsächlich dadurch bedingt wird, daß der Arbeitslohn und die Rohstoffe, namentlich die Kohlen, im Preise gestiegen sind. Ferner sind die Massen natürlich über das folgende, sehr unwahrscheinliche Verfahren höchst ungehalten, daß man nämlich den reicheren Einwohnern, die eine Jagd vom Staate in Pacht haben, ihre Flinten abgenommen habe, daß die Deutschen Steuereinnehmer dieselben benutzen, das getödtete Wild verzehren und doch die betreffenden Einwohner die Jagdpachtgelder bezahlen lassen." — Wie ein zweiter Frankenstein bringt nun About einen Einwohner von Zabern auf die Szene, da er selbst kaum die Verantwortung für die zwanzig Seiten unglaublicher Behauptungen übernehmen möchte, welche jetzt folgen. Da er uns aber so viele unbekannte Individuen, Gendarmen, u. s. w. mit Namen genannt hat, warum sagt er uns da nicht, wer dieser „Einwohner" ist, unter dessen Aussagen gleich Anfangs folgende prangt: „Die Paar jungen Leute, welche nicht in der Armee waren, wagten es, aus Furcht vor Beleidigungen nicht, sich in den Straßen zu zeigen. Da es nun überhaupt etwa 10 Millionen Franzosen giebt, die im Stande sind, Waffen zu tragen, eine Massenerhebung nicht Statt gefunden hat, und während des ganzen Krieges nicht mehr als 1 Million Mann unter den Waffen erschienen sind, so sieht man nicht ein, warum die im militärischen Alter stehenden Zaberner, die nicht dienten, mehr als irgend ein andrer von den 9 Millionen, die zu Hause blieben, hätten beleidigt werden müssen. — Hierauf folgt eine Geschichte von einem gewissen August Biesch, dem Sohn eines Küfers, der, nachdem er freiwillig in die Armee getreten war und wie alle Franzosen, ohne Ausnahme, Wunder der Tapferkeit vollführt hatte, sich endlich während der Kommuneregierung, am 23. März 1871, auf dem Vendôme-Platze einfindet. „Als er die Nationalgarden auf eine Menge anständiger, unbewaffneter Leute zielen sieht, ergreift ihn der Zorn, er entreißt einem der Föderirten die Flinte und einem Hauptmann den Säbel und bringt diese Trophäen nach Hause" — aber er scheint es doch nicht verhindert zu haben, daß auf die ehrlichen Leute geschossen wurde. Es gehört ein hoher Grad von Leichtgläubigkeit dazu, um diese Ente zu verdauen, aber vielleicht war dieser Held Einer von denen, deren George Sand Erwähnung thut, welche ohne Waffen auf die bewaffneten Preußen zustürzen und sie gefangen nehmen. Ferner: „Als die Französischen Gefangenen aus Deutschland zurückkehrten und in Zabern anhielten, riß man sich um dieselben und schleppte sie in die Häuser. Es war geradezu eine Gastfreundschafts-Manie ausgebrochen; die ärmsten Leute der Vorstädte und der untern Stadt schliefen auf Brettern, um ihre Betten den Soldaten zu geben, hungerten, um ihnen Essen zukommen zu lassen, tranken Wasser, um ihnen Wein anbieten zu können, und beraubten sich selbst, um ihnen Kleider geben zu können .... von diesem Augenblicke an kehren die Elsasser ihre Gewohnheiten um; sie schlafen am Tage und bringen ihre Nächte auf den Beinen zu, irren wie die Schatten um die Bahnhöfe und nähren sich von Kaffee und Fieber." — Bisher war die Nahrungskraft des Fiebers, ehe sie von About entdeckt worden, unbekannt und die erste Frage, die mir in den Sinn kommt, ist, warum konnte die Französische Regierung, welche 40 Milliarden zur Verfügung hat, nicht diese Französischen Soldaten nähren, kleiden und einquartieren? und wie stimmt diese utopische Schilderung mit den zahlreichen Thatsachen, die ich aus Monod und Roger de M... angeführt habe, welche die egoistische Gleichgültigkeit der Franzosen gegen das Wohlergehen ihrer Soldaten an den Tag legen? und mit den gleichlautenden Behauptungen der Elsasser Erckmann-Chatrian? — Wir hören ferner, daß „die Zaberner auf das Bummeln, das Spazierenfahren und die Unterhaltungen auf den Straßen Verzicht geleistet haben." Sie scheinen also nur in Geschäftsangelegenheiten, wie Stumme bei einem Leichenbegängniß, auszugehen. Ferner: so oft ein Preußischer Soldat sich ein Quartier miethet, sieht er unters Bett, versucht das Schloß und „schläft nur mit einem Auge"! — Wer dies Kunststück ausführen könnte, könnte sich ein Vermögen damit erwerben, daß er sich sehen ließe.

„In Straßburg, in Mühlhausen, in Colmar bezweifle ich, daß die Sieger Alles in Allem auch nur zehn Häuser gekauft haben, obwohl man alle hundert Schritt sehen kann, daß ein Grundbesitz zu verkaufen ist." Nun ist ein gewöhnliches Haus etwa sechzehn Schritt lang, es müßte also jedes sechste Haus in diesen Städten zu verkaufen sein; aber merkwürdigerweise hat der Correspondent der Times diese Thatsache nicht bemerkt. Auf diese Ente folgt die Behauptung, daß sich jetzt 450 Tabakshändler in Straßburg befinden, gegen 30 zur Zeit der Französischen Herrschaft vorhanden!

Wir sind jetzt mit dem Einwohner fertig und About erscheint wieder in Person, um uns Folgendes mitzutheilen: „Man weint jetzt sehr viel im Elsaß; es giebt sogar Leute, welche vom Morgen bis zum Abend kaum etwas anderes thun!" — Dies ist abermals ein Phänomen, das man außerhalb des Elsaß nicht wahrnehmen kann; vielleicht weinen Einige der betreffenden Individuen vor Betrunkenheit.

Der Deutsche Minister hat, wie es scheint, „nur einen einzigen Professor aus dem Schmutz von Zabern auffinden können.... Der Abbé Blaise.... den man nur aus Spott Abbé nennt.... ist ein dürftiges Product des Seminars, steht im Verdacht abscheulicher Gewohnheiten und ist offenbar dem Trunk ergeben. Er hat um zwei Sous gebettelt, um trinken zu können. Dieser scheußliche kleine Narr hat weder das Baccalaureats- noch das Elementarlehrerexamen gemacht; die Preußen aber haben ihn zum Professor am Gymnasium, mit dem Gehalt eines Directors ernannt." — Wenn überhaupt in Frankreich Gerechtigkeit für einen Fremden, namentlich für einen sogenannten Renegaten existirte, so würde der Abbé Blaise vermuthlich bedeutenden Schadenersatz für eine solche Verläumdung von About erhalten müssen; denn die Deutschen würden doch sicherlich einen Mann, wie er ihn schildert, nicht auf einen so bedeutenden Posten stellen. Endlich treffen wir hier wider Willen auf ein Geständniß der Wahrheit: „Die Aristokratie der Stadt besteht aus Advocaten und Ministerialbeamten. Ich will von ihnen nur sprechen, nachdem ich meine Worte abgewogen habe, denn ich berühre hier einen zarten Punkt, auf dem wir leicht verwundbar sind.... Der Patriotismus wird den Ministerialbeamten weniger leicht als den andern Bürgern des Elsaß, weil er ihnen viel zu theuer zu stehen kommt." — Dies sagt er, um die notorische Thatsache zu begründen, daß die Aristokratie der Stadt die Deutsche Nationalität gewählt hat. Diese sind nun freilich zu entschuldigen, aber die armen Gendarmen, die unter den Preußen Dienste genommen haben, sind es nicht. — Hier folgt ein den Franzosen des Südens gemachtes Kompliment, von dem ich hoffe, daß sie daran Geschmack finden mögen. „Alles dieses bedächtig, einfach, ohne Prahlerei. Der Osten von Frankreich ist 1000 Lieues vom Süden entfernt." Auf der nächsten Seite finden wir: „Unsere kleine Stadt, die sicherlich eine der am Wenigsten heldenmüthigen des Elsaß ist, weiß es den Ministerialbeamten nicht wenig Dank, welche die Noth zu Preußischen Beamten macht...." — Da nun Zabern nach About alle seine jungen Leute in den Krieg geschickt hat, was keine andre Stadt in Frankreich gethan, so ist es doch etwas stark, daß sie als eine der am Wenigsten heroischen Städte des Elsaß bezeichnet wird, wenn About uns nicht in einer neuen Ausgabe davon in Kenntniß setzt, daß alle übrigen Städte ihre sämmtlichen Greise, Frauen und Kinder auch in den Krieg geschickt haben, in welchem Falle allein, da er dies von Zabern nicht erzählt, es die am Wenigsten heldenmüthige Stadt sein würde. Auch scheint es wirklich unbillig zu sein, daß es den wohlhabenden Beamten von Zabern gestattet sein soll, Preußen zu werden, ohne daß sie von ihren Mitbürgern verachtet werden, während ein armer Gendarm das nicht thun darf, ohne sich dem allgemeinen Tadel auszusetzen. Denn About sagt: „Ich habe mir bisher nicht den genauen Bericht über die Soldaten und Unteroffiziere, welche darauf eingehen, Preußen zu dienen, verschaffen können; man spricht von 20 bis 30, aber diese Zahl ist ohne Bedeutung, denn sie enthält nur die Sklaven der Nothwendigkeit. Alle diese Leute sind bis zum letzten Augenblick gute Franzosen gewesen.“ —

Man bemerke daß About es nicht wagt, die Beamten, welche Deutsch geworden sind, Sklaven der Nothwendigkeit zu nennen. Dazu kommt noch, daß trotz so vieler mildernder Umstände diese armen Leute ganz unbarmherzig von der öffentlichen Meinung verurtheilt werden. „Es werden also die Reichen für ein Verhalten nicht getadelt, für das die Armen verurtheilt werden, und das nennt man in Frankreich Freiheit, Gleichheit und Brüderlichkeit. Die civilisirte Welt wird ferner sehr dabei interessirt sein, durch Herrn About folgenden Skandal zu erfahren: „Die ganze Bevölkerung hat vor Wuth geheult, als die Töchter des Kastellans, zwei bejahrte Dirnen, welche sich in ihrer Jugend dem Vergnügen der Französischen Beamten zur Verfügung gestellt, die Zugänge zum Gericht zu Ehren der Preußen mit Kränzen geschmückt hatten.“

Diese Behauptung giebt uns keinen sehr hohen Begriff von der Sittlichkeit der Französischen Beamten. Auch steht About hier der fatalen Thatsache gegenüber, die nur ein Franzose in Abrede zu stellen versuchen kann, welcher sich einbildet, er könne beweisen, daß Schwarz Weiß, und $2 \times 2 = 5$ sei, daß nämlich Zabern, von dem er behauptet, es sei Frankreich so zugethan und Deutschland so abgeneigt gewesen, dem Fürsten Bismarck eine Adresse zugeschickt hat, welche folgende Worte enthält: „Unser Ursprung, unsre Namen, unsre Sitten, unser Herz sind Deutsch.“ — Was könnte die Stadt Berlin Stärkeres gesagt haben, um ihre Ergebenheit für das Deutsche Vaterland zu beweisen? Und nun versucht About es wirklich uns hierüber eine Aufklärung zu geben oder vielmehr Europa Sand in die Augen zu streuen. „Die Deutschen ließen heimlich das Gerücht verbreiten und gaben es andeutungsweise zu verstehen, daß man das Gericht nach Saargemünden verlegen werde, und die Stadt hielt sich dadurch für verloren.“ — Das kann auch nur in Frankreich geschehen, daß man auf leichte Gerüchte und Hörensagen hin handelt. Warum nennt er nicht auch die Individuen und Zeitungen, welche diese Nachricht verbreitet haben, da er uns viele Einzelnheiten über seinen eignen Gärtner und ein Verzeichniß seiner hauptsächlichsten Besitzthümer mit Einschluß der Luftschlösser giebt? Und

18

ferner! Wie stimmt dieser Eifer, dem Fürsten Bismarck eine Adresse zu überreichen, welche ein Deutsch-patriotisches Bekenntniß enthält, zu den ungeheuern Opfern, von denen About an andern Orten erzählt, daß sie die ganze Bevölkerung, in Folge ihrer Hingabe an das anspruchsvolle stiefmütterliche Frankreich, dargebracht habe?

Auf Seite 101 hören wir: „Einige große Grundbesitzer, die man hier stets nennen hörte, die Hoffmann, die Seiler sind mit ihren Kindern fortgezogen“.... „Die Professoren unserer Gemeindeschulen befinden sich noch zum großen Theil auf dem Straßenpflaster.... Die Offiziere und diese einfachen Soldaten bilden den Generalstab der Forstverwaltung; die obersten Beamten, Inspectoren, Unter-Inspectoren und Conservatoren sind, mit Ausnahme von zweien, alle Franzosen geblieben“.... Das sind nur einige der Beispiele, welche About von Leuten anführt, die Alles für Frankreich geopfert haben und obgleich alle sogenannten Renegaten, mit alleiniger Ausnahme der bevorzugten Beamten, ausgestoßen werden, so hat doch das bloße, unbestimmte Gerücht (wenn das überhaupt je existirt hat) genügt, um die ganze Bevölkerung von Zabern vom Bürgermeister abwärts nicht etwa dazu zu veranlassen, die Richtigkeit desselben fest zu stellen, sondern ihre unbegrenzte Anhänglichkeit an Deutschland auszudrücken. Es leuchtet ein, daß sie, falls sie aufrichtig waren und sich ihr Gericht retten wollten, den Deutschen hätten zu verstehen geben müssen, sie würden wahrscheinlich gute Deutsche werden, wenn man es ihnen ließe, anstatt vorzugeben, daß sie schon Deutsch gesinnt seien; in welchem Falle Fürst Bismarck gar keine übeln Folgen davon zu fürchten hatte, selbst wenn er das Gericht an einen andern Ort verlegte. Denn nachdem sie sich offen für Deutschland erklärt hatten, konnten sie doch um eines Gerichtes willen mit Anstand ihre Ueberzeugung nicht wechseln und gegen Deutschland Front machen. Die Zaberner werden wol kaum an diesem zweifelhaften Compliment About's Geschmack finden, daß sie sogar unbedachter als Esau gehandelt hätten, denn dieser verkaufte sein Geburtsrecht doch noch für ein Gericht Linsen, während About's Nachbarn und Freunde ihr Land und ihre Grundsätze, wie er uns erzählt, ohne auch nur den geringsten Vortheil davon zu haben, verkauften; da nicht Einer von Hundert einen directen oder indirecten Vortheil von einem Gerichtshofe ziehen konnte. — Da die Zaberner durch „halbe Worte“, (par demi mots d. h. durch leichte Andeutungen) die wahrscheinlich von der „Halbwelt“ ausgingen, sich haben täuschen lassen, finden sie jetzt einen „Halbwisser“ mit „halben Sympathien“ für Deutschland, der ihnen in gutem Deutsch ihre gemeinen Schmeicheleien aufsetzt und dabei stellt sich heraus, daß die Elsasser während ihrer Egyptischen Knechtschaft unter den Franzosen ihre Erziehung so vernachlässigt haben, daß richtiges Deutsch ein Brief mit sieben Siegeln für 99 Personen unter hundert ist. Um mit dem Bürgermeister anzufangen, so sagte dieser zu About, daß er, um die Petition zu verstehen, drei Stunden mit dem Lexicon in der Hand hätte zubringen müssen und unglücklicherweise sei er sehr pressirt gewesen. —

Man stelle sich einen Bürgermeister dieser in Verfall gerathenden Stadt vor, der immer in so großer Eile ist, daß er nicht einmal Zeit hat, eine Petition, die er unterzeichnet, zu lesen. Ferner war es ein Donnerstag, also ein Markttag, und die Elsasser waren durch die Länge des Dokuments, die Deutsche Schrift und die Unkenntniß der Sprache „eingeschüchtert.... Einige Frauen unterzeichneten schlankweg für ihre abwesenden Männer; einige Welsche aus seiner Bekanntschaft, die sich anschickten, Elsaß zu verlassen, unterzeichneten dieselbe, um die Zahl zu vermehren“....!! Es erhellt hieraus, daß ein Franzose sich weder durch seine Worte, noch durch seine Unterschrift für gebunden erachtet. Da es aber nach dem gewöhnlichen Menschenverstande nahe liegt, daß die Zaberner, wenn sie betrogen waren, eine Gegenpetition hätten aufsetzen können, so sagt uns About, „das würde geheißen haben, den Zorn von Herrn v. Bismarck auf sich zu laden.“

Es würde bloßer Zeitverlust sein, auf solche kindische Abgeschmacktheiten einzugehen, da man Herrn About dieselben selbst kaum in Frankreich durchlassen wird.

About schließt dies Kapitel, indem er sagt: „Was die einzelnen Fälle von Verrath betrifft, so rührt der schlimmste von einem im Elsaß angesessenen Deutschen her....“! „Dieser spaziert mit erhobenem Haupte in Gesellschaft von Preußen umher, aber es wird wol dazu kommen, daß er eines schönen Tages beim Einbruch der Nacht, eine reichliche Tracht Prügel davon tragen wird,“ ein Vorschlag, der wohl für einen verheiratheten Mann in mittleren Jahren ziemlich roh, aber allerdings eine Art ist, die zahlreichen Deutschgesinnten Elsasser durch die geringe Zahl Französischgesinnter zu terrorisiren. — Im nächsten Kapitel haben wir einen Bericht über in Straßburg gefeierte Lustbarkeiten, welche 2 Tage und 2 Nächte lang ohne Ruhpause dauerten. (Wie schade, daß er nicht drei daraus gemacht, damit die Zeit mit der übereinstimme, welche der Prophet Jonas im Wallfischbauche zubrachte.) — Achtundvierzigstündige Feste sind außer im Elsaß, wie es nur in About's

18*

Phantasie existirt, unbekannt und müssen fürchterlich ermüdend sein; und zwar wurde dieser ganze Lärm von Franzosen, die von Natur Republicaner sind vollführt, um den Herzog von Montpensier zu begrüßen, der niemals etwas dazu gethan hat, sich ihre Gunst zu verdienen.

Hierauf folgt ein Bericht über den Einfall von Badensern in Straßburg, „welche Französische Mobilgarden besiegt hatten und darauf mit Vorliebe ihre alten Bekannten plünderten; diejenigen, bei denen sie Klavier gespielt, Wein geprobt, Schränke bewundert und die sie um die schöne weiße Leinwand beneidet hatten.“ — Warum erwähnt About hier nicht einen einzigen dieser Plünderer mit Namen, damit er entweder von der gesetzlichen Strafe und öffentlichen Entrüstung getroffen werde, oder falls er verleumdet worden, seine Unschuld darthun und von dem Urheber Genugthuung erhalten könne? Was thaten denn die Deutschen Garnisonen und die übrigen Einwohner, während die Häuser geleert wurden? und wie kommt es, daß Niemand früher dieser Geschichte Erwähnung gethan hat, nicht einmal Einer von denen, welche Bücher über die angeblichen Plünderungen der Deutschen geschrieben haben?

In freundlichster Weise setzt About hierauf den Deutschen auseinander, wie sie Straßburg durch Hunger und nicht durch Bombardement hätten nehmen sollen, welches eine überflüssige und unnütze Barbarei gewesen wäre. Aber Graf Gasparin behauptet grade das Gegentheil und About vergißt, daß es die Franzosen sind, welche, nach Sismondi, diese barbarische Sitte zuerst aufgebracht und daß sie dieselbe auch in diesem Kriege zuerst bei Saarbrücken und Kehl angewandt haben. Uebrigens werden die Deutschen ebenso von den Franzosen deswegen beschuldigt, daß sie Paris durch Hunger zur Uebergabe gezwungen haben. Auch haben sie Weiber und Kinder aufgefordert, die Stadt zu verlassen, und nach About's eigner Darstellung sind überhaupt nur 565 Häuser durch Feuer und anderweitig zerstört, 315 Bürger getödtet und 2000 verwundet worden, was wohl, wie gewöhnlich, übertrieben sein dürfte. Hingegen sind mehr als 10 mal so viele Menschen durch die Franzosen in vielen ihrer Belagerungen zu Grunde gerichtet worden. Später heißt es: „Wenn eine Bombe von einigen Kilogramms soeben den Spiegel eines bei der Toilette befindlichen jungen Mädchens zerbrochen oder einem alten Gelehrten sein Buch in den Händen zerstückelt hatte, so beendete das junge Mädchen ihre Frisur vor den Scherben des Spiegels und freute sich, so gut davon gekommen zu sein, und der alte Gelehrte griff nach einem andern Buche“!! Schade um Münchhausen und Gulliver, denn es wird nun unmöglich sein, Exemplare von ihren berühmten Reisen zu verkaufen, da sie jetzt so völlig in den Schatten gestellt werden! „Die Deutschen zogen am 28. September Vormittags ein, und die ganze Stadt erhob dagegen Protest." — Hiergegen erzählt uns der offizielle Bericht, daß sie von der protestantischen Geistlichkeit bewillkommt seien! Dann kommt die Thatsache (?), „daß das Corps, wo der Hilfsrichter Hr. Edgar Kolb sich seine Sporen als Hauptmann verdient hat, 450 Mann von 600 verloren hat." Hier achte man auf die prächtige Abrundung der Zahlen bei Gelegenheit eines einzelnen Unglücksfalls. Von 600 im Corps befindlichen Leuten blieben genau 150 übrig, ohne daß dabei ungerade Zahlen vorkommen. Auf dies uns zuletzt vorgesetzte Gericht, das selbst nach dem, woran man sich in About's Buche gewöhnt hat, einem nur schwer durch die Gurgel geht, folgt ein andres in Gestalt der Behauptung, daß ein Deutscher aus der Pfalz behauptet habe, seine Landsleute wären ganz bereit Franzosen zu werden, „es ist sogar eine ausgemachte Sache, daß der Geschmack für Frankreich uns noch lange nach dem Jahre 1815 geblieben ist." Es scheint, daß Frankreich einen ziemlich schlechten Geschmack im Munde der Pfälzer zurückgelassen hat, die noch nicht Ludwig XIV. vergessen haben, denn trotzdem sie ganz bereit waren, Franzosen zu werden, so haben sie doch nach genauerer Ueberlegung dazu beigetragen, Elsaß mit Deutschland zu vereinigen. Wie About uns berichtet, scheint in Straßburg Mangel an Arbeit und Ueberfluß an Geld zu herrschen, und ziehen die Arbeiter jener Stadt den Müßiggang oder schlechten Lohn von den Franzosen dem Arbeiten für die Deutschen vor, und doch, sagt er, sind 17,000 Deutsche hergekommen, um sich in Straßburg niederzulassen, so daß hinreichend viel Arbeiter da sein müßten. — Das als vorzüglich berühmte Hôtel zur Stadt Paris in Straßburg bildet den nächsten Gegenstand von Abouts Angriffen. Er nennt es, weil die Deutschen darin verkehren, „das theuerste und schlechteste von Europa; seit jeher hat man dort schlecht geschlafen und nur zum Schein gegessen." Aber wenn dies wahr wäre, so wäre es ja schon lange Bankerott gewesen; da Leute ein schlechtes Hôtel nur dann besuchen, wenn es billig ist, und ein theures nur, wenn es gut ist, aber nicht eins, welches sowohl theuer als schlecht ist.

Weiter heißt es: „Ein Lump von einem protestantischen Pfarrer, Namens Reichardt hat in einem öffentlichen Vortrage die Armee von Werder verherrlicht und dafür gepriesen, daß sie die Bourbakischen Horden aufgehalten habe. Hierauf hat sich die öffentliche Meinung stürmisch erhoben und alle Protestanten werden wohl in drei Tagen gründliche Prügel bekommen."

Das scheint doch etwas hart gegen die Protestanten zu sein, daß sie alle für den Fehler eines Mannes bestraft werden sollen, und warum sagt uns About nicht, wie groß die Anzahl derjenigen war, die noch Reichards Kirche besuchten, nachdem er in enthusiastischer Weise seinen Deutschen Patriotismus an den Tag gelegt hatte? Hierauf kommt M. Jules Sengenwald der Präsident des Handelsgerichts, an die Reihe, der höflichst ein Narr genannt wird, weil er nach Berlin ging, um dem König von Preußen seine Aufwartung zu machen. Wenn er aber ein Narr ist, so müssen doch die, die ihn dazu gewählt haben, noch größere Narren gewesen sein. In Colmar existirt, wie er uns erzählt „ein Gymnasium, wo drei Viertel der Schüler prämiirt wurden." O diese glücklichen Jünglinge von Colmar, bei denen drei von vieren, wie er sagt, Prämien bekommen und nur Einer keine! Ferner lebte in Colmar ein Maler, der außerhalb des Elsaß, wie ich glaube, nicht bekannt, aber wie About sagt, ein würdiger Nebenbuhler von Albrecht Dürer ist und Martin Schon heißt.

Es finden zwei Hochzeiten statt. Eine junge Dame von Colmar heirathet einen Französischen Offizier, und die ganze Bevölkerung betheiligt sich an der Ceremonie, was gewiß für das Paar durchaus nicht angenehm sein kann. Dagegen „wirft sich ein altes vergrämtes Mädchen, das weder Anmuth, noch Schönheit, noch Geist besitzt, sondern mit der einen Hälfte des Menschengeschlechtes sich in Folge mehrerer verfehlter Heirathsprojecte überworfen hat, einem Deutschen Offizier an den Hals und heirathet ihn." Ein „Gebot des Schicksals", wie About es nennt, bringt es mit sich, daß Jeder, der die Deutsche Nationalität vorzieht, häßlich, dumm und unangenehm ist, während es kein Beispiel giebt, daß ein Französischgesinnter Elsasser nicht reizend, gescheut und anziehend ist.... Weiter werden über den armen Herrn Kern alle Schalen von About's Zorn deshalb ausgegossen, weil er seine Interessen aufgegeben hat, um Deutsch zu werden, während die anderen sogenannten Renegaten, dadurch daß sie die Französische Nationalität aufgaben, Vortheile erlangt haben. Hierauf folgt „ein Päckchen von mehr oder weniger authentischen Anecdoten", da sie aber offenbar nicht mehr, sondern weniger authentisch sind, so ist es nicht nöthig auf sie Rücksicht zu nehmen. Die nächste Stelle, die mir auffiel, ist der Bericht über ein Monument auf dem Kirchhof von Colmar, welches ein Freund von About, ein Bildhauer, der natürlich ein Genie ersten Ranges ist, da er Deutschland haßt, übrigens aber den Italienischen Namen Bartholdi trägt, ausführen wollte. „Es stellte einen Arm vor, bloß einen Arm, der den Grabstein vom Grabe wälzt, um ein Schwert zu ergreifen.“ Wenn das About's Ideal der Bildhauerkunst ist, so thut er besser, darüber zu schweigen. Weiter heißt es: „Die größten Herren Deutschlands führten ihre Kronen oder ihre Helme in den Straßen von Colmar spazieren.“ — Ehe dies neue Buch der Offenbarung des erfinderischen St. About erschien, wußte die Welt nicht daß außer den Königen von Preußen, Baiern, Sachsen und Würtemberg die Großen Deutschlands Kronen trügen, und von diesen Königen nahm nur Einer am Kriege Theil, der überhaupt gar nicht nach Colmar gekommen ist. Auch geht ein Deutscher Fürst nicht mit seiner Krone in den Straßen einer Provinzialstadt spazieren. — Nun wird uns eine Art moralischer Metzelei der sogenannten Renegaten nach Art der Bartholomäusnacht aufgetischt. Während wir bisher nur einzelne Raketen haben aufsteigen sehen, giebt er uns hier einen Extract, der nach dem 13. Bulletin der Elsasser Liga duftet. In folgender Weise wird zuerst der „Erzmillionär Dollinger“ vorgenommen: „Sohn eines alten durch zweifelhafte Speculationen reich gewordenen Advocaten, Laureatus der Rechtsschule, mager, blond, bartlos, mit schmalen Lippen und Augen, die sich hinter den Brillengläsern verstecken, stets in zu kurzen Kleidungsstücken, schmutzig, häßlich, lächerlich, mit vierzig Jahren Besitzer eines Vermögens von mehr als zwei Millionen, dieser schmierige Mensch, den die Französische Presse schon als infam bezeichnet, hat sein Vaterland von vorn herein verrathen. Für die Summe von 7000 Francs jährlich hat sich dieser Erzmillionär zum Diener der Räuber gemacht.“ Da nun die Zinsen von mehr als 2 Millionen Francs Dollinger, in Französischen Staatspapieren angelegt, 120,000 Francs jährlich einbringen würden, so kann man es wohl kaum selbst auf die Autorität von Leuten von so kritischer Ruhe und Unparteilichkeit, wie die Mitglieder der Elsasser Liga es sind, glauben daß ein Mensch sich zum Banditendiener herabwürdigen würde, nur um sein Einkommen um etwa 6 pCt. zu erhöhen. Mir stehen die Mittel nicht zu Gebote, Herrn Dollinger's persönliche Reize zu beurtheilen, aber vermuthlich würde seine Photographie, wenn sie gleichzeitig mit der von Mitgliedern der Elsasser Liga einer Jury von Damen von Geschmack vorgelegt würde, wenigstens in jeder Beziehung ebensogut davon kommen wie die Durchschnittsphotographie seiner Verleumder. Uebrigens ist eine nicht einnehmende Erscheinung ein Unglück und kein Fehler, und in wirklich civilisirten Ländern wird es für gemein und unanständig gehalten, Jemanden mit solchen Waffen anzugreifen. Die Thatsache, daß Herr Dollinger sich der Deutschen Sache angeschlossen, spricht sehr zu seinen Gunsten, da er offenbar ein unabhängiger, tüchtiger Mann ist, der die Französische Gemeinheit nicht fürchtet, durch welche so viele seinesgleichen mittlerweile in Schrecken gesetzt worden sind. Wir haben es schon gesehen, daß Herr Kern an den Pranger gestellt worden ist; natürlich ist er häßlich — kein Deutschgesinnter kann ja was anderes sein — vielleicht aber besteht seine Häßlichkeit darin, daß er eine aufgeworfene Nase hat, welche Verachtung für die Elsasser Liga ausdrückt. Es scheint, daß er singt, denn die Liga fügt bedeutungsvoll und hartherzig hinzu, „er wird schon eines Tages tanzen lernen." Binguburn, der wenig mehr als 20 Jahre alt ist, ein Einkommen von 40,000 Francs hat und nichts thut als rauchen, hat sich auch für die Deutsche Nationalität erklärt, und während wir von Leuten mit wirklichem Vermögen erfahren, die sich Deutschland angeschlossen haben, sehen wir nur wenig Namen von ebenso unabhängigen Leuten, die Frankreich treu geblieben sind. Die Mühlhauser haben es eingeräumt, „daß die Deutschen uns mit merkwürdiger Mäßigung rancionirt haben, denn die Summe ihrer Requisitionen beträgt nicht mehr als eine Million in einer Stadt von 60,000 Seelen, wo die Millionäre zu Dutzenden zu zählen sind."

Mühlhausen wurde erst vor 73 Jahren mit Frankreich vereinigt. About giebt nun vor, daß es von ganzer Seele Frankreich ergeben sei, und es entsteht also die Frage, welche Zeit gehört dazu, bis es Frankreich gelingt, eine neu eroberte Provinz zu bezaubern. Denn es steht fest, daß die Rheinprovinzen sich nach einer zwanzigjährigen Französischen Herrschaft danach sehnten, von Frankreich loszukommen, und nach Ducrot's Behauptung wünschten im Jahre 1815 viele Elsasser, nachdem sie 1½ Jahrhunderte lang eine Art Babylonischer Gefangenschaft durchgemacht hatten, eine Wiedervereinigung mit Deutschland. Ferner erzählt uns About, daß Mühlhausen genau dieselben Summen an Geld und Naturalien, welche die Deutschen requirirt haben, nach Frankreich verschenkt habe. Sonderbar bleibt dabei nur, daß man hiervon nie früher gehört hat, da ein Geschenk von einer Million Francs sich recht gut ausgenommen haben würde, und dagegen das von den reichen Rothschilds dem Elsasser Emigrationsfond gemachte Geschenk in dem homöopathischen Betrage von 15,000 Francs in der Französischen Presse sehr warm gelobt worden ist. — Die Schulen von Mühlhausen sollen verlassen sein und

About erzählt uns, daß, da der Unterricht in Deutscher Sprache statt in Französischer ertheilt wird, „ganze Generationen in kurzer Zeit verthiert und verdummt sein müßten!“ weshalb die Mühlhausener Damen je 10 Kindern Unterricht ertheilen. „Man möge ihnen Kuchen und Confect austheilen“, was allerdings ein sehr wirksames, obwohl fragliches Mittel sein wird, die Communalschulen zu leeren und die Kinder für die Franzosen einzunehmen. — Die Arbeiter „haben Gesellschafts-Abende gegründet, wo es verboten ist, ein einziges Wort Deutsch zu sprechen. Aber da die Majorität derselben kein Französisch versteht, so verurtheilt sie ihr Reglement thatsächlich zum Stillschweigen.“ Credat Judaeus Apella! Da uns aber About erzählt, daß die Elsasser Sprache sich von der Deutschen unterscheidet, wie das Provenzalische vom Italienischen, und da das Deutsche ausgeschlossen ist, — warum brauchen da die Leute so stumm wie Trappisten zu werden?

Nun belehrt der unfehlbare About die Deutschen wieder, was sie hätten thun und lassen sollen, aber obwohl es unzweifelhaft richtig ist, sich vom Feinde belehren zu lassen, so müßte doch der Wahlspruch in diesem Falle lauten: Timeo Danaos et dona ferentes. (Ich fürchte die Danaer, selbst wenn sie Geschenke bringen.) Hiernach hätten die Deutschen nur Beamte, die des Französischen mächtig sind, in eine Deutsche Bevölkerung schicken sollen; obwohl die Franzosen meist nicht Leute, die des Deutschen fähig waren, in die annectirten Rheinprovinzen geschickt haben. Sie hätten den Unterricht des Französischen gestatten sollen, hätten die Namen der Straßen unverändert lassen müssen u. s. w. Diesen Rathschlägen hätte er auch noch den hinzufügen können, daß sie die Französische Flagge ruhig hätten flattern lassen sollen. Bald darauf ist About so inconsequent und keck, seine Billigung über die verrätherische Eroberung des Elsaß durch Ludwig XIV. auszusprechen, welche Graf Gasparin so sehr verdammt, und dann fügt About hinzu: „Niemand wird uns in irgend einem Falle eines Mißbrauchs der obrigkeitlichen Gewalt beschuldigen.“ Hierauf sage ich: O ja, Mommsen thut es, wenn er sagt: „Das Französische ist jetzt die mit Zwang in den Elementarschulen eingeführte Sprache.... Früher war die durchschnittliche Bildung des Volks hier höher als in irgend einem andern Theile Frankreichs; jetzt ist sie sehr gesunken.... Im protestantischen Elsaß sahen wir bis auf diesen Augenblick eine liberale Theologie gedeihlich wirken.... Trotz der Hindernisse, welche die Regierung dadurch bereitet, daß sie darauf besteht, den Unterricht in der Französischen Sprache ertheilen zu lassen. Ganz vor Kurzem haben mir Straßburger Professoren darüber geklagt, daß sie auf diese Weise gezwungen werden, den Gebrauch der Deutschen Sprache in den Schulen aufzugeben."

Weiter geht aus dem About'schen Buche hervor, daß „das Elsaß der fleißigste und aufgeklärteste Theil von Europa ist." Was nun auch die Verdienste des Elsaß sein mögen, so wird wohl Niemand glauben, daß es fleißiger als die Schweiz, Belgien oder England ist, und ich hätte gedacht, daß About sich besonnen haben würde, es für aufgeklärter als Paris zu erklären. Weiter heißt es: „Mit Ausnahme der Buckligen, Hinkenden und Invaliden trifft man heut zu Tage in den annectirten Departements keinen einzigen jungen Menschen von 20 Jahren an." Hier brauche ich nur zu sagen, daß die Times uns berichtet, daß 7454 junge Leute dieses Alters sich gezwungen der Deutschen Armee haben stellen müssen, ganz abgesehen von den Freiwilligen. „Die Möbel werden verschenkt, eine Bibliothek, ich sage, ein vollständiges Zimmer voll Bücher ist für 180 Francs losgeschlagen worden. In Colmar hat Niemand davon Vortheil ziehen wollen, alles bleibt in den Händen der Juden." — Das klingt doch sehr sonderbar, denn gewiß würden doch die Deutschen sich Bücher kaufen, die sie so besonders lieben. Weiter heißt es: „Jeder Deutsche Soldat ißt zwei oder drei Kilogramm Schwarzbrot, Butter, Eier, Wurst und kaltes Fleisch," und von einem Deutschen Hauptmann sagt About, „das ist vielleicht die vierte Mahlzeit, die er heute eingenommen hat, und er ist ein Mensch, der noch sechs solche bis zum Abendessen zu sich nehmen könnte." Uebrigens giebt About zu: „Ihre Gleichgültigkeit gegen den Alkohol kann uns als Lehre dienen, denn die Garnison von Straßburg verbraucht an einem Tage noch keine vier Glas Absinth." Als Trost für diese schmerzliche Klage heißt es weiter: „In Zabern hatte sich ein Deutscher Schankwirth, der bisher ziemlich unglücklich in seinem Geschäft gewesen war, im vorigen Jahre niedergelassen. Man glaubte, daß er kein Glück haben werde, aber es war ein Irrthum; denn er brannte ab, die Versicherungsgesellschaft hat ihm reichlich alles Mobiliar, was er zu besitzen behauptete, bezahlt, und dieser Mensch konnte mit einem hübschen Kapital wieder in seine Heimath zurückkehren, aber sowohl die Versicherungsgesellschaften als die übrigen Versicherten wissen von nun ab, daß jeder Preußische Bankrotteur der spontanen Verbrennung ausgesetzt ist." Eine Spur von Wahrheit tritt in dem Satz hervor: „es handelt sich, wie man erräth um den alten protestantischen Kern, welcher noch immer den Verlust seiner ihm liebgewordenen Autonomie bereut."

Bisher haben wir allgemeine Behauptungen gehabt, jetzt aber kommen wir zur Statistik, und da stellt About folgenden Satz mit großer Kühnheit auf: „Das annectirte Land enthält 1,600,000 Einwohner, und man nimmt an, daß 1,100,000 optirt und von diesen 600,000 ihrer Option selbst in den Augen der Deutschen dadurch Gültigkeit verschafft haben, daß sie in die Verbannung gegangen sind." Nun sind aber die wirklichen statistischen Angaben aus offiziellen Quellen folgende, daß nämlich nur 164,623 Einwohner dieser Provinzen auch nur soweit gingen, ihre Namen zu Gunsten der Französischen Nationalität einschreiben zu lassen, während 40 bis 50,000 das Land wirklich verlassen haben. Dies ist doch nur ein sehr kleiner Bruchtheil der Zahl, die About angiebt, gewiß eine schwache Minderheit der ganzen Bevölkerung. Doch selbst von dieser beschränkten Zahl Französischgesinnter muß man die große Zahl der Auswandrer abziehen, welche jährlich das Land so wie so verlassen und in verschiedene Colonien gehen, oder sich in Hôtels oder einem Haushalt in Frankreich oder sonst wo vermiethen. Hierzu kommt noch die Zahl, welche nöthig ist, um die Stellen der Hunderttausend Deutschen auszufüllen, die so unbarmherzig aus Frankreich vertrieben wurden, und diejenigen Französischen Beamten, die Franzosen von Geburt sind, wie z. B. About, sowie die katholischen Priester, welche nicht unter einer protestantischen Regierung leben wollen. Viele dieser Emigranten sind seitdem wieder zurückgekehrt und darüber sehr unwillig, daß die Franzosen ihnen so wenig wirkliche Unterstützung, sondern nur großartige Phrasen bieten. Wenn die Deutsche Regierung sich dazu verpflichten würde, die Elsasser und Lothringer etwa zehn Jahre lang nicht dazu zu zwingen, gegen die Franzosen zu kämpfen, wenigstens so lange als Elsasser Konskribirte in den Französischen Regimentern stecken, sondern sie in einem Kriegsfall dazu verwendete, die Ostgrenze zu vertheidigen, dann würden viele von denen, die ausgewandert sind, wieder heimkehren; denn jetzt fürchten sie wohl, daß, wenn die Franzosen in einem Rachekriege siegreich wären und Elsaß mit Frankreich wieder vereinigten, man ihnen nicht gestatten würde, wieder zurückzukehren. About ist sehr entrüstet über den Frevel, Elsaß im 19. Jahrhundert zu annectiren, obwohl er sehr zu einer Eroberung der Rheinprovinzen gerathen hat, und er beendet sein Kapitel über die Auswanderung, indem er die freundliche Hoffnung ausspricht, daß „Europa bloß eine Ausnahme in Bezug auf die Deutschen machen und sie sämmtlich ihrer Freiheit berauben werde."

Auf Seite 299 erfahren wir den Grund, warum die Französischen Zeitungsskribenten sich diese gemeinen Angriffe auf Deutschland herausnehmen. „Es gehört in Berlin zum guten Ton die Französischen Zeitungen herabzusetzen und sie nicht mehr zu lesen," aber diese Geringschätzung theilt ganz Europa, und das Buch von About ist wohl kaum in irgend eine Sprache übersetzt werden. Ferner giebt uns About einen Beweis, wie sehr es für die Elsasser vortheilhaft ist, sich lieber mit dem freigebigen Deutschland als mit dem knausrigen Frankreich zu vereinigen; denn sein Gefängnißwärter erhielt 2700 Francs Gehalt von den Preußen, während die Franzosen ihm nur 800 Francs gegeben haben. Nach allen Aufschneidereien About's giebt er doch schließlich klein bei, indem er sagt: „Ich habe trotzdem zwei Zeilen zurückgezogen, aber das freiwillig.(?) Ich hatte geschrieben, daß die neuen Beamten des Elsaß und Lothringens der Auswurf der Deutschen Nation wären." Eine solche Verleumdung war zu schmählich; hätte er sie nicht zurückgenommen, so würden die Deutschen ihn ohne Zweifel verfolgt haben. Ferner giebt er zu, daß, wenn der Kaiserliche Procurator sich eine Anzahl Blätter seiner Zeitung „das 19. Jahrhundert" vom 1. Mai an verschafft hätte, so würde er derartige Stellen darin gefunden haben, „daß die Prinzipien des Völkerrechts mich nicht hätten vor einer Verurtheilung schützen können." Und später sagt er in Bezug auf die Elsasser Protestanten sehr wahr und bedeutungsvoll, „es giebt keinen unauslöschlichen Haß für Leute, welche gemeinschaftlich beten."

Nach allen diesen unsinnigen Redensarten gegen die Deutschen wird der Leser erstaunt sein, zu hören, daß, wie uns Louis Veuillot erzählt, About früher die Deutschen und Protestanten in den Himmel erhoben hat, während er jetzt statt dessen die Jesuiten feiert und des Spruchs nicht eingedenk ist: qui cum Jesu itis, non itis cum Jesuitis. (Die ihr mit Jesu geht, geht nicht mit den Jesuiten.) Ich glaube jedoch bewiesen zu haben, daß diese Angriffe n'aboutissent à rien, weiter keinen Zweck haben. — Man kann sich schwerlich etwas Egoistischeres, Pseudoheroischeres, Abgeschmackteres vorstellen als der Inhalt dieses Buches ist, das bloß des Geldes wegen geschrieben worden und biographische Skizzen unbedeutender Personen, sowie ein Verzeichniß von About's Habseligkeiten, mit Einschluß seiner Luftschlösser, enthält, als ob er ein Hauptgegenstand des Interesses für ganz Europa wäre.

Wie Victor Hugo und die meisten andern Franzosen, die irgend einen Namen sich erworben haben, hat About sich, wie ein Wetterhahn so ziemlich in allen Richtungen der politischen Windrose bewegt; wie ein Chamäleon schillert er heute so und morgen so, versucht er abwechselnd Alles und bleibt bei nichts, sorgt aber übrigens immer dafür, sich auf die Seite der Mächtigen zu schlagen. Noch vor Kurzem war er ein Lieblingsgast Napoleons III. in Compiegne und jetzt ist er ein enthusiastischer Parteigänger für Thiers und beschimpft in Gemeinschaft mit andern die gefallene Dynastie, denn in Frankreich ist es nicht wie in Rom, wo ein Tempel dem Unglück geweiht wurde.

Um schließlich unser Urtheil über das Buch kurz zusammenzufassen, (auf dessen Titelblatt es nicht nöthig war, die Rechte der Uebersetzung vorzubehalten, da es gewiß in keine Sprache übersetzt werden wird) so ist dasselbe derartig, daß es jeden anständig denkenden Leser mit einem hohen Grade von Ekel erfüllen muß. Seine heftigen, ungerechten Angriffe gegen viele Deutschgesinnte werden manchen ehrenhaften Leuten sehr unangenehm sein, denen About's Lob keine Befriedigung gegeben haben würde. Fragt man mich, wie dies der Fall sein kann, so antworte ich mit Byron, daß der Fußtritt eines Esels im Stande ist Jemandem Schmerzen zu verursachen, dem doch sein Geschrei durchaus kein Vergnügen bereiten würde.

Notizen.

Deutsche werden im Stande sein die Hindernisse zu würdigen, welche sich einer Vertheidigung ihrer Sache in einer in Französischer Sprache herausgegebenen Schrift entgegenstellen; in der That habe ich die größte Schwierigkeit gehabt, einen Verleger oder Drucker für mein Buch zu finden, weil es so feindselig gegen Frankreich sei. Wohingegen ein jedes Buch, das die heftigsten und ungerechtesten Angriffe auf Deutschland enthält, leicht einen Verleger und den größten Absatz findet; denn die Franzosen sind entschlossen die Gegenpartei nicht einmal zu Worte kommen zu lassen sondern jede gegnerische Diskussion abzuschneiden. Ich bin daher außer Stande gewesen, irgend einen Französischen oder Belgischen Verleger dazu zu bewegen, mein Buch in Verlag zu nehmen oder dasselbe auch nur, auf meine Kosten und Gefahr, unter irgend welchen Bedingungen zu drucken und selbst Herr Georg in Genf, der doch ein Deutscher ist, hat es mir abgeschlagen, eine Französische Ausgabe, auf meine Gefahr hin, zu veranstalten, da er sich fürchtet, die Franzosen, mit denen er Verbindungen hat, zu verletzen.

Zum Beweise, wie wenig Freiheit in dem Lande vorhanden ist, das sich selbst das Land der Freiheit, Gleichheit und Brüderlichkeit nennt, führe ich an, daß ein sehr gescheidtes und interessantes Buch von M. Lefrançais, einem Mitgliede der Commune-Regierung, das bei Guillaume in Neufchatel erschienen ist und von dem 750 Exemplare abgesetzt sind, in Frankreich verboten worden ist. Obgleich ich nun selbst ein absoluter Gegner der Communisten und Communalisten bin und die Grundsätze, sowie das Verhalten derselben vollständig verwerfe, so bin ich doch der Ansicht, daß ein Jeder, der über die Politik Frankreichs schreiben will, auch aus Gründen der Gerechtigkeit dem Gegner Gehör schenken muß und ich habe dieses Buch mit großer Aufmerksamkeit und vieler Sorgfalt gelesen. In Frankreich aber herrscht die Gewohnheit, den Gegner nie anzuhören. Wenn M. Lefrançais nur ein gotteslästerliches, unsittliches oder zotiges Buch geschrieben hätte, so wäre es über ganz Frankreich verbreitet worden, dagegen darf ein Buch, das Thiers, Favre und andere Leute, die jetzt am Ruder sind, mit schonungsloser Strenge behandelt, daselbst nicht geduldet werden.

In Frankreich versteht man unter Freiheit, wie mir scheint, daß man sich Freiheiten gegen die Rechte Anderer herausnehmen darf, — unter Gleichheit, daß man alle Höherstehenden herunterreißt, und alle Niedrigerstehenden unter seinem Druck hält, wie Thiers sich rühmt es mit den Bergleuten gethan zu haben, als diese ihr natürliches Recht, Strike zu machen ausübten — und unter Brüderlichkeit, daß man sich gegenseitig haßt und verunglimpft, wie es alle politischen Parteien in Frankreich thun.

Die despotische und fälschlich republicanisch genannte Regierung von Thiers hat Banquette verboten, während sie religiöse Processionen und Wallfahrten, trotz des noch bestehenden Gesetzes vom 10. Germinal gestattet; sie coquettirt mit dem Papst, erhält den Belagerungszustand in Paris und dreißig Departements aufrecht, bedroht die Presse und verbietet Schauspiele in ganz absolutistischer Manier, kurz sie thut, unter Zustimmung der National-Versammlung und des Volks, genau das, wofür dieses unlogische und launenhafte Volk Karl X. und Louis Philippe abgesetzt hat. Aber was heute in Frankreich Recht ist, ist morgen Unrecht und das geht in Ewigkeit so fort.

Als ich vor einigen Tagen in Paris umher ging, überraschte mich die große Schwierigkeit, die ich hatte, Bücher oder Brochüren in Bezug auf den Krieg zu bekommen. Ich erkundigte mich bei Garnar, Dentu und einer Menge anderer Verleger, aber Keiner von ihnen kannte derartige Schriften auch nur dem Namen nach, mit Ausnahme einiger, die sie selbst verlegt und ein paar der allerbekanntesten Werke, wie z. B. Stoffel, Jules Favre und die hauptsächlichsten Militair-Schriftsteller.

Dies rührt theils von dem fatalen Umstande her, daß die Franzosen vollständig im Kriege geschlagen worden, theils aber auch von ihrer charakteristischen Frivolität und Liebe zur Veränderung. Daher haben sie mehr Interesse für das unbedeutendste Ereigniß neuesten Datums, als an der Unterhaltung über den größten Krieg, der in neueren Zeiten vorgekommen ist. Bei den Antiquaren stieß ich auf dieselbe Schwierigkeit und konnte schließlich nach langem Suchen nur ein altes Exemplar von Stoffel und von Jules Favre für weniger als den halben Preis auftreiben.

Leider giebt es in Frankreich kein Buchhändler-Anzeige-Blatt, wie in England, und man kann daher nicht erfahren, wo ein Buch zu haben ist. Da nun die Pariser Buchhändler sich nicht gerne auf ein Geschäft einlassen, das Mühe verursacht, so konnte ich Keinen derselben dazu bewegen, mir eine Liste von Werken über den Krieg zu besorgen. In der That fand ich, daß ich viel mehr Schriften über diesen Gegenstand gelesen hatte, als sie auch nur dem Titel nach kannten, und glaube, ich könnte es mit jedem Franzosen in Bezug auf die Kenntniß der Litteratur dieses Krieges aufnehmen.

Ebenso habe ich in den Leih-Bibliotheken von Provinzial-Städten kaum irgend ein Buch über den Krieg gefunden; was sich aber vorfand war ganz anti-deutsch, so daß nicht ein Exemplar des Werkes vom Grafen Gasparin oder von Monod zu haben war. Auch waren die meisten jener Schriften unaufgeschnitten. Leider werden in Frankreich die Schriften, namentlich über Politik, nicht so in Journalen besprochen, wie es in England in den verschiedensten Zeitschriften geschieht, denn die kurzen Artikel, welche bisweilen über Bücher erscheinen, verdienen nicht den Namen von Kritiken. Ja, selbst die einzige französische Revue von Bedeutung (la Revue des Deux Mondes) enthält nur einseitige Aufsätze über die Ereignisse, Feuilleton-Artikel u. dgl., bringt aber nicht, wie die Englischen Revüen, Arbeiten, an deren Spitze die Hauptwerke über den Gegenstand aufgeführt werden, und welche denselben gründlich von allen Seiten besprechen. Statt dessen enthalten die Französischen Zeitungen kleine, kurze Artikel, vermischte Nachrichten und elende Feuilletons, die keine Englische Zeitung aufnehmen würde.

Leider besitzt Frankreich auch keine Zeitung, die allgemein im In- und Auslande als ein Organ der öffentlichen Meinung Frankreichs angesehen wird, wie das mit der Times in England der Fall ist, in welcher Jedermann gleichviel von welcher politischen und religiösen Ueberzeugung, sich hören lassen kann, Nichts von Bedeutung unbesprochen bleibt, und die von Allen gelesen wird. Dagegen verhalten sich die Französischen Zeitungen, wie ein Sturm im Wasserglase; kein Mensch erfährt etwas von ihnen, außer der beschränkten Zahl ihrer Abonnenten, und der Einfluß der gesammten Französischen Presse kommt dem der Times allein nicht gleich.

Was die Zahl der abgesetzten Exemplare der verschiedenen Schriften über den Krieg betrifft, so habe ich in Erfahrung gebracht, daß nur etwa 2200 Exemplare von der vorzüglichen Schrift Monods verkauft worden sind, obgleich es meines Wissens, das einzige Französische Werk über den Krieg ist, das auch in Englischer und Deutscher Sprache veröffentlicht worden, und trotzdem es nur 2 Francs kostet. Auch zweifle ich daran, daß auch nur halb so viel vom Gasparin'schen, Stoffel'schen, Jules Favre'schen, oder irgend einem anderen Werk über den Krieg verkauft worden ist. Einige derselben sind zu theuer, da nur Wenige der gewöhnlichen Bücherkäufer 5—20 Francs an ein derartiges Buch wenden.

Noch trauriger als die Unwissenheit der Franzosen über den Krieg ist der Umstand, daß fast die ganze Last der neuen, durch denselben veranlaßten Steuern auf die Schultern der schon ohnehin überbürdeten Arbeiterklasse gewälzt worden ist. Die neue Papier-Steuer hat den Pariser Verlegern einen Vorwand geliefert, den Preis eines Bändchens von einem Franc um 25 Cent. zu erhöhen, und das Brief-Porto ist im selben Verhältniß erhöht, so daß die Französische Post ihre eigenen Landsleute schwerer besteuert, als das Porto nach England und anderen Ländern beträgt. Wenn ein armer Franzose seiner Frau oder seinen nächsten Verwandten schreibt, so hat er dafür 2½ mal mehr zu zahlen, als ein Engländer in seiner Heimath, und wenn sein Brief mehr als 10 Gramm wiegt, so zahlt der Engländer einen Penny, der Franzose hingegen fünf, und unfrankirt sogar einen Franc. Wer ist im Stande die Menge von Elend und Verlusten abzuschätzen, welche durch dieses enorme Porto den Franzosen im Namen der Freiheit, Gleichheit und Brüderlichkeit abgepreßt wird.

Ebenso ist der Preis der Telegramme um 40 pCt. erhöht und eine sehr schwere Steuer auf Zündhölzchen gelegt worden, welche bekanntlich für die Armee von der allergrößten Wichtigkeit sind. Als in England diese Steuer von einem Minister vorgeschlagen wurde, war dieser sofort gezwungen sie zurückzuziehen.

Außerdem ist der Octroy sehr erhöht worden; in der Gemeinde z. B. in der ich jetzt lebe, beträgt er durchschnittlich 100 Francs auf die Familie, wogegen in England die Gemeinde-Steuern in einem ähnlichen Bezirk, nicht mehr als den vierten Theil dieser Summe betragen würde, wobei die ärmste Klasse ganz steuerfrei ausginge oder sogar noch in der Noth durch Armengeld unterstützt werden würde. Vor allen Dingen ist es die Blut-Steuer, welche am schwersten auf der armen Klasse in Frankreich lastet, die nicht im Stande gewesen ist, sich Stellvertreter zu kaufen, wogegen 160,000 glücklich situirte Individuen ihrer Militairpflicht durch ärmere Leute haben Genüge geschehen lassen. Da der Durchschnitts-

Preis für einen Stellvertreter 2500 Francs beträgt, so kommt diese Blut-Steuer bei etwa 400,000 Mann auf eine Milliarde Francs zu stehen (im Jahre 1813 40,000 Francs oder 16 Milliarden).

Ferner erhält der Französische Conscribirte nur einen Tages-Sold von fünf Centimen, wogegen der Englische Soldat bisher 6½ Pence und in diesem Jahr mit Einschluß seines Biergeldes 8 Pence oder 80 Centimen bekommt. Es erhalten also 7 Englische Soldaten mehr baaren Sold als 100 Französische, und auf diese Weise werden der Französischen Armee, welche außerdem nicht so gut mit Kleidung, Essen, Wohnung und Pension versehen ist, wie die Englische, mehr als 100 Millionen Francs im Jahr abgenommen. Zwar führen die Franzosen hiergegen an, daß diese Nachtheile bis zu einem gewissen Grade durch das Avancement vom Gemeinen zum Officier compensirt werden, das in England und Deutschland selten ist. Das ist aber für den Gemeinen ein zweifelhafter Gewinn und für die Nation meist ein großer Nachtheil. Denn die Niederlage der Franzosen ist zum großen Theil der bedeutenden Zahl ungebildeter Offiziere in ihrer Armee zuzuschreiben. In der besseren Gesellschaft in Frankreich werden nur wenige Armee-Offiziere empfangen, während Französische Marine-Offiziere im Allgemeinen gern gesehen sind. Es sind daher die Mannschaften der Französischen Flotte, in welcher ein solches Avancement nicht stattfindet, viel tüchtiger als die der Armee, und es haben sich 1000 Französische Matrosen gleichwerthig mit wenigstens der doppelten Zahl Landtruppen gezeigt.

Der in physischer, moralischer und intellectueller Beziehung traurige Zustand der Französischen Bauern erhellt leider zu sehr aus dem Micheletschen Werk: „Le Peuple", aus den Citaten, die ich aus Royer de M., sowie aus anderen Französischen Schriftstellern gegeben und aus den folgenden statistischen Thatsachen, die ich aus dem 1870er Januar-Heft der Englischen „Quarterly Review" ausgezogen habe.

„Von den 7,400,000 bäuerlichen Gutsbesitzern Frankreichs, sind 3,000,000 frei von persönlicher Besteuerung, weil sie zu arm sind, und von anderen 600,000 beträgt die Jahres-Steuer durchschnittlich fünf Centimen. Die großen Uebel der durch das Gesetz erzwungenen Verkleinerung des Landbesitzes in Frankreich haben Renan, Le Play und andere Schriftsteller nachgewiesen. Es giebt Landgüter, die nicht mehr als $\frac{1}{30}$ Morgen betragen. Die Gerichtskosten für die Theilung von 1980 Besitzthümern, welche ein Jahres-Einkommen von 558,092 Francs einbringen, betrugen 628,906 Francs oder 12 pCt. mehr als die Rente."

Die Kaiserliche Regierung hat den Landbesitzern eine Drainage-Anleihe von 100,000,000 Francs angeboten, von der jedoch nur 5 pCt. aufgenommen worden sind. Herr de Lavergne sagt, daß die Zahl der Ochsen und Kühe, die gehalten werden, nicht halb so groß ist, als eigentlich dazu gehört, um das Ackerland gehörig zu düngen und zu pflügen, und die Folge hiervon ist, daß dieselbe Bodenqualität in dem ungünstigeren Klima Englands, wenigstens um die Hälfte mehr erzeugt als in Frankreich, wo die armen Ackerbauer weder Fleisch, noch Weizenbrod, und häufig keinen Wein haben.

Michelet sagt: „Ein Mal namentlich, als ich in die Schweiz trat, schmerzte mich der Anblick auf's Tiefste, als ich unsere armen, elenden Bauern der Franche-Comté, nachdem ich einen Bach überschritten, mit den gut situirten, gut gekleideten, offenbar glücklichen Leuten von Neufchatel verglich. . . . . Diese so fleißigen Leute sind schlecht genährt und haben kein Fleisch. . . . . Der letzte Arbeiter ißt weißes Brod; der Ackerbauer hingegen nur schwarzes. Sie bauen den Wein und der Städter trinkt ihn.“

Aus Michelet's „Das Volk“.

„Der Bauer. — Bei Tagesanbruch bei der Arbeit, er und die Seinigen, seine Frau, die soeben niedergekommen, am Boden auf feuchter Erde. Der Pflanzer gönnt seinem Neger die Mittagsruhe, der freiwillige Neger darf nicht rasten . . . Betrachte seine Nahrung und vergleiche sie mit der des Arbeiters — des Letzteren Alltagsmal ist besser als die Sonntagskost des Bauers. Dieser heldenmüthige Mann glaubte Alles, selbst die Zeit, durch die Größe seines Willens sich unterwerfen zu können, er nahm selbst den Kampf auf mit dem Wucher, aber die Kraft, durch die Zeit verbraucht, versagt ihm. Wenn der Boden ihm zwiefach trägt, schädigt der Wucher ihn achtfach, das heißt der Wucher kämpft gegen ihn wie vier Menschen gegen einen. Die Interessen eines Jahres rauben ihm vier Jahre Arbeit.

„Und nun wundere Dich, wenn der Franzose von ehedem, der Heitere, der Sänger, heute nicht mehr lacht, wenn Du ihn düster einhergehen findest auf dem Boden, der ihn verschlingt. Du gehst vorüber, grüßest ihn herzlich — er will Dich nicht sehen, er drückt den Hut in's Gesicht. Frage ihn nicht nach dem Wege, er könnte, falls er antwortet, Dich vom Wege ableiten, den Du suchst.

19*

„So entfremdet und verbittert sich der Bauer mehr und mehr. Sein Herz ist zu gepreßt, um es irgend einem Gefühle des Wohlwollens zu öffnen. Er haßt den Reichen, er haßt seinen Nachbar und die Welt. Allein in diesem elenden Besitzthum wie auf einer wüsten Insel, wird er ein Wilder. Seine Ungeselligkeit, hervorgegangen aus dem Gefühl seines Elends, macht ihn unheilbar. Der zum Sklaven des Wucherers herabgesunkene Bauer wäre nicht allein elend, sondern auch schlechten Herzens. . . . Die Gesetze müssen geändert werden, das Recht muß sich dieser hohen politischen und moralischen Nothwendigkeit unterwerfen. Wenn Ihr Deutsche oder Italiener wäret, würde ich Euch zurufen: Fragt die Rechtsgelehrten um Rath, Ihr habt nichts zu beobachten, als die Regeln der bürgerlichen Billigkeit — aber Ihr seid Frankreich, Ihr seid nicht einfach eine Nation — Ihr seid ein politisches Prinzip. Es muß um jeden Preis vertheidigt werden. Als Prinzip müßt Ihr leben — lebet für das Heil der Welt.“

Als Gegenstück citire ich Folgendes aus Mad. de Staël:

„Einst, als ich von Dresden nach Leipzig reiste, hielt ich Abends in Meißen an, einer kleinen Stadt, die auf einer Anhöhe über dem Fluß liegt und deren Kirche dem verdienten Andenken geheiligte Grabdenkmäler enthält. Ich lustwandelte auf der Esplanade und überließ mich jener Träumerei, wie der Sonnenuntergang, der Fernblick in die Landschaft und das Geräusch der Wellen sie so leicht in unserer Seele hervorrufen. Da hörte ich die Stimmen einiger Männer aus dem Volke und fürchtete rohe Worte, wie man sie anderswo auf den Gassen singen hört, vernehmen zu müssen. Wie groß war aber mein Erstaunen, als ich den Schlußreim des Liedes hörte: Sie haben sich geliebt und sind mit der Hoffnung des dereinstigen Wiedersehens gestorben.

Glückliches Land, wo solche Empfindungen herrschen und selbst der Luft, die man athmet, ich weiß nicht welche fromme Brüderlichkeit einhauchen, deren rührendes Band die Liebe des Himmels und das Mitgefühl für den Menschen sind.“

Notiz über den durch die Napoleonischen Kriege erzeugten Verlust an Menschenleben.

Während der Napoleonischen Kriege verloren auf beiden Seiten mehr als 6,000,000 Menschen das Leben. Wenn man annimmt, daß der Mann durchschnittlich 5′ 6″ groß gewesen, und daß die Leichname der

Länge nach an einander gelegt würden, so erhält man eine Länge von 7000 Meilen oder fast den Erd-Durchmesser; und wenn ein Reisender eine den Leichen parallel laufende Eisenbahn, im Maaßstabe von 20 Meilen per Stunde, Tag und Nacht ohne Aufenthalt befühhre, so würde er mehr als 15 Tage dazu brauchen, um an die letzte Leiche zu kommen. Das in diesen Cadavern enthaltene Blut würde fast 200,000,000 Weinflaschen gefüllt, und einen See von 4 Morgen bei einer Tiefe von 17 Zoll gebildet haben. Die Köpfe der Todten hätten aufeinander gethürmt eine Höhe von 250 Meilen ergeben, oder wären 280 mal so hoch als der Mont-Blanc gewesen, und die Leichen hätten einen 6 Fuß hohen Wall um ganz Frankreich von Dünkirchen über Brest, Bayonne, Marseille und Sedan bis nach Dünkirchen zurück gebildet.

Von den Präsidenten des Französischen Convents sind 18 guillotinirt worden, haben sich 3 das Leben genommen, wurden 8 deportirt, 6 zu lebenslänglichem Gefängniß verurtheilt, starben 4 im Tollhause von Bicêtre, und wurden 22 gerichtet. Die Hälfte der politischen Schriftsteller Frankreichs in den Jahren 1789—1797 starb eines gewaltsamen Todes, und es giebt eine Anecdote, daß ein Abonnent eines Morgens folgenden Brief von einem neuen Redacteur erhalten habe: „Bürger, wollen Sie noch weiter abonniren? Der letzte Redacteur ist soeben geköpft worden."

Auszüge aus Karl Blind's Vertheidigung der Deutschen Sache.

Von den jetzigen Gewalthabern haben Gambetta, Jules Ferry, Jules Simon, Steenackers, Bethmont, E. Picard, Magnin und Dorian am 15. Juli für den Krieg gestimmt. Dasselbe hat Thiers gethan. . . . . Der Convention von Pillnitz vom 27. August 1791 . . . . gingen Beschlüsse des revolutionären Frankreich voraus, welche die einfache Annexion einer Anzahl Besitzungen auf dem linken Rheinufer festsetzten, die damals noch einen Theil von Deutschland bildeten. . . . . Bekanntlich hat ein Französischer Emigrant die schlimmsten Stipulationen der Convention von Pillnitz auf Anrathen des Grafen v. Artois gegen die ursprünglichen Absichten des Deutschen Kaisers formulirt. . . . . Als

Frankreich am Ende des vorigen Jahrhunderts siegreich war, annectirte es selbst unter der Republik das Rheinland mit 4,000,000 Deutschen. . . . . Selbst Herr Crémieux, der jetzt zur Gambetta'schen Regierung in Tours gehört, stimmte als Mitglied der provisorischen Regierung des Jahres 1848 für die Präsidentschaft Louis Napoleons. . . . . Im Jahre 1849 wurde ich, obwohl ich als Mitglied einer Deutschen Volksvertretung mich auf einer diplomatischen Mission Seitens der demokratischen Regierung Badens und der Rhein-Pfalz befand, und meine Accreditive dem Präsidenten der Republik übergeben hatte, als Gefangener nach La Force geführt. Diese Thatsache wurde in der National-Versammlung zum Gegenstande einer energischen Interpellation gemacht. Der Berg protestirte gegen diese grobe Verletzung des Völkerrechts. Hierauf vertheidigte der Minister des Aeußern Herr v. Tocqueville, den man doch für frei von allen heftigen Angriffsgelüsten hätte halten sollen, die Gefangennahme des demokratischen Gesandten mit folgenden Worten: „Die Partei, welche jetzt die Oberhand in Baden und der Rhein-Pfalz hat, ist dieselbe, welche seit Jahren die Tendenz des Französischen Volks sich nach dem Rhein zu auszudehnen bekämpft hat." Nach dieser Erklärung ging die Majorität einer Französischen republikanischen Versammlung zur Tages-Ordnung über, und erklärte sich somit mit der Gefangensetzung des diplomatischen Gesandten einverstanden. Es war also ein Verbrechen für einen Deutschen gegen die Französische Annexion Deutschen Gebietes zu sein. Ich blieb Monate lang im Gefängniß. . . . . Schließlich wurde ich für alle Zeit aus Frankreich verbannt.

Aus „Die Leiden eines eroberten Landes von A. Mézières".

Revue des Deux Mondes. Dezember 1872.

„Wie viel Generale haben nicht Elsaß und Lothringen Frankreich gegeben: Custine, Kellermann, Kleber, Rapp, Lassalles, Ney, Oudinot, Mouton, Molitor, Duroc, Drouot, Victor, Gouvion St. Cyr. . . . . Die beiden Departements des Hoch- und Nieder-Rheins sind für unsere Armee eine Pflanzschule von Stellvertretern gewesen. . . . . Es ist gut dem tugendhaften Deutschland, das von der Unschuld seiner Sitten und der Verderbtheit der Unsrigen so überzeugt ist, zu sagen, daß überall, wo seine Namensgenossen auf eine Französische Bevölkerung folgen, das Verhältniß der unehelichen Geburten sofort wächst; es giebt

Theile des annectirten Gebiets, wo dasselbe vor der Annexion um $\frac{1}{4}$ weniger war und sich jetzt auf die Hälfte erhebt."

„In Metz, wo früher das Mittel der Anwerbung 350 betrug, gab es in diesem Jahr nur 57, von denen 51 über die Französische Grenze flohen, und die letzten 6, die allein dem Aufruf der preußischen Behörden Folge geleistet, sämmtlich am 30. October als untauglich entlassen wurden. Die Fabriken von Hayange und Moyenore, die Tausende von Arbeitern beschäftigen, haben Preußen nicht einen einzigen Soldaten Französischer Herkunft gestellt. In St. Avold meldeten sich nur 3 Rekruten, die alle invalide waren, in Sarre-Union nur ein einziger gesunder." (Die Deutschen statistischen Angaben beweisen, daß dies falsch ist.) „Preußen erschwert den Annectirten die ohnehin drückende Last durch eine Special-Verfügung, die sich nur auf die beiden, Frankreich geraubten Provinzen bezieht; denn in allen anderen Gegenden ist die Preußische Armee nach den Provinzen organisirt, nur nicht in Elsaß und Lothringen." (Dies ist jedoch für die Elsasser und Lothringer weder neu noch sehr hart, da die Französische Armee nicht nach Provinzen organisirt ist, und Jene mithin dadurch nicht übler daran sind, als unter Französischer Herrschaft.)

„Das Haupt-Verführungsmittel Preußens hat bisher darin bestanden, das Gehalt der Pfarrer, Vikare und Domherrn um $\frac{1}{3}$ zu erhöhen. Diese nehmen nun zwar diese berechnete Freigebigkeit zum Wohle der Religion an, halten sich aber dafür nicht zur Dankbarkeit verpflichtet, denn Niemand hat darum gebeten oder sie gewünscht." (Wenn dies im Allgemeinen wahr ist, so unterscheiden sich die Geistlichen der annectirten Provinzen ungemein von denen aller anderen Länder.)

Die Elsasser und Lothringer in Algier.

Aus der „Correspondance de Berlin".

Der „Pariser Corsaire" veröffentlicht einen Brief, den ein Metzer, Herr Fiévée, der mit seiner Familie nach Algier ausgewandert an Hrn. v. Gueydon, den Gouverneur der Colonie, gerichtet hat. In demselben lesen wir unter Anderem:

„Die auf dem Papier aufgeführten Dorfschaften existiren nur in Ihrer Phantasie; die Ländereien von denen Sie so viel Aufhebens gemacht, sind ein reiner Hohn. Wagen Sie es doch nur, wenn Sie können, etwas zu Ihrer Rechtfertigung vorzubringen. Sie verdienen Angesichts der Welt an den Pranger gestellt zu werden." . . . .

„In der Umgebung von Bougie befindet sich ein Dorf Namens La Réunion. Im Monat Mai hat man dort eine Anzahl ausgewanderter Elsasser und Lothringer in Hütten untergebracht, zu deren Erbauung die Araber mit Stockschlägen gezwungen worden sind. Seit jener Zeit warten die Colonisten noch immer auf die Ländereien, die ihnen angewiesen werden sollen, und sind natürlich völlig entmuthigt. Einige von ihnen sind gestorben; Andere — wenigstens erzählt man sich das in Bougie — wünschen vom Preußischen Consul die Mittel zur Rückkehr ins Elsaß zu erlangen. Kurz das Dorf wird bald leer sein..... Ich selbst habe im Vertrauen auf die Versprechungen der National-Versammlung Ländereien in Algier zu bekommen verlangt und seit mehreren Monaten noch keine Antwort erhalten. Ich bin Ingenieur und kann mir mein Brod überall durch Arbeit verdienen; aber die Unglücklichen, die auf ein Stückchen Land für den Lebensunterhalt warten, befinden sich im äußersten Elend."

„Hierzu meint der „Corsaire": „Diese Thatsachen sind leider nur zu wahr. Zahlreiche Familien, die ein Recht darauf hatten, in Folge der Versprechungen der Regierung auf Schutz und Unterstützug zu rechnen, sind wohl schon dahin gekommen es zu bedauern, ihr Geburtsland verlassen und ihre Interessen einem Vaterlande geopfert zu haben, das sie jetzt im Stich läßt".

Andrerseits erhält das Journal des Débats einen Brief aus Constantine, welcher das Vorhergehende bestätigt und noch genauere Einzelnheiten giebt. Wir lassen hier die Hauptstellen dieses Briefes folgen:

„Immer und immer auf's Neue kommen Elsasser hier an. Diese armen Leute haben fast alle ein Stückchen Land zum schlechtesten Preise verkauft, um sich auf die Reise begeben zu können, haben ihre schwachen Mittel von Belfort bis Philippeville erschöpft, und kommen mit starken Familien hier an."

„Man oder vielmehr die Regierung hat sie nicht erwartet. Diese hat sich vielmehr auf das Gesetz von 1871 gestützt, das den Elsassern Land unter der Bedingung bewilligt, daß jede Familie ein Kapital von 5000 Francs in baarem Gelde mitbringt."

„Diesem Strom von Einwanderern gegenüber, hat sich die Verwaltung streng auf das Gesetz gestützt, welches ihr gestattet allen Franzosen, Ländereien auf ihren Namen lautend zu verpachten, unter der einzigen Bedingung, daß sie sich auf dem verliehenen Grundstück festsetzen und es bewirthschaften. Dieser Beschluß verpflichtet die Regierung die betreffenden Ländereien sofort anzuweisen, doch scheint es, daß man dabei viel büreaukratische Scheerereien hat! Bis zur Stunde sind noch keine 100 Concessionen so weit gediehen, daß die Grenzen ihres Gebiets festgestellt sind, und doch sind etwa 400 Familien anzusiedeln."

„Hat sich die Regierung aber wenigstens beeilt ein Obdach für die Ankömmlinge, deren Zahl seit einem Jahr unaufhörlich im Wachsen ist, zu bauen? Nein, sie hat es kaum so weit gebracht, ungefähr 70 Arabische Hütten mit so geringer Sorgfalt errichten zu lassen, daß der Regen von oben und der Koth von unten eindringt. In La Réunion bei Bougie und in Duquesne sieht es noch schlimmer aus."

„Ferner läßt man diese armen Leute in Zelten zu Sidi-Khalifa, Ain-Melouk, Ain-ben-Malek, Ain-Tian, El-Guittoun, u. a. O. campiren. Wenn nun das Campiren in der Regen-, so wie in der heißen Jahreszeit für unsere Soldaten, die in der Blüthe ihrer Jahre stehen, schon schlimm ist, so überlasse ich es Ihnen sich vorzustellen, was das für Weiber und Kinder heißen will". . . . .

„Selbst für die begünstigsten Colonisten fehlt es am Allernothwendigsten, nämlich an Betten, Bettzeug, Kleidern, Acker und Hausgeräth, Chinin gegen das Fieber und Anderem mehr."

Mehr als einmal haben wir Zeugnisse aus den Französischen Journalen angeführt, welche die Täuschungen und das Elend schildern, denen die Auswanderer aus Elsaß-Lothringen in Algier ausgesetzt sind. Ueber diesen Gegenstand schreibt man dem Journal des Débats, aus Constantine vom 7. December Folgendes:

„Um nur von dem zu sprechen, was sich in der Provinz Constantine ereignet, so sind die praktischen Resultate in Bezug auf die Elsasser und Lothringer weit davon entfernt den angekündigten freundlichen Gesinnungen, den gebrachten Opfern, oder auch nur den gemäßigtesten Erwartungen zu entsprechen."

„Eine neuerliche Mittheilung der Präfectur macht zwar bekannt, daß 127 Familien, die zusammen aus 747 Personen bestehen, in 11 Bevölkerungs-Centren Ländereien erhalten haben. Dennoch wartet eine viel größere Zahl von Familien auf die Anweisung von Land und bleibt auf öffentliche Unterstützung angewiesen". . . . .

„Nach den Erkundigungen, die ich eingezogen, lassen sich die Elsasser und Lothringer, die Wohnsitze erhalten haben, in 2 Kategorieen bringen, von denen die Eine in alte Bevölkerungs-Centren, die bereits eine gewisse Lebenskraft besitzen, gewiesen werden, die Andere dazu berufen ist neue

Dorfschaften zu bilden. Diese Letzteren befinden sich im Allgemeinen in einer viel weniger befriedigenden Lage als die Ersteren. Sie sind mehr von Krankheiten heimgesucht, wie z. B. in Beni-Ziad und La Réunion bei Bougie. Das konnte man leicht voraussehen und ebenso leicht vermeiden."

„Da man es doch für möglich gehalten hatte, die alten Colonisten Algiers aus der öffentlichen Meinung, die sich in Frankreich zu Gunsten der Elsasser und Lothringer ausgesprochen, Vortheil ziehen zu lassen, und die neuen Einwanderer mit alten Colonisten hatte vermischen wollen, schien es natürlich, Jene zum größeren Theil in alte Dorfschaften zu weisen, deren Gebiete man hätte vergrößern können, und die schweren Prüfungen, welche die Schöpfung eines neuen Dorfes mit sich bringt, alten Algerischen Colonisten aufzubewahren, die besser darauf vorbreitet sind, siegreich gegen derartige Beschwerden anzukämpfen."

„Liest man aber die Berichte der Präfectur, so sieht man mit Erstaunen, daß das Gegentheil stattgefunden hat. Unter 375 untergebrachten Familien zählt man 222 von Algerischen Colonisten und 127 Elsassische und Lothringische. Man ersieht daraus, daß der Löwen-Antheil den Algeriern zugefallen ist, unter denen man so manchen Städtebewohner findet."

„Es wäre aber klug und billig gewesen, die Elsasser und Lothringer in die alten Centren unterzubringen. Ich lasse hier einige Beispiele folgen: „In Beni-Ziad einem neuen Dorfe, zählt man 265 Elsasser und Lothringer und blos 55 Algerier. In Beled-Youssef 139 der Ersteren und 41 der Letzteren; in Sidi-Khalifa 97 der Ersteren und 27 der Letzteren. So fällt der größte Theil der Gefahren und Leiden aller Art den neuen Ankömmlingen zu". . . . .

„Kann man sich hiernach verwundern, daß einige der Elsasser und Lothringer, die auf diese Weise an neu zu schaffende Wohnsitze und auf noch urbar zu machende Ländereien gebracht worden sind, wo es an Bäumen und all den Mitteln fehlt, die man an alt bewohnten Orten findet, wo es sogar keine Wege giebt, um sich in besser versorgte, benachbarte Ortschaften zu begeben, den Muth haben sinken lassen und einzelne ihrer Familien-Mitglieder abgeschickt haben, um sich einen leichteren und sichereren Lebensunterhalt in einer Stadt zu verschaffen?"

Aus der „Norddeutschen Allgemeinen Zeitung".

Das „Pariser Siècle" erläßt bei Besprechung des Elends, in das die Elsasser und Lothringer, welche für Frankreich optirt haben, gerathen sind, einen Aufruf an das Französische Volk, in welchem es diesem eine doppelte Aufgabe stellt; erstens nämlich einen Beitrag dazu zu steuern, um das große Elend zu mildern; und zweitens an der Zukunft des vortrefflichen Algeriens zu arbeiten, dessen fruchtbare Gefilde nur auf Muskelkraft warten, um cultivirt zu werden." — Ein anderes Blatt, der „Soir" hat vor einigen Tagen angekündigt, daß 78 Elsasser, die Franzosen geblieben, nach Neu-Caledonien, der bekannten Französischen Sträflings-Colonie im Südmeer, transportirt werden sollten. Nachdem der Soir diese Neuigkeit mitgetheilt, drückt er die Hoffnung aus, daß viele Landsleute dieser Auswanderer ihrem Beispiel folgen werden, und fügt hinzu: Die Fregatte la Néréide wird in diesem Augenblick in Brest ausgerüstet, um einen Theil der zur Deportation Verurtheilten nach Neu-Caledonien zu bringen, und in 14 Tagen wird der Transport-Dampfer L'Orne mit einer ähnlichen Ladung an denselben Bestimmungsort segeln." — Die Dankbarkeit des Französischen Volkes kann sich wirklich nicht großartiger kundgeben, als indem es den Elsassern das als Wohlthat anbietet, was ihm sonst als Strafe für seine Verbrecher dient, und dennoch ist es fraglich ob Neu-Caledonien nicht den Vorzug vor dem herrlichen Algerien verdient.

Aus der „Karlsruher Zeitung".

„Ein Freund, dem ich zu dieser Zeit vergeblich abzureden versucht hatte auszuwandern, lief auf mich zu, hing sich mir an den Arm und zog mich in das Hôtel de la Paix. Dort erzählte er mir eine wahre Leidensgeschichte, aus der hervorgeht, daß die Franzosen ihre Maßregeln zum Empfang der Ausgewanderten ebenso leichtsinnig ergriffen haben, wie vor 2 Jahren die für den Feldzug. Als die Auswandererzüge in Belfort ankamen, fehlte es dort absolut an allem Nothwendigen, so daß Leute, die nicht gewohnt sind auf offenem Felde zu campiren, eigentlich sofort auf den Gedanken kommen mußten, man habe ihrer spotten wollen. Zwar existirten Ausschüsse zur Unterstützung der Auswanderer, doch besaßen sie kein Geld, und ein großer Theil der Ankommenden war genöthigt sich in Scheunen und unter freiem Himmel einzurichten, wenn sie es nicht vorzogen weiter zu reisen."

Rückkehr von Emigranten.

Aus der „Straßb. Zeitung".

Molsheim, den 5. December. „Nachdem was wir aus sicherer Quelle erfahren, hat die Kreis-Direction, welche hier sitzt, gestern 800 Decrete erlassen, durch welche Options-Erklärungen von etwa 3—4000 Personen annullirt worden sind. Diese Penelope-Arbeit ist jedoch noch lange nicht fertig, denn diese 800 Decrete beziehen sich nur auf 9 Gemeinden von 75; bisher hat man nicht genug Beamten gehabt, um das Geschäft für die Uebrigen zu besorgen."

Wenn übrigens die Heimkehr in demselben Verhältniß wie in die Cantone Schirmeck und Saales, die Französisch sprechen, weiter stattfindet, so wird die Zahl der zurückkommenden Auswanderer viel größer werden, als man nach den früheren Angaben voraus berechnen konnte. Unter den Heimkehrenden befinden sich auch viele junge Leute aus den Altersklassen von 1851 und 52, so daß die Rekrutenziffer für dieses Jahr, die bereits alle Vermuthungen übertreffen hat, sich noch vermehren dürfte."

Aus der „Correspondance de Berlin".

Die Elsasser Emigration in das Departement der Vogesen ist nicht so beträchtlich gewesen, als die Französischen Blätter es angegeben haben. Von den unzähligen Fabriken, die z. B. nach Remiremont verlegt werden sollten, ist in Wirklichkeit nur Eine dorthin übergesiedelt, nämlich die Baumwollen-Spinnerei von Schwarz, deren Gebäude soeben fertig geworden sind. Alle Baumwollen-Webereien und Druckereien, die in Epinal gegründet werden sollten, sind Projecte geblieben, zu deren Ausführung das Geld fehlte. Im ganzen oberen Theil der Mosel von Remiremont bis Wesserling, ist seit dem Kriege nicht eine einzige neue Fabrik gegründet worden."

Aus der „Elsasser Correspondenz".

„In Cette, im südlichen Frankreich, hat man vor einiger Zeit 7 Elsasser Zöglinge aus der Marine-Schule ausgestoßen, weil ihre Eltern nicht für die Französische Nationalität optirt haben. Der Nord-Amerikanische Consular-Agent in Cette, Herr Nahmers, der mit den Geschäften des Kaiserlich Deutschen Consulats in dieser Stadt betraut ist, hat sich an das Kaiserliche Kanzler-Amt in Berlin wegen der Mittel gewandt, um diese ausgestoßenen jungen Leute wieder in ihr Vaterland zurückzubringen; in Uebereinstimmung hiermit hat Seine Excellenz, der Ober-Präsident von Elsaß-Lothringen die Bestimmung getroffen, die Reisekosten dieser Ausgestoßenen aus der Landes-Kasse zu bezahlen. Folgendes sind die Namen der jungen Leute:

1. August Wolff aus Barr, wo seine Eltern ansässig sind;
2. Paul Peter Spiegelhalter von Scherweiler, dessen Eltern in Schlettstadt wohnen;
3. Michael Wohnas aus Eberbach, dessen Eltern in Straßburg leben;
4. Victor Fix aus Châtenois, wo auch seine Eltern wohnen;
5. Eugen Schel, elternlos, in Bitsch geboren, wo sein Vormund ansässig ist.

Nach dem Berliner Militair-Wochenblatt sind 12,000 Pensionäre, meist alte Offiziere und Soldaten, von denen man erwartete, daß sie für Frankreich optiren und auswandern würden, im Elsaß geblieben. Die Deutsche Regierung bezahlt ihnen ihre Pensionen, ohne Abzüge, einschließlich der ihnen von Napoleon III. von seiner Civil-Liste gewährten Unterstützungen, welche die Regierung der Französischen Republik ihnen abgezogen haben würde.

Aus der „Correspondance de Berlin".

Als wir auf den im Journal des Débats veröffentlichten Brief des Hrn. Mouroult de Villeneuve, über die Behandlung der Französischen Kriegs-Gefangenen in Deutschland antworteten, stützten wir uns nur auf offizielle Documente. Jetzt bestätigt ein Privat-Zeuge, Herr Dr. v. Bilfinger, der sich während des Krieges als Arzt in Neisse aufhielt, unsere Aeußerungen über diesen Gegenstand und fügt noch folgende Einzelnheiten hinzu, die in einem Brief an die Vossische Zeitung enthalten sind:

„Als Augenzeuge halte ich es für meine Pflicht auf's Energischste dagegen zu protestiren, daß die Französischen Kriegs-Gefangenen in Neisse schlecht behandelt worden seien. Sowohl im Lager, als auf den verschiedenen Stationen hatte der damalige Commandant von Neisse, General-Lieutenant Knothe es auf Bitten der höheren Offiziere gestattet, daß die Gefangenen unter sich Theater-Vorstellungen und Gesangs-Concerte und sogar des Sonntags unter sich ein Tänzchen veranstalten durften. Man hielt es sogar für gut, das Musik-Corps der Gefangenen auf ihren Spaziergängen spielen zu lassen, um sie dadurch zu erheitern.

Herr Hauptmann Mittchel, der mit der Vertheilung der Gaben und Briefe für das Französische Offizier-Corps betraut war, genoß das volle Vertrauen des Commandanten, und in Folge davon hatte einer seiner Diener, den er sich selbst gewählt, Herr Mouroult de Villeneuve, die Erlaubniß zum Lager hinauszugehen und genoß mehr Freiheit, als alle anderen Offiziers-Diener; umsomehr, als er sein Ehrenwort gegeben, nicht zu desertiren (was er aber bekanntlich doch that). In Folge dessen war es ihm gestattet, allein beim Conditor, Hrn. Schmidt, zu wohnen."

„Der Platz Neisse hat eine sehr schwache Garnison, und da er 16,000 Soldaten und 102 Offiziere als Kriegs-Gefangene zu bewachen hatte, so mußte man die genommenen Ordnungs-Maßregeln auf's Genauste beobachten. Die den Offizieren bewilligten Freiheiten (sehr häufig hat man in Bezug auf diese Herren ein Auge zugedrückt, wenn sie mit ihren Burschen bis 3 Uhr des Morgens in einer Restauration blieben) genügten ihnen nicht, und sie verlangten dringend Ausflüge nach Breslau und ins benachbarte Oesterreichische Gebiet zu machen. Dieses freilich schlug ihnen der Commandant ab; auch war er leider genöthigt, in Folge der Desertionen unter den am meisten in Bezug auf ihre Freiheit begünstigten Gefangenen, und in Folge der im Beckschen Lokale vorgekommenen Excesse, eine strengere Disciplin einzuführen, damit die Sicherheit des Landes nicht gefährdet würde."

„Daß die Deutsche Disciplin nicht nach dem Geschmack der Hrn. Franzosen war, dafür konnte ein Preußischer Commandant nichts. Wenn sich alle Kriegs-Gefangenen wie die Kaiserliche Garde aufgeführt hätten, so hätte sich Manches anders gestaltet, und die kameradschaftlichen Beziehungen des Preußischen Offizier-Corps mit den Französischen Offizieren, wären ohne Zweifel stets nach Wunsch gewesen. In Folge des sehr gemischten Bildungsgrades der Französischen Offiziere jedoch, waren gesellschaftliche Beziehungen unmöglich, und dadurch fühlten sich diese Herren sehr gekränkt und beleidigt."

„Ich glaube bestimmt, daß ein höherer Französischer Offizier, der unter solchen Umständen den Oberbefehl einer Festung wie Neisse gehabt hätte, wo eine allgemeine Revolte der Kriegs-Gefangenen leicht die sehr schwache Garnison hätte überraschen können, Jenen nicht so viel Freiheit gelassen haben würde, wie es der Preußische Commandant und Polizei-Director in Neisse gethan; denn obwohl diese für die Sicherheit ihres eigenen Landes zu sorgen hatten, so haben sie es sich doch immer angelegen sein lassen, die persönliche Freiheit der im Platz internirten Gefangenen so wenig wie möglich einzuschränken, und Alles gethan, um ihre Lage erträglich zu machen."

Aus der „Correspondance de Berlin".

(Antwort an das „Bien public".)

„Die am 19. Februar 1871 in Deutschland befindlichen Kriegs-Gefangenen, betrugen mindestens 374,995 Mann und diese Zahl muß sich, wenn man die Gefangenen, Deserteure, Gestorbenen oder vor dem 19. Februar Ausgewechselten hinzurechnet, in runder Summe auf 385,000 erhöhen.

„Die Zahl der in Deutschland begrabenen, Französischen Kriegs-Gefangenen ist auf 17,738 gestiegen, d. h. auf 4,6 pCt. der Internirten, und unter diesen Todesfällen sind 1524, d. h. mehr als der 11. Theil in Metz vorgekommen.

„Dies Verhältniß der Todten erscheint durchaus nicht hoch, wenn man bedenkt, daß der größte Theil dieser Leute, die wie man sagt noch im Juli 1870 kräftig und gesund waren, erst in Folge großer Schlachten oder nach den Strapazen einer langen Belagerung als Gefangene in unsere Hände fiel, nachdem sie alle Uebel des Krieges, Hunger, jede Art Entbehrungen erduldet, wochenlang auf freiem Felde campirt, häufig dem Regen ausgesetzt, oder in elenden Cantonnements zusammengepfercht gewesen, wo sie physisch und moralisch heruntergekommen waren, und Viele von ihnen schon den Keim des Todes mit sich umhertrugen; — wenn man ferner berücksichtigt, daß sie, nachdem sie in Gefangenschaft gerathen, noch Tage lang beschwerliche Märsche aushalten und meist lange dauernde Eisenbahn-Transporte in einem ungewohnten Klima ertragen mußten, wo sie massenhaft vom Typhus, der Ruhr und vor Allem, den Pocken, die sie mitgebracht hatten, heimgesucht wurden, welche letzteren um so größere Verheerungen unter ihnen anrichteten, als sie zu Hause nicht revaccinirt worden waren.

„Während ihres Aufenthaltes in den Dépôts sind die Gefangenen genau eben so behandelt worden, wie die Deutschen Soldaten und Kranken.

„Ja, vom 1. September 1870 an, gewährte man den Kriegs-Gefangenen, anstatt des gewöhnlichen Soldaten-Brodes ein feineres Brod, das mehr ihren nationalen Gewohnheiten entsprach. Außerdem erhielt jeder Gefangene zwei wollene Decken und, wo es nöthig war, ein Paar Unterhosen.

„Obgleich die Kriegs-Gefangenen zum großen Theil in einem kläglichen Ernährungs- und Bekleidungszustande, an Körper und Geist erschöpft, ankamen, und fast keine Fußbekleidung oder Leinwand hatten, so verkauften doch Viele von ihnen die Kleidungsstücke, die man ihnen schenkte, die Sachen, welche sie entweder mitgebracht oder hier erhalten hatten, sowie die mildthätigen aus der Heimath ihnen zugeschickten Gaben, um sich dafür Branntwein zu verschaffen. Hier kann man namentlich Danzig anführen, wo die Kriegs-Gefangenen, trotz der bedeutenden, daselbst herrschenden Kälte, ihre wollenen Decken, Kleidungsstücke, und namentlich Mäntel verkauften, und wo es nicht gelang diese Verkäufe vollständig zu verhindern, obwohl sie stets nach der Entdeckung bestraft wurden.

„Viele Berichte constatiren noch ausdrücklich den Widerwillen der Gefangenen gegen die Arbeit, ihre Neigung zum Bummeln, ihren sorglosen Leichtsinn, ihre Unempfindlichkeit gegen Ermahnungen und Strafen; den Mangel an Dankbarkeit für empfangene Wohlthaten, namentlich auch in Bezug auf die Aerzte, welche nur selten, nachdem sie dieselben durch sorgfältigste Behandlung von schwerer Krankheit geheilt hatten, auch nur ein Wort des Dankes von ihnen erhielten.

„Als Antwort auf den Schluß des Artikels des Bien Public, wollen wir nur anführen, was im Gefangenen-Dépôt zu Cöln constatirt worden ist; während in der ersten Zeit nämlich, ein großer Theil der Gefangenen verhungert und so unersättlich war, daß doppelte Portionen nicht ausreichten ihren Hunger zu stillen, so ließen sie in der letzten Zeit häufig etwas übrig, ja beklagten sich sogar, daß die Fleisch-Portionen zu groß seien.

„Was das 2. Dépôt der Gefangenen in Königsberg betrifft, so wollen wir Folgendes hinzufügen: Der Abbé Rambaud, Président de la

Cité de l'Enfant Jésus zu Lyon, hat in diesem Dépôt eine sehr heilsame Thätigkeit nicht nur in religiöser Beziehung, sondern auch im Sinne des Friedens, der Ordnung und der Ergebung in das Schicksal auf die Gefangenen ausgeübt. Dieser Geistliche hat in einer ausgebreiteten Correspondenz mit den Bischöfen von Frankreich und der Schweiz, sowie mit anderen einflußreichen Persönlichkeiten seines Vaterlandes, mit gewandter Feder aufs Lebhafteste gegen die Lügen und Verläumdungen protestirt, die man über die Behandlung der Kriegs-Gefangenen, sowohl in Königsberg, als auch in anderen befestigten Plätzen der östlichen Provinzen, die er besucht, verbreitet habe, und hat es anerkannt, daß die Gefangenen dort in humanster Weise behandelt worden sind. Namentlich hat er aufs Energischste die Lügenberichte der Französischen Presse getadelt, denen zufolge die Kriegsgefangenen durch Hunger und Strafen dazu gezwungen worden seien, sich zum Protestantismus zu bekehren (!).

„Wir haben schon daran erinnert, daß Graf Damas, der Almosenier der Französischen Armee, der vom Kaiser den Auftrag erhalten, die Dépôts der Kriegs-Gefangenen zu besuchen, in einem veröffentlichten Bericht, seiner lebhaften Dankbarkeit für die Sorgfalt der Deutschen Behörden Ausdruck verliehen hat, die sie sowohl den Gefangenen in den Dépôts, als den Kranken in den verschiedenen Lazarethen hat zu Theil werden lassen."

„Die Antwort, welche wir dem Pariser „Bien Public" in Bezug auf die Behandlung der Französischen Kriegs-Gefangenen in Deutschland gegeben haben, ist von dem „German Correspondent" übersetzt worden und hat in der Englischen Presse ein Echo gefunden. Unter Anderm hat die „Pall Mall Gazette", ein Blatt, das man nicht der Parteilichkeit für Deutschland beschuldigen kann, unseren Zeugnissen das eines Englischen Offiziers hinzugefügt. Sie sagt:

„Die „Correspondance de Berlin" macht mit Recht darauf aufmerksam, daß die Ursache warum der Bien Public und andere ähnlich gesinnte Journale, das Zeugniß frommer, intelligenter und humaner Franzosen ignoriren, darin zu suchen ist, daß sie die Wahrheit nicht hören, sondern lieber den National-Haß unterhalten wollen. Dies ist in der That die einzige mögliche Erklärung der so häufigen Wiederholung derselben Verläumdung.

„Wir müssen hinzufügen, daß bekanntlich ein Englischer Offizier, der nach Beendigung des Krieges von unserer Regierung zur Besichtigung der hauptsächlichen Gefangenen-Dépôts in Deutschland abgesandt worden, festgestellt hat, daß die einzige Klage, die er dort vernommen, sich auf die erzwungene Arbeit bezieht, die 5 Stunden täglich betragen hat, und in manchen Dépôts ohne Zweifel deßhalb von den Gefangenen verlangt worden ist, damit sie eben so lange beschäftigt seien, als der Dienst in der Armee dauert."

Die „Correspondance de Berlin" hat nicht gezögert, die böswilligen Schilderungen, welche in der Französischen Presse über die Behandlung der Kriegs-Gefangenen in Deutschland immer wieder aufs Neue auftauchen, ins rechte Licht zu stellen, indem sie authentische Berichte vorbringt, und sich auf das Zeugniß hervorragender Franzosen, wie des Monseigneur Damas, Almosenier der Französischen Armee, des Abbé Deblaye, Französischen Almosenier eines Kriegs-Gefangenen-Dépôts in Deutschland, und der Herren Schlumberger und Heylandt, Französischer Mitglieder des internationalen Hülfs-Comité's beruft.

„Die ehrlichen Leute in Frankreich können darüber urtheilen, auf welcher Seite die Wahrheit gesprochen wird, wenn man z. B. die Behauptungen des „Bien Public" und die entgegengesetzten des Almoseniers der Französischen Armee, Monseigneur de Damas vergleicht.

„Heute bietet ein anderes Französisches Blatt, der „Salut Public de Lyon" der Wahrheit eben so keck Trotz, indem es versucht die Preußischen Militair-Aerzte, zum größeren Ruhme der Französischen Ambulanzen anzuschwärzen.

„Das Lyoner Journal weiß ohne Zweifel nicht, daß ein Franzose, der wohl in der Lage war die Wahrheit in dieser Beziehung zu kennen, da er als freiwilliger Krankenpfleger im Jahre 1870—71 gedient hat, Herr Emil Delmas aus Mühlhausen, im vorigen Jahr ein Buch über diesen Gegenstand veröffentlicht hat, das auf eigener Anschauung beruht, genau denselben Vergleich wie der Redacteur des „Salut Public" anstellt, und zu einem direct entgegengesetzten Resultat gelangt.

„Unsere Antwort rührt also diesmal von einen Franzosen her, dessen Zeugniß über allen Verdacht erhaben ist; unparteiischen Lesern wird es genügen, wenn wir einen Auszug aus dem „Salut Public" neben einen aus dem Buche des Hrn. Dalmas stellen.

Salut Public.

„In Deutschland hat jeder Stab seine besondere ärztliche Organisation. Preußen steht hierin hinter allen seinen Nachbarn zurück ....

„Eine Untersuchungs-Commission ist in Berlin eingesetzt worden und hat dort getagt; da aber das Resultat ihrer Untersuchungen die größere Vortrefflichkeit Frankreichs in diesem Kriege nachgewiesen hat, in Bezug auf Alles was den chirurgischen und medicinischen Dienst betrifft, so hat man ein ausdrückliches Verbot gegen die Veröffentlichung ihrer Arbeiten erlassen. (!)

„Man durfte Frankreich in keiner Beziehung einen Vorrang oder einen Sieg lassen, und hat daher auf Befehl geschwiegen. Ist das nicht eine bewundernswerthe Disciplin?" ....

Buch des Hrn. Emil Delmas.

„Unseren Ambulanzen fehlte es ebenso an Allem, wie unseren Lagern. Es gab dort weder Instrumente, noch Arzneien, selbst an Verband-Leinwand war Mangel. Im Gegensatz hiezu arbeiteten die Deutschen Ambulanzen mit den reichsten Mitteln und in vollkommenster Ordnung. Im Parterre-Geschoß eines weniger als die anderen übel zugerichteten Hauses, bewundern wir die von den Deutschen Aerzten eingerichtete schmucke, saubere Apotheke. An ihren Wänden befinden sich Bretter-Gestelle, auf denen sorgfältig etiquettirte Fläschchen stehen; dort ist Alles in vorzüglicher Ordnung, und es giebt manche Stadt, die keine so vollständige Apotheke hat. Hier herrscht ein junger Major und vertheilt flink und in höchster Ordnung die Arzneien, nach denen man aus allen Theilen des Dorfes kommt. Ein einziger Ambulanz-Wagen, dessen Wände sich in sinnreicher Weise rasch auseinander nehmen und überall wieder zusammensetzen lassen, hat für den Transport und die Aufstellung alles dieses Materials genügt. Das ist einfach, praktisch, und man merkt welche bedeutende Stelle die Organisation der Ambulanzen bei den Kriegs-Vorbereitungen unserer Feinde eingenommen hat. Dort ist Alles bis zum Ueberfluß vorhanden, und diesem großen Reichthum verdanken unsere Verwundeten zum größten Theil die ihnen geleistete Hülfe. Unsere Französischen Chirurgen dagegen haben nicht einmal das Nothwendige."

Aus dem 2. Bande von Jules Favre's Regierung der nationalen Vertheidigung.

Gambetta hat aus Lyon am 21. December an Trochu geschrieben: „Die Preußen haben selbst Rouen aufgegeben, nachdem sie es geplündert. . . . . Seit ihrem Eintritt in Frankreich haben sie 300,000 Mann verloren. In Deutschland giebt es jetzt 100,000 Wittwen." Da unter 10 Deutschen Soldaten kaum einer verheirathet ist, so bedeutet dieser Ausspruch so viel, als wenn man behauptete, daß 1,000,000 Deutsche getödtet seien, während zu jener Zeit die wirkliche Zahl der Getödteten sich auf etwa 10,000 Mann, d. h. auf den 100. Theil einer Million belief. Während Gambetta am 21. December die Verluste der Deutschen auf 300,000 Mann schätzt, erhöht er diese Zahl am 3. Januar, also 13 Tage später auf ½ Million, wobei er also in dem Zeitraum täglich 16,000 Mann auf dem Papier tödtet. Nach diesem Verhältniß hätten die Deutschen während des Krieges mehr als 2 Millionen Menschen verlieren müssen.

Am 17. December schreibt Favre: „Wir haben noch reichlich Lebensmittel auf einen Monat, vielleicht noch länger." Am 3. November dagegen behauptete er, als es ihm zweckdienlich erschien, „ein Waffenstillstand auf einen Monat, d. h. also bis zum 3. December, ohne das Recht sich aufs Neue zu proviantiren, hieße Paris übergeben" und (Seite 60) theilte er Gambetta mit, der 15. December sei der letzte Termin bis zu dem Vorräthe reichen würden; trotzdem fand die Uebergabe von Paris erst am 15. Januar statt.

Am 20. Januar sagte Favre: „Wenn man die Hülfsmittel berechnete, die der Krieg uns noch zur Verfügung stellte, konnten wir noch bis zum 1. Februar Nahrungsmittel haben. Wir hatten nämlich noch einige 1000 Hectoliter Hafer, die den Lebensunterhalt für etwa 2 Tage repräsentirten; aus zahlreichen Versuchen ging aber die Unmöglichkeit hervor daraus Brod herzustellen." (Das ist für mich, einen Schotten, eine sehr merkwürdige Behauptung, da ich gewohnt bin aus Hafermehl bereitete Nahrungsmittel zu genießen, und ein großer Theil meiner Landsleute gar kein anderes Brod ißt.) Hieraus sieht man daß die Pariser, ohne sich solchen Nöthen auszusetzen, wie sie die Bewohner anderer belagerter Städten ertragen haben, bis zum 3. Februar genug Lebensmittel besaßen, und vermuthlich würden ihre Vorräthe noch länger vorgehalten haben, als Favre behauptet. Hätte dieser also den Bismarckschen Vorschlag eines einmonatlichen Waffenstillstandes, d. h. bis zum 3. Dezember, ohne das Recht der Verproviantirung angenommen, damit eine Volksvertretung gewählt werden könne, so hätte Paris noch auf 2 Monate Lebensmittel gehabt, selbst wenn die Französischen Volksvertreter, gegen alle Erwartung, beschlossen hätten den Krieg fortzusetzen.

„Die öffentlichen Monumente, Hospitäler und Ambulanzen schienen von den Preußen als Zielpunkte auserſehen zu sein." Wäre dies in Bezug auf die großen öffentlichen Gebäude wie z. B. die Tuilerieen der Fall gewesen, so müßten die Preußen schlechtere Schützen sein als die Welt glaubt, da sie nur wenige der öffentlichen Gebäude geschädigt, und gar keine zerstört haben, welche Heldenthat vielmehr den Communisten vorbehalten blieb. Was die Hospitäler und Ambulanzen betrifft, so war es für die Deutschen völlig unmöglich bei einer so großen Entfernung auf dieselben zu zielen, selbst wenn sie das gewollt hätten, was bestimmt nicht der Fall war.

Favre sagt an einer Stelle: „Dieser Ort war Paris mit einer Bevölkerung von 2,400,000 Menschen." Bekanntlich aber gab es daselbst während der Belagerung noch nicht $\frac{2}{3}$ so viel Einwohner. Wie er fortfährt die Gründe zu berichten, die er bei Bismarck vorgebracht hat, damit dieser den Einzug der Deutschen Armee in Paris aufgebe, meint er naiver Weise: „Ich frage aber jeden billig urtheilenden Französischen Leser, ob sie unserer siegreichen vor den Thoren Berlins stehenden Armee zugesagt haben würden. Hätten wohl ihre Anführer es für möglich gehalten, dieses Verbot den Truppen aufzuerlegen?"

Was die boshafte, lügnerische Beschuldigung einiger Franzosen gegen Bismarck betrifft, er sei gegen die Entwaffnung der National-Garde gewesen, weil er eine Communisten-Revolution in Paris gewünscht habe, so erzählt uns Favre, daß Bismarck im Gegentheil ihre Entwaffnung gewünscht habe, und fügt hinzu: „Ich konnte gar nicht daran denken die National-Garde zu entwaffnen, aus dem einfachen, triftigen Grunde, daß es gar keine Macht gab, die im Stande war diese Entwaffnung vorzunehmen, da ich natürlich die des Feindes von dieser Aufgabe ausschloß." Es ist sehr amüsant zu hören, wie Favre davon spricht, daß er die Deutschen davon ausgeschlossen habe, als ob diese nicht vollkommen im Stande gewesen wären, in Paris einzuziehen und es ganz und gar besetzt zu halten. Weiter erzählt uns Favre, wie es ihm nach seiner Meinung gelungen sei, Bismarck durch die Mittheilung zu hintergehen, sie hätten noch Vorräthe auf sechs Wochen, wo sie deren doch nur auf einige Tage besaßen (als ob Bismarck die Thatsachen nicht etwa so gut bekannt gewesen wären wie Favre). Er macht hier die Bemerkung: „Indem ich diese Sprache führte, täuschte ich Hrn. v. Bismarck zur Hälfte." Es scheint eine besondere Gabe der Franzosen zu sein, halbe Lügen sagen zu können, wir übrigen Barbaren dagegen sind der Ansicht, daß Favre es versucht hat, Bismarck vollständig zu hintergehen, dies aber so plump anfing, daß er nicht einmal den so nöthigen Schein zu wahren wußte.

Ferner citirt Favre ein Rundschreiben des wahrheitsliebenden Chaudordy vom 29. November 1870, welcher behauptet: „Ueberall hat man die Keller geleert; und nicht nur die gegen den Fremdling aufgestandenen Bauern, sondern auch Soldaten in vorschriftsmäßigen Uniformen, die Aufträge auszuführen hatten, unbarmherzig erschossen. Ja, man hat selbst diejenigen zum Tode verurtheilt, welche den Versuch gemacht, die Preußischen Linien in ihren Privat-Angelegenheiten zu passiren. Kirchen und andere Orte sind entweiht, und thatsächlich besudelt worden. Man hat Priester geschlagen, Frauen schlecht behandelt, und diese Letzteren waren glücklich, wenn man sie nicht einem noch schrecklicheren Schicksal ausgesetzt hat." Von diesen Anschuldigungen beruht kein Wort auf Wahrheit, wie ich es durch Französische und andere Zeugnisse bewiesen habe.

Weiterhin berichtet Favre die Antwort, welche die Franzosen den Deutschen auf die Klage gegeben haben, Jene hätten auf einen Deutschen Parlamentär geschossen. Auf dieselbe erwiderte Bismarck in wahrhaft vernichtender Weise: „Ich bitte Sie, die Regierung der nationalen Vertheidigung darauf aufmerksam zu machen, daß der am 23. auf einen Deutschen Offizier abgefeuerte Schuß sich nicht der Absicht zuschreiben läßt, Repressalien für etwas auszuüben, was erst am 27. und 30. stattgefunden hat. Auch könnte das System der Repressalien niemals den Angriff auf einen Parlamentär rechtfertigen."

Weiter erzählt Favre, Bismarck habe Paris auf 2 Tage verproviantirt; dagegen haben die Mitglieder der Vertheidigungs-Regierung (Trochu, Favre u. A.) eine Proclamation unterzeichnet, in der es heißt: „Niemals hat ein belagerter Platz sich unter so ehrenhaften Bedingungen übergeben, und zwar sind diese gewährt worden, wo Hülfe unmöglich, und die Lebensmittel erschöpft sind."

Das spricht doch gewaltig für den Edelmuth der Deutschen Sieger, die noch außerdem aus Höflichkeit den Franzosen den letzten Kanonenschuß zu thun gestattet haben.

Aus der „Correspondance de Berlin".

„Ein Pariser Blatt „le Français" hat im December 1870 erzählt, „daß die Bataillone der mobilen National-Garde sich in Mont-Rouge und Arceuil erlaubt hätten, Eigenthum zu zerstören, Fenster zu zerschlagen, unnütz kostbare Möbel zu verbrennen, und mit einer Sammlung seltener Kupferstiche Feuer anzumachen." Es scheint aber, daß in den Reihen eben dieser Bataillone sich auch weniger zerstörungssüchtige, und bedeutend praktischere Patrioten befunden haben. Denn das eben citirte Blatt fährt fort:

„. . . . Als das Bataillon der mobilen National-Garde, das einige Tage in Arceuil garnisonirt hatte, wieder nach Paris kam, haben die Mannschaften desselben an Kaufleute aus der Gegend der „Place Maubert" eine Anzahl Gegenstände, die sie während der Plünderung von Arceuil geraubt hatten, namentlich eine vollständige aus Kupfer-Geschirr bestehende Küchen-Einrichtung verkauft."

„So nährte sich der Pariser Kleinhandel billig von diesen durch Landsleute verübten Räubereien. Es kamen Teppiche, Glas-Gegenstände, Kleider, Kunstsachen und noch andere Dinge, mit Ausnahme eines einzigen Artikels, wieder nach Paris, welcher letztere an Ort und Stelle verzehrt wurde; nämlich der in den Kellern des Weichbildes vergessene Wein. Es ist bekannt welcher unauslöschliche Durst unter den Pariser Vorposten grassirte! Als Beweis möge der denkwürdige Tages-Befehl des Oberbefehlshabers der Nationalgarde vom 6. December 1870 dienen:

„Das 200. Bataillon hat heute Paris verlassen, um die Vorposten von Créteil zu beziehen. Ich erhalte vom Commandanten von Vincennes folgende Depesche:

„Der Führer des 200. Bataillons ist betrunken. Ebenso ist wenigstens die Hälfte der Mannschaft betrunken!"

„Die Pariser Journale haben selbst über diese letzte Periode eigenthümliche Nachrichten mitgetheilt. Wir lassen z. B. hier nach der Zeitung „La Liberté" das folgen, was sich damals öffentlich in St. Cloud und auf der Straße von Versailles ereignet hat:

„Durch ihre Straflosigkeit kühn geworden, begnügen sich die Plünderer nicht damit die gestohlenen Sachen in der Tasche zu verstecken, sondern sie kommen mit Körben, Felleisen, Reisesäcken und füllen sie in unverschämtester Weise."

„Im Schlosse zu St. Cloud beschränkt man sich nicht darauf, das zu sammeln, was auf der Erde liegt; sondern man vollendet die Zerstörung von Marmorsäulen mit Eisenstangen, und im reservirten Theil des Parks sind die meisten Statuen verstümmelt worden" ....

„Diese Verstümmelungen gehören nicht zu den Thaten der Preußen. Am Morgen des Waffenstillstandes, wurden auf den Rath der Wächter allein 2 Statuen zu Grunde gerichtet."

Herr Viollet-le-Duc (gewesener Oberst-Lieutenant bei den Hülfs-Ingenieuren) hat etwas über die Vertheidigung von Paris veröffentlicht. Unter Anderem liest man darin Folgendes:

„Die Mehrzahl der Bewohner des Weichbildes gab sich nicht einmal die Mühe, die nothwendigsten Theile ihres Mobiliars fortzuschaffen. Da fing diese Plünderung an, die geduldet wurde, weil Niemand daran dachte, sie zu unterdrücken, welche so sehr zur Demoralisation der Armee beigetragen hat, für das Weichbild von Paris ein unersetzlicher Ruin geworden ist, und in dieser großen Tragödie stets ein Schandfleck bleiben wird."

„Der erbitterteste Feind hätte nicht schlimmer hausen können. Die Bataillone der Mobilen und der Linie, später auch die Marsch-Bataillone der National-Garde und die Franctireurs cantonnirten in diesen Häusern, welche durch den traurigsten Mangel an Umsicht verlassen worden waren, zerschlugen Alles, übrig gebliebene Möbel, Thüren, Fenster, wühlten die Gärten um, um nach vergrabenen Sachen zu suchen, und plünderten die Keller. Wie viel solcher Häuser habe ich nicht gesehen, welche sonst die Freude ihrer Besitzer gewesen, jetzt aber von Feuer geschwärzt, mit zerstörten Dächern, von Koth besudelt, dalagen. Was müssen unsere Feinde, die heute (Januar 1871) ihrerseits diese Dorfschaften besetzt halten, von unseren Sitten denken?"

„Die „Norddeutsche Allgemeine Zeitung" hat unsere Antwort an „den Mann mit den drei Pendel-Uhren" freundlichst übersetzt und fügt ihr Folgendes hinzu:

„Die Art von Decret, von der der unbekannte Herr in seinem Briefe spricht, bildet ein hübsches Seitenstück zu der Art von Siegen, welche, nach der Meinung der Franzosen, die Deutschen Generale davon getragen haben."

„Als Ergänzung dieser Antwort der „Correspondance de Berlin" an den Ungenannten, fehlt nur die Erinnerung an den am 4. und 5. October vor dem Pariser Zucht-Polizei-Gericht geführten Proceß, in Folge dessen der Führer des 190. Marsch-Bataillons, Herr Géant, und sein

Marketender Chatrin zu je einem Jahr Gefängniß verurtheilt worden sind, weil sie in Vitry außer Crystall-Sachen, Manufactur-Stoffen und anderen Dingen auch eine Pendel-Uhr gestohlen haben. Vielleicht ist dieses Citat im Stande den Ungenannten wenigstens auf die Spur einer seiner Pendel-Uhren zu leiten."

Die Kriegs-Contracte von Lyon.

(Aus der „Times" vom 30. Januar 1873, nach dem Bericht des Grafen Ségur).

Die Geschichte beginnt mit einer Skizze der interessanten Episode der letzten Woche des September 1870, bei der ich zufälliger Weise zugegen gewesen bin, als der schwache, unfähige Präfect, den Herr Gambetta über Lyon gesetzt hatte, als Gefangener in seine eigene Präfectur gesteckt wurde, welche letztere sich einige Stunden lang im Besitze derjenigen Klasse der Gesellschaft befand, deren Vertreter in der National-Versammlung seitdem Herr Challemel Lacour geworden ist. Er schreibt hierüber an Hrn. Delescluze:

„Verehrter Freund! Was mich jetzt beschäftigt ist weder der drohende Angriff der Preußen, noch die Vertheidigung von Lyon, sondern der Gedanke, wie man um jeden Preis einen Zusammenstoß zwischen Jedermann, mit Einschluß der Republikaner, und einer Bande verhindern kann, welche Besitz von der Präfectur ergriffen, und mit 1000 abgeschmackten Dingen gedroht hat. Diese Bande, die Internationale von Lyon, besteht aus den Schlechtesten der Schlechten. Diese haben die rothe Flagge aufgezogen, obgleich das nur den Sinn haben kann, der Republik und dem gesunden Menschenverstande Trotz zu bieten. Die Buben, welche die Macht der Internationale bilden, haben am Sonntag die Oberhand über die anständigen Leute des Ausschusses der öffentlichen Sicherheit erlangt. Vom ersten Tage an haben sie mich scheel angesehen, nicht um meines Namens oder der Regierung willen, die mich geschickt hat, sondern weil ich aus Paris kam, und die Autorität der Nation vertrat, welche bestimmt ist die der Internationale in Zaum zu halten."

Herr Challemel Lacour giebt diesen Leuten nicht ohne hinreichenden Grund so böse klingende Beinamen, denn der erste Gebrauch, den sie von der über die anständigen Leute des Ausschusses der öffentlichen Sicherheit gewonnenen Gewalt machten, bestand in einer Reihe von Einbrüchen, die in den Berichten des Ausschusses unter dem euphemistischen Ausdruck „Schlosser-Arbeiten" verzeichnet sind. So wurde am 7. September die

Schatzkammer der Jesuiten erbrochen, und das Geld aus derselben entwandt. Ebenso wurde am 14. die Kasse des Präfecten erbrochen und ihres Inhaltes beraubt. Am 27. wurden fünf Schlösser mit Gewalt geöffnet, nämlich zwei feste Kisten von Hrn. Sencier, dem Präfecten unter dem Kaiserreich, und drei zu seinen Ställen, Remisen u. s. w. gehörige, da er sich weigerte seine sämmtlichen Pferde und Wagen auf Verlangen herauszugeben. Unter den übrigen Fällen von an Privat-Besitz begangenem Raube, befindet sich auch der, an der Silber-Kiste des General Franconnière begangene, den man auf der Eisenbahn-Station entdeckte und aufbrach u. s. w. Eine Abhülfe dagegen gab es nicht, da die Räuber zugleich die Polizei-Beamten waren. Denn das Erste, was die socialistische Gesellschaft, die jetzt danach strebt Frankreich zu beherrschen, thut, wenn sie zur Macht gelangt, ist eine Anzahl ihrer Genossen als Polizei-Beamte anzustellen.

„Diese Polizei," sagt der Bericht, „ließ alle anständigen Leute, und sogar die Dictatoren von Lyon erbeben. Dagegen ist für alle Lyoner Agitatoren die Polizei ein Gegenstand ganz besonderer Vorliebe." Sie zwangen den Magistrat ihnen ein beliebiges Gehalt zu zahlen, und hatten Hrn. Challemel Lacour so vollständig in der Gewalt, daß für ihn die einzige Möglichkeit seine eigene Freiheit zu wahren darin bestand, daß er ihnen gestattete, jede Raub- oder Gewaltthat zu begehen, die ihnen gut erschien. „Die Polizei war gewohnt, bewaffnete Expeditionen auszusenden, um Privatleute, oder ihr verdächtig scheinende Anstalten zu Geld-Contributionen zu zwingen. Drei Male war die Mairie genöthigt mit ihren alten Collegen vom Ausschuß der öffentlichen Sicherheit über den Preis von 2—3000 Francs zu unterhandeln, um sie zu bewegen die Polizei-Bureaus zu räumen. Sie erhielten das ausgemachte Geld, kehrten aber immer wieder zurück und ergriffen Besitz von denselben." Während Herr Challemel Lacour dem Namen nach Präfect war, befand sich factisch dieser Ausschuß mit Unterstützung dieser selbstgebildeten Polizei am Ruder, und benutzte die Noth, die durch die Anwesenheit einer fremden Armee fast vor den Thoren von Lyon entstanden war, um sich die Taschen zu füllen. „Von 40 Polizei-Beamten waren 27 entflohene Sträflinge." Es war eine Zeit, wo unter dem Vorwande der Vorbereitungen zur Vertheidigung, der Staat allgemein ausgeplündert wurde. Abenteurer aller Art erhielten den Auftrag die verschiedensten Vorräthe anzukaufen; und verschwanden entweder vollständig mit dem Gelde, oder die von ihnen gekauften Vorräthe erwiesen sich als werthlos und zwar trotz des Präfecten und der Special-Befehle Hrn. Gambetta's. Da ist

z. B. ein Bürger Grosbois darunter, dessen Bericht so geheimnißvoll formulirt ist, daß der Ausschuß eben so wenig aus ihm zu machen weiß, als dem Anscheine nach der Präfect, als er auf die Rückseite desselben in Verzweiflung die Worte schrieb: „Noch ein Mal, was ist eigentlich dieser Grosbois? Wer hat ihm einen Auftrag gegeben? Ich doch nicht.“ Trotzdem werden die Ausgaben für seine Mission auf einen Befehl vom 11. November vom Staat bezahlte. Fremde Abenteurer aller Nationen, namentlich Polen, heimsten eine reichliche Erndte ein, und verstanden es unter dem Vorwande Frei-Corps zu organisiren, große Summen in die Hände zu bekommen. Da gab es z. B. einen gewissen Malicki alias Geleski, der, nachdem er 6 Jahre für einen auf der Universität Kiew begangenen Gelddiebstahl, im Gefängniß zugebracht, dies für ein bequemes Operationsfeld hielt, und zu dessen Gunsten Gambetta einen Credit von 300,000 Francs eröffnen ließ, damit er ein „Les Vengeurs“ zu nennendes Corps organisiren könne. Die Verordnung, welche dieses Corps ins Leben ruft, ist vom 14. November datirt. Bis zum 27. December hatte Malicki 261,000 Francs gezogen, doch von ihm und seinen „Vengeurs“ war Nichts zu merken. An diesem Tage telegraphirt er: „Schicken Sie mir 10,000; morgen werde ich mich wahrscheinlich schlagen; die große Operation wird am 30. December anfangen.“ Er hatte aber keine Zeit auf die Antwort zu warten. Als er am nächsten Tag den Befehl erhielt mit seinen „Vengeurs“ gegen die Deutschen zu marschiren, nahm Malicki mit 45,000 Francs, die er in der Tasche hatte, Reiß aus in die Schweiz. Es gebricht uns an Zeit, alle die Gaunereien aufzuzählen, die mit der Ausrüstung aller der verschiedenen Corps in Zusammenhang stehen, die sich in dieser Stadt versammelten, und an denen sie den Löwen-Antheil nahm. Da gab es Jäger von Havre; Franctireurs von Ardèche; die Algerische Phalanx; die vierte Garibaldische Legion; die Garibaldischen Schützen; die Französisch-Schweizerischen Compagnien; die Ingenieure der Vogesen; die „Verlorenen Kinder“ der Vogesen; die fünfte Republikanische Legion; die Fremden Plänkler; die Franctireurs der Provinz; die Republikanischen Jäger; die Franctireurs „des Todes“; die Lyoner Franctireurs; die Lyoner Plänkler; die Lyoner Frei-Corps; die Lyoner Guerillas, die „Freiwilligen Schützen“ der Rhone; die „Freiwilligen der Gleichheit“ aus Marseille. Alle diese, und noch viele Andere, von deren Thaten im Felde man nie ein Wort gehört hat, und die zum größten Theil nie einen Schuß haben abfeuern sehen, waren für die Fabrikanten von Lyon willkommene Beute, und wurden von diesen mit Kleidern und Lebensbedürfnissen aufs Verschwenderischste, immer auf Kosten des Staates, ausgestattet. Außerdem bildete Lyon den Sammelplatz für die Arbeiter des ganzen Südens, die zum größten Theil der „Ligue du Midi“ angehörig, hier in der ausdrücklichen Absicht zusammen kamen, um eine Revolution zu Stande zu bringen, und sich davon nur dadurch abhalten ließen, daß man sie bei Festungs-Arbeiten beschäftigte, welche die Ingenieure später für werthlos erklärt haben, oder daß man ihnen andere Arbeit gab, die man nur für sie ersann. Wenn man nichts derartiges fand, so erhielten sie dennoch denselben Lohn, „in Anbetracht dessen, daß es nicht von ihrem Willen abhängt, daß sie nicht bei der Arbeit mitwirken können.“ In dieser Weise sind vom 10. September 1870 bis zum 25. Januar 1871, in Lyon 3,242,000 Francs Unterstützungs-Gelder an unzufriedene Arbeiter bezahlt worden. Die Versuche Mitrailleusen, Kanonen, Pferde und Pferdegeschirr zu kaufen, und die merkwürdigen Resultate, die dabei erzielt wurden, würden lächerlich sein, wenn sie nicht so beklagenswerthe Beweise der Verwirrung und Unfähigkeit wären. Die Geschütze erwiesen sich den Kanonieren so viel gefährlicher als den Feinden, daß es ein großes Glück war, daß sie nie für den wirklichen Dienst verwandt worden sind. Ueber die Zahl der Pferde, die zu hohen Preisen für die Artillerie angeschafft worden sind, läßt sich am besten aus dem Umstande urtheilen, daß die 332 angekauften Pferde für weniger als den halben Preis wieder losgeschlagen worden sind, und die Lieferanten von Pferde-Geschirr sich ein kleines Vermögen aus demselben gemacht haben. Ein Agent kaufte Gewehre für je 30 Francs, die der Französischen Regierung für 18 angeboten, und von ihr als werthlos zurückgewiesen worden waren. Und ein Schwede, Namens Sparre, hat nicht weniger als 480,000 Francs von der Regierung als Entschädigung für die Ausgaben erhalten, die er durch einen Vertrag gehabt, an dessen Erfüllung der Frieden ihn zu seinem Glück verhinderte. Der reine Verlust an Nahrungsmitteln, die für den Fall einer Belagerung gekauft und wieder verkauft worden sind, beträgt 1,645,000 Francs; und zwar rührt das nicht daher, daß diese Sachen durch die Zeit gelitten hätten, sondern vielmehr daher, daß sie von Anfang an weit über ihren Werth bezahlt worden waren. Mit Recht sagt der Bericht an dieser Stelle: „Durch diese lange, eintönige Reihe von Fehlern und Täuschungen, von schlecht entworfenen oder schlecht ausgeführten Planen, wird man in tiefste Trauer versetzt.“ Es ist kaum nöthig noch ausführlicher dieses betrübende Verzeichniß durchzugehen. Es hat Patronen-Fabriken gegeben, die ganz nach Schwindel aussahen, da es ein weit angenehmeres und sichereres Verfahren ist, schlechte Patronen zu fabriciren, als sie gegen den Feind abzuschießen. Hier befand sich auch General Mieroslawsky mit seinem „Camp Roulant“ einem ihm eigenthümlichen, beweglichen Fortifications-System, für das der Staat mit 66,000 Francs belastet wird, mit „elektrischen Batterien“, die 15,000 Francs kosten, und anderen „Kriegs-Maschinen“, die mehr als 2,000,000 Francs zu stehen kommen, alle mehr oder weniger phantastisch oder werthlos sind, und eine Ausgabe von mehr als 30,000,000 Francs bedingen, von denen der Staat mehr als 23,000,000 zu zahlen hat.

Die Schlüsse, zu denen der unparteiische Leser über den Vertheidigungs-Zustand von Lyon aus diesem Berichte kommen wird, unterscheiden sich merkwürdig von denen des Hrn. Ferrouillat, der zu verstehen giebt, daß die Preußen, wenn sie Lyon angegriffen hätten, zurückgeworfen worden wären. In diesem Falle freilich wäre die ungeheure Ausgabe von 30,000,000, die als Vorbereitung zu ihrem Empfang gemacht worden, gerechtfertigt gewesen. Was aber telegraphirt Herr Challemel Lacour über diesen Gegenstand am 4. Februar an Hrn. Gambetta?

„Da der Waffenstillstand in jedem Augenblick gebrochen werden kann, ist es meine Pflicht Ihnen anzuzeigen, daß der Feind, falls er gegen Lyon marschirt, auf eine Stadt trifft, die weder Vorräthe, noch Muth hat. Wir besitzen zu unserer Vertheidigung 600 Marine-Soldaten, von denen die Hälfte krank ist, und eine Hand voll Republikaner in den Vorstädten. Ich werde bei ihnen sein, wenn sie mir nicht vorher das Leben nehmen, was sie nach ihren Kundgebungen jeden Tag zu thun wünschen. Wir kommen aus einer Unruhe in die andere; es ist aber doch besser, daß der Feind bis nach Marseille vordringt, als daß Ihr Todes-Urtheil unterzeichnet wird. Leider fürchte ich in 2—3 Tagen selbst bettlägerig zu sein.“

Hieraus scheint hervorzugehen, daß auch die republikanischen Freunde des Präfecten ein Gelüste danach trugen das Todes-Urtheil des Gambetta zu unterzeichnen und hierin ist vielleicht der Grund zu suchen, warum der junge Dictator den dringenden Bitten seines Freundes, des Präfecten der Departements der Unteren Alpen, nicht nachgab, welcher in ihn drang, seinen Wohnsitz in Lyon aufzuschlagen. Daß dieser freundlichen Aufforderung folgende Telegramm Hrn. Lacours an Gambetta ist höchst charakteristisch für die Leute und die Lage:

„Verehrter Freund! Ich komme um meine Entlassung ein, denn

für mich giebt es hier nichts mehr zu thun. Mein Entschluß steht unwiderruflich fest. Ob nun Frieden geschlossen wird, oder eine Revolution entsteht, so kann ich auf meinem jetzigen Posten nicht mehr von Nutzen sein."

Am folgenden Tage meint er: „Hier gährt Alles; ich hoffe es zu verhindern, daß die Bombe platzt;" und zwei Tage später schickt er wieder eine Depesche, in welcher er wohl wegen der Gefahr selbst mit der platzenden Bombe in die Luft zu springen, meint:

„Das Höchste was ich thun kann ist Ihnen 8 Tage Zeit zu lassen um einen Nachfolger für mich zu finden." Wo befanden sich aber mittlerweile alle die Frei-Corps, die Lyon mit so gewaltigen Kosten ausgerüstet hatte, die den Feind zurückwerfen und die Stadt vertheidigen sollten, welche Wochen lang von kriegerisch entbrannten, aus fast allen Nationalitäten bestehenden Freiwilligen und Mobilen wimmelte? Möge hier General Bressolles' Telegramm folgen, welches uns zeigt, wo wir sie zu suchen haben.

„Aus allen Himmels-Gegenden erhalte ich Depeschen über Deserteure, die in größter Unordnung das Garibaldische und andere Frei-Corps verlassen. Sie kommen hier an, um die Stadt zu überfluthen und bringen Unordnung und Zuchtlosigkeit mit sich. Ihre Offiziere melden, daß sie zurückkehren, um zu reorganisiren d. h. um die Staatskoffer wiederum zu leeren. Ich bin der Meinung, daß man ihnen Nichts geben, sondern die Offiziere vor ein Kriegs-Gericht stellen sollte."

Leider gestattet mir der Raum nicht, näher auf die Geschichte der Einzelnheiten dieser Frei-Corps einzugehen, die genau und höchst interessant in einem zweiten Theile des Berichts beschrieben werden, aus welchem hervorgeht, daß Vieles für des General Bressolles' Ansicht über das, was mit ihnen geschehen sollte, spricht. Wir finden da einen merkwürdigen Streit zwischen den Offizieren des Garibaldischen Generalstabs, den Gambetta in einer Weise, Garibaldi in der genau entgegengesetzten schlichtet. Aus diesen verschiedenen Ansichten entsteht die herrlichste Verwirrung. Die von Gambetta angestellten Offiziere weigern sich die von Garibaldi angestellten anzuerkennen, und umgekehrt. Sie schaffen sich gegenseitig den Rang und ihre Regimenter ab. Gambetta läßt Bordone absetzen, und Bordone, Garibaldi's Generalstabs-Chef, will sich nicht absetzen lassen, sondern hält sich tapfer bis zum letzten Augenblick. Fra Pantallo schließt seine Rede mit einem „Fluch der Regierung von Tours". Jedermann stellt Wechsel aus für Alles, was er braucht. So telegraphirt z. B. Ricciotti Garibaldi an einen Lieutenant: „Kaufen sie nur, ich schicke Ihnen durch die Post unausgefüllte Wechsel, die Sie nach Bedürfniß ausfüllen können." So kamen viele Betrügereien vor, und eine große Zahl von Zwangs-Contributionen, die Leute ausführten, welche schon früher in ihrem Leben Contributionen erhoben zu haben scheinen. So nahmen Offiziere ihren Abschied unter äußerst vortheilhaften Bedingungen. Der Lieutenant Vani z. B. lebt in Marseille, ohne Erlaubniß, und „gestattet es sich" zu seinen eigenen Gunsten Geld-Beiträge zu sammeln. Ein anderer Lieutenant wiederum scheint mit 3 Soldaten eine Bande gebildet, und das Land räuberisch durchzogen zu haben. Die Compagnie des „Étoile" hat eine sonderbare Geschichte, die eine interessante Episode in ihren Thaten bildet; sie wurde erst im März aufgelöst und kam gerade zur rechten Zeit nach Paris, um sich der Commune zur Verfügung zu stellen.

„Offiziere und Soldaten des Corps des „Étoile", sagt ihr Befehlshaber, Frapolli, die National-Versammlung hat es für passend gehalten Frieden zu schließen. Uns geziemt es nicht ein Urtheil über dieselbe zu fällen. Ihr Freiwilligen der Freiheit, Ihr Polen, Ungarn, Italiener, Spanier, Griechen, Rumänen und Amerikaner, Eure Mission ist vertagt. Doch werden wir nie aufhören die Miliz der Demokratie zu bilden. Es lebe Frankreich und die vereinigten Staaten von Europa! Auf Wiedersehen!"

Ob Frapolli, dieser Ritter der Demokratie, 14 Tage später auf den Barrikaden von Paris wiedergesehen ward, weiß ich nicht; nach den Behauptungen des Polizei-Präfecten von Paris, Hrn. Chopin, enthielten jedoch die unregelmäßigen Corps, die zu rechter Zeit in dieser Stadt ankamen, um an der Commune-Bewegung Theil zu nehmen, nicht weniger als 18,000 Mann, für deren Waffen und Ausrüstung der Staat jetzt wohl deßhalb zahlen soll, weil ihre Kriegsthaten mehr gegen die Franzosen als gegen die Deutschen gerichtet waren. In der That besitzen wir folgende merkwürdige, von Gambetta's Kriegs-Minister, Hrn. von Freycinet, an den General Garibaldi selbst gerichtete Depesche, welche beweist, wie wenig die demokratische Regierung mit seinem Verfahren und Streben zufrieden war:

„Ich begreife weder Ihre unaufhörlichen Anfragen danach, wer eigentlich den Oberbefehl hat, noch auch die Schwierigkeiten, die alle Augenblick entstehen, wenn Sie mir berichten, daß Sie gerade etwas unternehmen wollen. Sie sind der Einzige, der ohne Unterlaß Schwierigkeiten heraufbeschwört, ohne Zweifel nur, um Ihre Unthätigkeit zu rechtfertigen. Ich kann es Ihnen nicht verhehlen, daß die Regierung mit dem Gang der Ereignisse sehr wenig zufrieden ist. Sie haben der Armee Bourbaki's keine Unterstützung geleistet; Ihre Anwesenheit in Dijon hat durchaus nicht den Erfolg gehabt den Marsch des Feindes nach Osten und Westen aufzuhalten. Mit einem Wort, wir verlangen von Ihnen weniger Erklärungen und mehr Thaten."

Auf die Moral aus der Geschichte wies jedoch schließlich Herr Carayon Latour hin, der in einigen Worten schilderte, wie er und sein Regiment Mobilen an ein Dorf gekommen, dessen Schulze die rothe Flagge aufgezogen hatte, die er sofort entfernen ließ; wie darauf der Schulze bei Hrn. Challemel-Lacour Klage führte und dieser dem General Bressolles, der in dem Bezirk das Commando hatte, den Befehl ertheilte Hrn. Carayon Latour und seine Mobilen erschießen zu lassen. Dieses Bild eines begeisterten alten Legitimisten, der an der Spitze seiner Mobilen zur Vertheidigung des Vaterlandes daher eilt, sich aufhält, um eine rothe Flagge herunterreißen zu lassen, und darauf mit seiner gesammten Mannschaft von einem Landsmann in dem Augenblick erschossen werden soll, wo es von der größten Bedeutung ist, daß er gegen die Preußen kämpfen könne, illustrirt in höchst befremdlicher und lehrreicher Weise den Zustand der Dinge zu jener Zeit.

Die Verluste der Deutschen im letzten Kriege.

Der kürzlich in Berlin erschienene Militairisch-Statistische Jahresbericht liefert zum ersten Mal einen beglaubigten Nachweis der von den Deutschen Armeen im letzten Kriege gegen Frankreich erlittenen Verluste. Danach beträgt der deutsche Totalverlust 127,867 Mann, wovon 5,166 Offiziere (incl. 17 verschollene), 88 Aerzte und Unterärzte mit Offizierrang, 12,208 Unteroffiziere und 110,435 Gemeine. Das Verhältniß der Verluste bei den verschiedenen Waffengattungen ist, wie folgt: Infanterie. — 4,458 Offiziere, 112,029 Gemeine; 17,6 pCt. Cavallerie. — 279 Offiziere, 4342 Gemeine; 6,3 pCt. Artillerie. — 422 Offiziere, 5597 Gemeine; 6,5 pCt. Ingenieure. — 48 Offiz., 533 Gem.; 2,8 pCt. Train. — 7 Offiz., 105 Gem.; 0,3 pCt. Von Generalen wurden getödtet oder verwundet 11,28 pCt., von höheren Offizieren 26,96 pCt. Hauptleute 22,22 pCt. Lieutenants 25,32 pCt. Unteroffiziere und Gemeine 14,21 pCt. Die Zahl der auf dem Schlachtfelde getödteten oder binnen 24 Stunden an ihren Wunden verstorbenen enthält 3 Generale, 70 höhere Offiz., 181 Hauptleute, 770 Lieutenants, 6 Aerzte, 1 Zahlmeister und 16,539 Gemeine, zusammen 17,570 Mann. Später an ihren Wunden starben 2 Generale, 60 höhere Offiz., 154 Hauptleute, 435 Lieutenants, 5 Aerzte, 1 Zahlmeister, 10,050 Gem., im Ganzen 10,707. Der interessanteste Theil der Statistik ist der, welcher die Details der Verluste in den großen Schlachten giebt: St. Privat 20,577 incl. 819 Offiziere; Rezonville 14,820 incl. 581 Offiz.; Wörth 10,530 incl. 439 Offiz.; Sedan 9,032 incl. 477 Offiz.; Metz 5,482 incl. 39 Offiz.; Paris, vom 19. Sept. 1870 bis 28. Jan. 1871 11,563 incl. 480 Offiz. Auf dem Schlachtfelde wurden getödtet: bei St. Privat 292 Offiz. und 4,157 Gem.; Rezonville 198 Offiz. und 3091 Gem.; Wörth 132 Offiz. und 1496 Gem.; Sedan 118 Offiz. und 1519 Gem. Nach diesen Ziffern war das Verhältniß der Todten zu den Verwundeten ein Viertel zu ein Sechstel.

Von den 913,579 Deutschen, welche in Frankreich unter den Waffen waren, verloren nicht weniger als 44,891 ihr Leben während des Krieges. Von diesen starben 21,579 auf dem Schlachtfelde; 10,712 erlagen in den Hospitälern ihren Wunden; 12,253 fielen Krankheiten zum Opfer (zur Hälfte dem Typhus, ein Sechstel der Dissenterie); 316 wurden durch verschiedene Unfälle getödtet und, merkwürdiger Weise begingen 30 Selbstmord, zu einer Zeit, wo man so leicht ohne künstliche Mittel zu Tode kommen konnte. Die Sorgfalt bei Durchsuchung der Schlachtfelder nach der Schlacht war so groß, daß von der ganzen Menge von nahezu einer Million nur 4,009 vermißt wurden, und folglich nach Beendigung des Krieges zu den Todten gezählt werden mußten. Auf 44,891 Todte kamen 83,006 Verwundete, die ihr Leben behielten. Wie viele seit Abschluß des Friedens gestorben sein mögen — und ihre Zahl ist groß — erfahren wir nicht; aber diese selbst inbegriffen scheint man mit Sicherheit annehmen zu können, daß der wirkliche Verlust an Menschenleben nicht 5 pCt. der Gesammtstärke beträgt, während die Anzahl der Verwundeten dreimal so groß ist. Die Verluste der Franzosen, die mehr als 1,600,000 Mann in's Feld stellten, sind mit Bestimmtheit nie ermittelt worden.

In einem früheren Theil meiner Schrift gab ich die Anzahl der auf dem Schlachtfelde getödteten und verwundeten Deutschen an, bis Octob. 1870, ohne die Zahl derjenigen, die später an ihren Wunden starben oder das Opfer von Krankheiten wurden, worüber zur Zeit noch nichts bekannt geworden war. — Obgleich der Verlust an Menschenleben höchst beklagenswerth, ist es doch erstaunlich und bisher unerhört, daß so glänzende Resultate mit einem Verlust von nur 44,891 Mann erzielt werden konnten, und daß 127,867 die Gesammtziffer der Todten, Verwundeten und Vermißten beträgt, denn es gab in andern Kriegen einzelne Schlachten, welche mehr Menschenleben erforderten und weit geringere Resultate lieferten, und der Verlust der Franzosen ist von ihren eigenen Landsleuten auf dreimal so viel geschätzt worden, obgleich unbegreiflicher Weise kein französischer Nachweis veröffentlicht werden ist. Zwei interessante und merkwürdige Schlüsse können aus der obigen Statistik gezogen werden. Erstens, daß die Gefahr des Todes oder der Verwundung bei der Infanterie, wo sie 17,6 pCt. beträgt, beinahe dreimal so groß ist, als bei der Cavallerie und Artillerie, wo sie wenig über 6 pCt. ist, während sie bei der Infanterie siebenmal so groß ist, als bei den Ingenieuren, wo sie 2,8 pCt., und über fünfzigmal so groß,

21

als bei dem Train, wo sie nur 0,3 pCt. beträgt. Zweitens war die Zahl der gefallenen Hauptleute und Lieutenants etwa 70 pCt. im Verhältniß zu höheren Ziffern bei den Unteroffizieren und Gemeinen, und während die die höheren Offiziere betroffenen Unglücksfälle zahlreicher waren als die, wovon die Hauptleute und Lieutenants heimgesucht wurden, betrugen die Verluste unter den Generalen nur etwa zwei Fünftel von denen der nächstfolgenden Grade. Ungeachtet dieser bedeutenden Unterschiede werden die Ehren der verschiedenen Schlachten von allen Waffengattungen und Graden gleichmäßig getheilt, und soweit mir bekannt, machen die Lebensversicherungs-Gesellschaften keinen Unterschied in ihren Prämien für Verluste im Kriege mit Bezug auf die verschiedenen Grade oder Zweige des Dienstes.

Die offiziellen statistischen Tabellen des letzten Französischen Census weisen eine Verminderung der Bevölkerung Frankreichs um 366,935 in 6 Jahren nach, etwa dreimal die Anzahl der im letzten Kriege gefallenen Franzosen nach der höchsten Schätzung und ohngefähr sechsmal die der gefallenen deutschen Soldaten. Bei einer naturgemäßen Vermehrung der Bevölkerung wäre der Verlust reichlich ersetzt worden. Die Bevölkerung Deutschlands hat sich in demselben Zeitraum, trotz massenhafter Auswanderungen, bedeutend vermehrt. Der durch die Abtretung von Elsaß und Lothringen erlittene Verlust ist selbstverständlich in obiger Ziffer nicht inbegriffen; derselbe hat beiläufig das Sinken der Bevölkerung im Ganzen um die Zahl derer verringert, welche ihre Heimathsprovinzen zu Gunsten Frankreichs verlassen haben.

Die Abdankung des Königs Amadeus von Spanien, zu welcher sich auch Prinz Leopold von Hohenzollern genöthigt gesehen haben würde, zeigt klar, wie absurd es seitens der Franzosen war, aus Furcht vor der Spanischen Throncandidatur eines deutschen Prinzen den Krieg zu erklären. In der That, wäre Prinz Leopold zum Könige gewählt worden, so hätte er zwar ein Recht gehabt den Spanischen Thron zu besteigen, aber er würde ihn ebenfalls bald wieder haben aufgeben müssen. —

Da der Umfang des vorliegenden Werkes ein mehr als vierfach größerer geworden ist, als ursprünglich beabsichtigt war, mußte die Anzahl der Gratis-Exemplare erheblich verringert und auch das Erscheinen der französischen und englischen Ausgaben aufgeschoben werden.

Errata.

S. 14. — Die Französische Armee zählte auf Friedensfuß 404,427 Mann. Nach dem neuen Organisationsgesetz vom 1. Febr. 1868 sollte der Effectivbestand 800,000 M. sein, wovon die Hälfte activ und die Hälfte Reserve, außerdem mobile Nationalgarde 536,723 M. Diese Organisation war aber bekanntlich bei Ausbruch des Krieges noch nicht durchgeführt.

S. 169. — Da General von Moltke bereits zum Feldmarschall ernannt worden ist, fällt dieser Theil meines Vorschlages fort.

S. 214. u. ff. — Statt Charlonnier ist zu lesen Charbonnier.

Aus „Die Arbeit der Kinder" von Eug. v. Eichthal.

Revue des Deux Mondes. 15. Juli 1872.

„Aus der Statistik der militärischen Rekrutirung in Frankreich erfahren wir, daß von 325,000 jungen Leuten, die sich in einem der letzten Jahre zur Aushebung stellten, 109,000 wegen verschiedener körperlicher Mängel als dienstuntauglich zurückgestellt werden mußten .... In 6 ackerbauenden Departements kamen auf 10,000 taugliche, 4,029 untaugliche, in 10 industriellen Departements dagegen auf die gleiche Anzahl tauglicher 9,930 untaugliche Rekruten. In den Departements Maine, Seine-inférieure, Eure, die zu den vorzugsweise gewerbtreibenden gehören, steigerte sich die Anzahl der Untauglichen auf 14,451 gegen 10,000 Taugliche.

Im Jahre 1837 belief sich die Arbeitszeit der Kinder im Allgemeinen auf 13 bis 14 Stunden täglich, bei 1½stündiger Mittagszeit. — In gewissen Departements, wie z. B. dem Nord, werden die Kinder von ihrem 6. oder 7. Jahr an verwendet.

Durch Petitionen erfuhr man, daß schlechte Behandlung und Schläge häufig, in manchen Gegenden sogar gewöhnlich vorkommende Dinge waren. Man wollte wissen, daß der Ochsenziemer in vielen Ateliers der Normandie unter dem Handwerkszeug figurirte.

Das noch zu Recht bestehende Gesetz von 1841 verbietet die Verwendung der Kinder unter 8 Jahren; von 8 bis 12 Jahren darf ihre Arbeitszeit 8 Stunden nicht überschreiten und diese müssen durch eine Ruhepause unterbrochen werden. Von 12 bis 16 Jahren sollte die Maximal-Arbeitszeit 12 Stunden sein, unglücklicherweise aber fand das Gesetz keine Billigung und diese Bestimmung blieb daher unausgeführt. Die Aufsicht wurde freien, von den Präfekten ernannten unbesoldeten Commissionen übertragen, welche sich entweder als incompetent oder der neuen Gesetzgebung feindlich erwiesen und daher wirkungslos blieben.

Ein Universitätsbeamter, der sich 10 Jahre lang mit der Inspection der Kinderarbeit beschäftigt hat, schreibt im Jahre 1867: In einem Zeitraum von 4 Jahren habe ich etwa 30 Protokolle über Fälle unerhörter Grausamkeit oder sonstiger Anstößigkeit aufgenommen. Aus Furcht, seine guten Beziehungen zu den großen Industriellen zu würdigen, inhibirte der Präfect beständig die Untersuchungen. Im Arrondissement S... fand ich Kinder von 4 bis 8 Jahren damit beschäftigt, chemische

Zündhölzer in die Oeffnungen eines Brettes zu stecken, um die Schwefelung zu erleichtern. Diese Kinder arbeiteten 13 oder 14 Stunden täglich — sie hatten das Ansehen von Leichen. Zufolge der letzten statistischen Aufnahmen ist heut das Gesetz von 1841 in der Hälfte der 61 Departements, in welchen Kinderarbeit vorkommt, wirkungslos. In Deutschland, der Schweiz und den Vereinigten Staaten ist ein Alter von 12 Jahren erforderlich . . . in England ist die zweite Altersstufe auf 18, in Deutschland auf 16 Jahre festgesetzt, es ist also nicht zu fürchten, daß die jungen Arbeiter wie ehemals gezwungen werden, 14 oder 15 Stunden in den Werkstätten zu arbeiten."

Wenn man nach dem Vorstehenden die Grausamkeit erwägt, mit welcher Kinder in Französischen Fabriken behandelt werden, ist es nicht zu verwundern, daß die Bevölkerung physisch und moralisch herabkommt und daß die destructivste und schlimmste Form des Socialismus fast eine Eigenthümlichkeit Frankreichs ist.

Die von den Franzosen nach der Zerstückelung Preußens erhobenen Kriegscontributionen betragen, nach Alison, das achtfache Einkommen der dem Preußischen Staate verbliebenen Länder. Hätte das siegreiche Preußen verhältnißmäßig denselben Betrag beansprucht, so hätte die Entschädigung beinahe 20 Milliarden statt fünf betragen müssen, so daß Niemand gerechterweise die Deutschen beschuldigen kann von den Franzosen zu viel verlangt zu haben.

Frankreich annectirte die Territorien von Mentone und Roquebrune ohne Volksabstimmung. Die Franzosen können daher nicht ernstlich behaupten, diese trügerische Art der Berufung an das Volk stets angewendet zu haben.

Michelet erzählt in „Le Peuple", daß im J. 1842 ganze Klassen sich im Besitz von Wäsche befanden, welche niemals vorher deren besessen hatten. „Jede Frau hatte ehemals ein blaues oder schwarzes Kleid, das sie zehn Jahre trug, ohne es zu waschen."

Brief des Fürsten Bismarck an den Verfasser.

Versailles, den 1. Februar 1871.

Mein Herr!

Ihr liebenswürdiger Brief, den ich mit lebhaftem Interesse gelesen habe, ist mir unglücklicherweise in einem Augenblick zu Händen gekommen, wo der Zustand meiner Gesundheit mir selbst unerläßliche Arbeiten untersagte, so daß ich mich während eines Zeitraums von sechs Wochen selbst von den dringendsten Geschäften fern halten mußte.

Dennoch bin ich im Stande gewesen Ihre Kundgebungen zu lesen und habe es mit lebhafter Befriedigung wahrgenommen, daß Sie in England die Ideen verbreiten, welche das Deutsche Volk für gerecht und billig hält. Wenn ich Ihnen dafür nicht eher meinen Dank ausgesprochen habe, so bitte ich Sie zu glauben, daß diese Verzögerung nur von Umständen herrührt, welche nicht unter der Controlle meines Willens stehen.

Genehmigen Sie, mein Herr! die Versicherung meiner ausgezeichneten Hochachtung

(gezeichnet) v. Bismarck.

Sir Tollemache Sinclair,
Baronet, M. P.

21*

Graf v. Moltke an den Verfasser.

Berlin, den 19. Dezember 1872.

Geehrter Herr!

Sie haben die Güte gehabt mir Ihr Werk über den Französisch-Deutschen Krieg zu übersenden.

Das Urtheil eines Englischen Staatsmannes wird das Publicum über viele unwahre Behauptungen aufklären, welche zum Nachtheil meiner Landsleute in Französischen Schriften verbreitet worden sind.

Die Zeit wird lehren, daß ein mächtiges Deutschland in Mitte Europas nicht eine Gefahr für seine Nachbarn, sondern eine Bürgschaft des Friedens ist.

Ich hoffe mit Ihnen, daß künftig Alle nicht unmittelbar betheiligten Staaten sich entschieden gegen den erklären werden, welcher diesen Frieden zu stören versucht.

Meinen aufrichtigen Dank statte ich Ihnen und Ihren Landsleuten ab, für Ihre edelmüthigen Bemühungen, die Leiden unsrer Verwundeten und Kranken zu lindern, und unterzeichne mit vorzüglichster Hochachtung und Ergebenheit

G. v. Moltke,
Feldmarschall.

Sir Tollemache Sinclair.
M. P.
Thurso Castle, Thurso, Scotland.

Wilhelm Gronau's Buchdruckerei in Berlin.

Karten (nach Rhode) aus „Feldpost-Briefe e. Hamburgers 1870."

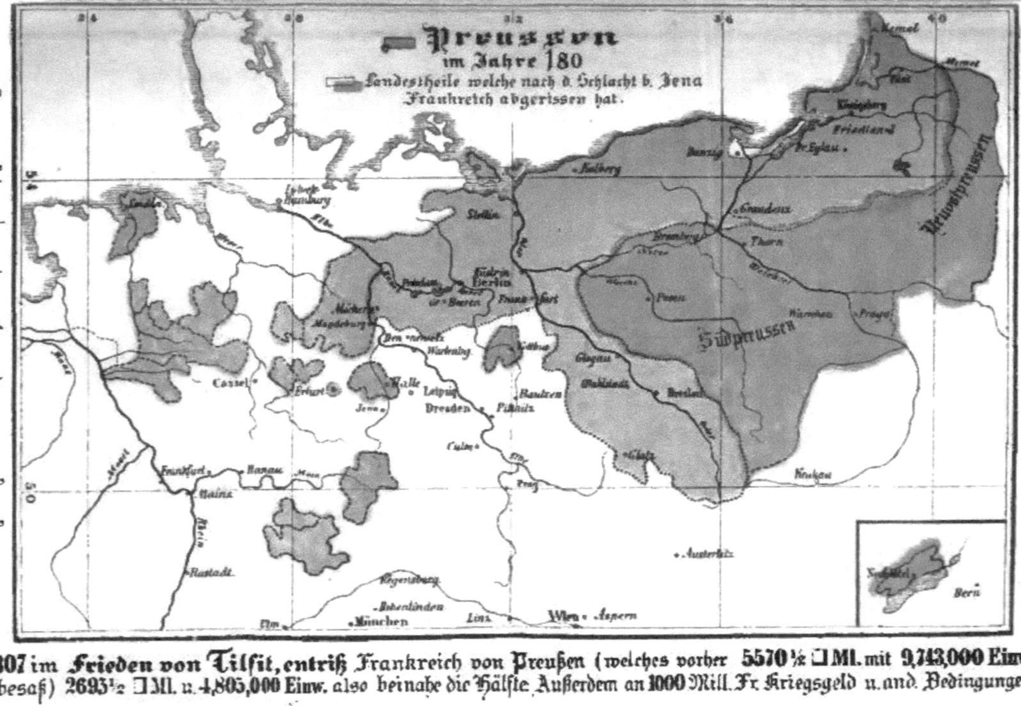

Beilage zu Sir T. Sinclair's „Deutsch-franz. Krieg." 1873

1807 im Frieden von Tilsit, entriß Frankreich von Preußen (welches vorher 5570½ □Ml. mit 9,743,000 Einw. besaß) 2693½ □Ml. u. 4,805,000 Einw. also beinahe die Hälfte. Außerdem an 1000 Mill. Fr. Kriegsgeld u. and. Bedingungen.

----Versuch einer in Wahrheit „natürlichen" Grenze nach Sprachen zwischen den deutsch. und franco-gallisch. Völkerschaften.

----Grenze von 1526 des deutschen Kaiserreichs gegen Frankr. u.s.w ++++ Desgl. von 1871

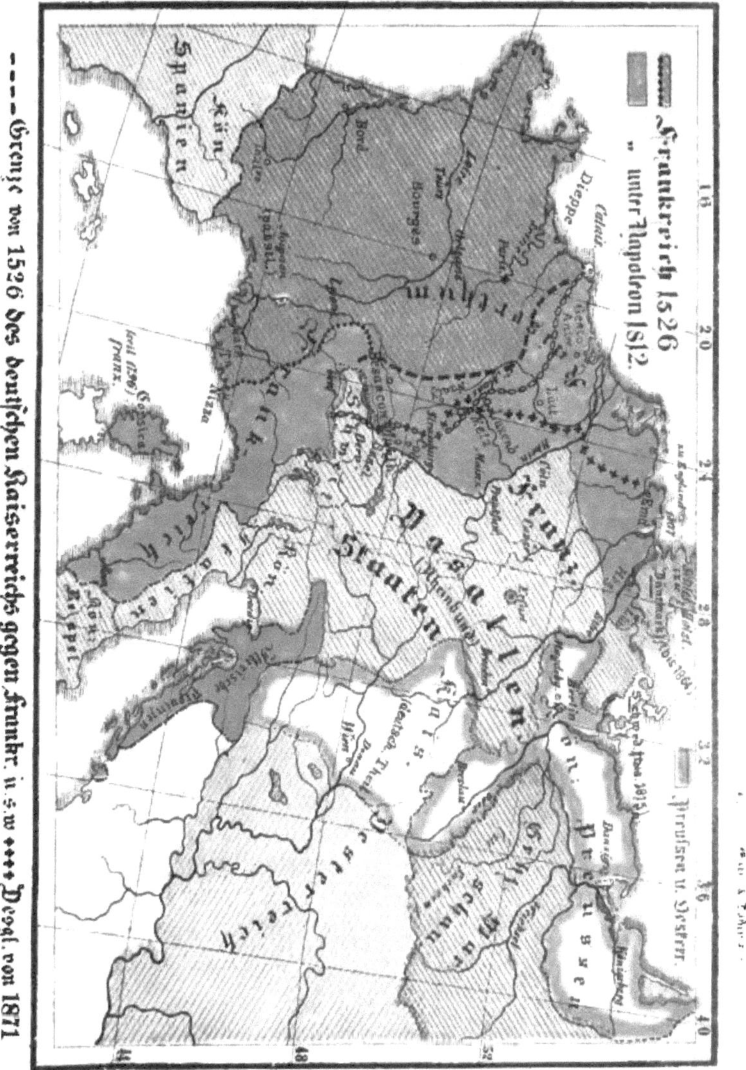

Man schätzt daß von 38,000,000 Einw. Frankreich's (1866) über 20 Mill. Dialec. und fremde Sprachen reden also nur ungefähr 18 Millionen französisch.

lc

Brief des Fürsten Bismarck an

Versailles, den 1.

Mein Herr!

Ihr liebenswürdiger Brief, den i
Interesse gelesen habe, ist mir unglückl
Augenblick zu Händen gekommen, wo d
Gesundheit mir selbst unerläßliche Arbe
daß ich mich während eines Zeitraums
selbst von den dringendsten Geschäften

Dennoch bin ich im Stande gew
gebungen zu lesen und habe es mit selbst
wahrgenommen, daß Sie in England d
ten, welche das Deutsche Volk ihr gereich
Wenn ich Ihnen dafür nicht eher me
sprochen habe, so bitte ich Sie zu gl
Verzögerung mit von Umständen herr
unter der Controlle meines Willens ste

Genehmigen Sie, mein Herr, die V
ausgezeichneten Hochachtung.

(gezeichnet)

Sir Tollemache Sinclair,
Baronet, M. P.

Zeitfracht Medien GmbH
Ferdinand-Jühlke-Straße 7
99095 Erfurt, Deutschland
produktsicherheit@kolibri360.de